本书为国家社科基金重点项目"新柏拉图主义哲学基本经典集成及研究"（项目编号 17AZX009）的结项成果

《九章集》（希中对照）集释系列

# 论德性：

## 《九章集》第1卷第1—4章集释

[古罗马] 普罗提诺 / 著

石敏敏 / 译

石敏敏　章雪富 / 注疏

中国社会科学出版社

图书在版编目（CIP）数据

论德性：《九章集》第 1 卷第 1－4 章集释／（古罗马）普罗提诺著；
石敏敏译；石敏敏，章雪富注疏．—北京：中国社会科学出版社，
2020.5

　ISBN 978－7－5203－5688－6

　I.①论⋯　II.①普⋯②石⋯③章⋯　III.①古希腊罗马哲学—研究
IV.①B502.44

　中国版本图书馆 CIP 数据核字（2019）第 259145 号

| | | |
|---|---|---|
| 出 版 人 | 赵剑英 | |
| 责任编辑 | 冯春凤 | |
| 责任校对 | 张爱华 | |
| 责任印制 | 张雪娇 | |

| | | |
|---|---|---|
| 出　　版 | 中国社会科学出版社 | |
| 社　　址 | 北京鼓楼西大街甲 158 号 | |
| 邮　　编 | 100720 | |
| 网　　址 | http：//www.csspw.cn | |
| 发 行 部 | 010－84083685 | |
| 门 市 部 | 010－84029450 | |
| 经　　销 | 新华书店及其他书店 | |

| | | |
|---|---|---|
| 印　　刷 | 北京君升印刷有限公司 | |
| 装　　订 | 廊坊市广阳区广增装订厂 | |
| 版　　次 | 2020 年 5 月第 1 版 | |
| 印　　次 | 2020 年 5 月第 1 次印刷 | |

| | | |
|---|---|---|
| 开　　本 | 710×1000　1/16 | |
| 印　　张 | 21.5 | |
| 插　　页 | 2 | |
| 字　　数 | 353 千字 | |
| 定　　价 | 128.00 元 | |

# 目录

# 序

　　普罗提诺（205—270 年）被称誉为亚里士多德和奥古斯丁这八百年间最伟大的希腊哲学家，后世常称其为新柏拉图主义者。普罗提诺也自视为柏拉图著作和思想的诠释者，他的每篇作品都会援引柏拉图的对话进行演绎。然而事实上，普罗提诺的思想要较通常所认为的复杂，他兼收并蓄种种思想潮流，在柏拉图主义传统之外尤其着意于斯多亚学派和亚里士多德的漫步学派。因此，如果单纯就希腊思想遗产的传承而言，普罗提诺和新柏拉图主义称得上是亚里士多德之后和中世纪亚里士多德哲学复兴之前的西方哲学主流。

　　普罗提诺生于并求学于埃及的亚历山大里亚，后来移居罗马授徒并著述，生命的最后几年疾病缠身居住于西西里。《九章集》则是普罗提诺的存世作品。相比较于绝大多数的哲学著作，《九章集》算不上是一部系统性作品，它由波菲利辑录普罗提诺不同时期所写的 54 篇文章所成。波菲利分六卷按每卷九章的模式进行编辑，并撰写长篇序言"普罗提诺的生平和著作顺序"缀于《九章集》之前。波菲利的"序言"细述普罗提诺的生平行状和著述由来，是历代读者了解和研究普罗提诺不可或缺的基本素材。

　　本丛书"《九章集》（希中对照）集释系列"是在石敏敏博士（浙江工商大学教授）原译基础上，依据希腊原文逐字逐句校对，并参考多种英译本校译注释所成。本译丛标注出了《九章集》95%以上的希腊文词义，每篇译文前面都有译自西方学者的"互参"和"导言"撮要；每章每节有校译者所撰的"摘要"；每数行有译自西方学者的研究性评注。我们希望能够尽十数年之功，为读者和学者提供研究《九章集》的基础性文献，能够略为助益于汉语学界的新柏拉图主义哲学研究。

　　是为序！


章雪富

2017.11.6

# 致　谢

　　《九章集》的翻译工作始于1997年。2004年，《九章集》的选译本《论自然、凝思和太一》由中国社会科学出版社出版。2009年，《九章集》的全译本出版。与此同时，我们尝试根据希腊文本做一个《九章集》的集释系列。由于我们的学识有限也由于《九章集》实在是一部"天书"，我们深知需要更长时间预备。在2009—2015年间，我们一方面研读《九章集》希腊文原本；另一方面收集西方学者各种《九章集》译本和研究性著作，着手于"《九章集》（希中对照）集释系列"。以前的"希英对照本"都是一页希腊文，一页英文，对中国读者和学者来说这种做法用处不大，因为在这种形式的"对照本"中，希腊文还是希腊文，英文还是英文，两者之间仍然互不"说话"。我们则尝试在"希腊文"和"中文"之间建立起直接的语义对译，这个工作难度已经超出了我们的能力，但我们仍然勉力为之，希望为新柏拉图主义研究做些基础性工作。我们深知自己学识有限，语言训练也不够，肯定有许多错漏和不足，敬请各位读者和学者批评建议。

　　在此，我们要向许多朋友致谢。感谢刘露博士不辞劳苦地根据 Loeb 丛书中《九章集》的希英对照本逐字校对希腊文拼写，费时甚巨；感谢季曦博士帮助解决希腊文语义的不少难题。感谢《九章集》读书班的所有同学，在持续近5年的读书活动中，他们挑战译文和普罗提诺哲学，使我们能够对《九章集》有更准确的理解，他们的求知和学问精神使我们深受教益。感谢我们的授业老师陈村富教授和包利民教授，因为他们，我得以能够留在浙江大学继续希腊哲学研究工作，能够为浙江大学希腊哲学研究传统尽自己的绵薄之力，如今陈老师已经退休，包老师也接近退休年龄，但是他们教导的深情如同昨日。感谢道风山汉语基督教学术总监杨熙楠先生把《九章集》部分译本版权授还我们，感谢他和道风山多年的慷慨相助。

我们感谢陈彪学兄十多年来没有丝毫间断的友情；感谢冯春凤老师帮助我们出版这种几无利益可图的学术事业，以敬业和专业的精神提供种种帮助并完善本书的质量！

《论德性：〈九章集〉第一卷第 1—4 章集释》"是《九章集》（希中对照）集释系列"的第一本著作，整个集释系列将至少由 14 册构成。可以预见这将是持续十数年的工作，我们希望退休之前能够完成这个集释工作。这项开始于我们壮年却要完成于老年的学术研究，让我们深深敬畏于学术的艰难并感知我们自己的有限，也让我们深深感受到成为希腊哲学学徒的幸运。它让我们在这个世俗世界之外拥有真正具有福祉的生活！

# 《九章集》的英译和中译版本

1. 《九章集》英译全译本有三种：Armstrong(Loeb Library, 1966-1988) ;Kenneth Sylvan Guthrie(Comparative Literature Press, 1918)；和 Stephen Mackenna& B. S. Page(Penguin Books, 1991)。

2. 《九章集》英译选译本有:LLoyn P. Gerson 选译的第五卷(Parmenides Publishing, 2013)，Stephen Mackenna 选译的第四卷(The Medici Society Limited. 1924)，Barrie Fleet 选译的第四卷第八章（Parmenides Publishing, 2014），Andrew Smith 选译的第一卷第六章（Parmenides Publishing, 2016），James Wilberding 选译的第二卷第一章（Oxford University Press, 2006),Kieran McGroarty 选译的第一卷第四章(Oxford University Press, 2006) Gary Gurtler 选译的第四卷第一、二和三章（Parmenides Publishing, 2015）Barrie Fleet 选译的第四卷第八章（Parmenides Publishing, 2016），Eyjólfur Emilsson 选译的第六卷第四和五章（Parmenides Publishing, 2015）， Eric David Perl 选译的第一卷（Parmenides Publishing, 2015）和 Cinzia Arruzza 选译的第二卷第五章（ Parmenides Publishing, 2015）。

3. 《九章集》中译全译本有：石敏敏（中国社会科学出版社，2009 年）。

4. 《九章集》中译选译本有：苗力田主编的《古希腊哲学》（选译了第一卷第三章"论辩证法"、第五卷第一章"三个原初实质"、第五卷第二章"'一'以后的存在物的起源和顺序"、第五卷第三章"第二实质如何从'一'产生兼论'一'"，中国人民大学出版社，1989 年），张映伟选译的第一卷第八章(华东师范大学出版社，2006 年)，石敏敏选译的《论自然、凝思和太一》（包括第一卷第五章"福祉是否随时间增加"、第一卷第六章"论美"、第一卷第七章"论至善以及其他诸善"、第二卷第一章"论天（论宇宙）"、第二卷第二章"论天体运动"、第二卷第三章"论星辰是否是原因"、第二卷第四章"论质料"、第二卷第五章"何为潜在地存在，何为现实地存在"、第二卷第六章"论实体或性质"、第二卷第七章"论完全混合"、第二卷第八章"论视力，或者远处的事物何以显得小些"、第三卷第四章"论分派给我们的守护灵"、第三卷第五章"论爱"、第三卷第六章"论无形体之物的不可灭性"、第三卷第七章"论永恒和时间"、第三卷九章"多种考虑"、第四卷第六章"论感知觉和记忆"、第五卷第三章"论认识本体和超越者"、第五卷第五章"论可理知者不外在于理智，并论至善"、第五卷第六章"论超越是的不是思，并论什么是首要的和次要的思的原理"、第五卷第七章"是否有关于个体的相"、第六卷第六章"论数"和第六卷第七章"论形式的多样性如何形成，兼论至善"。中国社会科学出版社，2004 年）。

# 体例说明

1. 基本上每个希腊文都有相应的中文词义标注。中译文的希腊文标注只是标出相应的中译文词义，没有注出希腊文的语法和词性。

2. 每章前面附有"互参"和"导言"，均来自 Paul Kalligas, *The Enneads of Plotinus: A Commentary,* Vol. 1, English translated by Elizabeth Key Fowden and Nicolas Pilavachi, Princeton University Press, 2014. 但中文的"互参"和"导言"只是择要译出，有兴趣的读者和学者可以阅读原文。

3. 鉴于波菲利编辑所成的《九章集》54 篇文章的排列顺序并非是普罗提诺写作的时间顺序，因此中译的每卷每章都有如下说明："按照普罗提诺写成作品的时间排列，本篇原为第 x 篇作品。"例如《九章集》第一卷第一章"论什么是生命物，什么是人"虽然被波菲利列为《九章集》的第一篇，就普罗提诺的写作顺序而言却是第 53 篇，中译文的相应注释是"按照普罗提诺写成作品的时间排列，本篇原为第 53 篇作品"。

4. 译文正文中的［第 x 行］是指与中译文相应的希腊文原文行数。

5. 每章每节都有"本节摘要"，是校译者所撰。

6. 每数行都有"依据 Paul Kalligas 撮要言之"。除注明的之外，"注释"均概述性地译自 Paul Kalligas, *The Enneads of Plotinus: A Commentary,* Vol. 1, English translated by Elizabeth Key Fowden and Nicolas Pilavachi, Princeton University Press, 2014.

7. "附录"部分的"中译文"删除了所有脚注，便于阅读。

8. "索引"并没有录入《九章集》常见的关键词如"灵魂"和"理智"等等，因为这些语词贯穿《九章集》全文。"附录"录入的是中文校译注释者所认为重要但常为研究者忽略的词语条目。"附录"的人名条目以英文字母顺序排列,关键词条目以中译文的拼音字母顺序排列。所有条目都没有给出相应的英文或者希腊文,正文中已经有相应的英文和希腊文标注。

9.Paul Kalligas 有关《九章集》的"互参""导言"和"注释"都使用拉丁化的希腊文,中译保留了原来的写法。

# 第1卷第1章
## 什么是生命物，什么是人？

# 互　参[1]

1. 第一个问题：什么是感觉、感受（情绪）、行动、推论、理智和哲学思考的对象？

2. 研究：灵魂或者是复合的，那么它就会受影响；灵魂或者是形式，那么它就不受影响并且不朽，就不受感觉和推论的影响；但它会接受智性。

3. 任何生命物身体都必然有一个灵魂

（1）灵魂或者把身体使用为工具。

（2）灵魂或者与身体通过如下方式混合：

        a 通过织合(blending)

        b 通过参合(interweaving)

        c 作为一种未分离的形式

        d 作为一种相联结但不分离的形式

        e 作为既不分离又分离的形式

4. 初步结果：灵魂通过混合把生命和感觉分与身体，但灵魂不与身体混合也不受身体影响。

5. 第二个问题：感觉等如何由身体传递到灵魂？

6. 理论：灵魂及其能力保持不动和不受影响。所感知的是灵魂化身体。

7. 赋予身体以生命和感知觉的不是灵魂自身而是其活动，灵魂与身体结合并形成生命物。理性是灵魂自身的特有功能。

8. 灵魂与更高本体的关联：灵魂在身体中所呈现的只是它的表象。

9. 结论：错误、恶和疾病都源自生命物。灵魂自身泰然自若且不会犯错。

10. "我们"的两种含义，相应于两种人的观念和两种德性等等。

11. 理性功能的缺席会导致例如：

（1）成为孩子

（2）成为野兽

12. 道德责罚只针对灵魂所投射在身体上的影像。灵魂自身超越于所有的伦理责任。灵魂所过的或者是只针对实践活动的生活；

13. 或者是引导灵魂向理智上升的凝思生活。

**注释：**

1 互参撮要来自 Paul Kalligas, *The Enneads of Plotinus: A Commentary,* Vol. 1, English translated by Elizabeth Key Fowden and Nicolas Pilavachi, p. 101, Princeton University Press, 2014.

# 导　言[1]

　　本篇文章肯定写于公元 207 年初，某种意义上是"论星辰是否是原因"（II.3）的续篇和补充。以普罗提诺写作作品的时间论，本篇文章是第 53 篇，"论星辰是否是原因"是第 52 篇。"论星辰是否是原因"论证人的灵魂可以不受尘世之事的影响，本篇文章则主张灵魂之于身体感受（情绪：pathe）[2]和较低物理功能的优先性。写作这两篇文章时，普罗提诺已经疾病缠身并于数月后辞世。

　　为了建构他的哲学人观，普罗提诺勾略了两种不同甚至似乎不相容的传统并努力加以结合。

　　第一是柏拉图传统，它认为灵魂是分离的形式并且是不朽的。柏拉图的中期对话例如《斐多篇》《理想国》和《斐德若篇》尤其关注这个主题，并被普罗提诺结合在有关柏拉图《阿尔基比亚德篇》核心观点的讨论中：灵魂与身体的结合只是暂时的，人作为完全独立的认知和伦理主体必然会摆脱身体和感觉。

　　第二是亚里士多德传统，它认为灵魂是诸官能的自然物体的原始实现（entelecheia）（亚里士多德《论灵魂》II 1.412b5-6）。换言之，形式（eidos）支配着一个承受的、自然构造的物体并以这样的方式复合成生命有机体。在这种情况下灵魂失去了其独立（分离地）存在的可能性，如同所有任何生命物一样，人也会随着有机体的死亡而消亡。

　　柏拉图和亚里士多德的观点显然是对立的，但此后无论柏拉图主义者还是漫步学派都试图调和这两者，他们提出所谓的关于灵魂的双向细分：理性的（logikon）或者理性推论的（logistikon）部分和非理性的（alogon）或者易情绪化的（pathetikon）部分。第一部分（理智的和推论部分）是不朽的并为人专有，而第二部分［感觉意识、情绪或情感（pathe）和本能冲动］

也为动物所具有,它不可能是不朽的。这个观点的主要困难在于:它把人(心灵和理智功能的单一主体、实践活动和伦理责任的单一主体)划分为动物(zoikon)要素(身体和非理性灵魂的复合)和分离的(独立的)理智,而理智是完全神圣的,即使它与神不完全同一。因此,理智不为某个人专有,它超越于个人。

解决上述困难的一个可能方法在于:不把灵魂的知觉和情绪的呈现视为根源于灵魂的某些较低部分,而把它使用在亚里士多德所谓的功能(dunameis)构造的意义上。这是波西多纽所采取的方法:它既能够把非理性因素导入心理学,又能够不完全放弃斯多亚学派心理学的一元论。公元一世纪漫步学派的哲学家(载于伪普罗塔克的《人的情绪性因素:它是其灵魂功能的一部分吗?》)显然采取了这种解决策略。柏拉图主义者无法接受这种方法,因为这不仅与《蒂迈欧篇》的清楚论述矛盾,而且没有给灵魂独立于身体留出空间。于是像努美尼俄斯这样的柏拉图主义者就进一步发展二元论,其观点已经接近诺斯底主义。

亚里士多德《论灵魂》(I 4.408b13-15)提出如下观点:"也许较为聪明的是,不说灵魂在悯怜,或学习,或思想(理解),而毋宁说,那个人因灵魂而织布而造屋(ton anthropon tei psuchei)。"(译文根据吴寿彭译《灵魂论及其他》,商务印书馆 2007 年)。亚里士多德虽然没有说明"人"(anthropon)的含义,但是记载在伪普罗塔克作品中的公元一世纪的漫步学派观点认为它指的是身体和灵魂的结合或者复合物(to koinon),"然而'我'(ego)不是灵魂,而是人(ouk eimi he psuche all ho anthropos)"。这个观点迹近于认为人只是情绪(感受)、欲望和行动的主体,而不是更高心理功能的主体,这是直接在批评柏拉图《阿尔基比亚德篇》的人观了。斐洛则接受柏拉图的人观,他认为一方面受造者(ton plasthenta anthropon)是感知觉(aisthetos)的物体,无论男女都由身体和灵魂构成,都具有必朽的本性;另一方面他们又都是思想(noetos)的物体,无论男女都是无形和不朽的。可见公元一世纪之后的思想重新回到柏拉图和亚里士多德对立的局面。

普罗提诺的第一个回应是每个具体的人都具有可理知世界的形式,他在"是否有关于个体的理型"一文中进行了讨论。《九章集》目前的这篇文章(第一卷第一章)继续持这种观点,但这篇文章的重点在于统一性如何借由层级依赖性约束人类意识的不同层面。

普罗提诺还检查了伦理方面。关于理性和非理性的激进区分使柏拉图本人在有关人类行为责任的归因上陷于无法解决的困难，普罗提诺则坚持认为所有错误和责任都由我们灵魂的形体性影像所致，我们真正的自我根本不会犯错（anhamartetos）。

尽管这篇文章有许多未曾解决的难题，但是波菲利（Porphyry）还是把它列为《九章集》的首篇，其原因就在于有关人的本性的讨论是普罗提诺哲学实践的视野所在，其伦理学方面涵盖了《九章集》第一卷的绝大部分主题。这样一种"人观"发端于柏拉图的《阿尔基比亚德篇》，阿斯卡龙的安提俄库（Antiochus of Ascalon）时代则已经成形，并在古代晚期持续地得到研究。

**注释：**

1　导言撮要来自 Paul Kalligas, *The Enneads of Plotinus: A Commentary,* Vol.1, pp.102-105。这里只是撮要而非逐字逐句译出。下面均同。

2希腊文 pathe 的翻译颇为困难。我们会根据文本语境翻译为情绪、情感、感情和感受，主要译为感受和情绪。

# 第1章 什么是生命物，什么是人？<sup>1</sup>

1.<sup>2</sup>［第1行］快乐<sup>3</sup>和<sup>4</sup>悲伤<sup>5</sup>，恐惧<sup>6</sup>和自信<sup>7</sup>，欲望<sup>8</sup>、厌恶<sup>9</sup>和痛苦<sup>10</sup>，它们都属于<sup>11</sup>谁<sup>12</sup>？<sup>13</sup>或者<sup>14</sup>它们属于灵魂<sup>15</sup>，或者<sup>16</sup>它们属于使用<sup>17</sup>身体<sup>18</sup>的灵魂<sup>19</sup>，或者<sup>20</sup>它们属于两者所构成的<sup>21</sup>第三<sup>22</sup>物<sup>23</sup>（［第5行］。可以用两种方式进行理解<sup>24</sup>：其一<sup>25</sup>指混合<sup>26</sup>，其二<sup>27</sup>指由混合<sup>28</sup>产生的<sup>29</sup>不同事物<sup>30</sup>）。这也同样适用于<sup>31</sup>含有情绪<sup>32</sup>的结果<sup>33</sup>，包括行动<sup>34</sup>和意见<sup>35</sup>两者。因此<sup>36</sup>我们必须研究<sup>37</sup>推论<sup>38</sup>和意见<sup>39</sup>，以便<sup>40</sup>明白它们是否<sup>41</sup>如情绪<sup>42</sup>一样属于灵魂，或者<sup>43</sup>某些推论和意见与情绪相同<sup>44</sup>，某些则不然<sup>45</sup>。我们也必须思考<sup>46</sup>智性活动<sup>47</sup>，以便明白它们<sup>48</sup>如何发生<sup>49</sup>，［第10行］它们<sup>50</sup>属于<sup>51</sup>谁或什么事物<sup>52</sup>，观察<sup>53</sup>何种事物<sup>54</sup>扮演着监工的角色<sup>55</sup>，研究<sup>56</sup>并作出关于这些问题<sup>57</sup>的决定<sup>58</sup>。首先<sup>59</sup>，感觉<sup>60</sup>属于谁或什么<sup>61</sup>？这是我们必须应当以之为开始的<sup>62</sup>，因为情绪<sup>63</sup>或者<sup>64</sup>是<sup>65</sup>某种<sup>66</sup>感觉<sup>67</sup>，或者<sup>68</sup>不可能<sup>69</sup>无<sup>70</sup>感觉<sup>71</sup>地发生。

2.<sup>72</sup>［第1行］<sup>73</sup>首先<sup>74</sup>我们必须思考<sup>75</sup>灵魂<sup>76</sup>。灵魂<sup>77</sup>是一事物<sup>78</sup>，灵魂之所是<sup>79</sup>是另一事物<sup>80</sup>吗？如果<sup>81</sup>是这样<sup>82</sup>的话，无论<sup>83</sup>其状态<sup>84</sup>和意向<sup>85</sup>较坏<sup>86</sup>还是较好<sup>87</sup>，灵魂<sup>88</sup>就都是一种复合物<sup>89</sup>，那它<sup>90</sup>接受<sup>91</sup>并拥有<sup>92</sup>这类<sup>93</sup>情绪<sup>94</sup>［第5行］<sup>95</sup>（如果<sup>96</sup>论证<sup>97</sup>有赖于<sup>98</sup>此<sup>99</sup>）也便不足为奇了<sup>100</sup>。如果不是这样的话<sup>101</sup>，那么灵魂<sup>102</sup>和灵魂之所是<sup>103</sup>就是一<sup>104</sup>和同<sup>105</sup>，<sup>106</sup>灵魂<sup>107</sup>就会是<sup>108</sup>一种<sup>109</sup>形式<sup>110</sup>，不容许<sup>111</sup>把所有这些活动<sup>112</sup>分予<sup>113</sup>其他事物<sup>114</sup>，而是拥有<sup>115</sup>一种本己的<sup>116</sup>内在的<sup>117</sup>具有共同性质的<sup>118</sup>活动<sup>119</sup>，无论这里的讨论<sup>120</sup>所显示<sup>121</sup>的是什么样的活动<sup>122</sup>。如果是这样的话<sup>123</sup>，那么我们真的<sup>124</sup>可以称<sup>125</sup>灵魂是不朽的<sup>126</sup>——如果不朽<sup>127</sup>和不败坏的<sup>128</sup>必定是<sup>129</sup>没有情绪的<sup>130</sup>，［第10行］<sup>131</sup>那么<sup>132</sup>灵魂必定把自身<sup>133</sup>给予了<sup>134</sup>另一事物，但是绝没有<sup>135</sup>从<sup>136</sup>别的事物<sup>137</sup>接受<sup>138</sup>什么<sup>139</sup>，除非<sup>140</sup>它从在它之先的原理中接受

了什么[141]，那是它不能[142]与之分离[143]的更高[144]原理[145]。[第 15 行]既然[146]灵魂不从外部[147]接受[148]任何事物[149]，那么恐惧[150]又算得了什么[151]？如果灵魂心生恐惧[152]，那[153]它必定[154]会[155]受影响[156]。灵魂也就[157]不会[158]感到自信[159]。从未[160]遭遇[161]过惊恐之事[162]的人如何可能会自信[163]呢？身体[164]所津津乐道[165]的排泄[166]和饱足[167]的欲望[168]与灵魂不同[169]，因为排泄[170]和饱足[171]这样的是[172]与灵魂不相容[173]。灵魂如何可能[174]容许混合[175]？或者[176]任何实体性存在[177]都不是[第 20 行]混合的[178]。又如何可能[179]有任何[180]附加[181]呢？如果是这样[182]，它即刻[183]就不再是其所是了[184]。它也远离痛苦[185]；它如何可能会有悲伤？又如何可能会为什么事悲伤？[186]凡实体单一的[187]都自足[188]，这是由于它牢牢地根基于[189]其自身的[190]实体性[191]。既然它不[192]产生[193]任何事物[194]，甚至包括不[195]产生[196]任何的善[197]，它又如何可能喜悦[198]于增加[199]呢？[第 25 行][200]它始终是其所是[201]。而且[202]，它与任何感觉[203]、推论[204]和意见[205]都没有[206]关系[207]；因为[208]感觉[209]是对一种形式[210]的接受[211]，或者[212]是对身体[213]感受[214]的一种接受[215]，[216]推论[217]和意见[218]都根基于[219]感觉[220]。我们须问[221]它如何[222]与智性[223]同在，我们是否[224]承认[225]灵魂[226]属于智性[227]；[第 30 行]我们还要问当灵魂独处时[228]，它所经验的[229]是否[230]是纯粹的快乐[231]？

3.[232][第 1 行]当然[233]，我们也得思考作为在身体[234]中[235]存在的灵魂[236]（无论[237]它实际上存在于身体之先[238]还是在身体之中[239]），因为"全部[240]生命物[241]之得名[242]"正源自[243]身体和灵魂的结合[244]。[245]现在，如果[246]灵魂以身体[247]为工具[248]，那么它就并非[249]必然地[250]接受[251][第 5 行]自身体[252]而来的情绪[253]，正如工匠[254]不[255]受[256]他所使用的工具[257]的性状[258]影响一样。[259]也许有人会说[260]，如果[261]使用[262]工具[263]必然[264]伴随着受自外部[265]影响[266]的方式即基于[267]感觉[268]的知道[269]，那么它就必然[270]会具有感觉[271]；因为[272]眼睛[273]的用处[274]在于[275]看[276]。但是[277]在[278]看[279]中会存在伤害[280]，它可能[281]导致悲伤[282]、[第 10 行]痛苦[283]以及发生[284]在[285]全身[286]的所有事情[287]；如果[288]灵魂寻求[289]其工具[290]的服务[291]，也会产生同样的欲望[292]。然而[293]源自[294]身体[295]的情绪[296]如何[297]抵达[298]灵魂[299]？但是[300]身体[301]的确[302]将自身的情绪[303]传递给[304]另一者[305]。身体[306]如何可能[307]将自身的情绪传递给灵魂[308]呢？这无异在说[309]如果一事物[310]受了影响[311]，[第 15 行]另一事物[312]也会受影响[313]。就一个是[314]使用者[315]而另一个[316]是被使用对象[317]而言，它们是[318]相互分离[319]的两个事物。无论如何[320]，如果有人认为灵魂[321]把身体当作工具[322]，那么他就须把两者[323]分开[324]。但是[325]在借[326]哲学[327]的帮助与灵魂分离[328]之前，它们又处在什么样的关系中呢[329]？存在一种混合[330]。但[331]如果[332]存在一种混合[333]，那么灵魂或者是[334]参合在身体中[335]，[第 20 行][336]或者是[337]以某种方式[338]被"织入"[339]到身体里面，灵魂或者是[340]一种[341]没有[342]与质料分离[343]的形式[344]，或者则像[345]领航员[346]那样是一种掌控质料的形式，或者[347]它的一部分[348]以一种方式[349]与身体关联，另一部分则以另一种方式与身体关联[350]。[351]我是说[352]，灵魂的一部分是分离的[353]，这部分在使用身体[354]；另一部分以某种方式与身体混合[355]，某种程度上与它所使用的工具处于同一层次[356]。在这种情况下[357]，哲学[358]应让较低部分[第 25 行]转向[359]正在使用它[360]的部分[361]，把使用的部分[362]从[363]使用对象中抽离出来[364]。这是由于[365]联结并非[366]是绝对[367]必然的[368]，要把使用者从使用对象中分离出来[369]，这样[370]灵魂并非[371]总要[372]使用[373]身体。

4.[374][第 1 行]我们不妨设想[375]存在这样一种[376]混合[377]。但[378]如果这样[379]，那么较低劣部分[380]即身体[381]就会得到[382]改善[383]，较好部分即灵魂[384]则会更坏[385]。身体[386]因分有[387]生命[388]得到改善[389]，灵魂[390]则因分有死亡[391]和非理性[392]变得更坏[393]。[第 5 行]那么，那生命物[394]如何[395]可能减少[396]其所有而以某种方式[397]获得所增加的[398]能力[399]比如感知觉[400]呢？恰恰相反[401]，获得[402]生命[403]的是[404]身体[405]，因此分有[406]感觉[407]和分有[408]源自[409]感觉[410]的情绪[411]的也是身体。同样[412]，拥有欲求的[413]也是身体——因为正是身体[414]想要享受[415]欲求的对象[416]——对此心生担忧的[417]也是身体自身[418]，[第 10 行]因为[419]它[420]将失去[421]快乐[422]并将被毁灭[423]。我们须研究[424]这种"混合"[425]发生的方式[426]，看看它是否并非真的不[427]可能[428]；谈论[429]这样一种事物与另一种事物的混合[430]，就同如[431]谈论[432]绳子[433]这样的存在物与白色[434]这样另一个[435]本性[436]事物的混合[437]。

"织合"[438]这个观念并不意味着[439]被织合的事物[440]会受到相同的影响[441]；而[442]被结合的原理[443]不受影响[444]是可能的[445]。[第 15 行]灵魂[446]穿梭于[447]身体中间[448]却不受[449]其感受[450]的影响是可能的[451]，就像[452]光一样[453]，尤其是[454]如果[455]灵魂被织合于[456]整个身体[457]中间。这种织合不会[458]使其主体[459]受身体[460]感受[461]的影响。那么[462]，身体[463]中[464]的灵魂如同质料[465]中[466]的形式[467]吗？首先[468]它是[469]一种可分离的[470]形式[471]。我们如果假定[472]它是一种实体性实在[473]，[第 20 行] 那么"使用者"[474]的概念就与它更加相称[475]。但是如果我们假定[476]它就如同烙在铁[477]上的斧子[478]形状[479]（在这个例子中[480]，正是质料和形式的结合[481]使斧子[482]能实施[483]铁的功能[484]，换言之铁[485]以这种特殊方式[486]成形[487]，尽管是出于[488]形状[489]之故 [第 25 行] 它才能做到如此[490]），那么[491]我们就不要把所有这些共同[492]感受[493]都归于[494]身体[495]，而是要归于"一个具体类型的"[496]"自然形成的"[497]"适合灵魂使用的"[498]"具有[499]潜在[500]生命[501]的"身体。[502]亚里士多德曾称[503]"谈论[504]混织的[505]灵魂[506]"是[507]荒谬之举[508]，同样[509]，谈论灵魂的欲求[510]和忧伤[511]也属荒谬。我们还是[512]把这些感受[513]归于生命物[514]为好。

5.[515] [第 1 行][516] 但是[517]，我们或者须[518]把生命物[519]规定为[520]这种特殊的[521]身体[522]，或者规定为身体与灵魂的共同体[523]，或者[524]规定为另一种[525]即规定为第三者[526]以作为两者的[527]产物[528]。[529]无论是什么[530]，灵魂或者不受影响，[531] [第 5 行][532] 只是在其他事物中[533]引发感受[534]，或者[535]与身体[536]一起遭受影响[537]。如果它遭受影响，那么它[538]或者[539]服从于[540]同一感受[541]，或者[542]服从于[543]相似的感受[544]（例如，如果[545]生命物[546]以一种方式欲求[547]，那么灵魂中的欲求部分[548]就以不同的方式[549]起作用[550]或受影响[551]）。我们将在后面[552]讨论[553]这种特殊的[554]身体[555]。但是，身体和灵魂以何种方式[556]复合[557]？例如[558]它如何[559]能够是忧伤的[560]？[第 10 行] 是否[561]身体[562]处于某种特殊的[563]意向[564]中，即其感受[565]渗透[566]到[567]感知觉[568]而感知觉[569]又抵达[570]灵魂[571]呢？但[572]这又留下了感知觉[573]如何[574]产生这样一个模糊不清[575]的问题。或者换种说法[576]：忧伤[577]是否源起于[578]意见[579]和一种判断[580]？[581]即当存在[582]某种[583]对于人来说关乎[584]他自己的[585]恶[586]，或者某种属于[587]他自己的事物[588]时，[第 15 行][589] 就会导致[590]身体[591]乃至整个[592]生命物[593]发生[594]令人悲伤的[595]变化？但是在意见[596]属于灵魂[597]还是[598]属于身体和灵魂的复合[599]这个问题上还模糊不清[600]。此外，关于某人的恶[601]这样的意见[602]并不包括[603]悲伤[604]这种感受[605]。[第 20 行] 虽然就结果而言[606]根本不[607]包含[608]悲伤[609]的意见[610]是可能的[611]，正如我们有关于轻视[612]的意见[613]却并不愤怒[614]是可能的，有关于一种善[615]被呈现的意见[616]但不激起[617]我们的渴求[618]是可能的。那么这些感受如何可能为身体和灵魂共有呢？[619]是因为[620]欲望[621]属于灵魂的欲求部分[622]，激情[623]属于激情的部分[624]，广而言之[625]，一切趋向事物的运动[626]都属于渴求部分[627]吗？但是，那样的话，它们就不再为身体和灵魂共有[628]［第 25 行］而只属于灵魂[629]。或者它们也属于身体[630]，因为[631]血液[632]和胆汁[633]亢奋[634]，身体[635]就处于某种被激起的[636]渴求状态[637]，如[638]性欲[639]就是这种情况？我们不妨承认关于善[640]的无论如何的渴求[641]都不会是两者共有的[642]感受[643]，而只是灵魂的感受，[644]其他感受也同样如此。[645]经过一番缜密的考察之后，[646]我们不能把它们全都[647]归之于[648]联合的实体[649]。但是[650]，当人[651]有性[652]渴求[653]时，［第 30 行］那正是[654]此人[655]在欲求[656]，换言之[657]，是灵魂中的欲求部分[658]在欲求[659]。这是如何发生的呢？[660]是这人[661]开始[662]欲求[663]，然后灵魂的欲求部分[664]相继而之[665]吗？但是[666]［第 35 行］如果灵魂的欲求部分[667]还未[668]发动[669]，这人[670]又如何[671]能[672]设法[673]欲求[674]呢？也许是[675]欲求部分[676]先发动[677]。但是如果身体[678]没有[679]事先[680]被以适当的方式[681]加以安排[682]，那它又从何处[683]开始[684]呢？

6.[685]［第 1 行］[686]也许更好的说法是，[687]一般而论[688]，作为灵魂诸能力[689]显现[690]的结果，灵魂是据这些能力[691]行动[692]的事物的拥有者[693]，因此能力本身[694]未有变动[695]，它们只是把行动能力[696]分与[697]它们的拥有者[698]。但如果是这样，[699]生命物[700]［第 5 行］[701]受到影响[702]时，那么将自身[703]赋予[704]复合物[705]的生命[706]之因[707]就未受影响[708]，所有感受[709]和活动[710]都属于[711]拥有者[712]。然而如果是这样，[713]那么生命[714]全都[715]不属于[716]灵魂[717]而属于[719]复合物[720]。当然[721]，复合物的[722]生命[723]不是灵魂的生命[724]：［第 10 行］[725]感知觉[726]能力[727]将不是[728]感知[729]而[730]在于它有[731]这种能力[732]。但是[733]如果[734]感知觉[735]是一种通过[736]身体[737]抵达[738]灵魂[739]的运动[740]，灵魂又如何可能[741]没有[742]知觉[743]呢？当[744]感知觉[745]能力[746]呈现[747]时，［第 15 行］复合物[748]将感知到[749]借它的呈现[750]所感知的事物[751]。但是[752]如果这能力[753]没有[754]被推动[755]，如果[756]灵魂[757]和灵魂—能力[758]没有[759]被列入[760]复合物[761]之内，那它又如何能够感知[762]？

7.[763]［第 1 行］[764]我们不妨说[765]所感知的正是[766]复合物[767]，但是灵魂[768]并未[769]因它的呈现[770]就以特定的方式[771]将其自身[772]有所限定地[773]赋予[774]复合物[775]，或者赋予它的另一部分[776]，而是从被限定的[777]身体[778]和［第 5 行］[779]灵魂所赋予[780]其自身[781]的光[782]中造成生命物[783]的本性[784]，这是另一种[785]归属于[786]感知觉[787]的不同事物[788]和归属于[789]生命物[790]身体的所有其他[791]感受[792]。

那么，它如何就是那个感知的"我们"[793]呢？[794]因为[795]我们与被如此限定的生命物[796]没有[797]分离[798]，因为甚至存在比我们[799]更高贵的[800]其他事物，它们进入到[801]由[802]多种[803]元素[804]所组成的[805]整个[806]人的[807]本质[808]之中。灵魂[809]的［第 10 行］[810]感知觉[811]能力[812]不[813]需要[814]感知觉对象[815]，毋宁说它是感觉[816]印在[817]有生命物[818]上的印象[819]的接受器[820]。这些印象[821]都已经是可理知者[822]。因此，外部的[823]感觉[824]是[825]本质上[826]更加真实的[827]、不受影响地[828]独自[829]凝思[830]形式[831]的灵魂的知觉影像[832]。［第 15 行］[833]依据这些形式，[834]即依据唯有[835]灵魂[836]所接受的[837]主导[838]有生命物[839]的能力，就产生了推论[840]、意见[841]和直观的智性活动[842]。这正是"我们"之所在[843]。在此之前[844]这是"我们的"，[845]但是在我们[846]主导[847]有生命物[848]时，［第 20 行］"我们"就依此[849]往上伸展[850]。在把所有事物[851]都称为[852]"生命物"[853]这一点上不存在[854]异议[855]。其较低部分[856]是混合物[857]，我认为[858]以思想层面为开始[859]的部分是真正的人[860]：那些较低部分[861]就是"狮性的"[862]和"各种各样的[863]野兽[864]"。[865]既然[866]人[867]与理性[868]灵魂[869]同一[870]"所是"[871]，[872]因此当我们推理[873]时，它才真正是所进行推理的[874]我们[875]，因为理性运用过程[876]正是[877]灵魂[878]的种种活动[879]。

8.[880]［第 1 行］[881]但我们如何[882]与理智[883]关联[884]呢？我用"理智"[885]不是[886]指[887]灵魂[888]的状态[889]而是[890]指理智自身[891]，灵魂则是[892]源于[893]理智[894]的事物[895]之一。我们所拥有的这个[896]也是超越于[897]我们[898]的事物[899]。我们或者把它作为［第 5 行］[900]万物[901]的普遍性[902]拥有[903]，或者作为我们的特殊性[904]拥有，或者既作为普遍的又作为特殊的拥有[905]。说它普遍[906]是因为[907]它不包含部分[908]，是一[909]，在任何地方[910]都是同[911]，说它为我们所特有[912]是因为[913]在其灵魂[914]的原初部分[915]中[916]人人[917]都拥有[918]其整体[919]。因此，我们也以两种方式[920]拥有[921]形式[922]：在我们的灵魂中[923]以言说的方式单独展开[924]且各自分离[925]；以理智的方式[926]则聚集为同[927]和全[928]。

但我们如何拥有神呢？[929]他寓居[930]在理智[931]的［第 10 行］[932]本性[933]和真正的[934]实体[935]中。[936]从神开始算，[937]"我们"[938]位列第三[939]。柏拉图称[940]我们是由[941]那上界的[942]"不可分的"[943]和"那分离[944]在诸身体[945]中的"[946]所造。我们须认为[947]灵魂的这部分分离[948]在许多身体[949]中，在这一意义上它根据[950]［第 15 行］[951]每个[952]生命物[953]的尺度把自身[954]赋予[955]身体的量值[956]，尽管[957]灵魂是一[958]，但它把自身赋予了整个宇宙[959]：或者[960]它如同呈现[961]诸身体[962]的画像[963]，这是由于[964]它照射[965]入[966]它们身体[967]并造成[968]生命物[969]，而不是[970]由[971]它自身[972]和身体[973]造成生命物，它居于[974]它自身[975]并赋予它自身[976]以影像[977]，就像[978]从许多[979]镜子[980]中[981]看到一张脸[982]。在结合所成的实际事物中[983]，其最初的[984]影像[985]是感觉能力[986]，随后产生的是[987]［第 20 行］作为所谓的[988]灵魂[989]另一[990]形式[991]的所有事物[992]，每一者依次生自另一者[993]；这个系列[994]结束于[995]生育[996]和生长能力[997]。一般而言[998]，这两种能力造成[999]并完善了[1000]由灵魂所造[1001]但又不同于灵魂的其他[1002]事物[1003]，同时造成[1004]灵魂自身始终面向其造物[1005]。

9.[1006]［第 1 行］[1007]我们的[1008]较高级[1009]灵魂[1010]的本性[1011]与人[1012]不需要[1013]为所行的[1014]恶事[1015]和所遭受的[1016]恶果[1017]负任何责任[1018]。因为如前所说[1019]，这些恶只与生命物[1020]即结合所成的实际事物[1021]有关[1022]。但是[1023]，如果[1024]意见[1025]［第 5 行］[1026]和推论[1027]属于灵魂[1028]，那它如何[1029]摆脱罪[1030]呢？因为[1031]意见[1032]是一个骗子[1033]，是许多[1034]恶行[1035]的原因。因为我们[1036]是多[1037]，当[1038]我们受我们里面的坏东西[1039]控制[1040]，比如[1041]受欲望[1042]、激情[1043]或某种恶[1044]的影像[1045]之类控制时，我们就在行[1046]恶[1047]。我们所谓[1048]推论[1049]的错误[1050]即心理图像[1051]［第 10 行］[1052]还处在推论能力[1053]的判断[1054]形成过程的阶段[1055]，——我们受坏的部分[1056]影响下的活动[1057]正如[1058]在感觉中的[1059]结合所成的实际事物[1060]的感知[1061]，如果[1062]没有推论能力[1063]加诸于[1064]判断[1065]就只能看得错误[1066]。理智[1067]或者与活动过程[1068]有关或者[1069]无关[1070]。如果无关就是无罪[1071]：但是我们宁愿说[1072]我们[1073]或者与理智中的[1074]智性[1075]有关，［第 15 行］[1076]或者与我们自身中的智性[1077]无关[1078]，因为人们可能[1079]拥有[1080]它但不[1081]使用[1082]它。[1083]

我们以此方式区分了[1084]那属于结合所成的实际事物的[1085]和那属于灵魂的：那属于结合所成的实际事物的或者是形体的[1086]，或者是无[1087]形体的[1088]，无需[1089]形体的[1090]运作专属于[1091]灵魂。［第 20 行］当推论[1092]对由[1093]感觉[1094]所生的[1095]印象[1096]作出[1097]判断[1098]时，它也就同时[1099]在凝思[1100]形式[1101]，并借一种共通感[1102]凝思[1103]它们——我是指属于[1104]真正灵魂[1105]的真正[1106]推论[1107]：因为真正的[1108]推论[1109]是理智的[1110]运作活动[1111]，并且在外在的[1112]与内在的[1113]之间[1114]总存在许多[1115]相似性[1116]和共同性[1117]。所以无论事情如何，灵魂[1118]都平静如一[1119]，面向自身[1120]并安息于自身[1121]。正如我们所说的[1122]，［第 25 行］在我们里面[1123]的变化[1124]和骚动[1125]均来自于附着在我们身上的事物[1126]，来自于结合所成的实际事物[1127]的感受[1128]，无论其所是的准确性如何[1129]。

10.[1130]［第 1 行］[1131]但是[1132]如果[1133]"我们"[1134]就是灵魂[1135]，我们[1136]以这种方式[1137]受影响[1138]，那么灵魂[1139]也将以这种方式[1140]受影响[1141]，同样[1142]我们所做的[1143]也就是灵魂所做的[1144]。是的[1145]。然而我们说[1146]结合所成的实际事物[1147]是[1148]我们自身的[1149]一部分[1150]，尤其在我们未[1151]与身体分离[1152]时；［第 5 行］我们说[1153]我们[1154]受那影响[1155]我们[1156]身体[1157]的事物的影响[1158]。因此"我们"[1159]被使用为两种含义[1160]：或者包括[1161]野兽[1162]，或者[1163]指在目前生活中已经超越了[1164]野兽的那种[1165]。野兽[1166]是指被赋予生命[1167]的身体[1168]。但是[1169]真正的[1170]人[1171]则不同，他洁净[1172]了这些感受[1173]；他有着[1174]属于[1175]理智领域[1176]的德性[1177]并安顿在[1178]分离了的[1179]灵魂[1180]中，这灵魂即使[1181]位处[1182]下界[1183]也独立[1184]［第 10 行］[1185]且分离[1186]（因为[1187]当[1188]它[1189]全然[1190]退回[1191]时，它所光照的[1192]低级灵魂也随之[1193]退回到[1194]训练[1195]中）。但是，来自习惯[1196]和训练[1197]而非[1198]来自于明智[1199]的德性[1200]则属于结合所成的实际事物[1201]。恶习[1202]就[1203]属于此[1204]，因为[1205]嫉妒[1206]、羡慕[1207]和同情[1208]都位列其中。那么我们的友爱[1209]属于何者[1210]？［第 15 行］部分属于结合所成的实际事物[1211]，部分属于内在之人[1212]。[1213]

11.[1214]［第 1 行］[1215]当我们还是[1216]孩子[1217]时，复合物的力量[1218]是真正[1219]活跃的[1220]力量，只有少量[1221]来自高级原理的[1222]光线[1223]临到[1224]它自身[1225]。但是当[1226]这些不活跃[1227]时[1228]，就我们而论[1229]，它们的活动[1230]乃是向上伸展[1231]；当[1232]它们抵达[1233]中间[1234]地带[1235]时，这光才向着[1236]我们[1237]指引[1238]。［第 5 行］但是，难道"我们"[1239]不是[1240]被包括在中间地带之前的事物中[1241]吗？不[1242]，但须对此有清醒的理解。[1243]我们并不总是[1244]能使用[1245]我们所拥有的东西[1246]，只有当[1247]我们把我们的中间[1248]秩序[1249]导向[1250]高级原理[1251]或其对立面[1252]时，或者当[1253]我们设法发挥[1254]潜能[1255]或状态[1256]于[1257]活动[1258]时，我们才能使用它们。

生命物[1259]如何[1260]将残暴的野兽[1261]包括在内[1262]呢？［第 10 行］[1263]若如人们所说，[1264]它们[1265]里面[1266]有人的[1267]罪性[1268]灵魂[1269]，那么灵魂的可分离部分[1270]不[1271]属于[1272]野兽[1273]，它呈现于那里[1274]却[1275]不是[1276]为它们[1277]呈现[1278]；它们的共通感[1279]包括[1280]灵魂[1281]的影像[1282]和身体[1283]：我们可以说，野兽就是由灵魂[1284]的影像[1285]所构成的[1286]被限定的[1287]身体[1288]。但是如果人的[1289]灵魂[1290]未曾[1291]进入[1292]野兽里面，那么它成为[1293]诸如此类的[1294]生命物[1295][第 15 行]便是[1296]由于那源于宇宙灵魂的[1297]光照[1298]。

　　12.[1299][第 1 行][1300]但是如果[1301]灵魂[1302]是无罪的[1303]，那么[1304]它如何[1305]被审判[1306]？这种思想与以下论证[1307]如灵魂犯罪[1308]、正义地[1309]行动[1310]、经历[1311]惩罚[1312]、在[1313]冥河[1314]受罚和灵魂轮回[1315]等主张[1316]相矛盾[1317]。[第 5 行][1318]我们可以接受[1319]我们喜欢[1320]的任何[1321]观点[1322]；也许我们可以找到一种它们之间[1323]互不[1324]冲突[1325]的观点[1326]。[1327]所谓[1328]灵魂无罪的[1329]论证[1330]在于[1331]假设[1332]灵魂是完全[1333]单纯的[1334]事物自身[1335]，[1336]把灵魂[1337]与灵魂之所是[1338]等同；而认为灵魂有罪的[1339]论证[1340]则假设罪与灵魂交织[1341]，有灵魂的另一种形式[1342]加诸[1343]其上[1344][第 10 行][1345]并以可怕的方式[1346]影响[1347]它：这样[1348]，灵魂[1349]本身[1350]就成了复合物[1351]，成了所有元素[1352]的产物[1353]，并在整体上[1354]受其影响[1355]，成了会犯罪[1356]的复合物[1357]，柏拉图认为这是要受惩罚的[1358]。要受惩罚的不是那单纯的灵魂[1359]。因此[1360]他说[1361]，"如同[1362]看见[1363]海神[1364]格劳科[1365]的人那样，我们见过[1366]灵魂[1367]"。但是他又说如果[1368]有人想要[1369]看见[1370]它的真正本性[1371][1372]，那么他们必须[1373][第 15 行]"剔除[1374]其外部装饰[1375]"并"凝视[1376]其[1377]哲学[1378]"，[1379]才能看见"它与原理的紧密相关[1380]"，"与实在[1381]密切相关的[1382]是其所是[1383]"。因此[1384]存在另一种灵魂[1385]的生命[1386]和另一些[1387]活动[1388]，那受罚的灵魂[1389]则不同[1390]。上升[1391]和分离[1392]的灵魂不仅[1393]不[1394][第 20 行][1395]受身体[1396]影响，也[1397]不受任何[1398]附加物[1399]影响。附加物[1400]来自生成过程[1401]；或者毋宁说生成[1402]完全[1403]属于灵魂[1404]的其他[1405]形式[1406]。我们解释过[1407]生成[1408]之如何[1409]发生。它是灵魂下倾[1410]的结果[1411]，当灵魂下倾[1412]时它就坠落[1413]，由此产生[1414]某些其他事物[1415]。那么灵魂放弃[1416]其影像[1417]吗？[第 25 行][1418]这种坠落[1419]如何[1420]不会[1421]是罪[1422]呢？如果坠落[1423]是指光照[1424]下界事物[1425]，那么它不是[1426]罪[1427]，正如[1428]投下影子[1429]不是[1430]罪一样。那得到光照的事物[1431]才是其原因[1432]，因为如果它不存在[1433]，灵魂就无处光照[1434]。灵魂之被认为[1435]下倾[1436]或坠落[1437]，是指事物得到它[1438]的光照[1439]并与它[1440]同在[1441]。若无物接受[1442]，[第 30 行][1443]灵魂便要[1444]放弃[1445]其影像[1446]。灵魂放弃[1447]影像并不是[1448]说影像被分离了[1449]，[1450]而是说[1451]它不再[1452]存在[1453]。影像不再存在之时[1454]就是整个[1455]灵魂凝视可理知世界[1456]之时[1457]。当诗人[1458]说赫拉克勒斯[1459]的影子[1460][第 35 行]在冥河[1461]中[1462]，而他自己[1463]则[1464]位列[1465]诸神[1466]时，他似乎把赫拉克勒斯本人[1467]与其形影[1468]分离了开来[1469]。[1470]诗人决意使两个故事都保存下来[1471]，他既在冥河中[1472]又位列诸神[1473]，因此他划分了赫拉克勒斯。[1474]但是，也许[1475]这[1476]是[1477]对这个故事[1478]最貌似有理的解释[1479]：[1480]因为[1481]赫拉克勒斯[1482]具有[1483]这种实践的[1484]德性[1485]，他因[1486]其高贵品性[1487]配成为[1488]神[1489]——因为[1490]他是一个实践的[1491]而[1492]非[1493]凝思的人[1494]（在那种情况下，他就完全在可理知世界中了[1495]），因此他虽然位列[1496]上界[1497]，但是仍然[1498]有部分[1499]位列[1500]下界[1501]。

13. [1502][第 1 行][1503]什么是这样的一种研究原理呢？[1504]是"我们"[1505]还是灵魂[1506]？是"我们"[1507]，不过[1508]是借着灵魂的"我们"[1509]。我们用"藉着灵魂"意指什么呢？[1510]"我们"是因为拥有灵魂[1511]才研究[1512]吗？[1513]不，是就我们是灵魂而言。[1514]那么[1515]灵魂运动[1516]吗？[1517]是的[1518]，我们必须承认[1519]它[1520]有这种[1521]运动[1522]，[第 5 行][1523]但不是[1524]身体的运动[1525]，而[1526]是[1527]它自身[1528]生命的运动[1529]。理智活动[1530]在灵魂是理智意义上的[1531]是我们的[1532]活动[1533]。理智活动[1534]是灵魂的高级[1535]生命[1536]，它既在灵魂理智地运作之上[1537]也在理智作用于我们之上[1538]。因为[1539]理智也是我们自身的[1540]一部分[1541]，我们就是要上升[1542]向[1543]它[1544]。

**注译：**

[1]Περι Τογ Τι Το Ζωιον Και Τις Ο Ανθρωπος。按照普罗提诺写成作品的时间排列，本篇原为第 53 篇作品。Paul Kalligas 就本章的"人作为生命物"主题作了概念史考查。这里只撮其要。本章的主题可能与柏拉图《泰阿泰德篇》中"什么是人有关？"什么样的行动和适当的情绪属于人的本性、什么样的行动和情绪又将人和其他生命物进行了区别相关。在《斐德若篇》和《蒂迈欧篇》等文本中，柏拉图都把人定义为"身体和灵魂的复合物"，还在广义的意义上把人定义为身体化生活期间的灵魂和身体的复合物，这个定义也被用于植物和动物。亚里士多德接受柏拉图的定义，把感知觉作为生命物的必要特征。这也解释了为何以后的哲学家如欧多鲁斯(Eudorus)使用这个术语时都把身体作为生命机体的一部分。但是由于柏拉图明显把身体放在负面的和较低的地位，以后

的哲学家例如波塞多纽(Posidonius)也把身体称为灵魂非理性冲动的工具。阿佛洛狄西亚斯的亚历山大(Alexander of Aphrodisias)称生命物(ζῳον)是由身体和灵魂构成的复合的存在物，它会感知疼痛、能行走、看见、欲求、热爱和厌恶。斐洛(Philo)继承了阿佛洛狄西亚斯的亚历山大的看法，称生命物是复合的灵魂，是感觉、行动、欲求和情绪的主体。(Paul Kalligas, *The Enneads of Plotinus: A Commentary*, Vol.1, p.106)

²本节摘要。普罗提诺从提问情绪是否属于生命物或者属于生命物的哪一部分开始考查人的复合性：情绪是否属于灵魂？推论和意见是否属于灵魂？智性活动如何发生？

³Ἡδοναὶ 快乐

⁴καὶ 和

⁵λῦπαι 悲伤

⁶φόβοι 恐惧

⁷θάρρη 自信

⁸ἐπιθυμίαι 欲望

⁹ἀποστροφαί 厌恶

¹⁰ἀλγεῖν 痛苦

¹¹ἂν εἶεν 属于，属乎。ἂν 语气词。εἶεν 是，属于。

¹²τίνος 谁，哪一个。

¹³《九章集》英译者 Armstrong 注。在讨论的开始，普罗提诺似乎就引用了亚里士多德《论灵魂》A 4. 408b 1 后面的一段话。在这段话中，亚里士多德提出如下问题：当灵魂产生诸如愤怒这些情绪时，它是否真的是"受动"的？普罗提诺也有可能知道柏拉图《法律篇》897a 有关灵魂运动的描述，柏拉图认为灵魂的运动优于并引起身体的运动。比起 Henry-Schwyzer 在其 apparatus fontium 中所引用的柏拉图的原文（《理想国》429c-d, 430a-b;《斐多篇》83b，他们还引用了亚里士多德的原文），这段话似乎与当前的讨论更相关。

¹⁴Ἢ 或者

¹⁵γὰρ ψυχῆς 灵魂。γὰρ 既然，由于。ψυχῆς 灵魂。

¹⁶ἢ 或者

¹⁷χρωμένης 使用

¹⁸σώματι 身体

¹⁹ψυχῆς 灵魂

²⁰ἢ 或者

²¹ἐξ ἀμφοιν 来自两者，两者构成的。ἐξ 来自。ἀμφοιν 两者。

²²τρίτου 第三

²³τινὸς 某物，物。

<sup>24</sup>这是英译者 Armstrong 所加，普罗提诺原文没有此句。

<sup>25</sup>ἢ γάρ 其一。ἢ 或者。γάρ 既然，由于。

<sup>26</sup>μῖγμα 混合

<sup>27</sup>ἢ ἄλλο 其二，另一者。ἢ 或者。ἄλλο 另一者。

<sup>28</sup>μίγματος 混合

<sup>29</sup>ἐκ 来自，产生自。

<sup>30</sup>ἕτερον 不同的，相异的。

<sup>31</sup>ὁμοίως δὲ καὶ τὰ ἐκ τούτων 这也同样适用于。ὁμοίως 同样。δὲ 通常用在两个字之间。καὶ 和。ἐκ 来自。τούτων 这个，这。

<sup>32</sup>παθημάτων 情绪。[第 6 行] Paul Kalligas 对 παθημάτων 作了概念史解释，这里只撮要言之。柏拉图和亚里士多德同义地使用 pathema 和 pathos，主要用以指有形的或者心理的感受。斯多亚学派把 pathos 定义为灵魂的非理性冲动，但是早期斯多亚主义者如波塞多纽把 pathe 称为灵魂的导引性功能，认为它来自灵魂灵性的和意愿的能力，正如伽伦(Galen)所注意到的，这就完全支持了柏拉图的观点。此后斯多亚学派吸收漫步学派(Peripatetic)心理学的内容，澄清非理性(alogon)这个词的含义，认为非理性指并非与正确的理性对立而是灵魂非理性部分的运动。普罗提诺则回归亚里士多德的观点并稍有修正，他认为只有身体和灵魂影像的复合物才会服从于 pathos。因此普罗提诺把 pathos 用在感受(affections/feelings)的意义上，而不是冲动(impulses/emotions)的意义上，这也是亚里士多德的用法。(Paul Kalligas, *The Enneads of Plotinus: A Commentary*, Vol.1, p.107)

<sup>33</sup>γινόμενα 结果

<sup>34</sup>πραττόμενα 行动

<sup>35</sup>δοξαζόμενα 意见

<sup>36</sup>καὶ οὖν καὶ 因此。καὶ 和。οὖν 的确，真的，必须。

<sup>37</sup>ζητητέαι 研究

<sup>38</sup>διάνοια 推论

<sup>39</sup>δόξα 意见

<sup>40</sup>ὧν 于是，以便。

<sup>41</sup>πότερα 是否

<sup>42</sup>πάθη 情绪

<sup>43</sup>ἢ αἱ 或者。αἱ 语气词。μὲν 真的。οὕτως 这样，如此。

<sup>44</sup>μὲν οὕτως 的确这样，相同。

<sup>45</sup>αἱ δὲ ἄλλως 则不然。αἱ 语气词。δὲ 通常用在两个字之间。ἄλλως 不同的，另外的。

<sup>46</sup>θεωρητέον 思考

<sup>47</sup>νοήσεις 智性活动。亚里士多德是第一个说明 νοήσεις 的哲学家，称它是灵魂里面某些特别卓越的事物。智性似乎是一种不同的灵魂，能够单独存在并与其他部分分离。亚里士多德认为理智是某种单纯的和不动心的存在。(Paul Kalligas, *The Enneads of Plotinus: A Commentary*, Vol.1, p.108)

<sup>48</sup>τίνος 它们

<sup>49</sup>πῶς 如何，如何发生。

<sup>50</sup>αὐτὸ 它们

<sup>51</sup>δὴ καὶ 应当归于，属于。δὴ 应当。 καὶ 和。

<sup>52</sup>τοῦτο 谁，某个事物。

<sup>53</sup>ἐπισκοποῦν 观察

<sup>54</sup>περὶ τούτων 何种事物。περὶ 关于。 τούτων 这个，某种。

<sup>55</sup>ποιούμενον 扮演，指扮演监工的角色。

<sup>56</sup>ζήτησιν 研究

<sup>57</sup>τί ποτ' ἂν εἴη 关于这些问题

<sup>58</sup>κρίσιν 决定，作出决定。

<sup>59</sup>πρότερον 首先

<sup>60</sup>αἰσθάνεσθαι 感觉

<sup>61</sup>τίνος 谁或什么

<sup>62</sup>Ἐντεῦθεν γὰρ ἄρχεσθαι προσήκει 这是我们必须以之为开始的。Ἐντεῦθεν 相当于 where。 γὰρ 因此。 ἄρχεσθαι 开始。προσήκει 合适的，应当的。

<sup>63</sup>πάθη 情绪

<sup>64</sup>ἤ 或者

<sup>65</sup>εἰσιν 是

<sup>66</sup>τινὲς 某种

<sup>67</sup>αἰσθήσεις 感觉

<sup>68</sup>ἤ 或者

<sup>69</sup>οὐκ 不可能

<sup>70</sup>ἄνευ 无

<sup>71</sup>αἰσθήσεως 感觉

<sup>72</sup>本节摘要。要讨论生命物与情绪的关系，就须讨论灵魂；灵魂包括纯粹的、分离的灵魂和在身体中的灵魂；纯粹的灵魂不从外部接受任何事物，它的"是"与外部的"是"没有任何关系，不受外部的"是"的影响，也就不会产生恐惧这样的情绪；灵魂与理智是什么关系？它如何与智性同在？

<sup>73</sup>依据 Paul Kalligas 撮要言之。［第 1—2 行］普罗提诺需要在柏拉图的多层次本体论宇宙中为灵魂定位，这样才能够确定灵魂的某些基本特性。他主要以如下两种方式

使用灵魂：(1)纯粹的、分离的灵魂；(2)在身体里面的或者身体化的灵魂(embodied one)。在纯粹的分离的灵魂的意义上，普罗提诺诉求于亚里士多德《形而上学》中首创的与格形式 psuchei，而不是通常关于形式(Forms，aute，auto-等)的直陈式表达。原因在于普罗提诺认为不存在所谓的"灵魂的形式"(autopsuche)，他认为灵魂独立于身体并占据了形式的位置。简单地说，普罗提诺用 psuchei 指灵魂自身或者说独立的灵魂；用 psuche 指身体化的灵魂或者说在身体里面的灵魂。(Paul Kalligas, *The Enneads of Plotinus: A Commentary*, Vol.1, p.108)

[74]Πρῶτον 首先

[75]ληπτέον 思考

[76]δὲψυχὴν 灵魂。δὲ 通常用在两个字之间。

[77]ψυχή 灵魂

[78]πότερον ἄλλο μὲν 两者中的一事物。πότερον 两者之一。ἄλλο 一者，一个。μὲν 的确，真的。

[79]ψυχῇ εἶναι 灵魂之所是。ψυχῇ 灵魂。 εἶναι 所是。即 Armstrong 译为 essential soulness，Stephen Mackenna and B. S. Page 译为 essential soul。Stephen Mackenna and B. S. Page 指出 ψυχῇ εἶναι 位于 individual soul 和 Soul-Kind in itself 之间，也就是位于"个体灵魂"和"种的灵魂"之间，因此普罗提诺这里所谓的 ψυχῇ εἶναι 是"属的灵魂"。本译文的"种"和"属"的译法依据亚里士多德的用法。亚里士多德认为"种(γένος)"是大于"属"(εἶδος)的范畴。(参看陈真译《亚里士多德》"中文版简体本序言"第 11 页，上海世纪出版集团，2005 年)

[80]ἄλλο 另一个，另一回事。

[81] εἰγὰρ 如果。εἰ 如果。γὰρ 既然。

[82]τοῦτο 这样

[83]ὅλως 一般而言，这里译为"无论"。

[84] ἕξεις 状态

[85]διαθέσεις 意向

[86]χείρους 较坏

[87]βελτίους 较好

[88]ψυχὴ 灵魂

[89]σύνθετόν 复合物

[90]αὐτὴν 它

[91]ἤδη δέχεσθαι 接受。ἤδη 已经，立即。δέχεσθαι 接受。

[92]καὶ αὐτῆς εἶναι 并拥有。καὶ 并且。 αὐτῆς 它。 εἶναι 是，指拥有。

[93]τὰ τοιαῦτα 这类

[94]πάθη 情绪

95依据 Paul Kalligas 撮要言之。［第 6—7 行］基于亚里士多德所谓的灵魂自身就是一种形式的观点，就必然会把灵魂等同于 ti en einai(essence)本体。亚里士多德在《形而上学》Z6,1031a17-b3 已经做了这个工作，普罗克洛(Proclus)也对此做过概述。作为一个柏拉图主义者，普罗诺认为灵魂自身是某种可理知事物（《九章集》IV.8.3.6-30），并引用柏拉图《斐德若篇》79d1-80a9 对这个漫长的传统加以阐释。普罗提诺认为可以在可理知区域发现作为其本身(kath' hayten)的灵魂即与身体分离的灵魂。与灵魂这个本体性形式的本性相伴随的是本体性活动（《九章集》II 5.3.31-3），它展示了一种原初的"本体活动"(energeia tes ousias)，这不同于第二层次的"来自本体的活动"(ek tes ousias：《九章集》V4.2.28—29)。当原初的活动传递到某种其他事物时，它就转化成了第二层次的或者"其他的活动"（alle energeia：《九章集》II 5)。接受第二层次活动的是另一类实体而不同于原初活动自身。(Paul Kalligas, *The Enneads of Plotinus: A Commentary,* Vol.1, pp.108—109)

96εἰ 如果

97λόγος 论证

98ἐπιτρέψει 有赖于

99οὕτως 如此，这样。

100οὐκ ἄτοπον 不足为奇。οὐκ 不。ἄτοπον 荒谬，奇怪。

101ἤ, εἰ 如果或者，如果要么。这里译为"如果不是这样的话"。

102ψυχὴ 灵魂

103ψυχῇ εἶναι 灵魂之所是

104ταὐτόν 自身，这里译为"一"。

105ἐστι 是，这里译为"同"。

106英译者 Armstrong 注：参看亚里士多德《形而上学》 H 3. 1043b. 3。"'灵魂'与'成为灵魂'相同，'成为人'与'人'却不同，除非那个无身体之'灵魂'就被称为人"［罗斯（Ross）］。在这一观点上，普罗提诺与亚里士多德相互对立。普罗提诺认为理性灵魂是"真人"，"内在之人"（《九章集》10 章）：我们的低级本性是"另一个人"，它依附于原初的人即"我们的真我"。

107ψυχὴ 灵魂

108ἄν εἴη 是。ἄν 语气词。

109τι 某种，一种。

110 εἶδός 形式

111ἄδεκτον 不容许

112ἐνεργειναι 活动

113ἐποιστικὸν 分与

114τούτων ἁπαςῶν 所有这些活动，其他事物。

[115]ἔχον 拥有

[116]ἑαυτῷ 本己的

[117]συμφυᾶ 内在的，与生俱来的。

[118]ἐν ἑαυτῷ 在其自身中的，具有共同性质的。

[119]ἐνέργειαν 活动

[120]λόγος 讨论

[121]ἂν φήνη 显示。ἄν 语气词。

[122]ἥντινα 任何一种。

[123]οὕτω γὰρ 如果是这样的话。οὕτω 这样，如此。 γὰρ 既然，因为。

[124]ἀληθὲς 真的

[125]λέγειν 称，宣称。

[126]ἀθάνατον 不朽的

[127]ἀθάνατον 不朽的

[128]ἄφθαρτον 不败坏的

[129]εἶναι 是

[130]ἀπαθὲς 没有情绪的

[131]依据 Paul Kalligas 撮要言之。［第 9—15 行］由于灵魂是形式，它作用于其他事物而不受其他事物影响，也不有所损减。灵魂的不朽性以这种方式使灵魂成为斯多亚哲学家潘诺提乌(Panaetius)所谓的"无关于对象"的存在，无论此人遭受什么样的疾病痛苦或者其他苦难。在普罗提诺之前，西塞罗也坚持这样的观点。普罗提诺主张灵魂独立于低阶实体但依赖于在灵魂之先的高阶本体，关注灵魂对诸如此类影响的摆脱，使灵魂完全不动心。(Paul Kalligas, *The Enneads of Plotinus: A Commentary,* Vol.1, pp.109-110)

[132]ἄλλω 那么

[133]ἑαυτοῦ 它自身

[134]πως διδόν 给予了。πως 一定，无论如何。

[135]μηδὲν 绝没有

[136]παρ' 从……

[137]ἄλλου 别的事物，其他事物。

[138]ἔχειν 拥有，指接受。

[139]αὐτὸ 什么

[140]ἤ...παρὰ 除非，要么。

[141]ὅσον παρὰ τῶν πρὸ αὐτοῦ ἔχειν 它从在它之先的原理中接受了什么。ὅσον 与……一样。 παρὰ 从，除……之外。 πρὸ 来自……αὐτοῦ 它自身。ἔχειν 拥有，接受。

[142]ὧν μὴ 不，不能。ὧν 于是，因而。 μὴ 不。

<sup>143</sup>ἀποτέτμηται 分离

<sup>144</sup>κρειττόνων 更高

<sup>145</sup>ὄντων 存在，是，原理。

<sup>146</sup>γὰρ ἄν 既然。ἄν 语气词。

<sup>147</sup>ἔξω 外部

<sup>148</sup>ἄδεκτον 不接受

<sup>149</sup>ὂν παντὸς 全部事物，任何事物。ὂν 存在物。παντὸς 全部。

<sup>150</sup>φοβοῖτο 恐惧

<sup>151</sup>τί 什么

<sup>152</sup>φοβείσθω 恐惧

<sup>153</sup>τοίνυν，于是，那么。

<sup>154</sup>ἐκεῖνο 照那样

<sup>155</sup>δύναται 能够，会。

<sup>156</sup>παθεῖν 受影响

<sup>157</sup>τοίνυν 于是，那么。

<sup>158</sup>οὐδὲ 不会

<sup>159</sup>θαρρεῖ 感到自信，自信。

<sup>160</sup>μὴ 从未

<sup>161</sup>παρῇ 遭遇

<sup>162</sup>φοβερὰ 恐惧，惊恐，惊恐之事。

<sup>163</sup>θάρρος 自信

<sup>164</sup>σώματος 身体

<sup>165</sup>ἀποπληροῦνται 津津乐道，满足。

<sup>166</sup>κενουμένου 排泄

<sup>167</sup>πληρουμένου 饱足

<sup>168</sup>ἐπιθυμίαι 欲望

<sup>169</sup>αἳ διὰ 不同。αἳ 表示语气。διὰ 穿过，通过。

<sup>170</sup>κενουμένου 排泄

<sup>171</sup>πληρουμένου 饱足

<sup>172</sup>ὄντος 是

<sup>173</sup>ἄλλου 另外的，不同的，不相容。

<sup>174</sup>πῶς 如何可能，如何。

<sup>175</sup>δὲ μίξεως 混合。δὲ 通常用在两个词之间。

<sup>176</sup>ἢ 或者。Armstrong 没有译出。

<sup>177</sup>τὸ οὐσιῶδες 实体性存在物。Armstrong 译为 substantial being. Stephen Mackenna

and B. S. Page 译为 intrusion of something。

[178]ἄμικτον 不混合的，不是混合的。

[179]πῶς δὲ 如何可能。δὲ 通常用在两个字之间。

[180]τινων 某种，任何。

[181]ἐπεισαγωγῆς 附加

[182]οὕτω γὰρ ἂν 如果是这样。οὕτω 如此，这样。γὰρ 既然。ἂν 语气词。

[183]σπεύδοι 即刻

[184] εἰς τὸ μὴ εἶναι ὅ ἐστι 就不再是其所是了。εἰς 在……中间。τὸ μὴ 不是。εἶναι 是。ὅ ἐστι 其所是。

[185]Τὸ δ᾽ ἀλγεῖν ἔτι πόρρω 它也远离痛苦。ἀλγεῖν 痛苦。ἔτι πόρρω 远离。

[186]λυπεῖσθαιδὲ πῶς ἢ ἐπὶ τίνι 它如何可能会有悲伤？又如何可能会为什么事悲伤？λυπεῖσθαι 悲伤。δὲ 通常用在两个字之间。πῶς 如何可能。ἢ ἐπὶ τίνι 又如何可能会为什么事悲伤？ἢ 或者，又。ἐπὶ 关于。τίνι 某种，某种事物。

[187]τὸ γε ἁπλοῦν ἐν οὐσία 凡实体单一的。ἁπλοῦν 单一，单纯。ἐν 在……中。οὐσία 实体，本体。

[188]αὔταρκες 自足

[189] οἷόν ἐστι μένον ἐν 这是由于它牢牢地根基于，只在……中。οἷόν 如同。ἐστι 是。Μένον 只，仅。ἐν 在……中。

[190]αὐτοῦ 自身的

[191]οὐσία 实体性

[192]οὐδενὸς 不

[193]προσγενομένου 产生

[194]τίνος 任何事物

[195]οὐδ᾽ 不

[196]προσιόντος 产生

[197]ἀγαθοῦ 善

[198]ἥδεται 喜悦，快乐。

[199]προσγενομένου 增加

[200]依据 Paul Kalligas 撮要言之。［第 25-27 行］除了剥除所预设的感知觉的感受外，普罗提诺甚至否定纯粹灵魂对自身及相关功能包括推论(dianoia)和意见(doxa)的感知。其主要原因在于他不愿承认灵魂所招致的任何外部影响，因为亚里士多德把感知觉延伸到如下含义：包括对身体的感受或者说情绪的接受(paradoche)。这又包含了纯粹有形体本性的变化例如排泄(kenosis)和饱足(plerosis)，并会导致快乐、困扰、欲求或者其他印象。接受这些形式由于借助于感觉器官，会把感知觉属性转移到可理智区域进而导致外部对象影响推论过程。(Paul Kalligas, *The Enneads of Plotinus: A Commentary*, Vol.1,

p.110)

$^{201}$ὃ γάρ ἐστιν, ἔστιν ἀεί 它始终是其所是。γάρ 既然，于是。 ἔστιν 它是，其所是。ἀεί 永远，始终。

$^{202}$καὶ 而且

$^{203}$αἰσθήσεται 感觉

$^{204}$διάνοια 推论

$^{205}$δόξα 意见

$^{206}$οὐδὲ 没有

$^{207}$περὶ αὐτὸ 关于它，与……有关系。

$^{208}$γὰρ 因为

$^{209}$αἴσθησις 感觉

$^{210}$εἴδους 形式

$^{211}$παραδοχὴ 接受

$^{212}$ἤ 或者

$^{213}$σώματος 身体

$^{214}$πάθους 感受

$^{215}$παραδοχὴ 接受

$^{216}$Armstrong 注：这是亚里士多德的观点，参看《论灵魂》B 12. 24a 18。

$^{217}$διάνοια 推论

$^{218}$δόξα 意见

$^{219}$ἐπ' 根基于

$^{220}$αἴσθησις 感觉

$^{221}$ἐπισκεπτέον 询问，探询

$^{222}$πῶς 如何

$^{223}$νοήσεως 智性

$^{224}$εἰ 如果，是否。

$^{225}$καταλείψομεν 承认

$^{226}$αὐτῇ 它，提灵魂

$^{227}$ταύτην 它，这个，指智性。

$^{228}$περὶ αὐτὴν μόνην οὖσαν 当灵魂独处时。περὶ 关于。αὐτὴν 它。 μόνην 独自。οὖσαν 是。

$^{229}$συμβαίνει 经验，所经验的。

$^{230}$εἰ 是否

$^{231}$ἡδονῆς αὖ καθαρᾶς 纯粹的快乐。ἡδονῆς 快乐。 αὖ 再者，另外。 καθαρᾶς 纯粹的。这里撮要 Paul Kalligas 的注释：纯粹的快乐是由柏拉图《斐利布篇》(52c,63e)引入

的观念，相当于非混合的(ameikton:50e6)或者真正的(alethon:51b1)快乐，用来指并非极度的快乐例如"学习的快乐"。

[232]本节摘要依据 Paul Kalligas 撮要言之。本节讨论身体化的灵魂或者说在身体中的灵魂。只要身体被赋予了灵魂或者灵魂化了，它就必然具有相关于生命物构成的某些物理性事物，本节第 1—3 行的语汇引自柏拉图《斐德若篇》246c5。普罗提诺把灵魂和身体的关系类比为工匠和工具（容器）的语汇可能来自柏拉图的《阿尔基比亚德篇》199c5-130a1。在这个类比中，普罗提诺认为即使是身体化的灵魂也不会直接受身体影响，身体的属性不会直接影响灵魂，不会像有形体事物影响有形体事物那样。尽管身体所具有的感知觉会受感知觉对象的影响，但是感知觉不致于于全部构成灵魂的情绪(pathos),它会构成灵魂的活动(energeia)即认知的呈现。但是无疑地，感知觉的存在会与情绪和欲望的存在相关，情绪和欲望虽然不是感知觉的直接结果，但它是由感觉器官所引发的好或坏的结果。这样的话，普罗提诺仍然保留了如下问题：身体作为工具这种模式仍然不能够回答身体如何影响灵魂，因为前面的回答仍然止步于身体与身体的影响关系。这也可见普罗提诺并没有抛弃柏拉图所作的有形体存在和无形体存在的区分，他也没有抛弃柏拉图所谓的有形体事物是必死的和易受影响的事物的观点(Paul Kalligas, *The Enneads of Plotinus: A Commentary,* Vol.1, pp.111-112)

[233]ἀλλὰ γὰρ 当然。ἀλλὰ 然而。 γὰρ 因为。

[234]σώματι 身体

[235]ἐν 在……中

[236]ψυχήν 灵魂

[237]εἴτε…εἴτ 或者……或者，无论……还是……

[238]πρὸ τούτο 在……身体之先。πρὸ 来自，在……之先。τούτο 某个，这个，指身体。

[239]ἐν τούτῳ 在身体之中。ἐν 在……中。τούτῳ 某个，这个，指身体。

[240]σύμπαν 全部

[241]ζῷον 生命物

[242]ἐκλήθη 获得，这里指得名。

[243]ἐξ οὗ 真的源自。ἐξ 源自。οὗ 真的。

[244]αὐτῆς，它，指身体和灵魂的结合。

[245]ἐξ οὗ καὶ αὐτῆς ζῷον τὸ σύμαπαω ἐκλήθη, 英译者 Armstrong 指出这句话引自柏拉图《斐德若篇》246c5；灵魂以身体为工具的观念则来自于《阿尔基比亚德篇》129c-e。阿佛洛狄西亚斯的亚历山大则基于亚里士多德的观点批评对灵魂进行二分的做法(Paul Kalligas, *The Enneads of Plotinus: A Commentary,* Vol.1, p.111)。

[246]μὲν οὖν 现在如果。οὖν 的确，真的。

[247]σώματι 身体。ὀργάνῳ 器官。

<sup>248</sup>χρωμένη 工具

<sup>249</sup>οὐκ 并非

<sup>250</sup>ἀναγκάζεται 必然地

<sup>251</sup>δέξασθαι 接受

<sup>252</sup>σώματος 身体

<sup>253</sup>παθήματα 情绪

<sup>254</sup>τεχνῖται 工匠

<sup>255</sup>οὐκ 不

<sup>256</sup>διὰ 借助，受

<sup>257</sup> ὀργάνων 工具

<sup>258</sup>παθήματα 性状，情绪。

<sup>259</sup>为了符合中文的语意，这里把 παθήματα 译为"性状（情绪）"。普罗提诺对于身体的理解比较复杂，它并不是一个单纯质料性载体，而是具有活动的性状。这种性状包含有某种主动性特征，与柏拉图有细微却重要的区别。如果按照《九章集》的整体意思，这句话似翻译如下更能够直接传达出普罗提诺的意思：现在，如果灵魂以身体(σώματι)为工具(ὀργάνῳ)，那么它就并非必然(ἀναγκαζεται)会接受(δέξασθαι)自身体(σώματος)而来的情绪/性状(παθήματα)，正如工匠(τεχνιται)不受他所使用的工具(ὀρυανων)的性状/性状(παθήματα)影响一样。

<sup>260</sup>δὲ τάχ᾽ 也许，这里译为"也许有人会说"。

<sup>261</sup>εἴπερ δεῖ 如果。εἴπερ 如果。 δεῖ 必须。

<sup>262</sup>χρῆσθαι 使用

<sup>263</sup> ὀργάνῳ 工具

<sup>264</sup>ἄν ἀναγκαίως 必然。ἄν 语气词。

<sup>265</sup>ἔξωθεν 外部

<sup>266</sup>παθήματα 影响

<sup>267</sup>ἐξ 来自，基于。

<sup>268</sup>αἰσθήσεως 感觉

<sup>269</sup>γινωσκούσῃ 知道

<sup>270</sup>ἀναγκαίως 必然

<sup>271</sup>αἴσθησιν 感觉

<sup>272</sup>ἐπεὶ 因为

<sup>273</sup>ὄμμασίν 眼睛

<sup>274</sup>χρῆσθαι 用处

<sup>275</sup>ἐστιν 是，在于。

<sup>276</sup> ὁρᾶν 看

²⁷⁷ἀλλὰ 但是，然而。

²⁷⁸περὶ 关于，在……中。

²⁷⁹ὁρᾶν 看

²⁸⁰βλάβαι 伤害

²⁸¹ὥστε 好似，可能。

²⁸²λῦπαι 悲伤

²⁸³ἀλγεῖν 痛苦

²⁸⁴γίγνηται 发生

²⁸⁵περὶ 关于，在。

²⁸⁶τὸ σῶμα πᾶν 全身

²⁸⁷ὅλως ὅ τι περ ὄν 所有事情。ὅλως 全部。 ὅ τι περ 表示加强的意义。 ὄν 存在，存在物，事物。

²⁸⁸ὥστε 如果

²⁸⁹ζητούσης 寻求

²⁹⁰ὀργάνου 工具

²⁹¹θεραπείαν 服务

²⁹²ἐπιθυμίαι 欲望

²⁹³ἀλλὰ 然而

²⁹⁴ἀπὸ 源自

²⁹⁵σώματος 身体

²⁹⁶πάθη 情绪

²⁹⁷πῶς 如何

²⁹⁸ἥξει 抵达

²⁹⁹εἰς αὐτὴν 在它之中，指在灵魂之中，即文中的抵达灵魂。

³⁰⁰ἄλλῳ 但是

³⁰¹σῶμα 身体

³⁰²μὲν γὰρ 的确，真的。μὲν 的确，真的。 γὰρ 既然。

³⁰³普罗提诺用 σώματι（身体的性状）指前文的 πάθη，可见 πάθη 与身体(σῶμα)之间存在关系。

³⁰⁴μεταδώσει 传递

³⁰⁵ἑαυτοῦ 另一者

³⁰⁶σῶμα δὲ 身体。δὲ 通常用在两个字之间。

³⁰⁷πῶς 如何可能

³⁰⁸ψυχῇ 灵魂

³⁰⁹τοῦτο γὰρ ἐστιν οἷον 这无异在说。τοῦτο 这。 γὰρ 既然，因为。 ἐστιν 是，在。 οἷον

如同，好像。

$^{310}$ἄλλου 一事物

$^{311}$παθόντος 影响

$^{312}$ἄλλο 另一事物

$^{313}$παθεῖν 影响

$^{314}$μέχρι γὰρ τοῦ τὸ μὲν εἶναι 就一个是……而言。μέχρι 直到现在。 γὰρ 既然 τοῦ τὸ μὲν 的确，真的。εἶναι 是。

$^{315}$χρώμενον 使用者

$^{316}$ἑκάτερον 另一个，另一者。

$^{317}$τὸ δὲ ᾧ χρῆται 被使用对象

$^{318}$ἐστιν 是

$^{319}$χωρίς 分离

$^{320}$γοῦν 无论如何

$^{321}$ψυχὴν 灵魂

$^{322}$χρώμενον 工具

$^{323}$ διδούς 两者

$^{324}$χωρίζει 分开

$^{325}$ἀλλὰ 但是

$^{326}$διὰ 借助

$^{327}$φιλοσοφίας 哲学

$^{328}$πρὸ τοῦ χωρίσαι 分离，与……分离，指与身体分离。πρὸ 从……

$^{329}$αὐτὸ πῶς εἶχεν 它们又处在什么样的关系中呢？αὐτὸ 它们。πῶς 如何，什么样的关系。εἶχεν 拥有，具有。

$^{330}$Ἓ ἐμέμικτο 存在一种混合，或者是一种混合。Ἓ 或者，要么。 ἐμέμικτο 混合。

$^{331}$ἀλλὰ 但是

$^{332}$εἰ 如果

$^{333}$ἐμέμικτο 混合

$^{334}$ἢ 或者，或者是。

$^{335}$κρᾶσίς τις ἦν 参合在身体中。κρᾶσίς 参合。τις 某个，指身体。

$^{336}$依据 Paul Kalligas 撮要言之。［第 18—21 行］普罗提诺提出了四个等次的结合，第一种结合也是最大程度的结合来自斯多亚学派，芝诺宣称灵魂完全地与整个身体混合，当然斯多亚学派所谓的灵魂也是质料性的(SVF2:473,155.25-29)；第二种结合来自柏拉图《蒂迈欧篇》36e2,描述灵魂如何渗入整个宇宙直至最边缘，认为灵魂完合融入整个宇宙身体之中。在后面，普罗提诺认为这个词太过唯物主义化了而不再使用这个词（《九章集》I.1.4.12-18)；第三种结合"参合在身体中"采用的是亚里士多德的模式

（见《论灵魂》I 1,403a10 和 II 2,413b24-29）；第四种结合"掌控质料的形式"也与亚里士多德相关（《论灵魂》II 1, 413a9），容许灵魂最大程度地独立于身体，这个观点最终又可以追溯至柏拉图的《斐德若篇》247c7。普罗提诺坚持认为灵魂是二元的而不是两个部分(mere)，他避免使用"部分"去描述灵魂的二元性，强调灵魂与身体混合在一起，灵魂是使用者，身体则是工具，提出哲学的事业在于不是解除这两者的关系，而在于引导灵魂的低级部分转向高级部分。£(Paul Kalligas, *The Enneads of Plotinus: A Commentary*,Vol.1, p.112)。

[337]ἢ 或者是，或者。

[338]ὡς 这样，如此，以某种方式。

[339]διαπλακεῖσα 织合。Armstrong 注：柏拉图把宇宙的灵魂描述为"织合"了它的身体（《蒂迈欧篇》36e2）。

[340]ἢ 或者是，或者。

[341]ὡς 如此，以某种方式，一种。

[342]οὐ 没有

[343]κεχωρισμένον 分离

[344]εἶδος 形式

[345]ὥσπερ 像，如同。

[346]κυβερνήτης 领航员

[347]ἢ 或者

[348]αὐτοῦ 它的一部分，它。

[349]μὲν οὕτως 以一种方式。μὲν 的确，真的。 οὕτως 只不过这样，如此而已。

[350]τὸ δὲ ἐκείνως 另一部分则以另一种方式与身体关联。ἐκείνως 另一部分。

[351]κρᾶσίς 指两事物的混合会导致被混合事物性质的改变，我们译为"参合"διαπλακεῖσα 指的是一个事物被置于另一个事物之中，并保持着各自的属性，就如一个事物只是被装入另一个事物之中，这里译为"织合"。

[352]λέγω 说，我是说。

[353] τὸ μὲν κεχωρισμένον 分离。μὲν 的确，应当。

[354]ὅπερτὸχρώμενον 这部分在使用身体。χρώμενον，使用，指使用身体。ὅπερ 恰如。

[355] τὸ δὲ ὁπωσοῦνμεμιγμένον 另一部分以某种方式与身体混合。ὁπωσοῦν 某种方式。μεμιγμένον 混合。

[356] αὐτὸ ὂν ἐν χρῆται τάξει 某种程度上与它所使用的工具处于同一层次。αὐτὸ 它。ὂν 是，存在物，事物。 ἐν χρῆται 使用，指所使用的工具。τάξει 秩序，层次。

[357]ἵνα τοῦτο 在这种情况下

[358]φιλοσοφία 哲学

<sup>359</sup>ἐπιστρέφῃ 转向

<sup>360</sup>αὐτὸ 它

<sup>361</sup>χρώμενον 使用，指正在使用身体的灵魂的高级部分。

<sup>362</sup>χρώμενον 使用，指使用身体的灵魂的高级部分。

<sup>363</sup>πρὸς 从

<sup>364</sup>ἀπάγῃ 抽离，抽离出来。

<sup>365</sup>ὅσον 由于

<sup>366</sup>μὴ 并非

<sup>367</sup>πᾶσα 绝对的

<sup>368</sup>ἀνάγκη 必然的

<sup>369</sup>ἀπο ᾧ χρῆται 要把使用者从使用对象中分离出来。ἀπο 从，从……分离。ᾧ χρῆται 使用对象，指身体。Armstrong 的英译漏译了此句，Stephen Mackenna and B. S. Page 则译出了此句。

<sup>370</sup>ὡς 这样

<sup>371</sup>μὴ 并非

<sup>372</sup>ἀεὶ 总要，永远。

<sup>373</sup>χρῆσθαι 使用

<sup>374</sup>本节摘要。鉴于本节所涉及的四种结合观念的区分甚为细微，我们依据 Paul Kalligas 尽可能详述它们的关系。本节是对第三节第 18—21 行的五重分析。（1）第 1—4 行的分析：在普罗提诺看来，完全混合(mixis)或者参合(krasis)包含了某些真理的观念；灵魂和身体的结合使灵魂把生命赋予身体（参看《九章集》II.9.7.17-20 和 VI. 4. 16. 11-12），并造成了灵魂的一种死亡(thanatos)(参看《九章集》I.8.13.21—25)。但是第 4-10 行又指出这种混合模式所包含的某些严重困难：灵魂的"死亡"何以导致灵魂的感觉化(sensitization)？难道感觉和情绪的主体最终不是灵魂而是灵魂化的身体（指被赋予了灵魂的身体）吗？（参看《九章集》I.8.15.13—21）（2）完全混合意味着两种构成要素相互影响，因此根据亚里士多德的标准观点(参看《论生成和消灭》I 7.323b26—30)，两个实体如果要相互影响，它们就必须同属于一个"种(genus)"即它必须是相反者(enantia)或者是由相反者构成的(ex enantion)，而困难就在于如何把亚里士多德的这个学说用于灵魂和身体；(3)普罗提诺接受了柏拉图所提供的"织合"模式，但是这并不意味着身体和灵魂的影响是共同的。学者们对普罗提诺所接受的"结合"模式是否来自他的老师阿谟尼乌斯萨卡斯持有争议。普罗提诺采用这个类比在于他认为它适合于强调灵魂不受情绪影响这个方面，但仍然没有解决情绪的主体问题。因此，在《九章集》IV.4.18.5-6，普罗提诺尝试修正"织合"模式并能够使身体性感觉与灵魂相关；（4）第 19-20 行讨论了形式和质料的混合。作为一个柏拉图主义者，普罗提诺很容易想到形式作为独立的可分离的存在构成单独的实体，但是前面第二节已经讨论过普罗提诺灵魂

与形式的关系，已经指出普罗提诺用灵魂取代形式；（5）普罗提诺提出他用以描述结合的模式。他使用亚里士多德的 enmattered form(enhulon eidos：被赋予质料的形式)这个"未分离"观念，并诉求于亚里士多德《论灵魂》II 1.412b11-15 有关斧子的例子：身体是由合乎灵魂所构成的一个生命有机体，同样斧子是合乎形式的一种铁，即以某种方式形成它的形状和能力。因此，把生命物等同于灵魂是荒谬的，正如把斧子等同于斧子的 "能够砍东西" 的能力是荒谬的。正如斧子如果不再是斧子是由于它失去了斧子的特殊属性，同样生命物因为死亡不再是生命物。正如斧子具有其形状拥有砍的能力，同样生命物具有灵魂才拥有感受感觉的能力。因此生命物(zoion)才是感觉、欲求和活动的主体。(Paul Kalligas, *The Enneads of Plotinus: A Commentary,* Vol.1, pp.113-115)。

$^{375}$θῶμεν 设想

$^{376}$τοίνυν 这样一种

$^{377}$μεμῖχθαι 混合

$^{378}$ἀλλ' 但，但是。

$^{379}$εἰ 如果

$^{380}$χεῖρον 较低，较低劣部分。

$^{381}$σῶμα 身体

$^{382}$μὲν···ἔσται 的确（真的）……得到（是）。μὲν 的确，真的。ἔσται 是，得到。

$^{383}$βέλτιον 较好，较好部分

$^{384}$ψυχή 灵魂

$^{385}$χεῖρον 更坏。

$^{386}$σῶμα 身体

$^{387}$μεταλαβόν 分有

$^{388}$ζωῆς 生命

$^{389}$βέλτιον 改善

$^{390}$ψυχή 灵魂

$^{391}$θανάτου 死亡

$^{392}$ἀλογίας 非理性

$^{393}$χεῖρον 更坏

$^{394}$ζωῆς 生命物

$^{395}$πῶς ἄν 如何。ἄν 语气词。

$^{396}$ ἀφαιρεθὲν 减少

$^{397}$ὁπωσοῦν 以某种方式

$^{398}$προσθήκην 增加，所增加的。

$^{399}$λάβοι 能力

$^{400}$αἰσθάνεσθαι 感知觉，感觉。

<sup>401</sup>τοὐναντίον 恰恰相反

<sup>402</sup>λαβὸν 获得

<sup>403</sup>ζωὴν 生命

<sup>404</sup>ἂν εἴη 是。ἂν 语气词。

<sup>405</sup>σῶμα 身体

<sup>406</sup>μεταλαμβάνον 分有

<sup>407</sup>αἰσθήσεως 感觉

<sup>408</sup>μεταλαμβάνον 分有

<sup>409</sup>ἐξ 源自，来自。

<sup>410</sup>αἰσθήσεως 感觉

<sup>411</sup>παθημάτων 情绪

<sup>412</sup>τοῦτο τοίνυν 同样

<sup>413</sup>ὀρέξεται 欲求

<sup>414</sup>τοῦτο γὰρ καὶ 因为正是。τοῦτο 这。γὰρ 因为。 καὶ 和。

<sup>415</sup>ἀπολαύσει 享受

<sup>416</sup>ὀρέγεται 欲求对象

<sup>417</sup>φοβήσεται 担忧

<sup>418</sup>περὶ αὐτοῦ 它自身，身体自身。περὶ 关于。

<sup>419</sup>γὰρ 因为

<sup>420</sup>τοῦτο 这，它。

<sup>421</sup>οὐ τεύξεται 失去。οὐ 不。τεύξεται 获得。

<sup>422</sup>ἡδέων 快乐

<sup>423</sup>φθαρήσεται 毁灭

<sup>424</sup>ζητητέον 研究

<sup>425</sup>μίξεως 混合

<sup>426</sup>τρόπον 方式

<sup>427</sup>οὐ 不

<sup>428</sup>δυνατὸς 可能

<sup>429</sup>λέγοι 谈论

<sup>430</sup>μεμῖχθαι 混合

<sup>431</sup>ὥσπερ ἂν εἴ τις 就如同。ὥσπερ 仿佛，好像。ἂν 语气词。εἴ 如果。τις 某个。

<sup>432</sup>λέγοι 谈论

<sup>433</sup>γραμμήν 绳子

<sup>434</sup>λευκῷ 白色

<sup>435</sup>ἄλλην ἄλλη 这样另一个

<sup>436</sup>φύσιν 本性

<sup>437</sup>μεμῖχθαι 混合

<sup>438</sup>διαπλακεῖσα 织合

<sup>439</sup>ποιεῖ 意味着，意味。

<sup>440</sup>ταδιαπλακέντα 指被织合的事物。

<sup>441</sup>ὁμοιοπαθῆ 相同的影响

<sup>442</sup>ἀλλ᾽ 而

<sup>443</sup>τὸδιαπλακὲν 指被织合的原理

<sup>444</sup>ἀπαθὲς 不受影响

<sup>445</sup>ἔστιν，是，指是可能的。

<sup>446</sup>ψυχὴν 灵魂

<sup>447</sup>διαπεφοιτηκυῖαν 织合，穿梭。

<sup>448</sup>ἐκείνου 在那里，指中间。

<sup>449</sup>μήτοιπάσχειν 不受。πάσχειν 遭受。

<sup>450</sup>πάθη 感受，情绪。

<sup>451</sup>ἔστι 是，是可能的。

<sup>452</sup>ὥσπερκαὶ 就像。ὥσπερ 如同，好像。

<sup>453</sup>φῶς 光

<sup>454</sup>μάλιστα 尤其是，更多地

<sup>455</sup>εἰ οὕτω 如果这样。εἰ 如果。 οὕτω 这样，如此。

<sup>456</sup>διαπεπλέχθαι 被织合

<sup>457</sup>ὅλου 整个，指整个身体。

<sup>458</sup>οὐ παρὰ τουτο οὖν 这种织合不会。οὐ 不。 παρὰ 在……周围。 τουτο 这，指织合。οὖν 的确，真的。

<sup>459</sup>πείσεται 主体

<sup>460</sup>σώματος 身体

<sup>461</sup>πάθη 感受，情绪

<sup>462</sup>ἀλλ᾽ ὡς 那么。ἀλλ᾽虽然。 ὡς 这样，如此。

<sup>463</sup>σώματι 身体

<sup>464</sup>ἐν 在……中

<sup>465</sup>ὕλη 质料

<sup>466</sup>ἐν 在……中

<sup>467</sup>εἶδος 形式

<sup>468</sup>πρῶτον 首先

<sup>469</sup>μὲν ὡς 是。μὲν 的确，真的。ὡς 这样，如此。

<sup>470</sup>χωριστὸν 可分离的

<sup>471</sup>εἶδος 形式

<sup>472</sup>εἴπερ 如果假定

<sup>473</sup>οὐσία 实体,实体性存在。

<sup>474</sup>χρώμενον 使用者

<sup>475</sup>ἂν εἴη κατὰ τὸ μᾶλλον 更加相称。ἂν 语气词。 εἴη 是。 κατὰ 合乎。 μᾶλλον 更加,更多。

<sup>476</sup>εἰ δὲ ὡς 如果我们假定。

<sup>477</sup>σιδήρῳ 铁

<sup>478</sup>πελέκει 斧子

<sup>479</sup>σχῆμα 形状。Armstrong 注释这一比较出自亚里士多德《论灵魂》B 1. 412b. 12。

<sup>480</sup>τὸ ἐπὶ 在这个例子中。

<sup>481</sup>συναμφότερον 结合

<sup>482</sup>πέλεκυς 斧子

<sup>483</sup>ποιήσει 实施

<sup>484</sup>ποιήσει 功能

<sup>485</sup>σίδηρος 铁

<sup>486</sup>οὕτως 这种方式,这种特殊方式。

<sup>487</sup>ἐσχηματισμένος 成形

<sup>488</sup>κατὰ 合乎,出于。

<sup>489</sup>σχῆμα 形状

<sup>490</sup>μέντοι 做到如此

<sup>491</sup>ὅσα,那么,为此。

<sup>492</sup>κοινὰ 共同

<sup>493</sup>πάθη 感受

<sup>494</sup>διδοῖμεν 归于,赋予。

<sup>495</sup>σώματι 身体

<sup>496</sup>τῷ μέντοι τοιούτῳ 一个具体类型的。τῷ μέντοι 具体的,如此的。 τοιούτῳ 种类,类型。

<sup>497</sup>τῷ φυσικῷ 自然成形的

<sup>498</sup>ὀργανικῷ 适合灵魂使用的

<sup>499</sup>ἔχοντι 具有

<sup>500</sup>δυνάμει 潜在,潜能。

<sup>501</sup>ζωὴν 生命

<sup>502</sup>希腊文原文没有这句话,系英译者 Armstrong 添加。Armstrong 注释指出这些话

引自《论灵魂》 B 1. 412a. 27-8。下面文字可参看《论灵魂》A. 4.408b. 12-13，是所引文中关键的一段。这里，普罗提诺采用了亚里士多德关于灵魂是身体的内在（而非理智、不可分割的）形式的思想，作为其理论的基点，据此发展出他自己关于灵魂和身体关系的完全不同的学说。

503 Stephen Mackenna and B. S. Page 译的 William Benton 版有注释指出，这里一般是指柏拉图。

504λέγειν 谈论

505ὑφαίνειν 混结。这里普罗提诺使用了 ὑφαίνειν，既不是 κρᾶσίς，也不是 διαπλακεῖσα 和 ἐμέμικτο。中译为了保持希腊文的区分，译为"混织"。

506ψυχὴν 灵魂

507φησι 是

508ἄτοπόν 荒谬，荒谬之举。

509ὥστε καὶ 同样。ὥστε 同样。

510ἐπιθυμεῖν 欲求

511λυπεῖσθαι 忧伤

512ἀλλὰ 虽然，这里译为"还是"。

513μᾶλλον 这些，指这些感受。

514ζῷον 生命物

515本节摘要。普罗提诺继续讨论身体和灵魂的复合关系，主要讨论身体与灵魂之间是否存在情绪的传送关系，以及这种传送关系是如何进行的。普罗提诺使用了柏拉图、亚里士多德和斯多亚学派的一些用语和观点，然而他对其中的任何观点又保持着某些细微差别。普罗提诺的基本观点是情绪并不是单纯的身体物理过程，情绪也不是灵魂里面存在的某种要素，而是包含着某种推论性解释。普罗提诺的具体观点在《九章集》第四卷第四章会有更详细的说明。

516依据 Paul Kalligas 撮要言之。［第 1—5 行］普罗提诺继续考查生命物的本性，这里提到了三种观点：（1）生命物的本性是身体的本性；（2）生命物的本性是身体和起源于灵魂的某些要素的结合或者复合(koinon)；（3）生命物的本性并不直接地就是灵魂和身体的要素，而是新要素。第三种观点并不在普罗提诺观点范围内。问题仍然在于灵魂在何种程度上分有了身体的影响（感受/情感）？斯多亚学派认为身体和灵魂之间存在通感，柏拉图主义者则全力论证灵魂的"不动心"以捍卫灵魂的不朽性。(Paul Kalligas, *The Enneads of Plotinus: A Commentary,* Vol.1, p.115)

517ἀλλὰ 但是

518δεῖ 必须，应当。

519ζῷον 生命物

520λέγειν 规定为，规定。

521τὸτοιόνδε 这种特殊的

522σῶμα 身体

523κοινόν 共同体

524ἤ 或者

525ἕτερόν 另一种

526τρίτον 第三者

527ἐξ ἀμφοῖν 两者。ἐξ 来自。

528γεγενημένον 产物

529Armstrong 注：这里所讨论的问题见诸于《阿尔基比亚德篇》130a7-c7，普罗提诺似乎记得其中一段话的观点（sunamphoteron 一词被用来指肉体和灵魂的复合物130a9）。

530Ὅπωςδ᾽ἂνἔχῃ 无论是什么。Ὅπως 无论如何。δ᾽ἂν 语气词。ἔχῃ 是。

531ἤτοι ἀπαθῆ δεῖ τὴν ψυχὴν φυλάττειν αὐτήν，直译可以是"灵魂保持(φυλάττειν)它自身不受影响（ἀπαθῆ）"。ἤτοι 确确实实地。 δεῖ 应当。ψυχὴν 灵魂。αὐτήν 它自身。

532依据 Paul Kalligas 撮要言之。[第 5—7 行] 普罗提诺透露了解决灵魂和身体复合的方法。他认为身体的影响（情绪＼感受）类似于(homoion)相关的物理功能的影响（情绪＼感受），这里所谓的"类似于"的观念并不十分准确，很可能就是指"一致"。[第 8 行] 亚里士多德的用语 koinon 被替换成柏拉图的用语 sunamphoteron。柏拉图的用语 sunamphoteron 出自《阿尔基比亚德篇》130a9-c1，还可见于《会饮篇》209b7 和《蒂迈欧篇》87e5-6。此后漫步学派的阿佛洛狄西亚斯的亚历山大和普罗塔克都使用过这个词。但是普罗提诺所用的这个词有含义的变化，包含自身同一(suntheton)的意思。[第 9—12 行] 波西多纽采用类似于从身体传送到灵魂的生机论观点，但是柏拉图主义者显然否认形体性事物可以传送到像灵魂这样的无形体性事物，这也意味着用斯多亚学派的观点来解释从身体到灵魂传送所存在的困难。(Paul Kalligas, *The Enneads of Plotinus: A Commentary,* Vol.1, pp.115—116)

533ἄλλῳ τοῦ τοιούτου 在其他事物中。ἄλλῳ 另外的，其他的。τοῦ τοιούτου 某个，某种事物。

534αἰτίανγενομένην 引发感受。αἰτίαν 导致。γενομένην 发生。

535ἤ 或者

536αὐτήν 它，指身体。

537συμπάσχειν 遭受，遭受影响。

538ταὐτὸν 它

539ἤ 或者

540πάσχουσαν 遭受，服从于。

541πάθημα 同一感受，同一影响。

<sup>542</sup>ἤ 或者

<sup>543</sup>πάσχειν 遭受，服从于。

<sup>544</sup>ὁμοιόντι 相似的感受。

<sup>545</sup>οἷον ἄλλως μὲν 例如，如果。οἷον 如同。 ἄλλως 无论如何。 μὲν 的确，真的。

<sup>546</sup>ζῷον 生命物

<sup>547</sup>ἐπιθυμεῖν 欲求

<sup>548</sup>τὸ ἐπιθυμητικόν 欲求，指灵魂中的欲求部分。

<sup>549</sup>ἄλλως 不同的

<sup>550</sup>ἐνεργεῖν 起作用，活动。

<sup>551</sup>πάσχει 遭受，指受影响。

<sup>552</sup>ὕστερον 后面

<sup>553</sup>ἐπισκεπτέον 讨论

<sup>554</sup>τὸ τοιόνδε 这种特殊的

<sup>555</sup>τὸ μὲν οὖν σῶμα 身体。μὲν 真的，确实的。 οὖν 真的，确实的。

<sup>556</sup>πῶς 如何，何种方式。

<sup>557</sup>συναμφότερον 复合

<sup>558</sup>οἷον 例如

<sup>559</sup>πῶς 如何

<sup>560</sup>λυπεῖσθαι 忧伤的

<sup>561</sup>ἆρα ὅτι 是否？ ἆρα 于是，立即。 ὅτι 因为。

<sup>562</sup>σώματος 身体

<sup>563</sup>οὑτωσὶ 某种特殊的

<sup>564</sup>διατεθέντος 意向，秉性。

<sup>565</sup>πάθους 感受

<sup>566</sup>διελθόντος 渗透。

<sup>567</sup>μεχρις 直到

<sup>568</sup>αἰσθήσεως 感知觉

<sup>569</sup>αἰσθήσεως 感知觉

<sup>570</sup>τελευτώσης 抵达

<sup>571</sup> εἰς ψυχὴν 灵魂。εἰς 在……中。

<sup>572</sup>Ἀλλ' 但是

<sup>573</sup>αἴσθησις 感知觉

<sup>574</sup>πῶς 如何

<sup>575</sup>οὔπω δῆλον 模糊不清。οὔπω 尚未，还没有。

<sup>576</sup>Ἀλλ' ὅταν 或者换种说法。Ἀλλ' 然而。ὅταν 每当，既然。

577λύπη 忧伤

578ἀρχὴν ἀπὸ 源起于。ἀρχὴν 开始。　ἀπὸ 从……

579δόξης 意见

580κρίσεως 判断

581英译者 Armstrong 认为判断或者意见的情绪观念来自于斯多亚派（参看 *Stoicorum Veterum Fragmenta* III. 459）。

582παρεῖναι 存在

583τινι, τι 某种

584λάβῃ, 获取。这里译为关乎。

585αὐτῷ 他自己的

586κακόν 恶

587οἰκείων 安排，这里译为"属于"。

588ἢ αὐτῷ 他自己的，指他自己的事物。

589依据 Paul Kalligas 撮要言之。[第 15—21 行]依照本卷 I.5—6，普罗提诺认为印象（doxai）是感受（pathemata 情绪＼感受）的结果，是更复杂物理过程的结果，包含了某种程度的理性解释，而解释可能对也可能错。事实上由于印象包含了判断，它们就拥有某种与感受（pathemata 情绪＼感受）相关的属性，由此导致把印象归为"复合"的怀疑。[第 21—26 行]还有一种是亚里士多德的解释，他把感受（pathemata 情绪＼感受）归为纯粹的物理作用，可见于《论灵魂》I 1.403a16—19。这也意味着它一定与形体性因素相关例如与血液的充溢和加快流动相关。第 26—28 行：这里提到欲望(epithumia)和激情(thumos/spirited impulse)，普罗提诺用以指善的渴求(agathou orexin)。亚里士多德在《修辞学》I 10.1369a3 使用过一次意愿(boulesis)。epithumia、thumos 和 orexin 都与推论理性(en toi logistikoi)有关。按照亚里士多德的理解，推论理性是灵魂独立的部分，而按照普罗提诺的看法推论理性不可能属于独立的灵魂自身。[第 29—35 行] 作为欲求快乐的欲望是否源于生命物？这就像是鸡和蛋的问题。普罗提诺在《九章集》第四卷第四章有较充分的回答。这里还使用了"人(anthropos)"的概念，它指身体和灵魂的复合物。(Paul Kalligas, *The Enneads of Plotinus: A Commentary*, Vol.1, pp.116—117)

590εἶτ' ἐντεῦθεν τροπὴ 就会导致。εἶτ' 那么。ἐντεῦθεν 从这里。　τροπὴ 转变。

591σῶμα 身体

592ὅλως ἐπὶ πᾶν 整个

593ζῷον 生命物

594γένηται 发生……变化

595λυπηρὰ 悲伤的

596δόξης 意见

597ψυχῆς 灵魂

<sup>598</sup>ἤ 还是，或者。

<sup>599</sup>συναμφοτέρου 复合，指身体和灵魂的复合物。

<sup>600</sup>οὔπω δῆλον 模糊不清

<sup>601</sup>ἡ περί του κακὸν：关于某人的恶。περί 关于。 κακὸν 恶。

<sup>602</sup>εἶτα ἡ μὲν δόξα 此外关于……的意见。μὲν 的确，真的。εἶτα 于是，此外。

<sup>603</sup>οὐκ ἔχει 并不包括。οὐκ 不。 ἔχει 具有，包括。

<sup>604</sup>λύπης 悲伤，忧伤。

<sup>605</sup>πάθος 感受

<sup>606</sup>ἐπιγίνεσθαι 结果，就结果而言。

<sup>607</sup>μὴ πάντως 根本不。μὴ 不。 πάντως 完全，全部。

<sup>608</sup>παρούσης 到达，在场，这里译为包含。

<sup>609</sup>λυπεῖσθαι 悲伤

<sup>610</sup>δόξης 意见

<sup>611</sup>δυνατὸν 可能的

<sup>612</sup>ὀλιγωρεῖσθαι 轻视

<sup>613</sup>δόξης 意见

<sup>614</sup>ὀργίζεσθαι 愤怒

<sup>615</sup>μηδ᾽ αὖ ἀγαθοῦ 有关于一种善。

<sup>616</sup>δόξης 意见

<sup>617</sup>κινεῖσθαι 激起，运动。

<sup>618</sup>ὄρεξιν 渴求，欲求

<sup>619</sup> Πῶς οὖν κοινὰ ταῦτα 那么这些感受如何可能为身体和灵魂共有呢？πῶς 如何。 οὖν 真的，的确。 κοινὰ 共同，共有，指身体和灵魂共有。ταῦτα 它。

<sup>620</sup>ὅτι 因为

<sup>621</sup>ἐπιθυμία 欲望

<sup>622</sup>τοῦ ἐπιθυμητικοῦ 欲求，指欲求部分。

<sup>623</sup>θυμὸς 激情

<sup>624</sup>τοῦ θυμικοῦ 激情，指激情的部分。

<sup>625</sup>ὅλως 广而言之，全部。

<sup>626</sup> ἡ ἐπί τι ἔκστασις 一切趋向事物的运动。

<sup>627</sup>τοῦ ὀρεκτικοῦ 渴求，指渴求部分。

<sup>628</sup> Ἀλλ᾽ οὕτως οὐκέτι κοινὰ ἔσται 但是它们就不再为身体和灵魂共有。Ἀλλ᾽ 但是，然而。οὕτως 这样，如此。οὐκέτι 不。 κοινὰ 共同，共有。ἔσται 是。

<sup>629</sup> ἀλλά τῆς ψυχῆς μόνης 而只属于灵魂。ἀλλά 然而。τῆς ψυχῆς 灵魂。 μόνης 只。

<sup>630</sup>σώματος 身体

631ὅτι 因为

632αἶμα 血液

633χολὴν 胆汁

634ζέσαι 亢奋

635σῶμα 身体

636κινῆσαι 激起，运动。

637τὴν ὄρεξιν 渴求，指渴求状态。

638οἷον ἐπὶ 如关于。οἷον 如同。

639ἀφροδισίων 性，性欲。

640ἀγαθοῦ 善

641ὄρεξις 渴求，欲求。

642 κοινὸν 与下面句的 τοῦ κοινοῦ 是同一个意思，根据上下文也可以译为"身体和灵魂的共同体"。普罗提诺的意思是说，不能把感受归为"作为身体和灵魂的共同体"。

643πάθημα 感受

644 ἀλλὰ ψυχῆς ἔστω 而只是灵魂的感受。ἀλλὰ 而，但是。ψυχῆς 灵魂。 ἔστω 是。

645 ὥσπερ καὶ ἄλλα 其他感受也同样如此。

646 τις λόγος 经过一番缜密的考察之后。λόγος 论证。

647πάντα 全部，全都。

648δίδωσί 归之于，给予。

649τοῦ κοινοῦ 共同的，共有的，这里指共同的或者说联合的实体。

650ἀλλὰ 但是

651ἀνθρώπου 人

652ἀφροδισίων 性的，性欲的。

653ὀρεγομένου 欲求，渴求。

654ἔσται μὲν 的确是，正是。ἔσται 是。μὲν 的确，真的。

655τοῦ ἀνθρώπου 此人

656ἐπιθυμῶν 欲求

657ἔσται δὲ ἄλλως 换言之。ἔσται 是。δὲ 通常用在两个字之间。ἄλλως 另一个。

658τὸ ἐπιθυμητικὸν 欲求，指欲求部分。

659ἐπιθυμοῦν 欲求

660καὶ πῶς 这如何发生的呢？

661ὁ ἄνθρωπος 这人

662ἄρξει 开始

663ἐπιθυμίας 欲求

664τὸ ἐπιθυμητικόν 欲求，指灵魂的欲求部分。

$^{665}$ἐπακολουθήσει 相继而至

$^{666}$ἀλλά 但是

$^{667}$τοῦ ἐπιθυμητικοῦ 欲求，指灵魂的欲求部分。

$^{668}$μή 未，没有。

$^{669}$κεκινημένου 发动

$^{670}$ὁ ἄνθρωπος 这人

$^{671}$πῶς 如何，如何能。

$^{672}$πῶς 如何能

$^{673}$ὅλως 设法

$^{674}$ἐπεθύμησεν 欲求

$^{675}$ἀλλ' 也许是

$^{676}$τὸ ἐπιθυμητικόν 欲求，指欲求部分。

$^{677}$ἄρξει 先，开始，这里指先发动。

$^{678}$σώματος 身体

$^{679}$μή 没有

$^{680}$πρότερον 事先

$^{681}$οὑτωσὶ 如此，这样，指以如此或者适当的方式。

$^{682}$διατεθέντος 安排

$^{683}$πόθεν 何处

$^{684}$ἄρξεται 开始

$^{685}$本节主要讨论感觉器官、感觉能力和感觉活动的关系。感觉能力呈现在感觉器官之中，身体器官依据感觉器官的物理功能行动；感觉能力的物理功能不受情绪影响，但生命物会受情绪支配。

$^{686}$依据 Paul Kalligas 撮要言之。[第 1—4 行] 在作了哲学史的简要回顾后，普罗提诺着手阐释他自己的观点。他把"能力(dunamis)"和"行动(energeia)"引入一个具有极其复杂句法结构的句子：物理的能力或功能显现在器官(organ)中，器官则以一种确定的方式为它们提供行动的力量。亚里士多德所提到的灵魂的功能有（《论灵魂》II 3.414a31—32）：营养(threptikon)、感觉(aisthetikon)、欲望(orektikon)、运动(kinetikon kata topon)和推论(dianoetikon)。漫步学派和一些漫步学派成员都诉诸于"营养"解释灵魂的非理性显现。根据亚里士多德的解释，dunamis 相当于灵魂显现在整个身体之中的器官，这就为普罗提诺使用 dunamis 提供了解释的空间。普罗提诺不仅用 dunamis 解释感觉能力和情绪能力，而且用 dunamis 解释灵魂活跃的和推论的运用。物理功能不动不变，身体器官依据物理功能行动。然而物理功能确实呈现在器官之中并与保持独立的灵魂形成对照。(Paul Kalligas, *The Enneads of Plotinus: A Commentary*, Vol.1, p.117)

$^{687}$Ἀλλ' ἴσως βέλτιον εἰπεῖν 也许更好的说法是。Ἀλλ' 然而，这里译成也许。βέλτιον

更好的。

<sup>688</sup>καθόλου 一般而论

<sup>689</sup>δυνάμεις 能力

<sup>690</sup>παρεῖναι 显现，呈现。

<sup>691</sup>ἐνεργοῦντα 能力

<sup>692</sup>ἐνεργοῦντα 行动

<sup>693</sup>ἔχοντα 拥有者

<sup>694</sup>αὐτάς 自身，本身。

<sup>695</sup>ἀκινήτους 未有变动，没有变动。

<sup>696</sup>δύνασθαι 行动能力

<sup>697</sup>χορηγούσας 分与

<sup>698</sup>ἔχουσιν 拥有者

<sup>699</sup> Ἀλλ᾽ εἰ τοῦτο 但如果是这样。Ἀλλ᾽但是。εἰ 如果。τοῦτο 这样。

<sup>700</sup>ζῴου 生命物

<sup>701</sup>依据 Paul Kalligas 撮要言之。［第 4—9 行］普罗提诺认为物理功能自身不会受感受（情绪）支配，受感受（情绪）支配的是生命物，这样他可以避免其他柏拉图主义者的二元论难题，但似乎又引出了一个难题即灵魂具有赋予生命的能力其自身却不拥有生命。但这还不足以成为质疑普罗提诺的一个方面，因为普罗提诺的生命概念具有广泛的含义，甚至可以扩展到可理知区域。灵魂自身的生命与生命物的生命不同，前者是后者的因和型。(Paul Kalligas, *The Enneads of Plotinus: A Commentary,* Vol.1, pp.117-118)

<sup>702</sup>πάσχοντος 受到影响，受影响。

<sup>703</sup>αὐτὴν 自身

<sup>704</sup>δοῦσαν 赋予

<sup>705</sup>συναμφοτέρῳ 复合物

<sup>706</sup>ζῆν 生命

<sup>707</sup>αἰτίαν 原因，即灵魂。

<sup>708</sup>ἀπαθῆ 未受影响

<sup>709</sup>παθῶν 感受

<sup>710</sup>ἐνεργειῶν 活动

<sup>711</sup>ἔχοντος 拥有者，生命物。

<sup>712</sup>ὄντων 属于，是。

<sup>713</sup>Ἀλλ᾽ εἰ τοῦτο 然而如果是这样。Ἀλλ᾽然而。εἰ 如果。τοῦτο 这样。

<sup>714</sup>ζῆν 生命

<sup>715</sup>ὅλως 全都，全部。

<sup>716</sup>οὐ 不，不属于。

<sup>717</sup>ψυχῆς 灵魂

<sup>718</sup>ἀλλὰ 而

<sup>719</sup>ἔσται 是，这里译为"属于"。

<sup>720</sup>συναμφοτέρου 复合物

<sup>721</sup>ἢ 或者，这里译为"当然"。

<sup>722</sup>συναμφοτέρου 复合物的

<sup>723</sup>ζῆν 生命

<sup>724</sup> οὐ τῆς ψυχῆς ἔσται 不是灵魂的生命。οὐ 不。τῆς ψυχῆς 灵魂。ἔσται 是。

<sup>725</sup>依据 Paul Kalligas 撮要言之。[第 9—10 行] 普罗提诺这里依据阿佛洛狄西亚斯的亚历山大的观点即感觉和其他活动的主体是有生命机体的人，这也就是普罗提诺所说的感觉器官是感知者，它是灵魂的知觉功能。[第 10—14 行] 普罗提诺在本章 5.9—12 中已勾略了机械论模式，这里以更富柏拉图主义的术语作了重述，但在这个问题的具体观点上，他更愿意追随亚里士多德的讨论，而不愿意接受灵魂自身会引起情绪的观点。[第 14—16 行] 在于澄清"复合物"的本性和构成，以及灵魂如何可能不是复合物的一部分？普罗提诺旨在确立自己的与众不同的观点。(Paul Kalligas, *The Enneads of Plotinus: A Commentary,* Vol.1, p.118)

<sup>726</sup>αἰσθητικὴ 感知觉

<sup>727</sup>δύναμις 能力

<sup>728</sup>οὔκ 不是

<sup>729</sup>αἰσθήσεται 感知

<sup>730</sup>ἀλλὰ 而

<sup>731</sup>ἔχον 有

<sup>732</sup>δύναμιν 能力

<sup>733</sup>Ἀλλ' 但是

<sup>734</sup>εἰ 如果

<sup>735</sup>αἴσθησις 感知觉

<sup>736</sup>διὰ 通过

<sup>737</sup>σώματος 身体

<sup>738</sup> τελευτᾶ 抵达，字面的翻译可能会更准确："以灵魂为目的(εἰς ψυχὴν τελευτᾶ)"，普罗提诺认为感知觉运动是以灵魂为目的。

<sup>739</sup>ψυχὴν 灵魂

<sup>740</sup>κίνησις 运动

<sup>741</sup>πῶς 如何可能

<sup>742</sup>οὐκ 没有

$^{743}$αἰσθήσεται 知觉，感知觉。

$^{744}$ἢ 或者，当……时。

$^{745}$αἰσθητικῆς 感知觉

$^{746}$δυνάμεως 能力

$^{747}$παρούσης 呈现

$^{748}$συναμφότερον 复合物

$^{749}$αἰσθήσεται 感知

$^{750}$παρεῖναι 呈现

$^{751}$<ὅ>τι αἰσθήσεται 所感知的事物。

$^{752}$Ἀλλ᾽ 但是

$^{753}$δύναμις 能力

$^{754}$μὴ 没有

$^{755}$κινήσεται 被推动，指被灵魂驱动。

$^{756}$ἔτι 如果

$^{757}$ψυχῆς 灵魂

$^{758}$ψυχικῆς δυνάμεως 灵魂—能力

$^{759}$μηδὲ 没有

$^{760}$συναριθμουμένης 被列入

$^{761}$συναμφότερον 复合物

$^{762}$πῶς ἔτι 那它又如何能够感知？

$^{763}$本节讨论灵魂投射在身体之上的光照；灵魂理解力的三部分：推论、意见和直观知性。意见和直观知性活动是灵魂的较低部分，是混合的；推论则接近知性、较少混合，接近于真正的人。普罗提诺使用的"人"的概念有别于"生命物"的概念。生命物包括身体、灵魂的影像和灵魂，"人"则主要使用为接近于灵魂的含义。

$^{764}$依据 Paul Kalligas 撮要言之。[第 1—6 行]普罗提诺减少了灵魂自身与身体关系的讨论，把灵魂的呈现或显现限制在光照或者光在身体上的投射。灵魂之超脱于身体的目的在于使生命物可以由赋予它自身的光所构成，也就是由所谓的纯粹的非混合的单一(asunchutos henosis)构成，这样灵魂和身体的关系就是光照对象的模式(4.15-16)。荷马作品中已经有这种光照宇宙论的喻意解释形式，塞涅卡尤其是活跃在普罗提诺圈子内的诺斯底主义者喜欢这种光照模式。普罗提诺自己有时使用灵魂的投影(skia psuches)这样的修辞描述在身体里面的充满活力的要素(IV.4.18.7)，其他情况下他使用光照的影像(eidolon eklampseos)(IV5.7.61, VI.4.5.16, VI.7.6.13)或者痕迹(ichnos)说(II.3.9.22)。(Paul Kalligas, *The Enneads of Plotinus: A Commentary,* Vol.1, pp.118-119)

$^{765}$ἢ 或者，这里译成"我们不妨说"。

$^{766}$ἔστω 是

<sup>767</sup>συναμφότερον 复合物

<sup>768</sup>ψυχῆς 灵魂

<sup>769</sup>οὐκ 没有，并未。

<sup>770</sup>παρεῖναι 呈现

<sup>771</sup>τῆςτοιαύτης 一种特定的方式

<sup>772</sup>αὐτὴν 其自身

<sup>773</sup>ποιούσης 限定，有所限定地。

<sup>774</sup>δούσης…εἰς 赋予。εἰς 在……中。

<sup>775</sup>συναμφότερον 复合物

<sup>776</sup>ἢ εἰςθάτερον 或者赋予它的另一部分，这里指身体。ἢ 或者。εἰς 在……中。θάτερον 另一部分。

<sup>777</sup>ποιούσης 被限定的

<sup>778</sup>σώματος 身体

<sup>779</sup>依据 Paul Kalligas 撮要言之。[第 6 行] 灵魂始终在生命物之上(ano)，理智(nous) 则始终"在我们之上(huperano hemon)"，[第 7—9 行] 人就像"我们(hemeis)"一样被呈现为"多"和"复合的"，这里普罗提诺开始把人作为意识的主体而不是作为客体存在的实在进行考查。(Paul Kalligas, *The Enneads of Plotinus: A Commentary,* Vol.1, p.119)

<sup>780</sup>δοθέντος 赋予

<sup>781</sup>αὐτήν 其自身

<sup>782</sup>φωτὸς 光

<sup>783</sup>ζῴου 生命物

<sup>784</sup>φύσιν 本性

<sup>785</sup>τοῦ τοιούτου 另一种

<sup>786</sup>εἴρηται 归属于

<sup>787</sup>αἰσθάνεσθαι 感知觉

<sup>788</sup> ἕτερόν τι 不同事物。ἕτερόν 不同的。 τι 某种，指某种事物。

<sup>789</sup>εἴρηται 归属于

<sup>790</sup>ζῴου 生命物

<sup>791</sup>τὰ ἄλλα ὅσα 所有其他的。

<sup>792</sup>πάθη 感受

<sup>793</sup>ἡμεῖς 我们

<sup>794</sup> Ἀλλὰ πῶς ἡμεῖς αἰσθανόμεθα 那么它如何就是那个感知的"我们"呢？Ἀλλὰ 但是，这里译为"那么"。πῶς 如何。 ἡμεῖς 我们。 αἰσθανόμεθα 感知。

<sup>795</sup>ὅτι 因为

<sup>796</sup>被如此限定的生命物：τοῦ τοιούτου ζῴου。可以直译为这种类型的生命物。这里

的 τοῦ τοιούτοθ（这种）指的就是前文提到的被限定的。

[797]οὐκ 没有

[798]ἀπηλλάγημεν 分离

[799]ἡμῖν 我们

[800]τιμιώτερα 高贵的，有价值的。

[801]εἰς 进入到

[802]ἐκ 由，从……

[803]πολλῶν 多，多种。

[804]οὖσαν 元素

[805]πάρεστι 组成的，所组成的。

[806]ὅλην 整个

[807]ἀνθρώπου 人

[808]οὐσίαν 本质

[809]ψυχῆς 灵魂

[810]依据 Paul Kalligas 撮要言之。[第 9—14 行] 这也许是古代哲学区分感觉和（意识的）把握性印象（perceptual apprehension）的第一次尝试。感觉器官有能力接受不包含其质料的感觉对象的形式(eidos)。感觉对象以这种方式在生命机体中造成印象，这些印象(tupoi)自身是可理知对象。灵魂的知觉功能显然属于灵魂自身，它不含任何情绪地(apathos)或者说不动心地不带有任何的身体性参与理解形式。就像结合物（复合物 to koinon）是灵魂的影像，结合物的知觉(复合物 he koine aisthesis)是心理理解的影像。普罗提诺所谓的 antilepsis（理解）与阿佛洛狄西亚斯的亚历山大的 noesis（理智和智性）一致。Antilepsis 表示来自感觉和知性的表象被联结地理解的过程，早期斯多亚学派早就用 katalepsis（把握性印象）建立起了指向单独知觉表象的类似理解，这也包含在反学园派的漫步学派的观点里面。(Paul Kalligas, *The Enneads of Plotinus: A Commentary,* Vol.1, pp.119-120)

[811]αἰσθάνεσθαι 感知觉

[812]δύναμιν 能力

[813]οὐ 不

[814]εἶναι δεῖ 需要，εἶναι 是，δεῖ 需要。

[815]αἰσθητῶν 感觉对象

[816]αἰσθήσεως 感觉

[817] ἐγγιγνομενων，指发生在某种事物上的，或者产生出某个事物。

[818]ζῴῳ 生命物

[819]τύπων 印象

[820]ἀντιληπτικὴν 接受器

<sup>821</sup> ταῦτα：这些，依据上下文，这里指的是"这些印象"。

<sup>822</sup> νοητά。Armstrong 译为 intelligibleentities（可理智实体），我们觉得还是译成可理知者较好。

<sup>823</sup>ἔξω 外部的

<sup>824</sup>αἴσθησιν 感觉

<sup>825</sup>εἶναι 是

<sup>826</sup>οὐσίᾳ 本质上

<sup>827</sup>ἐκείνην δὲ ἀληθεστέραν 更加真实的。ἐκείνην 相当于 which。

<sup>828</sup>ἀπαθῶς 不受影响地

<sup>829</sup>μόνων 独自

<sup>830</sup>θεωρίαν 凝思

<sup>831</sup>εἰδῶν 形式

<sup>832</sup>εἴδωλον 影像

<sup>833</sup>依据 Paul Kalligas 撮要言之。[第 14—16 行] 灵魂随之进入形成理解的过程：主要透过抽象进行的"推论(dianoiai)"，相当于关于 "印象(entuposeis)"的"意见（doxai)"；直观知性的活动(noeseis)。直观知性的活动还不能够构成普罗提诺所赋予该词的原初意义上的知性含义，它还不能够凝思单独的形式，它还只是知性监督感知觉所能够理解的形式，其功能可能只在于借助收集和划分进行决定和排序。普罗提诺这里的用语可能受漫步学 noesis 这个用语的影响。漫步学派认为"智性"与"被动理智(pathetikos nous)的"能力(dunamis)相一致，就普罗提诺来说这属于"灵魂中的理智(en psuchei noun)"。[第 16—17 行] "我们之所在"的区域是推论理性和印象，亚里士多德之前（见《尼各马可伦理学》IX 4.1166a16-17）就有过理智要素(to dianoetikon)是人自身的表达。[第 17—18 行] 柏拉图《阿尔基比亚德篇》128c9-e2 确立了"我们—我们的"(hemeis-hemetera)区分，并在 131a2-b11 中运用于灵魂和身体的关系。普罗提诺常采用同样的区分并更广泛地进行使用。[第 18—20 行] 在这里普罗提诺表现出一种倾向，就是把具有漫步学派源头的术语稍加改变地进行使用，他喜欢用生命物(zoion)称呼身体、身体的影像和纯粹灵魂。前面二者是混合性的，第三者几乎相当于真正的人(ho anthropos ho alethes schedon)。普罗提诺这种持续改变证明了人(anthropos)这个术语的某种程度的重要性，也表明了柏拉图主义者很少严格地确立专业术语。(Paul Kalligas, *The Enneads of Plotinus: A Commentary,* Vol.1, pp.120-121)

<sup>834</sup> Ἀπὸ δὴ τούτων τῶν εἰδῶν 依据这些形式。Ἀπὸ 自从，这里译为依据。δὴ τούτων 这些。 τῶν εἰδῶν 形式。

<sup>835</sup>μόνη 唯有

<sup>836</sup>ψυχὴ 灵魂

<sup>837</sup>ἤδη παραδέχεται 接受，所接受的。ἤδη 立即的，已经的。

[838]ἡγεμονίαν 主导

[839]ζῴου 生命物

[840]διάνοιαι 推论

[841]δόξαι 意见

[842] νοήσεις：Armstrong 译为 acts of intuitive intelligence（直观的智性活动）。

[843]ἔνθα δὴ ἡμεῖς μάλιστα 这正是我们之所在。ἔνθα 正是。ἡμεῖς 我们。μάλιστα 较多。

[844]Armstrong 英译注：那是"下界的"；感觉和感受（情绪）属于肉体—灵魂的复合物，即"有生命物"；真正的自我始于思想之开始。

[845]τὰ δὲ πρὸ τούτων ἡμέτερα 在此之前，这是"我们的"。

[846]ἡμεῖς 我们

[847] ἐφεστηκότες 主导

[848] ζῴῳ 生命物

[849]ἐντεῦθεν 依此

[850] ἄνω 往上升展

[851]σύμπαν 所有事物

[852]λέγειν 称为

[853]ζῷον 生命物

[854]οὐδὲν 没有，不存在。

[855]κωλύσει 异议

[856]κάτω 较低，指较低部分。

[857]μικτὸν 混合物

[858]σχεδόν 认为

[859] ἐντεῦθεν 本义是。Armstrong 依据上下文译为 which begins on the level of thought(以思想层面为开始)。

[860] ὁ ἄνθρωπος ὁ ἀληθὴς：真正的人，也可以译为"真人"。

[861] ἐκεῖνα 那，这里指灵魂的较低部分。

[862]λεοντῶδες 狮性的

[863]ποικίλον ὅλως 各种各样的

[864]θηρίον 野兽

[865]英译者 Armstrong 注：普罗提诺这里所引的词汇出于《理想国》第九卷 590a9 和 588c7。柏拉图用"狮子"象征较高级的情绪，"多头兽"（一种多头的龙）象征肉体的放纵和欲望。灵魂的这两个较低部分之间有性质和价值上的区别，这在《理想国》和《斐德若篇》的心理学中显得非常重要，但对普罗提诺却毫无意义。

[866]γὰρ 既然

[867]ἀνθρώπου 人

$^{868}$λογικῆ 理性

$^{869}$ψυχῆ 灵魂

$^{870}$συνδρόμου 一致同意，一致批准。

$^{871}$ὄντος 所是

$^{872}$ Συνδρόμου γὰρ ὄντοςτουἀνθρώπου τῆ λογικῆ ψυχῆ. Armstrong 译为 since man coicides with the rational soul（既然人与理性灵魂一致）。这个翻译漏掉了普罗提诺强调的人和灵魂在"是"上的同一。

$^{873}$ λογιζώμεθα，我们译为推理，是因为 λογος（理性）。普罗提诺把灵魂的考虑活动称为理性活动，而与灵魂的 διάνοιαι（推论）有所区别。普罗提诺用后者指灵魂与感知觉相关的活动。Armstrong 的翻译似乎没有能够区分这两者，都译成 resoning。

$^{874}$ὅταν λογιζόμεθα 它才真正是所进行推理的。λογιζόμεθαὸ 推理的。

$^{875}$ἡμεις 我们

$^{876}$λογισμοὺς 理性运用过程

$^{877}$εἶναι 是

$^{878}$ψυχῆς 灵魂

$^{879}$ἐνεργήματα 活动

$^{880}$本节指出独立的理智是第二本体；灵魂本体只是理智事物之一；灵魂投射于身体形成各种显像。

$^{881}$依据 Paul Kalligas 撮要言之。[第 1—3 节] 普罗提诺依据亚里士多德和阿佛洛狄西亚斯的亚历山大区分理智和作为灵魂功能的理智，独立的理智在普罗提诺的存在论中居于第二本体。亚里士多德《论灵魂》第三卷第 4—5 章引入了主动的理智和被动的理智，阿佛洛狄西亚斯的亚历山大作了如下阐释：（1）任何人的灵魂都拥有类似于质料的被动理智，它们就像是潜能(dunamei panta)具有接受可理知形式的模糊倾向；（2）就像工匠可以获得完成其工作的技艺状态(hexeis)，被动的理智也可以借助知觉的和理智的理解力被塑造成为智性的状态并构成灵魂首要的现实性；（3）主动的（活跃的）理智来自外部(thurathen)，光照并激活早已经存在于灵魂中的被动的理智。普罗提诺在"我"(hemeis)和理智的关系上表现出习惯性的犹豫(V 3.3.26-29)，但他在"我们"和理智的关系上持如下清晰坚定的立场：理智作为整体无处不在(V 8.4.4-11, VI 5.6.1-6, VI7.9. 31- 35)。以此观之，灵魂的理智被理智之光激活从而与整个可理知世界同一，这样它就被真正地称为成了"我"的属性的超越性。这里"原初的灵魂"(psuchei tei protei)指的是灵魂本体，与每个人(hekastos)相关，指纯粹的独立的灵魂，与我们更高的自我同一。(Paul Kalligas, *The Enneads of Plotinus: A Commentary,* Vol.1, pp.121-122)

$^{882}$πῶς 如何

$^{883}$voῦv 理智

$^{884}$ πρòς 含义复杂，通常表示两个事物之间的各种关联包括两个地方、两个方面或

者两个事物的关系。普罗提诺在"论是的种类"中，把它作为"关系"范畴。

885voῦν 理智

886oὐχ 不是

887 Λέγω 我意指，我指。

888ψυχὴ 灵魂

889Ἕξιν 状态

890ἀλλ᾽而是

891 αὐτὸν τὸν voῦν 理智自身

892Ἔχει 是，具有。

893παρὰ 源于

894voῦ 理智

895oὖσαν 事物

896 Ἣ Ἔχομεν 我们所拥有的这个。

897ὑπεράνω 超越于

898ἡμῶν 我们

899τοῦτον 某个，指事物。

900依据 Paul Kalligas 撮要言之。［第 6—8 行］在涉及可理知世界时，普罗提诺经常使用阿那克萨戈拉的用语"聚集为同和全"(homou panta)，可见于例如 V.3.5.21, V.3.17.10, V9.6.3 和 8 等等。相形之下，在推论理性(dianoia)层面，灵魂检查形式(eide)并把它们结合为命题。这些命题获得了某种程度的不相关的存在因此成为"形成原理" (logoi)，对象又被灵魂提交给理智的阐释即推理(logismos)。［第 8—10 行］神或者太一超越理智，理智也就是实体和"存在者"整体。普罗提诺这里的表达让人想起努美尼俄斯(Numenius)关于至善的描述：至善是主导性原理(to hegemonikon)，静居于"是"（存在）的洪流之上(hileo epochoumenon epi tei ousiai)。而 tei ousiai tei ontos 又与柏拉图的《智者篇》248a11 有关。(Paul Kalligas, *The Enneads of Plotinus: A Commentary,* Vol.1, p.122)

901πάντων 全部，万物。

902κοινὸν 共同，普遍性。

903 Ἔχομεν 我们拥有

904Ἴδιον 特殊性

905 ἢ καὶ κοινὸν πάντων καὶ ἴδιον 既作为普遍的又作为特殊的。ἢ 或者。 καὶ • καὶ 既 • 又。κοινὸν πάντων 普遍的，共同的。ἴδιον 特殊的。

906κοινὸν μέν 普遍。μέν 的确，真的。

907ὅτι 因为

908 ἀμέριστος 不包含部分，没有部分。

909εἷς 一

<sup>910</sup>πανταχοῦ 任何地方

<sup>911</sup>αὐτός 其自身，同。

<sup>912</sup>Ἴδιον 特有

<sup>913</sup>ὅτι 因为

<sup>914</sup>ψυχῇ 灵魂

<sup>915</sup> Τῇ πρώτῃ 原初部分

<sup>916</sup>ἐν 在……中

<sup>917</sup>ἕκαστος 每个事物，这里指每个个人。

<sup>918</sup>ἔχει 拥有

<sup>919</sup> αὐτὸν ὅλον 其整体。αὐτὸν 它的，其。

<sup>920</sup>διχῶς 以两种方式

<sup>921</sup>ἔχομεν 我们拥有

<sup>922</sup>εἴδη 形式

<sup>923</sup> ἐν μὲν ψυχῇ 在我们的灵魂中。

<sup>924</sup> οἷον ἀνειλιγμένα 单独展开。Armstrong 的英译本略去了 οἷον（单独地）。

<sup>925</sup> οἷον κεχωρισμένα 各自展开。Armstrong 的英译本略去了 οἷον（各自地、单独地）。

<sup>926</sup> ἐν δὲ νῷ 以理智的方式。

<sup>927</sup>ὁμοῦ 同

<sup>928</sup>πάντα 全

<sup>929</sup>τὸν δὲ θεὸν πῶς 但我们如何拥有神呢？ θεὸν 神。 πῶς 如何。

<sup>930</sup>ἐποχούμενον 寓居

<sup>931</sup>νοητῇ 理智，理智的。

<sup>932</sup>依据 Paul Kalligas 撮要言之。[第 10—15 行] 灵魂居于太一和理智之后列在第三位。柏拉图《蒂迈欧篇》35a1-7 指出灵魂来自不可分的(ameristos)和可分的(meriste)实体(ousia)，由混合碗中构造所成(sunestesen)。普罗提诺的相关讨论可见于《九章集》IV 1[21]和 IV 2[4]。灵魂把具体灵魂的形式分给生命物，也把宇宙灵魂的形式分给宇宙。(Paul Kalligas, *The Enneads of Plotinus: A Commentary,* Vol.1, p.122)

<sup>933</sup>φύσει 本性

<sup>934</sup>ὄντως 真正的，"作为是的"。

<sup>935</sup>οὐσίᾳ 实体

<sup>936</sup>英译者注："真实的实在"就是形式世界，与理智同一。神（太一或至善）则超越理智和实在。Armstrong 的英译本加了句 that is how we possess him，希腊文本中没有相应的文句。

<sup>937</sup>δὲ ἐκεῖθεν：从那里算起，据上下文即是从神算起。

<sup>938</sup>ἡμᾶς 我们

$^{939}$τρίτους 第三

$^{940}$Φησί，认为。根据上下文，指的是"柏拉图认为"和"柏拉图称"。

$^{941}$ἐκ 由，来自。

$^{942}$ἄνωθεν 上界的

$^{943}$ἀμερίστου 不可分的

$^{944}$μεριστῆς 分离

$^{945}$περὶ τὰ σώματα 身体。περὶ 关于。

$^{946}$英译者 Armstrong 注：普罗提诺再次引用了《蒂迈欧篇》35a 中柏拉图关于世界灵魂的描述，然后又根据自己的观点作了解释，把较低级的灵魂及其能力看成是较高级灵魂的流溢。后者通过光照和构造使它们具有生气而让自己被给出，同时又使自身不增不减。

$^{947}$νοεῖν 认为

$^{948}$μεριστὴν 分离

$^{949}$σώματα 身体

$^{950}$ὅτι 根据

$^{951}$依据 Paul Kalligas 撮要言之。[第 15—18 行] 普罗提诺这两行文字尤其关注灵魂的各种显现或者呈现。分离(meriste)在生命物机体中的灵魂只是以充满生机的光照将其显像呈现在生命物机体之上。[第 18—23 行] 灵魂的功能被投射于身体之上形成一系列影像。首先产生的是把握性印象即感知觉影像，接下来产生与植物性功能相应的其他感受和活动。所有这些影像生成的前提在于灵魂转向(epistrammene)身体。普罗提诺认为灵魂的下倾(neusis)只是灵魂定位的变化，它既不是下坠也不是罪。(Paul Kalligas, *The Enneads of Plotinus: A Commentary,* Vol.1, p.123)

$^{952}$ἕκαστον 每个

$^{953}$ζῷον 生命物

$^{954}$ἑαυτὴν 自身

$^{955}$δίδωσιν 赋予

$^{956}$μεγέθεσιν 量值

$^{957}$οὖσα 尽管

$^{958}$μία 一

$^{959}$παντὶ ὅλῳ 全部的整体，这里指整个宇宙中的所有事物。

$^{960}$ἢ 或者

$^{961}$παρεῖναι 呈现

$^{962}$σώμασι 身体

$^{963}$ φαντάζεται，画像，印象或者图像。

$^{964}$ὅτι 由于

[965]ἐλλάμπουσα 照射

[966]εἰς 在……中。

[967]σώμασι 身体

[968]ποιοῦσα 造成

[969]ζῷα 生命物

[970]οὐκ 不是

[971] ἐξ 来自，这里译成"由"。

[972]αὐτῆς 它自身

[973]σώματος 身体

[974]μένουσα μὲν 居于。μὲν 的确，真的。μένουσα 居于。

[975]αὐτή 它自身

[976]αὐτῆς 它自身

[977]εἴδωλα 影像

[978]ὥσπερ 就像，如同。

[979]πολλοῖς 许多

[980]κατόπτροις 镜子

[981]ἐν 在……中，从……中。

[982]πρόσωπον 脸

[983] ἡ ἐν τῷ κοινῷ 在结合所成的实际事物中。ἡ 或者。ἐν 在……中。τῷ κοινῷ 结合者，普遍者。

[984]πρῶτον 最初的

[985] εἴδωλον 影像

[986]αἴσθησις 感觉能力

[987] εἶτα ἀπὸ 随后产生的是。εἶτα 随后。 ἀπὸ 来自。

[988]λέγεται 所谓的

[989]ψυχῆς 灵魂

[990] αὖ 另一个

[991]εἶδος 形式

[992]πᾶν 所有，指所有事物。

[993] ἕτερον ἀφ᾽ἑτέρου ἀεί 每一者依次生自另一者。ἀεί 总是，永远。

[994]μέχρι 直到，这里译为"这个系列"。

[995]τελευτᾷ 结束于，完成。

[996]γεννητικοῦ 生育

[997]αὐξήσεως 生长能力

[998] ὅλως 一般而言

<sup>999</sup>ποιήσεως 造成

<sup>1000</sup>ἀποτελεστικοῦ 完善，完善了。

<sup>1001</sup>ποιοῦσαν 造成

<sup>1002</sup>ἄλλου παρ᾽其他的

<sup>1003</sup> ἐπεστραμμένης αὐτῆς 不同于其自身，这里指不同于灵魂的其他事物。

<sup>1004</sup>ποιήσεως 造成

<sup>1005</sup> πρὸς τὸ ἀποτελούμενον 始终面向其造物。ἀποτελούμενον 使……成为完善的，以……为目的，Armstrong 译为 directed towards its product，也就是以其造物为指向或者目的。

<sup>1006</sup>本节摘要。恶来自错误的判断和虚假的印象，错误的判断和虚假的印象是由于灵魂较高的功能失控于较低的对象。单纯的智性活动由于在整体里面，概念间单纯的相互联结就不受真假的影响。灵魂的理解（感知觉）和感受（情绪）过程起源于身体，一方面它受外部对象的同化而可能不服从于灵魂的推论，这会导致灵魂出错并使灵魂陷入迷途；另一方面灵魂的推论活动由于单纯地与已经呈现在灵魂中的理智材料相关而与理智同化。灵魂借此训练并转向它自身后，就会独立自住。

<sup>1007</sup>依据 Paul Kalligas 撮要言之。［第 1—4 行］所有恶的首要原因是质料，质料进入无尺度(ametria)的非理性灵魂，以被强制的感受（情绪 akousia pathemata）和虚假印象(pseudeis doxai)的形式在灵魂里面投影下恶，但灵魂自身完全不受影响。(Paul Kalligas, *The Enneads of Plotinus: A Commentary,* Vol.1, p.123)

<sup>1008</sup>ἡμῖν 我们的

<sup>1009</sup>τοίνυνἐκείνης 在那里的，这里指在上面的，也就是较高级的。

<sup>1010</sup>ψυχῆς 灵魂

<sup>1011</sup>φύσις 本性

<sup>1012</sup>ἄνθρωπος 人

<sup>1013</sup>ἀπηλλαγμένη 免于，不需要为……

<sup>1014</sup>ποιεῖ 所行的

<sup>1015</sup>κακῶν 恶，恶事。

<sup>1016</sup>πάσχει 遭受，所遭受的。

<sup>1017</sup>κακῶν 恶，恶果。

<sup>1018</sup>αἰτίας 责任

<sup>1019</sup>ὡςεἴρηται 因为如前所说。

<sup>1020</sup>ζῷον 生命物

<sup>1021</sup>κοινόν 结合所成的实际事物。

<sup>1022</sup>περί 关于，与……有关。

<sup>1023</sup>ἀλλ᾽但是

[1024]εἰ 如果

[1025]δόξα 意见

[1026]依据 Paul Kalligas 撮要言之。［第 4—12 行］灵魂的表象(doxastike)和推论(dianoetike)功能容易出错和导致谬误，当较高的功能失控于生命物这样的较低对象时，就会出现功能失调从而陷于歧途。例如如果知觉上的理解（感知觉）不服从于推论过程(epikrinai)，那么未经加工的知觉会导致错误印象从而导致错误行动，无能为力的灵魂就产生恶并有效地影响身体，换言之灵魂任由其自身陷于迷途。 (Paul Kalligas, *The Enneads of Plotinus: A Commentary,* Vol.1, p.123)

[1027]διάνοια 推论

[1028]ψυχῆς 灵魂

[1029]πῶς 如何

[1030]ἀναμάρτητος 无罪的，摆脱罪的。

[1031]γὰρ 因为，既然。

[1032]δόξα 意见

[1033]ψευδὴς 骗子

[1034]πολλὰ 许多

[1035]κακῶν 恶行

[1036]ἡμεῖς 我们

[1037]πολλὰ 多

[1038]ἢ…μὲν 当……时候。ἤ 在……之下。μὲν 的确，真的。

[1039] χείρονος 坏的、坏的部分、坏的东西。

[1040] ἡττωμένων ὑπὸ 输给……，被……掌控。ὑπὸ 在……之下。

[1041]ἢ 或者，比如。

[1042]ἐπιθυμίας 欲望

[1043]θυμοῦ 激情

[1044]κακοῦ 恶

[1045]εἰδώλου 影像

[1046]πράττεται 采取行动

[1047]κακὰ 恶

[1048]λεγομένη 所谓

[1049]διάνοια 推论

[1050]ψευδῶν 错误

[1051]φαντασία 心理图像

[1052]依据 Paul Kalligas 撮要言之。［第 12—15 行］相比较于推论理性，由于智性不是由多种要素构成，而是依据概念的相互联结在单纯整体中组织而成的有关可理知对

象的直观性沉思，理智就不会出错。亚里士多德论证说思想的非复合(asuntheta)对象的智性不受真和假的影响，因为真和假在于联结(thixis)是否获取自可理知对象(《形而上学》Θ10.1051b17-33)。柏拉图已经论证过动词 ephaptomai(touching/making contact with 联络，联结)的含义并用它指关于形式的理智性凝思(《斐多篇》65d7,《会饮篇》212a5,《斐德若篇》253a2)。普罗提诺进一步澄清说可理知对象呈现在灵魂之中和"在我们之中"，他们不是"聚集为全和同(homou panta)"而是如同"它所显现的(hoio areilegmena)"，也就是被联结为一种具有规定性（用今天的术语讲就是具有先验性）的判断，它并不容易为意识所获得，但可以通过回忆被把握和恢复。(Paul Kalligas, *The Enneads of Plotinus: A Commentary*, Vol.1,p.124)

[1053]διανοητικοῦ 推论能力

[1054]κρίσιν 判断

[1055]οὖσα οὐκ ἀνέμεινε 还处在形成过程的阶段。

[1056] τοῖς χείροσι 坏的部分

[1057]ἐπράξαμεν 活动

[1058]ὥσπερ 正如，如同。

[1059] ἐπὶ τῆς αἰσθήσεως 在感觉中的

[1060] κοινῇ 结合所成的实际事物

[1061]αἰσθήσει 感知

[1062] πρὶν 在……之前，以前，直到……的时候。

[1063]διανοητικῷ 推论能力

[1064]συμβαίνει 相遇，加诸于。

[1065]ἐπικρῖναι 判断

[1066]ψευδῆ ὁρᾶν 看得错误，也可以译为"形成错误的看法"。ὁρᾶν 看。

[1067]νοῦς 理智

[1068]ἢ ἐφήψατο 活动过程

[1069]ἢ 或者

[1070]οὔ 不，无关。

[1071] ὥστε ἀναμάρτητος 如果无关便无罪。

[1072] Ἢ οὕτω δὲ λεκτέον 但是，我们宁愿说。也可以译为"我们必须说"。

[1073]ἡμεῖς 我们

[1074] ἐν τῷ νῷ 在理智中

[1075]νοητοῦ 智性

[1076]依据 Paul Kalligas 撮要言之。［第 15—23 行］普罗提诺归纳了前几章各种心理影响。结合物或者复合物(共同物 koina)包括属于结合物或生命物的心理过程是感知觉和感受（情绪），它们根源于身体状态和意向（διαθέσεις）。这种为灵魂专有的过程(idia tes psuches)是理解和理性的功能。这或者是对伴随而生的知觉材料和感受进行的判断 (epikrisis)，或者是通过回忆激活理智的表象。Sunasithesis（共通感，Kalligas 认为译成 apperception/awareness 更好）这个术语指的是透过推论性思考把握意义，但不与外部事 物而只与呈现在灵魂中的理智材料的认识相关。但另一方面，就如理解(antilepsis)预设 了为感觉所获得的诸形式之间的相似性，智性自身意味着灵魂之于理智原型的某种同 化。(Paul Kalligas, *The Enneads of Plotinus: A Commentary,* Vol.1, p.124)

[1077] Ἡ τοῦ ἐν ἡμῖν 我们自身中的智性。

[1078] ἢ οὔ "或者无关"。

[1079] δυνατὸν 可能

[1080] ἔχειν 拥有

[1081] μὴ 不

[1082] πρόχειρον ἔχειν 使……显现出来，使用……普罗提诺认为许多人只是在能力的 意义上拥有理智，但并没有真正地实现理智活动。

[1083] Armstrong 注：对照《泰阿泰德篇》 198d7。

[1084] διείλομεν 区分，区分了。

[1085] κοινὰ 属于结合所成的实际事物。

[1086] μὲν σωματικὰ 形体的，有形体的。μὲν 的确，真的。

[1087] οὐκ ἄνευ 无。οὐκ 的确，真的。

[1088] σώματος 形体的

[1089] δεῖται 指没有这个要求。

[1090] σώματος 形体的

[1091] ἴδια 私人的，特殊的，这里指"专属于灵魂所有的"。

[1092] διάνοιαν 推论

[1093] ἀπὸ 由……所生

[1094] αἰσθήσεως 感觉

[1095] ποιουμένην 所生的，所造成的。

[1096] τύπων 印象

[1097] ποιουμενην 作出

[1098] ἐπίκρισιν 判断

[1099] ἤδη 已经，同时。

[1100] θεωρεῖν 凝思

[1101] εἴδη 形式

[1102] συναισθήσει。这个希腊文由两部分 συν（共同的）和 αισθήσει（感觉）构成， 也可以译成"共通感"或者"交感"，但似乎译成"共同感觉"更能够表现普罗提诺的 意思。

<sup>1103</sup>θεωρεῖν 凝思

<sup>1104</sup>κυρίως 属于

<sup>1105</sup>ψυχῆς 灵魂

<sup>1106</sup>ἀληθοῦς 真正的

<sup>1107</sup>διάνοιαν 推论

<sup>1108</sup>ἀληθὴς 真正的

<sup>1109</sup>διάνοια 推论

<sup>1110</sup>νοήσεων 理智的

<sup>1111</sup>　ἐνέργεια，通常 Armstrong 会译成 actualisation（实现活动），这里译成 anoperationoffact。

<sup>1112</sup>ἔξω 外在的

<sup>1113</sup>τἄνδον 内在的，在家里的。

<sup>1114</sup>πρὸς 从……，在……之间。

<sup>1115</sup>πολλάκις 许多

<sup>1116</sup>ὁμοιότης 相似性

<sup>1117</sup>κοινωνία 共同性

<sup>1118</sup>ψυχὴ 灵魂

<sup>1119</sup>　ἀτρεμήσει οὖν οὐδὲν ἧττον 平静如一。ἀτρεμήσει 平静的。οὖν οὐδὲν 的确，真的。ἧττον 一。

<sup>1120</sup>　πρὸς ἑαυτὴν 面向自身

<sup>1121</sup>　ἐν ἑαυτῇ 安息于自身，在自身中。

<sup>1122</sup>　ὅ τι δήποτέ ἐστι τοῦτο 正如我们所说的。

<sup>1123</sup>　ἐν ἡμῖν 在我们里面

<sup>1124</sup>τροπαὶ 变化

<sup>1125</sup>θόρυβος。英译者 Armstrong 注："骚动"一词对照《斐多篇》 66d6 和《蒂迈欧篇》 43b6。

<sup>1126</sup>παρὰτῶνσυνηρτημένων, 来自于附着在我们身上的事物，即附加在灵魂上的身体。

<sup>1127</sup>κοινοῦ 结合所成的实际事物。

<sup>1128</sup>παθημάτων 感受

<sup>1129</sup>ὡςεἴρηται 无论其所是的准确性如何。

<sup>1130</sup>本节摘要。普罗提诺讨论"我们"的双重含义：灵魂本身和生命物。生命物包含兽性，灵魂本身则与身体分离。身体并不是与人性相反的本性。真正的人或者"人"洁净了感受（情绪）。来自习惯和训练的德性由于包含了实际事物因此蕴含恶。友爱既有属于实际事物的部分，也有属于内在之人的部分。

[1131]依据 Paul Kalligas 撮要言之。［第 1—7 行］普罗提诺导论性地讨论"我们"
(hemeis)的专门含义。他区分了 hemeis 的两种含义：（1）灵魂本身；（2）生命物。在《九
章集》II.3 中，普罗提诺从宇宙视野讨论二元观念。他关注的不是较低部分与较高部分
两个极端之间的反对关系，他关注的是约束两者的相互依赖关系。我们的身体不是诺
斯底主义所谓的处在放逐地位的异在事物，而是我们的事物：虽然身体比真自我低得
多，然而也是我们身份的要素。当然由于生命物(zoion)的非理性，它具有某种非人性和
兽性的(theriodes)事物，即使如此，普罗提诺也没有把身体归入到与人性相反的本性中。
［第 7—11 行］《九章集》第一卷第二章已经描述了真正的(alethes)或者内在的(eiso)人
与原初的、不受情绪影响的和分离的灵魂。在此之前斐洛已经使用过"在真理中的人"
(pros aletheian anthropos)，并把他等同于与"混合感觉"(kekramenos met' aistheseos)
对立的"纯粹理智"(katharotatos nous)。在他看来，这些人完全是混杂的彼此不相容的
要素。而在普罗提诺看来"混合感觉"的人完全依赖于"纯粹理智"的人，前者有一
种向后者上升的自然倾向。但是灵魂自身包含了从身体向理智的转向，这种转向甚至
已经根植于存在论（是论）阶梯的较高区域。这种转向(periagoge)在于凝思形式具有共
存性构造，从而构成两种理智德性：理论智慧(sophia)和实践智慧(phronesis)。(Paul
Kalligas, *The Enneads of Plotinus: A Commentary,* Vol.1, pp.124-125)

[1132]Ἀλλ' 但是

[1133]εἰ 如果

[1134]ἡμεῖς 我们

[1135]ψυχή 灵魂

[1136]ἡμεῖς 我们

[1137] ταῦτα 这种方式

[1138]πάσχομεν 受影响

[1139]ψυχὴ 灵魂

[1140] ταῦτα 这种方式

[1141] πάσχουσα 受影响

[1142]αὖ 同样

[1143]ποιήσει 我们所做的，ποιεω(do/make)做。

[1144]ποιοῦμεν 灵魂所做的。

[1145]Ἢ 是的

[1146]ἔφαμεν 我们说

[1147]κοινὸν 结合所成的实际事物。

[1148]εἶναι 是

[1149]ἡμῶν 我们自身的，我们的。

[1150] μάλιστα 一部分

1151οὔπω 未

1152κεχωρισμένων 分离

1153 φαμεν 我们说

1154ἡμᾶς 我们

1155πάσχει 影响

1156ἡμῶν 我们

1157σῶμα 身体

1158πάσχειν 影响

1159ἡμεῖς 我们

1160 διττὸνοῦν，两种含义，两种。οὖν 的确，真的。

1161συναριθμουμένου 包括

1162θηρίου 野兽

1163ἤ 或者

1164ὑπὲρ 超越，超越了。

1165 ἢ τὸ ὑπὲρ τοῦτο ἤδη 在目前生活中已经超越(ὑπὲρ)了野兽的那种。

1166θηρίον 野兽

1167ζωωθὲν 生命

1168σῶμα 身体

1169ἄλλος 但是

1170ἀληθὴς 真正的

1171ἄνθρωπος 人

1172καθαρὸς 洁净，洁净了。

1173τούτων 这些，这些感受，指身体方面的和身体与灵魂结合所造成的感受。

1174ἔχων，有，有着。

1175ἐν 在……中，属于。

1176νοήσει 理智，理智领域。

1177ἀρετὰς 德性

1178Ἵδρυνται 安顿，安顿在，在……有位置。

1179χωριζομένη 分离了的

1180ψυχῇ 灵魂

1181ἔτι 即使，还，仍然。

1182οὔση 是，处于。

1183ἔτι ἐνταῦθα οὔση 位处下界

1184χωριζομένη 独立

1185依据 Paul Kalligas 撮要言之。［第 11—14 行］除了"转向"(periagoge)之外，柏

拉图还认为存在与身体关系密切的所谓的其他德性(aretai kaloumenai)，也就是通过习惯和实践所养成的公民德性(politikai aretai:《九章集》I.2.1.15-16)，这些德性与身体的感受直接相关，如果缺乏这些德性就会导致生命物放任于不受控制的本能所造成恶的结果（《九章集》I.8.14.1-27）。[第 14－15 行] 亚里士多德赋予友爱(philia)以特殊的价值，《尼各马可伦理学》(VIII 1.1155a4)称友爱为"一种德性或者包含一种德性"(arete tis e met' aretes)。这也可能是普罗提诺认为友爱具有特殊价值的原因。普罗提诺有关友爱的区分也与亚里士多德关联于真正的善或者"有用的善"和"令人愉悦的善(to hedu)有关(Paul Kalligas, *The Enneads of Plotinus: A Commentary*, Vol.1, pp.124-125)

1186χωριστῇ 分离

1187ὅταν 由于……的缘故，因为，当……的时候。

1188ἐπεί，当……时候，当。

1189αὐτῇ 它

1190παντάπασιν 全然

1191ἀποστῇ 退回

1192ἐλλαμφθεῖσα 光照，所光照的。

1193καὶ ἡ ἀπ' αὐτῆς 或者来自于它的，指低级灵魂。ἡ 或者。 ἀπ' 从……来。αὐτῆς 它。

1194ἀπελήλυθε 退回，退回到。

1195συνεπομένη 训练

1196ἐγγινόμεναι 习惯

1197ἀσκήσεσι 训练。英译者 Armstrong 注：对照《理想国》518e1-2。

1198μὴ 非，不是。

1199 φρονήσει 明智、审慎。Armstrong 的英译本译成 thought，译为"明智"更妥当，因为普罗提诺后面提到的是一种德性，思想不能作为一种德性。

1200αἱ δ' ἀρεταὶ 来自德性。ἀρεταὶ 德性。

1201κοινοῦ 结合所成的实际事物。

1202κακίαι, κᾱκία，恶习、耻辱、怯懦。这里译为"恶习"，Armstrong 的英译本译成 vice。κακος，Armstrong 的英译本译为 evil，我们译为"恶"。κακος 指的恶是抽象的、一般的恶，普罗提诺经常使用此字，指与善相对的、善的缺失。κᾱκία 则指更具体的恶，中译为"恶习"。

1203γὰρ 已经，就。

1204τούτου 此，这个。

1205ἐπεί 因为

1206φθόνοι 嫉妒

1207ζῆλοι 羡慕

<sup>1208</sup>ἔλεοι 同情

<sup>1209</sup>φιλίαι 友爱

<sup>1210</sup>τίνος 哪一个，何者。

<sup>1211</sup>Ἡ αἱ μὲν τούτου: 部分属于结合所成的实际事物。τούτου，这个，指前文的结合所成的实际事物。

<sup>1212</sup>αἱ δὲ τοῦ ἔνδον ἀνθρώπου 部分属于内在之人。ἔνδον 内在的。ἀνθρώπου 人。

<sup>1213</sup>英译者 Armstrong 注:《理想国》589a7 指出"内在的人"是理性。它在"狮子"的帮助下征服了"多头兽"，从而统治整个人。

<sup>1214</sup>本节摘要。来自上界的理智之光激活处在中间地带灵魂的理智能力;"我们"超越于活动在灵魂内部的"我";人的灵魂包括兽性部分，但是动物的灵魂也可能包含理性。

<sup>1215</sup>依据 Paul Kalligas 撮要言之。[第 1—2 行] 柏拉图《蒂迈欧篇》44a8-b1 称灵魂刚生成时没有理智而与必死的身体联系在一起，人要想具有理性倾向并得到平静就必须是可理知的。类似论述亦可见于阿佛洛狄西亚斯的亚历山大和杨布里柯的著作。柏拉图把 συνθέτου 用作形容词以表示身体和灵魂的复合(《斐多篇》78c1，《理想国》611b)。亚里士多德也这样使用过，但是《尼各马可伦理学》(X 7.1177b28) 把 συνθέτου 的用法实体化了。[第 2—8 行] 尽管作为意识的"我"运动在灵魂内部，但是这并不意味着"我"和灵魂相同。普罗提诺显然意识到要在整体性人格(psuche)和自我意识(hemeis)之间作出区分，他的整个心理学就是以此为基础。灵魂遍布在可理知和可感觉区域之间，通常活跃在推论理性这个层面，因为这里是理解的功能(dunamis)主要分布之所在。以此为制高点，意识转向可理知区域方向或者可感觉区域方向，获得对智性理解或者把握性印象(antiplepseis：参看 IV 3.30.15-16, V.3.3.36-40)的认知。从主体性视野看，注意力的转向包含着"我"向着这个或者那个方向转换，就如意识与相应的对象同一。然而灵魂在各个区域的活跃性并非必然是意识的运行，事实上在某种情况下尤其是在纯粹智性中，意识因为其推论和分析的本性反会阻碍相应的功能。正因为如此，智性和合一的较高过程要求修正理解习惯和推论模式，超越"我"自身，使灵魂达致较高的活跃形式。普罗提诺这里使用了漫步学派的智性(noetic)观念，目的在于描述完全不同于后者所关注的内容。这里用理解所表示的"我"或者意识使"潜能"(dunamei)或者"意向"(kath' hexin)活跃起来，"这种在推论理性之中的理智表象"(ta en tei dianoiai noemata:V 3.3.35-36)本身就是"来自上界的……理智的现实性"(tou nou energemata anothen:V 3.3.36-37)。(Paul Kalligas, *The Enneads of Plotinus: ACommentary*, Vol.1, pp.126-127)

<sup>1216</sup>ὄντων 是

<sup>1217</sup>παίδων 孩子

<sup>1218</sup>τὰ ἐκ τοῦ συνθέτου 复合物的力量。ἐκ 来自。τοῦ συνθέτου 复合物。

<sup>1219</sup>μὲν 真正的，确实的。

<sup>1220</sup>ἐνεργεῖ 活跃的

[1221]ὀλίγα 只有少量

[1222]ἐκ τῶν ἄνω 来自高级原理的。ἐκ 来自。 τῶν ἄνω 高处，指高级原理。

[1223]ἐλλάμπει 光线

[1224]εἰς 在……里面，进入，临到。

[1225]αὐτό 它自身

[1226]ὅταν 每当，当……

[1227]ἀργῇ 不活跃

[1228]ὅταν δ' ἀργῇ 但是当这些不活跃时。

[1229]εἰς ἡμᾶς 就我们而论。εἰς 在……中。 ἡμᾶς 我们。

[1230]ἐνεργεῖ 活动

[1231] πρὸς τὸ ἄνω 向上伸展。πρὸς 从…… ἄνω 上面。

[1232]ὅταν 当

[1233]μέχρι 抵达

[1234]μέσου 中间

[1235]ἤκη 地带

[1236]εἰς 向着，在……中。

[1237]ἡμᾶς 我们

[1238]ἐνεργεῖ 指引

[1239]ἡμεῖς 我们

[1240]οὐχ 不，不是。

[1241]πρὸ τούτου 在这之前的事物，这里指"在中间地带之前的事物"。

[1242]οὐ γάρ 不。γάρ 既然，因为。

[1243] ὅσα ἔχομεν，直译是 which we have, Armstrong 英文本根据上下文译为 there are must be a conscious apprehension.

[1244]ἀεί 总是，永远。

[1245]χρώμεθα 使用

[1246]τούτοις：这个，指"我们所拥有的东西'包括我们的各种能力'和'好'"。

[1247]ἀλλ' ὅταν 只有当。ἀλλ' 只有，但是。ὅταν 当。

[1248]μέσον 中间

[1249] τάξωμεν 秩序。 Armstrong 的英译本译为 part，依据上下文也是合理的。

[1250] ἢ πρὸς 引向

[1251] τὰ ἄνω 高级原理

[1252] τὰ ἐναντία 对立面

[1253]ὅσα 当

[1254] ἄγομεν 设法发挥。Armstrong 的英译本译为 engaged in bringing.

$^{1255}$δυνάμεως 潜能

$^{1256}$ἕξεως 状态

$^{1257}$εἰς 于，在……中。

$^{1258}$ἐνέργειαν 活动

$^{1259}$ζῷον 生命物

$^{1260}$πῶς 如何

$^{1261}$θηρία 野兽

$^{1262}$ἔχει 拥有，有，这里译为包括在内。

$^{1263}$依据 Paul Kalligas 撮要言之。[第 8—15 行] 柏拉图一再重申人的灵魂会轮回成动物身体的可能，反之亦然（例如《斐多篇》81e2-82b7，《斐德若篇》249b3-5，《理想国》X 618a3，620a2-d5；《蒂迈欧篇》42c1-d8）。由于受亚里士多德哲学的影响，中期柏拉图主义的质料观念不再如此泾渭分明，但他们也有如下坚持柏拉图立场的表述：违背神圣秩序的灵魂会坠落到非理性动物的灵魂中。这个观点就很难与普罗提诺的一元立场调和。但是柏拉图书信和毕达哥拉斯学派又持动物灵魂也是理性的观点，阿佛洛狄西亚斯的亚历山大则坚决反对上述看法，然而普罗提诺至少并不反对动物也有理性的观点，因为他说那些古代思想家提出了有关灵魂的最好的哲学观点（VI 4.16.5-7），他似乎认为这个观点可以接受（IV 7.14.1-8），并用一些有趣的细节确立上述观点(III 4.2.16-30)，辩护说动物灵魂的非理性是由于灵魂活动于质料时变稀薄了(VI 7.7.1-8)。在当前这个段落中，普罗提诺更多只是保留了这个问题，他也有可能在回应那些反对上述观点的柏拉图主义圈子。人（即理性的）和宇宙的灵魂都透过投影在质料之上而活动，如果投影过于模糊暗淡(amudron)，就会成为某种特定动物的形式。那使身体聚集使易变之物成为机体的是身体各部分的"共同引力"(sunpatheia)，它为身体提供了一种本能的内在感知。(Paul Kalligas, *The Enneads of Plotinus: A Commentary*, Vol.1, pp.127-128)

$^{1264}$ὥσπερ λέγεται "若如人们所说"，这里实则是援引柏拉图的说法。Armstrong 在英文本的注释中认为，普罗提诺关于人的灵魂转移到动物体内的思想，是基于柏拉图的权威并加以接受。但是灵魂转移的思想并没有多大地影响普罗提诺关于人的本性和命运的思考。

$^{1265}$αὑτοῖς 它们

$^{1266}$ ἐν 在……中，里面。

$^{1267}$ἀνθρώπειοι 人的

$^{1268}$ἁμαρτοῦσαι 罪的，罪性的。

$^{1269}$ψυχαὶ 灵魂

$^{1270}$ χωριστόν 分离的。这里指可分离部分，例如理性的和理智的部分。

$^{1271}$οὐ 不

$^{1272}$γίνεται 属于

<sup>1273</sup>θηρίων 野兽

<sup>1274</sup> παρὸν 呈现，指灵魂的高级部分如理智在灵魂的野兽部分中依然呈现出来。野兽部分包括人的各种非德性的活动，例如贪婪等等。Armstrong 译为 is there，然而普罗提诺似乎更强调高级部分在低级部分中实际上的存在状态，而不只是存在于那里，不只是作为潜能，而是作为实际的活动。普罗提诺通过这种方式意在强调灵魂的低级活动无视理智这些高级部分的活动，从而造成人的罪性。就此而言，罪性是灵魂的主动选择。普罗提诺的后半句话"却不是为它们呈现"就把这个意思清楚地说出来了。

<sup>1275</sup>ἀλλὰ 却，但是。

<sup>1276</sup>οὐ 不，不是。

<sup>1277</sup>αὐτοῖς 它们

<sup>1278</sup> οὐ πάρεστιν αὐτοῖς 不是为它们呈现。Armstrong 把 πάρεστιν 译为 being there。基于前面的注释，我们译为"呈现"。

<sup>1279</sup>συναίσθησις 共通感觉。Armstrong 译为 consciousness（意识）。这似乎不妥当，因为普罗提诺提到身体也有这种活动，而身体在普罗提诺看来是没有意识活动的。

<sup>1280</sup>ἔχει 包括

<sup>1281</sup>ψυχῆς 灵魂

<sup>1282</sup>εἴδωλον 影像

<sup>1283</sup>σώματος 身体

<sup>1284</sup>ψυχῆς 灵魂

<sup>1285</sup>εἰδώλῳ 影像

<sup>1286</sup>ποιωθὲν 所构成的

<sup>1287</sup>ποιωθὲν 被限定的

<sup>1288</sup>σῶμα 身体

<sup>1289</sup>ἀνθρώπου 人的

<sup>1290</sup>ψυχὴ 灵魂

<sup>1291</sup>μὴ 没有，未曾。

<sup>1292</sup> εἰ…εἰσέδυ 进入。εἰ 在……里面。εἰσέδυ 进入。

<sup>1293</sup>γενόμενόν 成为

<sup>1294</sup>τὸτοιοῦτον 诸如此类的

<sup>1295</sup>ζῷον 生命物

<sup>1296</sup>ἐστιν 是

<sup>1297</sup>ἀπὸτῆςὅλης 那源于宇宙灵魂的。ὅλης 指代宇宙灵魂。

<sup>1298</sup>ἐλλάμψει 光照

<sup>1299</sup>本节摘要。灵魂的被审判是灵魂所要承担起的此生的道德后果；灵魂的影像是

灵魂之于身体的投影,它并不意味着灵魂成为身体的内容;灵魂之离开身体是指灵魂从对身体的关注中转移出去,真正的哲学生活是沉思形式的生活;赫拉克勒斯所拥有的是行动的或者说实践的生活。

1300依据 Paul Kalligas 撮要言之。[第 1—4 行] 普罗提诺循毕达哥拉斯学派和柏拉图传统讨论其心理学理论的道德后果。毕达哥拉斯学派和柏拉图传统持有这样的信念,他们预设灵魂会犯错并且需要承担其后果从而进入轮回。普罗提诺并不十分情愿地接受柏拉图主义神话方面的内容,而是准确地指出"末日审判"背后所隐藏的道德问题:相对于那些从不犯错(anhamartetos)和不需要承担恶的责任(apellagmene aitias kakon)的灵魂来说,那些在生命物阶段犯错的灵魂所需要承担的道德责任。(Paul Kalligas, *The Enneads of Plotinus: A Commentary,* Vol.1, p.128)

1301ἀλλ᾽ εἰ 但是如果。ἀλλ᾽ 但是。

1302ψυχή 灵魂

1303ἀναμάρτητος 无罪的

1304ἥ 那么

1305πῶς 如何

1306δίκαι 审判

1307παντὶ λόγω 所有论证,中译文调整了语序,译为"以下论证"。这个句子如下:ἀλλὰ γὰρ οὗτος ὁ λόγος ἀσυμφωνεῖ παντὶ λόγω。如果纯粹按字面翻译,似可以译成"但是所有如下论证会是一个矛盾的论证"。

1308ἁμαρτάνειν 犯罪

1309希腊文版无"正义地"一词,是根据上下文翻译时所加。

1310κατορθοῦν 行动

1311διδόναι 经历

1312δίκας 惩罚

1313ἐν 在……中

1314 ἅιδου 冥河

1315μετενσωματοῦσθαι 轮回

1316φησιν 主张

1317ἀσυμφωνεῖ 矛盾,相矛盾。

1318依据 Paul Kalligas 撮要言之。[第 6—9 行] 本章 10.5-6 引入了 hemeis(我们)的两种含义,这里也相应地引进了 psuche(灵魂)的两种含义,以保证柏拉图的事后判断理论与"永不坠落"的灵魂不受影响(不动心)之间的冲突。因此 psuche 既表示本质性的单纯灵魂,也表示与身体结合的灵魂即与身体结合构成生命物的灵魂影像。(Paul Kalligas, *The Enneads of Plotinus: A Commentary,* Vol.1, p.128)

1319προσθετέον μὲν οὖν 接受。μὲν οὖν 的确,真的。

<sup>1320</sup>βούλεται 喜欢，意愿。

<sup>1321</sup>ὅτῳ 任何

<sup>1322</sup>λόγῳ 观点

<sup>1323</sup>中译本没有译出当然也不可能译出关系代词 ὅπῃ（where）。

<sup>1324</sup>μὴ 不

<sup>1325</sup>μαχοῦνται 冲突

<sup>1326</sup>ἐξεύροι 找到。

<sup>1327</sup>τάχα δ᾽ ἄν τις ἐξεύροι καὶ ὅπῃ μὴ μαχοῦνται 也许我们可以找到一种它们之间互不冲突的观点。

<sup>1328</sup>διδοὺς 作决定，结论，认为，所谓。

<sup>1329</sup> ὁ μὲν γὰρ τὸ ἀναμάρτητον 无罪的。ὁ μὲν 真的，确实的。 γὰρ 既然，因为。 τὸ ἀναμάρτητον 无罪的。

<sup>1330</sup>λόγος 论证

<sup>1331</sup>ἐν 在于，在……中。

<sup>1332</sup>ἐτίθετο，描绘，假设，设定。

<sup>1333</sup>πάντη 完全

<sup>1334</sup> ἁπλοῦν 单纯的

<sup>1335</sup>αὐτὸ 事物自身，指灵魂自身。

<sup>1336</sup> ἁπλοῦν πάντη ἐτίθετο τὸ αὐτὸ ψυχή. Armstrong 译为 assumes that it is a single completely simple thing.这样的处理太复杂，尤其是对 τὸ αὐτὸ 的处理太复杂了。这里根据希腊文译成事物自身，也就是灵魂自身。

<sup>1337</sup>ψυχὴν 灵魂

<sup>1338</sup>ψυχῇ εἶναι 灵魂之所是。Armstrong 译为 essential soulness，颇有些费解。这里译为灵魂之所是，也就是灵魂自身。

<sup>1339</sup>ἁμαρτεῖν 有罪的

<sup>1340</sup>διδοὺς 认为，奉送、赠与，认为……的论证。

<sup>1341</sup>συμπλέκει 交织

<sup>1342</sup> εἶδος 形式

<sup>1343</sup>προστίθησιν 增加

<sup>1344</sup>αὐτῇ 自身，这里指灵魂自身。

<sup>1345</sup>依据 Paul Kalligas 撮要言之。［第 11—18 行］普罗提诺力图把他前面所谓的两种灵魂的区分归到柏拉图之中（参看例如柏拉图《高尔吉亚篇》523e1-6, 107d2-4），使他自己的严格的超验主义者的灵魂观念适应柏拉图的灵魂神话学。(Paul Kalligas, *The Enneads of Plotinus: A Commentary,* Vol.1, pp.128-129)

<sup>1346</sup> τὸ τὰ δεινὰ 可怕的方式

<sup>1347</sup>πάθη 影响

<sup>1348</sup>οὖν 的确，真的，于是，这样。

<sup>1349</sup>ψυχὴ 灵魂

<sup>1350</sup>αὐτὴ 本身

<sup>1351</sup> Σύνθετος 复合物

<sup>1352</sup> πάντων 所有的，这里指所有元素或者要素。

<sup>1353</sup>γίνεται 产物

<sup>1354</sup> ὅλον 整体上

<sup>1355</sup>πάσχει 影响

<sup>1356</sup>ἁμαρτάνει 犯罪

<sup>1357</sup> σύνθετον 复合物

<sup>1358</sup> τοῦτο （这）ἐστι（是） τὸ διδὸν（给予） δίκην（惩罚） αὐτῷ（自身的）。
希腊文本没有提到柏拉图，Armstrong 英译本指出这是引用了柏拉图的话，因此译为
"对柏拉图来说这是要受惩罚的"，也可以译为"在柏拉图看来这是要受惩罚的"

<sup>1359</sup>οὐκ ἐκεῖνο。根据上下文，指的不是单纯的灵魂，意思是：要受惩罚的不是那单
纯的灵魂。οὐκ 不是。ἐκεῖνο 那个。

<sup>1360</sup>ὅθεν 因此

<sup>1361</sup>φησί 说，他说。

<sup>1362</sup>ὥσπερ 如同

<sup>1363</sup>ὁρῶντες 看见

<sup>1364</sup>θαλάττιον 海神

<sup>1365</sup> Γλαῦκον 格劳科

<sup>1366</sup>τεθεάμεθα 我们见过

<sup>1367</sup>αὐτήν，其自身，这里指的是灵魂。

<sup>1368</sup> εἴπερ 如果

<sup>1369</sup> ἐθέλει 想要，自愿地。

<sup>1370</sup>ἰδεῖν 看见

<sup>1371</sup>φησίν 真正的

<sup>1372</sup>φύσιν 本性

<sup>1373</sup>δεῖ 必须

<sup>1374</sup>περικρούσαντας 剔除

<sup>1375</sup>προστεθέντα 外部装饰

<sup>1376</sup>ἰδεῖν 凝视

<sup>1377</sup>αὐτῆς 其

<sup>1378</sup>φιλοσοφίαν 哲学

[1379]英译者 Armstrong 注：这里普罗提诺引用了《理想国》 611d-612a5 中的一段话，非常清楚地表达了理性灵魂和躯体本性的二元论。普罗提诺借助于亚里士多德和斯多亚学派的思想，从柏拉图关于灵魂的理论中发展出他自己的关于高级自我和低级自我的思想。

[1380]ὧνἐφάπτεται, in contact with（密切接触），这里根据上下文译为"它与原理的紧密相关"。

[1381]τίσι，这些事物，这些。Armstrong 英译本译为 realities（实在）。

[1382]συγγενὴς, Armstrong 英译本译为 by kinship with（与密切相关）。

[1383]οὐσά(what,关系代词) ἐστιν ὅ ἐστιν（是其所是）。这里译为"是其所是"。

[1384]οὖν 因此

[1385]ἄλλη 另一种，这里指另一种灵魂。

[1386]ζωή 生命

[1387]ἄλλαι 另一些

[1388]ἐνέργειαι 活动

[1389]κολαζόμενον 受罚的，指受罚的灵魂。

[1390]ἕτερον 不同

[1391]ἀναχώρησις 上升

[1392]χωρισμὸς 分离

[1393]μόνον 不仅

[1394]οὐ 不

[1395]依据 Paul Kalligas 撮要言之。[第 18—21 行] 本章 7.1-6 已经说明"生成"并不意味着灵魂自身实际上被牵涉于身体之中，它只是意味着灵魂的投影。同样的，分离也并不是指灵魂离开身体，而是指灵魂转离对身体的"观看"，导致影像或者援助(prostheke)的消失。分离构成了抽离的第一步，引导灵魂趋向至善之路。柏拉图用上升(名词 anachoresis；动词 anachorein)指关注灵魂自身和放弃感觉对象（例如《斐多篇》83a6-8），普罗提诺沿用这个术语以表示灵魂向着好的、神圣对象的运动(II 3.9.27)。[第 21—23 行] neusis 表示灵魂坠落于身体。在普罗提诺之前，普罗塔克已经使用这个术语。灵魂"下倾" (katabasis)是《九章集》IV 8.6 的主题，但这里已经有所显示。(Paul Kalligas, *The Enneads of Plotinus: A Commentary,* Vol.1, p.129)

[1396]σώματος 身体

[1397]ἀλλὰ，另一方面，这里根据语境译为"也"。

[1398]ἅπαντος 所有事物。

[1399]προστεθέντος 附加物

[1400]προσθήκη 附加物

[1401]γενέσει 生成，生成过程。

¹⁴⁰²γένεσις 生成

¹⁴⁰³ὅλως 完全

¹⁴⁰⁴ψυχῆς 灵魂

¹⁴⁰⁵ἄλλου 其他

¹⁴⁰⁶εἴδους 形式

¹⁴⁰⁷εἴρηται 我们解释过。

¹⁴⁰⁸γένεσις 生成

¹⁴⁰⁹πῶς 如何，指如何发生。

¹⁴¹⁰καταβαινούσης 下倾

¹⁴¹¹ὅτι 因为，由于，根据中文的语序译为 "……的结果"

¹⁴¹²καταβαίνοντος 下倾

¹⁴¹³ἐν τῆ νεύσει 坠落，在坠落中。ἐν 在……中。

¹⁴¹⁴γινομένου 产生

¹⁴¹⁵ ἄλλου του ἀπ᾽αὐτῆς 某些其他事物

¹⁴¹⁶ἆρ οὖν ἀφίησι 那么灵魂放弃。ἆρ 于是，立即，那么。οὖν 的确，真的。ἀφίησι
放弃。

¹⁴¹⁷εἴδωλον 影像

¹⁴¹⁸依据 Paul Kalligas 撮要言之。[第 23—31 行] 那把身体塑造成生命机体的灵魂
是一个依附性实体，其存在缺乏自足性。灵魂与质料性身体所负的创造责任在于让受
造物被灵魂光照。(Paul Kalligas, *The Enneads of Plotinus: A Commentary,* Vol.1, p.129)

¹⁴¹⁹ νεῦσις。在 Armstrong 前一行的翻译中，把 νεῦσις 译为 descent，本行译为
inclination。我们统一把 νεῦσις 译为 descent（坠落），而把 καταβασις 统一译为 "下倾"
(inclination)

¹⁴²⁰πῶς 如何

¹⁴²¹οὐχ 不，不会。

¹⁴²²ἁμαρτία 罪

¹⁴²³νεῦσις 坠落

¹⁴²⁴Ἔλλαμψις 光照

¹⁴²⁵πρὸςτὸκάτω，Armstrong 英译文译成 what it is below（下界的事物）。

¹⁴²⁶οὐχ 不是

¹⁴²⁷ἁμαρτία 罪

¹⁴²⁸ὥσπερ 正如

¹⁴²⁹σκιά 影子，投下影子。

¹⁴³⁰ οὐδ᾽，不是，决非，这里指不是罪。

¹⁴³¹ τὸ ἐλλαμπόμενον 光照的，这里指得到光照的事物。

¹⁴³²αἴτιον 原因，罪责。Armstrong 译为 responsible，普罗提诺认为如果灵魂出于光照下界事物的目的下坠，那就没有罪责，因为他认为这是由下界事物的欲求引起的。下界事物是其下坠的原因，当然我们也可以进一步说下界事物应当承担责任。

¹⁴³³εἰγὰρμὴεἴη 因为如果它不存在。

¹⁴³⁴οὐκ ἔχει ὅπη ἐλλάμψει 灵魂就无处光照。ὅπη 所有地方。οὐκ 没有。ἔχει 存在，有。ὅπη ἐλλάμψει 光照。

¹⁴³⁵λέγεταιὅπη 被认为

¹⁴³⁶καταβαίνειν 下倾

¹⁴³⁷νεύειν 坠落

¹⁴³⁸αὐτῆς 它

¹⁴³⁹ἐλλαμφθὲν 光照

¹⁴⁴⁰αὐτῆ 它

¹⁴⁴¹ συνεζηκέναι 与……密切结合，Armstrong 译为 live with（同在）。

¹⁴⁴²εἰ μὴἐγγὺς τὸ ὑποδεξάμενον 若无物接受。εἰ 如果。μὴ 没有。 ἐγγὺς (at hand)即将临近，附近。τὸ ὑποδεξάμενον 接受。

¹⁴⁴³依据 Paul Kalligas 撮要言之。[第 31—39 行] 普罗提诺很少诉诸于对荷马史诗的喻意解释，如果使用的话也只是辅助性的。针对赫拉克勒斯这个故事，普罗提诺使用寓意解经引入两种观点：（1）灵魂和灵魂的影像的区分；（2）赫拉克勒斯只有关于他生活事件的记忆，但甚少甚至没有关于他自身的记忆，因为这是需要转移到可理知领域才会具有的记忆，它是对于形式的沉思，是一种不再居留于影像中的哲学家的生活。生活在冥府中的赫拉克勒斯代表的是实践的生活或者所谓的行动的生活(ton praktikon bion)。普罗提诺对赫拉克勒斯故事的诠释说明他的哲学宗旨在于改变注意(prosoche)的方向。(Paul Kalligas, *The Enneads of Plotinus: A Commentary,*Vol.1, pp.129-130)

¹⁴⁴⁴ οὖν 于是，的确，于是。

¹⁴⁴⁵ἀφίησιν 放弃

¹⁴⁴⁶εἴδωλον 影像

¹⁴⁴⁷ἀφίησι 放弃

¹⁴⁴⁸οὐ 不是

¹⁴⁴⁹ ἀποσχισθῆναι 分离，分离了。

¹⁴⁵⁰ ἀφίησι δὲ οὐτῷ ἀποσχισθῆναι 灵魂放弃影像并不是说影像被分离了。ἀφίησι 放弃。δὲ 再者，此外，并。οὐ 不是。 τῷ ἀποσχισθῆναι 分离。

¹⁴⁵¹ἀλλά 而是，而是说。

¹⁴⁵²μηκέτι 不，不再。

¹⁴⁵³ εἶναι 是，存在。

¹⁴⁵⁴ οὐκέτι δέ ἐστιν 决非其所是，不再存在。οὐκέτι 决非。δέ 通常用在两个词之间。

ἐστιν 它是。

$^{1455}$βλέπῃ 整个

$^{1456}$ἐκεῖ 那里，那个，这里指可理知世界。

$^{1457}$ἐὰν 在……时，当……时。

$^{1458}$ ποιητὴς 诗人，指荷马。

$^{1459}$Ἡρακλέους 赫拉克勒斯

$^{1460}$εἴδωλον 影子

$^{1461}$Ἅιδου 冥河

$^{1462}$ἐν 在……中。Armstrong 的英译本略去了对 διδοὺς（交给），用"在……中"已经表达了相似意思。

$^{1463}$αὐτόν 他自己

$^{1464}$δὲ 再者，此外，并，这里译为"则"。

$^{1465}$ἐν 在……中，这里译为"位列"。

$^{1466}$θεοῖς 诸神

$^{1467}$αὐτοῦ 他本人

$^{1468}$ἔοικεν，影像，图像。中译本译为"形影"，是为了与 εἴδωλον（影像，影子）的翻译略为区分。

$^{1469}$χωρίζειν 分离了开来

$^{1470}$英译者 Armstrong 注：参看《奥德赛》11. 601-2。这段话（如普罗提诺在下一句话里似乎承认的）试图将两种传统结合起来，一种传统认为赫拉克勒斯是一位必死的英雄；另一种传统则认为他是一个成了神的人，是真正的希腊传统宗教世界中的一个例外。

$^{1471}$κατεχόμενος 决意保留、占领、布满。

$^{1472}$ὅτι ἐν Ἅιδου，在冥河中。ὅτι 是连词，相当于 that。

$^{1473}$ ὅτι ἐν θεοῖς，在……诸神中，位列诸神。

$^{1474}$ἐμέρισε δ' οὖν 因此（οὖν）他划分（ἐμέρισε，Armstrong 英文译成 devided）了赫拉克勒斯。

$^{1475}$τάχα δ' ἄν 也许。τάχα 立即，δ' ἄν 语气词。

$^{1476}$οὕτω 这，如此。

$^{1477}$ εἴη 是

$^{1478}$ λόγος 故事

$^{1479}$πιθανὸς 有理的，有说服力的，这里指说服力的解释。

$^{1480}$ Τάχα δ ἄν οὕτω πιθανὸς ὁ λόγος εἴη：也许这是对这个故事最貌似有理的解释。τάχα 很快地，立即地。ἄν 表示祈使语句的语气。εἴη 是表示祈使语句的系动词。λόγος 有理的。

<sup>1481</sup>ὅτι 因为

<sup>1482</sup>Ἡρακρῆς 赫拉克勒斯

<sup>1483</sup>ἔχων 具有

<sup>1484</sup>πρακτικὴν 实践的。Armstrong 译为 active，中译文还是依据希腊文原文译为实践的。

<sup>1485</sup>ἀρετὴν 德性

<sup>1486</sup>διὰ 透过，借助于，因着。

<sup>1487</sup> καλοκἀγαθίαν 高贵的，高贵的品性。

<sup>1488</sup> ἀξιωθεὶς 配成为(εἶναι 配是)，值得。

<sup>1489</sup>θεός 神

<sup>1490</sup>ὅτι 因为

<sup>1491</sup> πρακτικός 实践的

<sup>1492</sup>ἀλλ᾽而

<sup>1493</sup>οὐ 非

<sup>1494</sup> θεωρητικός 凝思，这里指凝思的人。

<sup>1495</sup> ἵνα αν ὅλος ἦν ἐκεῖ（那里，指可理知世界）在那种情况下，他就完全在可理知世界中了。普罗提诺认为理智世界的灵魂高于实践德性的灵魂。ἵνα 在那里，在那种情况下。ἄν 表示祈使语句的语气。 ὅλος 整个的。ἦν 在……中。 ἐκεῖ 那里，指可理知世界。

<sup>1496</sup> ἐστι 是，位列。

<sup>1497</sup>ἄνω 上界

<sup>1498</sup>ἔτι 仍然

<sup>1499</sup> τι αὐτοῦ 有部分

<sup>1500</sup>ἐστί 是，位列。

<sup>1501</sup>κάτω 下界

<sup>1502</sup>本节摘要。"我们"表示"理智活动"在"灵魂"之中的显现；它使灵魂的自我反思活动活跃并本真地显现；灵魂向着理智活动运动并趋向于自我本身，这是真正的哲学生活。

<sup>1503</sup>依据 Paul Kalligas 撮要言之。［第 1—5 行］普罗提诺回到本节有关哲学的主题：作为意识的"我"（也就是灵魂的显现）会在超越中获得自我知识。灵魂的自我反思活动活跃于推论理性的层面，构成我们真正的"自我"的最本真显现，与之相对的是生命物的不完美的、生物性的和经验性生活，它会成为自我意识的障碍（参看 II 3.17.21-22）。在这一点上，普罗提诺毫不掩饰地反对漫步学派如阿佛洛狄西亚斯的亚历山大的观点即"灵魂向他自身运动是不可能的"（kath᾽ hauten kineisthai）。(Paul Kalligas, *The Enneads of*

*Plotinus: A Commentary,* Vol.1, pp.130-131)

[1504] Τὸ δὲ ἐπισκεψάμενον περὶ τούτων 什么是这样的一种研究的原理呢？Τὸ δὲ ἐπισκεψάμενον 关于。　περὶ 从事于、忙于、关于。　τούτων 这个。

[1505] ἡμεῖς 我们

[1506] ψυχή 灵魂

[1507] Ἢ ἡμεῖς 是 "我们"。

[1508] ἀλλὰ 不过

[1509] τῇ ψυχῇ，灵魂，这里根据上下文指借藉着灵魂的"我们"。

[1510] Τὸ δὲ τῇ ψυχῇ πῶς 我们用 "借着灵魂" 意指什么呢？τῇ ψυχῇ 灵魂。πῶς 如何。

[1511] τῷ ἔχειν 拥有，指拥有灵魂。

[1512] ἐπεσκέψατο 研究

[1513] Ἆρα τῷ ἔχειν ἐπεσκέψατο？ "我们" 是因为拥有灵魂才研究吗？Ἆρα，于是，正是。

[1514] Ἢ ἦ ψυχή：不，是就我们是灵魂而言。

[1515] οὐκουν，那么，因此。

[1516] κινήσεται，运动，这里指灵魂运动。

[1517] 英译者 Armstrong 注：普罗提诺回到亚里士多德《论灵魂》中所提出的问题，也是他开篇就已经提出的。但是他给出的回答是柏拉图式的而非亚里士多德式的，因为亚里士多德并不像柏拉图那样认为灵魂是运动的。

[1518] Ἢ 是的

[1519] δοτέον 必须给予的，承认。

[1520] αὐτῇ 它

[1521] τοιαύτην 这种

[1522] κίνησιν 运动

[1523] 依据 Paul Kalligas 撮要言之。[第 5—8 行]推论理性层面的生活会成为最高生活形式即 "自我之思" (noountos heauton)的理智生活的进路。"我们" (hemeis)可以借助于在我们内部的理智的活跃活动超越灵魂的边界。以此而论，哲学仿效神圣知识最初的自我知识而向理智运动。(Paul Kalligas, *The Enneads of Plotinus: A Commentary,* Vol.1, p.131)

[1524] μὴ 不，不是。

[1525] σωμάτων 身体的，这里指身体的运动。

[1526] ἀλλ᾽ 而

[1527] ἐστὶν 是

[1528] αὐτῆς 它自身的

[1529] ζωή 生命的，这里指生命的运动。

[1530]Νόησις 理智，这里指理智活动。

[1531]ὅτι καὶ νοερὰ ἡ ψυχὴ 在灵魂是理智意义上的。ὅτι 连词。καὶ 和。νοερὰ。ἡ ψυχὴ 灵魂。

[1532]ἡμῶν 我们的

[1533]οὕτω 这个，这里指活动。

[1534]νόησις 理智，这里指理智活动。严格意义上说，普罗提诺所谓的理智是一种活动，就是作为理智的活动，只是在中文和英文语境下，理智是一个名词，因此才译成理智活动。

[1535]κρείττων 更好的，高级的。其实译成更好的生命或许更好，当然这种更好的生命是比灵魂本身要高级的生命。

[1536]ζωὴ 生命

[1537]ὅταν ψυχῇ νοῇ 既是在灵魂理智地运作上。ὅταν 当……时，既然是。ψυχῇ 灵魂。νοῇ 理智，这里指理智地运作，或者译为合乎理智地运用。

[1538] ὅταν νοῦς ἐνεργῇ εἰς ἡμᾶς 也是理智之作用于我们上。ὅταν 当……时，既然是，也是。νοῦς 理智。ἐνεργῇ 活动，运用于，作用于。εἰς 在……里面，在……上。ἡμᾶς 我们。

[1539]γὰρ 因为

[1540] οὗτος ἡμῶν 我们自身。οὗτος 这个。ἡμῶν 我们。

[1541]μέρος 部分，一部分。

[1542]ἄνιμεν 上升

[1543]πρὸς 从，向。

[1544]τοῦτον 那里，指理智，这里译为"它"。

# 第1卷 第2章
## 论德性

# 互 参[1]

1 问题：如果与神同化（与神相似）可以借德性之路实现，那么这是否意味着神有德性？

2 考查：宇宙灵魂或者理智不拥有所有"公民"德性。

3 解决之道：借德性之路与某事物同化仍然是可能的，然而这事物并不具有德性，它是德性的范型。

4 两种"相似"理论。

5 净化的结果：

（1）凝思可理知区域

（2）无动于心

（3）与神同化（与神相似）

6 德性的可理知范型

7 诸德性的彼此相互蕴含(antakolouthia)

**注释：**

[1]互参的撮要来自 Paul Kalligas, *The Enneads of Plotinus: A Commentary,* Vol.1, p.131.

# 导　言[1]

　　人生活的目的(telos)是什么？换言之,我们能否到达最终目的？亚里士多德《尼各马可伦理学》开篇就提出了这样的问题,并引发了许多争论。西塞罗的《论目的》描述了希腊化哲学学派有关福祉(eudaimonia)定义的种种回应。公元前一世纪,柏拉图主义哲学家欧德洛斯(Eudorus)从《泰阿泰德篇》(176d1-2)中撷取"与神同化"(homoiosis theoi：与神相似)这个语汇,柏拉图的许多文献也都支持这个思想。"与神同化"这个词迅速地流行在当时的柏拉图主义者群体,并由此发展出柏拉图主义的神学维度。

　　亚里士多德在《尼各马可伦理学》(Ⅹ 8.1178b8-18)的一些有名段落中指出不能把德性归给诸神,诸神所具有的不是"实践"(praktike)活动(energeia),而是"理论"(theoretike)活动。这就产生了如下问题:人如何可能与不具有德性的存在(即神)同化？最初的回应是:存在着各种层级的德性。亚里士多德显然已经区分了伦理的(ethical)德性和理智的(dianoetikai)德性(Ⅰ 13.1103a4-Ⅱ 1.1103a20 和 Ⅵ2.1138b35-1139a5),并通过引入"完全的福祉"(teleia eudaimonia:Ⅹ 7.1177a17-18)把凝思生活置于它们之上。如果说伦理德性和理智德性都在于让人更好,那么凝思则能够使人超越自身并能够拥有神圣的生活(bios theios:Ⅹ 7.1177b30-31)。斐洛的著作也有如此的蛛丝马迹般的表达,而"阿尔喀诺俄斯"(Alcinous)则在分析"使自己与神同化的"(exomoiothenai theoi：与神同化)表达时清楚地指出在诸天体(huperouranioi)之上的神(God)并不是在诸天体(epouranioi)中的神(gods),前者不拥有德性并且优越于后者。

　　普罗提诺并不满意于这些德性论,原因在于这些观点似乎认为"与神同化"都需要假设一个"形象",而这会导致柏拉图无穷倒退的"第三人"论证。普罗提诺则放弃了这种讨论方式,他提出层级性同化的观念,还否定德性存在于理智本体层面。但是他保留了柏拉图《斐多篇》(82a11-c1)对公民德性和净化德性所作的区分。柏拉图认为"流行的公民德性"(demotiken kai politiken)可以无须哲学和理智的帮助透过习惯和实践(ex ethous te kai meletes)得到培养,与之相反的是,净化德性是哲学生活的实践,是人离世后完全纯粹的(katharoi apionti)德性。在柏拉图《理想国》而论,与政治理论密不可分的伦理学说是净化德性降等的结果。普罗提诺认为这样一种净化理论必须约束身体的感受(pathe:喜好),因为这些身体的属性只会干扰人们专注于德性之上的形式。普罗提诺虽然致力于摆脱身体的羁绊,但是如果由此认为他如同某些诺斯底主义者所认为的智慧者会完全与伦理要求相一致,那却是不正确的看法。普罗提诺认为较高的德性包含较低的德性,尽管较低的德性不是较高德性的目的,就如"行动"(praxis)只是"凝思"(theoria)的衍生物。

但是较高德性也依次与可理知范型相关,尽管它们本身不能被视为德性。较高德性与灵魂的理论态度相关,德性则是理智在灵魂中的最终结果。这样,依据四种不同理论层次的活跃性就出现了有关柏拉图四主德的层级性分析:(1)实践活动层次;(2)在净化过程中灵魂之于身体的态度;(3)净化进展过程中灵魂所见到的可理知范型;(4)所见的范型本身。据此,德性被依次排列为:公民的(politikai)、净化的(kathartikai)、凝思的(theoretikai)或者理智的(noerai)、范型的(paradeigmatikai)。下面表格显示这四种德性的四种理论活跃性层次。第一栏是普罗提诺所给出的相应德性定义的出处,最后一栏是波菲利所归置的德性种类。

| 普罗提诺<br>定义出处 | 智慧<br>(phroneis) | 公正 | 节制 | 勇敢 | 波菲利的<br>德性种类 |
|---|---|---|---|---|---|
| I<br>2.1.17-21 | 属于推论理性 | 处理与统治者和被统治者相关的事务。 | 使欲望和理智一致并协调 | 属于情绪 | 公民的 |
| I<br>2.3.15-19 | 单独活动 | 借着理性和理智进行统治,不会产生对立面。 | 不分有身体的经验(感受) | 不担心离弃身体 | 净化的 |

续表

| 普罗提诺<br>定义出处 | 智慧<br>(phroneis) | 公正 | 节制 | 勇敢 | 波菲利的<br>德性种类 |
|---|---|---|---|---|---|
| I.2.6.12-27 | 凝思理智所<br>包含的对象 | 趋向理智<br>的活动 | 内转向理智 | 脱离了喜好<br>（感受） | 凝思的 |
| I 2.7.3-6 | 智性直观 | 专有的活动 | 专注于自我 | 自我性和<br>纯粹自身寓<br>居 | 范型的 |

　　晚期新柏拉图主义发展了普罗提诺的德目表，杨布里柯把德性增加到七层。他在公民德性之下增加了"自然的"（phusikai）和"伦理的"（ethikai），并把"僧侣的"（hieratikai）作为最高德性。这不仅对理解晚期柏拉图主义的神功学说有帮助，还透过奥古斯丁被引入中世纪哲学。

　　这篇文章是普罗提诺有关"伦理"方面讨论的开篇之作，也是"导论性"作品。它具有系统性和基础性特征，是普罗提诺伦理学说的基础和框架。

**注释：**

　　[1]导言的撮要来自 Paul Kalligas, *The Enneads of Plotinus: A Commentary,* Vol.1, pp.131-134.

# 第 2 章 论德性[1]

1[2].［第 1 行］[3]由于[4]这里[5]是恶[6]存在之所，"它们必然[7]布满[8]这个所在[9]"。[10]灵魂想望[11]逃脱[12]恶[13]，我们则必须逃脱[14]这里[15]。那么，什么是[16]这样的[17]逃脱[18]呢？"要像神一样"，柏拉图如是说。[19]［第 5 行］[20]"如果[21]我们借智慧[22]的帮助[23]成为[24]正义[25]而神圣[26]"，并[27]完全地[28]处在德性[29]中[30]，[31]那我们就会如神一样。[32]如果[33]德性[34]能使我们像神一样[35]，[36]那么[37]它可能使我们成为拥有[38]德性[39]的存在。那么神会是什么？[40]它会由于[41]拥有[42]德性[43]而得到特别的[44]描述[45]吗？即是说[46]，它是宇宙[47]灵魂[48]和包含了[49]一种奇妙[50]智慧[51]的主导性原理[52]？［第 10 行］[53]由于[54]我们就在它的宇宙中[55]，那么我们会成为像这原理一样的假设[56]就是合理的[57]。[58]

但是[59]，首先[60]，这原理[61]是否具有所有德性[62]这一点还颇受争议[63]。比如[64]在无物[65]造成恐惧[66]的情况下，它是否会自制[67]和勇敢[68]？因为[69]宇宙之外[70]无物存在[71]，也没有任何事物[72]能够[73]吸引[74]它去欲求[75]它没有的事物[76]并使它产生[77]抓住或攫取[78]的欲望[79]。［第 15 行］[80]但是，如果[81]这原理[82]渴求[83]可理知者[84]，显然这也是我们的目标[85]，那么[86]显然[87]我们的[88]良好秩序[89]和德性[90]也都来自可理知者[91]。可理知者[92]具有[93]德性[94]吗？它无论如何[95]都不可能[96]具有[97]所谓的[98]"公民"[99]德性[100]，后者是与推论理性[101]有关的[102]实践智慧[103]，是与激情[104]有关的[105]勇敢[106]，是使激情[107]与[108]理性[109]协调一致的[110]制衡[111]，使每个部分[112]处于公正[113]［第 20 行］[114]即让它们各自一致地[115]"料理所涉及的统治与被统治的事务[116]"。[117]那么我们就不是凭借[118]公民德性[119]成为神一样的[120]，而是[121]凭借于[122]同名[123]但更大的[124]德性？如果是凭籍其他德性，[125]那么公民德性[126]根本[127]无[128]助于[129]这种相似性？［第 25 行］假设我们无论如何[130]都不是借公民德性而是借更大的德性[131]成为[132]神一样[133]是不合理的[134]——传统[135]当然都肯定地称[136]具有公民德性的人为神一样[137]，那么我们得说[138]，他们多多少少[139]是由于这种德性能够与神同化[140]。即使它们[141]不是同类的德性，[142]人们拥有[143]两种层面的[144]德性[145]是可能的。[146]如果[147]承认[148]这一点[149]即能够与神同化[150]，那就是即使[151]我们有所差别地[152]与不同的德性相关[153]，即使德性不足以使我们与神同化[154]，那么也没有任何事物能[155]妨碍[156]我们，我们[157]可以凭借自己的[158]德性[159]成为与不[160][第30 行][161]拥有[162]这些德性[163]的神相似[164]。[165]这是如何可能的？[166]可以理解如下[167]：如果[168]某物是通过热量[169]释放[170]而变热[171]，那么[172]那释放热量的[173]也必定[174]是[175]被加热的[176]吗？如果[177]某物是通过火[178]的点燃[179][35-39 行]而变热[180]，那么火[181]本身[182]是因火[183]的呈现[184]而热[185]吗？在回答第一个论证时，有人可能反驳说火中有热，[186]但[187]由于热是火本性[188]的一部分[189]，因此[190]这个论证[191]如果[192]保持这样的类比[193]，就使德性[194]成了外在于[195]灵魂[196]的事物，但[197]灵魂通过模仿[198]获得[199]其部分[200]本性。关于火的论证的回答［第 40 行］[201]会使原理等同于德性，[202]但我们认为[203]原理高于[204]德性[205]。如果[206]灵魂[207]分有的[208]就是其源泉[209]，那么这样的说法是正确的[210]；但事实上两者有所分别。[211]可感知的[212]房子[213]并不就是[214]可理知的[215]房子[216]，尽管前者是以后者为样式所造，[217][第 45 行]可感知的[218]房子[219]分有了[220]排列[221]和秩序[222]，然而[223]在形成原理中[224]，没有[225]排列[226]、秩序[227]或比例[228]。[229]因此如果[230]我们分有了[231]来自上界[232]的秩序[233]、排列[234]及和谐[235]，这些[236]就构成了[237]下界的[238]德性[239]。又如果上界的原理[240]无[241]需[242]和谐[243]、秩序[244]或[245]排列[246]，那么它们［第 50 行］[247]也无需德性，[248]何况我们须不断地借德性[249]才能成为[250]与它们[251]相似[252]。因为[253]我们[254]借德性[255]与上界原理[256]成为相似，这足以[257]表明德性[258]没有[259]必要[260]存在于[261]上界[262]。但是我们必须[263]使我们的论证[264]令人信服[265]，而非满足于[266]别人的勉强认可[267]。

2[268].［第 1 行］那么首先[269]我们须思考[270]这些德性[271]，我们认为[272]正是借着它们[273]我们成为如神一样[274]，这样[275]我们就发现[276]，我们[277]自身[278]作为模仿对象[279]而拥有的一[280]和是[281]就是德性[282]，而[283]存在为原型[284]的上界[285]不是[286]德性[287]。我们需要注意[288]存在这样[289]［第 5 行］[290]两种[291]相似[292]，一种要求[293]相似的事物[294]中[295]要有某种相同事物[296]。这适用于那些从同一原理中同等地获得相似的事物。[297]但是在一事物[298]与另一事物[299]相似的[300]情形中，若另一事物[301]是原初的[302]，那么具有相似性[303]的那个事物[304]就不是[305]交互[306]相关[307]，不能[308]反过来说[309]前者[310]像[311]它[312]，应在不同的意义上[313]理解[314]

这里的[315]相似性[316]。[第 10 行][317]我们不能[318]要求[319]两种情形有同一[320]形式[321]。既然[322]相似性是以不同方式[323]产生，我们也应该以一种不同的[324]方式[325]寻求[326]相似[327]。[328]

那么什么是[329]一般[330]德性和特殊[331]德性[332]？如果我们先单独讨论特殊德性[333]，我们所做的解释[334]会更清楚[335]。这样问题就容易[336]清楚起来[337]：它们[338]以这种方式[339]具有普遍性[340]，因着[341]普遍性具有所有[342]德性[343]。[第 15 行]我们前面提到过的[344]公民[345]德性[346]确实使我们有秩序[347]，借着赋予[348]我们的欲望[349]以限制[350]和尺度[351]，并把[352]尺度[353]置于我们的全部[354]经验[355]之中而使我们更优秀[356]。借着那全然[357]之善好[358]和规定[359]，借着排除[360]无尺度[361]和不定型[362]，它们依据各自的尺度摒弃[363]虚假[364]意见[365]。它们自身[366]借此[367]被尺度[368]和清楚地被规定[369]。就它们是形成灵魂之质料的尺度而言，[370]它们乃是照着[371]上界的[372]尺度[373]所造，[第 20 行][374]有着[375]上界至善[376]的痕迹[377]。那[378]全然[379]无尺度的[380]是质料[381]，因此它全然[382]不与是[383]相似[384]：但是就它[385]分有[386]形式[387]而言[388]，它也是[389]与无形式的[390]至善[391]相似[392]。[393]距离越近[394]分有[395]越多[396]。与身体[397]相比，灵魂[398]要更接近[399]它[400]并与它更亲近[401]，因此[402]分有得[403]也更多[404]，[第 25 行]以至于诱使[405]我们想象[406]灵魂好似[407]一位神[408]，这让我们以为这种相似性[409]包含了全部[410]神性[411]。[412]那些拥有政治德性的人就是这样与神同化[413]。[414]

3[415]．[第 1 行][416]但是[417]，由于[418]柏拉图[419]指出[420]那属于[421]更大[422]德性[423]的相似性是不同的[424]，因此[425]我们须得谈论[426]另一种[427]相似性[428]。在这一讨论中[429]，公民德性[430]的真实[431]本质[432]将变得[433]清楚[434]，我们也[435]将理解那在真实本性[436]上[437]要比公民德性更大的[438]德性。[第 5 行]总而言之[439]，存在着[440]不同于[441]公民德性[442]的另一种德性[443]。当柏拉图[444]谈到[445]作为从[446]下界存在[447]"向神[448]飞升[449]"的相似性时，[450]当他没有[451]称[452]在公民生活[453]中[454]发挥作用的德性[455]就是[456]那"德性"时，他就加了[457]定语[458]"公民的[459]"，而[460]在其他地方他称[461]所有德性[462]为"净化[463]"。[464][第 10 行][465]他非常清楚地设定了[466]两种德性[467]，认为[468]公民德性[469]不会[470]延伸到[471]相似性[472]。那么，我们称[473]这些其他的德性[474]为"净化[475]"是什么意思[476]？我们如何[477]通过被净化[478]而真正[479]与神同化[480]？既然[481]灵魂[482]完全[483]与身体[484]混合[485]就是[486]恶[487]，并分有[488]身体的[489]经验[490]以及[491]所有[492]相同意见[493]，[第 15 行][494]那么当它不再[495]分有身体的意见[496]而[497]独自[498]行动[499]时—这就是[500]智性[501]和智慧[502]—不分有身体的经验[503]—就是节制[504]—不[505]怕[506]从身体[507]分离[508]—就是[509]勇敢[510]—由理性[511]和理智[512]主导[513]，没有对立[514]—这就是公正，[515]就成为[516]善[517]并拥有[518]德性[519]。如果有人把这种[520]状态[521]称为[522]灵魂[523]获得了[524]神[525]的相似性[526]，那是不会[527]错的[528]。[第20 行][529]灵魂在这种状态中的活动[530]就是理智的[531]，它以此方式[532]摆脱了身体的感受[533]。因为[534]神[535]也是纯粹的[536]，其活动[537]就是这样的一种[538]即[539]凡仿效[540]它的必具有[541]智慧[542]。那么，为什么[543]神自身[544]不处在[545]这种[546]状态[547]呢？它根本就没有[548]状态[549]。状态属于灵魂[550]。灵魂[551]的理智活动[552]是不同的[553]：一种[554]是它以不同方式[555]思考［第 25 行］[556]上界实体[557]，另一种[558]是它根本不思考[559]。那么另一个问题是："理智活动"只是包括两种不同活动的一个共同术语吗？[560]绝对不是[561]。它[562]最初被用于神，[563]其次[564]则用于那些源出于它的[565]其他事物[566]。正如[567]说出的语词[568]是对灵魂中的语词[569]的模仿[570]，灵魂中的语词[571]同样[572]是对在其他事物中语词[573]的模仿[574]；正如[575]与灵魂中的语词[576]相比，说出的语词[577]［第30 行］[578]被分成诸部分[579]；与在灵魂之先的事物[580]相比，灵魂所表达[581]的事物[582]也是如此[583]。德性[584]属于[585]灵魂[586]，但不[587]属于[588]理智[589]或[590]超越理智的那者[591]。

4[592].［第 1 行］[593]我们必须研究[594]净化[595]是否[596]与这种德性[597]同一[598]，或者是否首先[599]导致净化[600]然后[601]才是德性[602]，德性[603]在于被净化的过程[604]还是[605]达到净化的状态[606]。处在净化过程中的德性[607]不如［第 5 行］已经达到净化的德性[608]那样完满[609]，因为[610]这样的已经达到净化状态[611]已经[612]是一种完满[613]。但是[614]被完全净化[615]就是扬弃[616]一切[617]异在事物[618]，善[619]则[620]与此[621]不同[622]。如果[623]善性[624]在不纯粹性之先[625]存在[626]，那么净化[627]就足够了[628]；但是即使如此[629]，尽管[630]净化[631]已经[632]足够[633]，善[634]而非[635]净化本身[636]将是[637]净化[638]之后所留下的。［第 10 行］[639]我们需要问[640]那留下的[641]是什么[642]，也许留下的本性绝对不是真正的善。[643]因为如果是真正的善，它就不会成为恶。[644]我们应该称它为[645]某种与善[646]相似的[647]事物？是的。[648]但一种本性不[649]可能[650]处在真正的善中[651]，因为[652]其自然倾向[653]具有双重性[654]。因此[655]灵魂的善[656]与同类事物[657]为伴[658]，［第 15 行］其恶[659]则与对立物[660]为伴。灵魂在被净化[661]后必定[662]求助于这种同伴关系[663]，它借着[664]回转[665]实现这一点[666]。那么[667]在净化之后[668]它转回了自身[669]？无宁说[670]在净化之后[671]它已经被转向了[672]。那么[673]这就是[674]灵魂的[675]德性[676]吗？无宁说[677]这是它[678]回转的[679]结果[680]。[681]那么这是什么呢？[682]它是关于[683]所见之物[684]的视力[685]和印象[686]，[687]植入[688]在灵魂中并在里面［第 20 行］[689]工作[690]，就如[691]看[692]与看的对象[693]的关系。但是它[694]此前不曾[695]拥有[696]所见的实在[697]还是它没有[698]回忆起它们[699]？它当然拥有它们，[700]只是它们并不[701]活跃[702]、而[703]被置于一边[704]、没有被光照[705]。如果[706]它们得到[707]光照[708]，就会[709]知道[710]它们[711]是呈现在理智[712]中，必定[713]趋向于[714]那赋予它们光照的事物[715]。它不[716]拥有[717]实在本身[718]而[719]只拥有它们的印象[720]，因此它必定[721]使印象[722]与其作为[723]印象所根源的真正实在[724]［第 25 行］一致[725]。他们说[726]也许[727]这就是灵魂如何之所是[728]；理智[729]不是[730]异在的[731]，尤其是当灵魂凝视它时；[732]否则即使[733]理智在场[734]，它也是异在的[735]。这同样可以应用到知识的不同分支。[736]如果[737]我们根本[738]不[739]依据它们行动[740]，那么它们就不真正属于我们[741]。

5[742].［第 1 行］[743]然而[744]我们须陈述[745]净化[746]的范围[747]；因为[748]这样[749]将使如下方面更加清楚[750]：我们与某位[751]神[752]变得相似[753]甚至同一[754]。这是问题的根本[755]。净化是如何[756]处置[757]激情[758]、欲望[759]及所有其他部分[760]、痛苦[761]以及［第 5 行］[762]同类感受[763]，它可能[764]能脱离[765]身体[766]多远[767]？我们可以说[768]灵魂脱离[769]身体[770]就是[771]退回到[772]它自身的[773]所在[774]，完全[775]不受影响[776]，任凭[777]让[778]自己感受[779]快乐[780]，把它们当作治疗物[781]和镇静剂[782]以防止其活动受妨碍[783]。［第 10 行］它摆脱[784]痛苦[785]，或者如若不能[786]就平静地[787]加以承受[788]，不因[789]身体的苦痛[790]削弱宁静[791]。如果[792]它能[793]完全实行[794]，它就尽可能[795]彻底地[796]摆脱[797]激情[798]，但是如果不可能，[799]至少[800]它[801]不会[802]参与情绪冲动[803]，［第 15 行］尽管[804]无意地冲动[805]属于[806]其他事物[807]，较小[808]也[809]较弱[810]。灵魂无畏无惧，[811]因为[812]没有能够令他[813]恐惧[814]的事——尽管这里[815]也有无意的冲动[816]——除非[817]恐惧[818]具有矫正之用[819]。那么[820]欲望[821]呢？灵魂当然[822]不会[823]欲求坏事[824]。它自身[825]不会[826]迎合身体的放纵[827]而有饮食的欲望[828]，当然[829]也没有[830]性愉悦的欲望[831]。如果它们确有任何这样的欲望，[832]［第 20 行］[833]那么我想[834]它们必是自然的[835]，不会[836]把无意冲动[837]的因素包含在内[838]；或者如果它确有其他种类的欲望[839]，那么只不过是[840]稍纵即逝的[841]想象[842]而已。

灵魂在所有这些方面都是纯粹的，[843]它想使非理性部分也变得纯粹,[844]因此[845]这部分可能不[846]受搅扰[847];或者即使有所搅扰,[848]也不会[849]太多搅扰[850]。它[851]所受的打击[852]只会[853]是微弱的[854],因此借着灵魂这位近邻[855]得[856]安息[857]:正如与[858]贤者[859]为邻[860],必因有贤者[861]为邻而受益[862],他或者变得[863]像他一样[864],或者由于对他尊敬有加[865]不敢[866]做[867]这位良善之人[868]不赞同的事[869]。因此就不会[870]出现[871]冲突[872]:理性[873]在场[874]就已经[875]足够[876];较坏部分[877]由于[878]极其尊敬[879]于它,[第 30 行]因此[880]如果[881]有任何[882]波动[883],它就会因为[884]没有[885]在导师[886]面前[887]保持[888]平静[889]而不安[890],并责备[891]自己的软弱[892]。

6[893].[第 1 行][894]就人而言[895],在这些事情中[896]不存在[897]任何罪[898]而只有正确的行动[899]。尽管[900]我们关心的[901]不[902]是[903]脱离[904]罪[905],而是[906]成为[907]神[908]。如果[909]还存在[910]这种[911]无意冲动[912]的因素[913],那么处于[第 5 行][914]这种状态的人[915]将是[916]双面的[917]神[918]或灵[919],或者无宁说[920]与某个有着[921]不同类型[922]德性[923]的人相处在一起[924]。如果没有这些,[925]它就是单纯的[926]神[927],就是第一者[928]之后的诸神之一[929]。[930]因为[931]他自身[932]就是[933]来自那里的神[934],如果[935]他成了[936]他所来之处的[937]所曾是[938],那么他自身的真实本性[939]就属于[940]上界[941]。当他来到下界[942],他就与其他事物共处[943],[第 10 行][944]他使这其他事物[945]与他[946]相似[947],具有[948]其真实本性中最好的[949]能力[950],因此[951]如果[952]可能[953],其他的人将从搅扰中解脱出来[954],或者不从事他导师[955]不[956]赞成[957]的任何事情[958]。当人处于这种状态时[959],每种具体[960]德性[961]会是什么?无论理论智慧[962]还是[963]实践智慧[964]都在于[965]凝思[966]理智[967]所包含的内容[968]。但是理智借直接接触而具有它。[969]有两种智慧:[970]一种在理智中,一种在[第 15 行][971]灵魂中。[972]上界的[在理智中的]智慧[973]不是[974]德性[975],在灵魂中的智慧[976]才是德性[977]。那么什么是上界的智慧?[978]它自身的[979]活动[980]和[981]其真正之所是[982]。德性[983]来自上界[984],它以其他方式[985]存在于[986]此[987]。因为[988]德性[989]既不是[990]绝对的公正[991]也不是任何其他德性的绝对[992],但[993]它是一种[994]范型[995]。德性[996]源自于[997]在灵魂中[998]的智慧[999]。德性是某人的德性。[1000]在理智中的每种具体德性的范型[1001]属于[第 20 行]它自身[1002],而不是属于其他人。[1003]

[1004]如果说公正[1005]是"关心自己的事务"[1006],这是否意味着[1007]就其存在而言公正总[1008]需要许多部分[1009]?当[1010]一种公正支配的部分[1011]是多[1012]时它就存在于多中[1013],另一种[1014]则完全[1015]只"关心自己的事务[1016]",即使[1017]它

是这事务的一种统一性[1018]。真正的[1019]绝对公正[1020]是[1021]对自身统一性的安排[1022]，在这统一性中不存在任何差别的部分。[1023]

[1024]因此[1025]灵魂[1026]的较高级[1027]公正[1028]就是朝向理智[1029]的活动[1030]。[第25行]依据[1031]它所凝视的那者[1032]的相似性[1033]即借着本性[1034]摆脱了感受[1035]，它的节制[1036]就是面向理智内转[1037]，它的勇敢[1038]就是摆脱感受[1039]。这种摆脱了灵魂的感受的自由来自德性[1040]，以防止[1041]其分有[1042]低层同伴[1043]的感受[1044]。

7[1045]．[第1行][1046]灵魂的这些德性[1047]也[1048]彼此[1049]相互[1050]隐含[1051]，就如同[1052]那先于[1053]德性[1054]的在理智之中[1055]的上界[1056]的范型[1057][权且如此称呼[1058]]。[1059]上界的[1060]直观性思想[1061]就是知识[1062]和智慧[1063]，自我专注[1064]就是[第5行][1065]节制[1066]，它自身的固有活动[1067]就是"关心自己的事务"[1068]，它与勇敢的同义语[1069]就是非质料性[1070]和纯粹寓居于自身[1071]。在灵魂中，[1072]智慧[1073]就是指向理智[1074]的看[1075]，它包括理论智慧[1076]和实践智慧[1077]。这些都是属于德性的灵魂，[1078]因为[1079]正如[1080]上界[1081]那样，它们[1082]与以同样方式[1083]列于后面[1084]的其他事物[1085]并不[1086]同一[1087]。如果所有德性都是净化，[1088]就是说[1089][第10行][1090]它们都由[1091]净化[1092]的全部过程[1093]产生，那么这一过程必然[1094]产生它们的全部[1095]。否则的话，[如果所呈现的并非是全部]，[1096]那么就没有一个[1097]是完满的[1098]。凡具有[1099]较大[1100]德性的人都必然[1101]潜在地[1102]包含较小的[1103]德性，但是较小的[1104]德性则不[1105]必然[1106]具有[1107]较大的德性[1108]。那么这里，[1109]我们已经描述了善的[1110]人的生活[1111]的主要[1112]特征。

较大德性[1113]的拥有者[1114]是否在活动[1115]中[第15行]或[1116]以其他方式[1117]拥有较小德性[1118]，这个问题必须关联于[1119]每个具体德性[1120]加以讨论[1121]。以实践智慧为例。[1122]如果[1123]其他[1124]原理[1125]都在使用之中[1126]，它如何[1127]还在[1128]那里[1129]，甚至[1130]不[1131]活动[1132]呢？如果一种德性能自然地[1133]容许多少[1134]，但另一者[1135]具有不同的量[1136]，那么是否是一种节制[1137]具有上界的尺度[1138]，而另一种则完全[1139]没有[1140]呢？一旦实践智慧[1141]的问题[第20行]被提出来[1142]，它就同样可以运用在其他德性上。[1143]也许德性的拥有者知道它们，[1144]他从中获益多多，[1145]并根据具体情境要求的某些因素而活动。[1146]但是当他达到了[1147]较高原理[1148]和不同[1149]尺度[1150]时，他必会根据[1151]它们[1152]而行动[1153]。例如他不再[1154]使节制[1155]在[1156]以前所遵循[1157]的上界的[1158]尺度[1159]之内，而是[1160]完全地[1161]使自己分离，他也尽可能地[1162]与较低本性[1163]分离。[1164]［第 25 行］他不会[1165]生活[1166]在公民[1167]德性[1168]所要求的[1169]善的[1170]人的[1171]生活[1172]中。他把它们留在身后，[1173]选择另一种[1174]即神的生活[1175]：因为对他们来说，[1176]我们要成为像神一样[1177]而非限于成为善的人[1178]。善的人的相似性只不过是同一主体两个图像［第 30 行］彼此的相似性。[1179]而与诸神相似则是与范型相似，是一种完全不同的我们自身。[1180]

**注释：**

[1]Περι Αρετων。按照普罗提诺写成作品的时间排列，本篇原为第 19 篇作品。

[2]本节内容概要。福祉（幸福生活）与凝思生活相关；凝思是真正的德性，它帮助人们逃脱恶；宇宙灵魂的理智部分同化整个灵魂使人与神同化；德性并不存在于可理知区域；德性（包括柏拉图《理想国》的四主德）都不属于可理知区域；凡德性都是公民德性，属于第二位，只是为了满足人们的需要。

[3]依据 Paul Kalligas 撮要言之。［第 1—5 行］这段文字是普罗提诺对中期柏拉图主义重要观点的释义。在此之前，亚里士多德已经把福祉(eudaimonia)和凝思生活(theoretikos bios)关联起来。柏拉图主义的基本主张是：灵魂要逃离这个世界的必然的恶，就必须得过一种有德性的生活。(Paul Kalligas, *The Enneads of Plotinus: A Commentary*, Vol.1, pp.134-135)

[4]ἐπειδὴ 由于

[5] ἐνταῦθα 这里

[6]κακὰ 恶

[7]ἀνάγκης 必然

[8]περιπολεῖ 布满

[9]τόπον 处所，所在。Armstron 的英译为 region（区域）。

[10]τόνδε 这个，这。

[11] βούλεται 想望，希望。

[12]φυγεῖν 逃脱

[13]κακά 恶

[14]φευκτέον 逃脱

[15]ἐντεῦθεν 这里

[16]ἆρ' οὖν 什么是？ἆρ' 于是。οὖν 的确，真的。

[17] τίς 这样的，这样。

[18]φυγή 逃脱

¹⁹θεῷ φησιν ὁμοιωθῆναι "要像神一样"。Armstrong 英译为 being made like god。希腊文原文没有"柏拉图如是说",是 Armstrong 英译时加的。θεῷ 神。 φησιν 制造,造成。ὁμοιωθῆναι 像……一样。

²⁰依据 Paul Kalligas 撮要言之。[第 5-10 行] 普罗提诺首先提出如下基本问题:宇宙灵魂至高智慧的统治部分如何借助德性发挥同化作用。"阿尔喀诺俄斯" (Alcinous) 所用的解决之道毫无疑问受斯多亚学派所谓的与神同化的人(similitudo)这个观点的启发。因此,这里所使用的斯多亚学派化的表达 toi en tautei hegoumenoi 就是灵魂的主导性部分(hegemonikon)。(Paul Kalligas, *The Enneads of Plotinus: A Commentary,* Vol.1, p.135)

²¹εἰ 如果

²²φρονήσεως 智慧,明智,审慎。这里译为智慧。

²³μετὰ, Armstrong 英译为 with the help of(借……的帮助)。

²⁴γενοίμεθα 成为

²⁵δίκαιοι 正义的。Armstrong 译为 righteous,汉语圣经把它 righteous 通译为公义的。普罗提诺的 δίκαιοι 不包含这层意义,中译依据传统译为"正义的"。

²⁶ὅσιοι 神圣的

²⁷καὶ 并且

²⁸ὅλως 完全地

²⁹ἀρετῇ 德性

³⁰ἐν 在……中。

³¹καὶὅλωςἐνἀρετῇ 并完全地处在德性中,也可以译"并完全生活在德性中",或者"并完全地合乎德性"。

³²英译者 Armstrong 注:这些话引自柏拉图的《泰阿泰德篇》176 a-b。《九章集》I. 8.7 讨论恶必然存在于低级世界时,普罗提诺又作了注释。

³³εἰ 如果

³⁴ἀρετῇ 德性

³⁵ὁμοιούμεθα 像神一样,与神同化。

³⁶εἰ οὖν ἀρετῇ ὁμοιούμεθα 如果德性能使我们像神一样。οὖν 的确,确实。中译文只是勉强用"能使"表示强调。

³⁷ἆρα,于是,那么。

³⁸ἔχοντι 拥有,拥有……的存在。

³⁹ἀρετὴν 德性

⁴⁰καὶ δὴ καὶ τίνι θεῷ: 那么神会是什么? τίνι 一个事物,某个事物,某个。θεῷ 神。

⁴¹Ἆρ'οὖν 由于,于是就……Ἆρ'于是。οὖν 的确,真的。

⁴²ἔχειν 拥有

<sup>43</sup>ταῦτα 这个，这里指德性。

<sup>44</sup>μᾶλλον 特别的

<sup>45</sup>δοκοῦντι 描述。Armstrong 英译为 charaterise。

<sup>46</sup>ἡγουμένῳ 即是说

<sup>47</sup>κόσμου 宇宙

<sup>48</sup>ψυχῇ 灵魂

<sup>49</sup>ἐν ταύτῃ 在它里面，指在宇宙灵魂里面，根据中文语序译为"包含了"。

<sup>50</sup>θαυμαστὴ 奇妙

<sup>51</sup>φρόνησις 智慧

<sup>52</sup>ὑπάρχει 开始存在，真正的存在。Armstrong 英译为 rulingprinciple（主导性原理）。

<sup>53</sup>依据 Paul Kalligas 撮要言之。［第 10—13 行］这里的论证都针对"阿尔喀诺俄斯"的观点。普罗提诺完全可能具有这两个论证的第一手知识。第一个论证是纯粹亚里士多德式的：把用以表示灵魂愿望的德性（如勇敢或自制）看作是诸神既不恐惧也没有坏的渴求(phaulas epithumias)是荒唐可笑的(phortikos ho epainos)。［第 13—16 行］第二个论证范围更广并削弱了"阿尔喀诺俄斯"观点的逻辑基础：如果我们自己的德性和宇宙灵魂所拥有的德性都与某种共同的可理知模型相关，那么这个模型是否拥有德性的难题仍然没有得到解决。(Paul Kalligas, *The Enneads of Plotinus: A Commentary,* Vol.1, p.135)

<sup>54</sup>γὰρ 由于

<sup>55</sup>ἐνταῦθα ὄντας 在这里，在那里，指在宇宙里面。

<sup>56</sup>τούτῳ ὁμοιοῦσθαι 与这个一样，指与上面的主导性原理一样。τούτῳ 这个。ὁμοιοῦσθαι 与……一样。

<sup>57</sup>εὔλογον 合理的。

<sup>58</sup>希腊文版原文在此没有分段，但考虑到这段文字很长，中译本采用英译本的分段。

<sup>59</sup>Ἤ 但是，或者。

<sup>60</sup>πρῶτον 首先

<sup>61</sup>ὑπάρχουσι 原理

<sup>62</sup>πᾶσαι 一切的，全体的，这里指所有德性。

<sup>63</sup>θαυμαστὴ 颇受争议

<sup>64</sup>οἷον 比如

<sup>65</sup>μήτε 没有，无物。

<sup>66</sup>δεινόν 恐惧，恐吓，造成恐惧。

<sup>67</sup>σώφρονι 自制(self-control)

<sup>68</sup>ἀνδρείῳ 勇敢

<sup>69</sup>γὰρ 因为

<sup>70</sup>ἔξωθεν 外部，这里指宇宙外部。

[71]οὐδέν，一个也没有，无物存在。

[72]μήτε 没有，无物，没有任何事物。

[73] προσιὸν 具有，具有……的能力，这里译为能够。

[74] ἡδὺ 吸引

[75] ἐπιθυμία 欲求

[76] μὴ παρόντος 不是的，不存在的，没有存在的事物。

[77] γένοιτο 产生

[78] ἔχῃ 抓住。ἢ 或。ἕλῃ 攫取。

[79]英译者 Armstrong 注：对照亚里士多德《尼各马可伦理学》X. 8. 1178b8-18。

[80]依据 Paul Kalligas 撮要言之。[第 16—21 行] 通过一系列论证，普罗提诺把《理想国》的四主德（勇敢、公正、自制和智慧）排除出理智区域，因为它们都预设了推论、激情（情绪）、欲望、统治和被统治关系的存在，它们都与形式的本性冲突。我们也可以看到普罗提诺矫正了柏拉图所谓的公正(dikaiotatos)作为神的德性的观点（《泰阿泰德篇》29e1)。在公民德性和灵魂三分之间所建立起的对应关系是传统柏拉图主义的做法，普罗提诺给人们造成的错觉是似乎他也坚持这个观点(III 6.2.22-29)，然而实际上他持保留态度。即使是柏拉图本人，他在《斐多篇》(82a11-b2)也把公民德性放在第二位，而把净化德性即完全清除身体的欲求视为哲学的德性。(Paul Kalligas, *The Enneads of Plotinus: A Commentary,* Vol.1, pp.135-136)

[81] εἰ 如果

[82] αὐτὸς 它自身，自身。这里指"神"。

[83] ὀρέξει 渴求，渴望，向望。这里的希腊文实际上是 ἐν ὀρέξει ἐστὶ，可直译为"是在渴求之中"，Armstrong 英译为 in a state of aspiration。

[84]νοητῶν 可理知者。Armstrong 英译为 intelligible realities（可理知实在），如译为可理知者似更合理些，指在可理知世界之中的诸实体例如各种数、范畴等。

[85]αἱ ἡμέτεραι 这显然也是我们的目标。αἱ 表示感叹，ἡμέτεραι 我们的，指我们的目标或对象，这里指我们所渴求的目的或对象。

[86]ὅτι 连词，译为"那么"。

[87]δῆλον 显然

[88]ἡμῖν 我们的

[89]κόσμος 秩序，原无良好一词，这里指好秩序。

[90] ἀρεταί 德性

[91] ἐκεῖθεν 那里，在那里，这里指可理知者。

[92]ἐκεῖνο，那里，这里，指可理知者。

[93]ἔχει 具有，拥有，有。

[94]ταύτας 自身，它，这里指德性。

[95]γε 无论如何

[96] οὐκ εὔλογον 不可能。εὔλογον 合理的，可能的。

[97] ἔχειν 具有

[98] λεγομένας 所谓的

[99] πολιτικὰς 公民的

[100] ἀρετὰς 德性

[101] λογιζόμενον 推论理性

[102] περὶ 有关的，关于。Armstrong 英译为 have to do with。

[103] φρόνησιν 实践智慧

[104] θυμούμενον 激情

[105] περὶ 有关的，关于。

[106] ἀνδρίαν 勇敢的。

[107] ἐπιθυμητικοῦ 激情

[108] πρὸς 挨着，对于。这里译成"与"。

[109]λογισμόν 理性

[110]ἐν 在……里面。ὁμολογίᾳ 协调。τινὶ 任何事物，某个事物，某个。καὶ 和。συμφωνίᾳ 一致的，协调一致的。

[111]σωφροσύνην 制衡。Armstrong 英译为 balanced control。

[112]ἑκάστου 每个部分

[113]δικαιοσύνην 公正，正义。

[114]依据 Paul Kalligas 撮要言之。［第 13—20 行］与神同化不能归因于公民德性，同化过程包含着某些其他的更大德性，公民德性不构成同化的本质因素。虽然传统上看有些人例如赫拉克勒斯（普罗提诺似乎也想到罗马帝国的皇帝）似乎也因公民德性被奉为神圣的，但应该是由于他或者他们有其他更大的德性。(Paul Kalligas, *The Enneads of Plotinus: A Commentary,* Vol.1, p.136)

[115] ὁμοῦ 一致地

[116]οἰκειοπραγίαν ἀρχῆς πέρι καὶ τοῦ ἄρχεσθαι：料理所涉及的统治与被统治的事务。οἰκειοπραγίαν 料理……的事务，οἰκειο 作为词根，是家庭等的意思。ἀρχῆς 统治。πέρι 关于。καὶ 和。τοῦἄρχεσθαι 被统治的。

[117]Armstrong 英译注：关于公民德性的描述可见于柏拉图《理想国》IV 427e-434d 理想城邦德性的讨论。

[118] Ἆρ᾽ οὖν οὐ κατὰ 就不是凭借。Ἆρ᾽ 于是。οὖν 的确，真的。οὐ 不。κατὰ 凭着，借助于。

[119] τὰς πολιτικὰς 公民的，这里指公民德性。

[120]ὁμοιούμεθα 与……相似，这里指"成为神一样的""与神同化"。

<sup>121</sup>ἀλλά 而是

<sup>122</sup>κατά 凭借于，借助于，相当于英文 by。

<sup>123</sup>αὐτῷ ὀνόματι 同名。τῷ αὐτῷ ὀνόματι χρωμένας，这里少译了 χρωμένας（具有），本可以译成具有同一名称，这里从略译成同名。αὐτῷ 自身，同一个。ὀνόματι 名称。

<sup>124</sup>μείζους 更大的

<sup>125</sup>Ἀλλ'εἰκατ'ἄλλας 如果是凭借其他德性。Ἀλλ'然而。εἰ. 如果 κατ'凭借。ἄλλας 其他的，指其他德性。

<sup>126</sup> πολιτικάς 公民德性

<sup>127</sup> ὅλως 根本

<sup>128</sup>οὔ 无，不是。

<sup>129</sup>κατά 借助于，凭借于。

<sup>130</sup>γοῦν 无论如何

<sup>131</sup>κατά ταύτας 凭着这个，这里指"凭借更大的德性"。

<sup>132</sup>ὁπωσοῦν，成为。Armstrong 的英译为 made。

<sup>133</sup> ὁμοιοῦσθαι，与……相似，译为"神一样"。

<sup>134</sup>ἄλογον 不合理的

<sup>135</sup>φήμη 传统

<sup>136</sup>λέγει 称为，把……当作。

<sup>137</sup> θείους 神的，神一样的。

<sup>138</sup> λεκτέον ἀμηγέπη 我们得说。ἀμηγέπη 设法，这里简单地便成"得"，表示尽力做的意思。

<sup>139</sup> μείζους 较大的，多多少少。

<sup>140</sup> ὁμοίωσιν 相似，与……相似。

<sup>141</sup>指公民的美德和神的。

<sup>142</sup> κἂν εἰ 即使，引导条件句的连词，有时候表示虚拟语气。 μή 不。τοιαύτας 这，这里指不同类，即它们不是同类的德性。

<sup>143</sup> ἔχειν 拥有

<sup>144</sup> ἑκατέρως γε συμβαίνει。Armstrong 英译为 onbothlevels，中译根据英译译为"两种层面的"

<sup>145</sup> ἀρετάς 德性

<sup>146</sup> Ἀλλα'ἑκατέρως γε συμβαίνει ἀρετάς ἔχειν 人们拥有两种层面的德性是可能的。Ἀλλα'然而。 ἑκατέρως 任何方面。 γε 的确，真的。συμβαίνει 相连接。ἀρετάς 德性。ἔχειν 拥有。

<sup>147</sup>εἰ 如果

<sup>148</sup>συγχωρεῖ 承认，同意。

<sup>149</sup>τις 这个，这一点。

<sup>150</sup> ὁμοιοῦσθαι δύνασθαι 能够与神同化。ὁμοιοῦσθαι 与……相似，这里指与神同化。δύνασθαι 能够，足以。Armstrong 的英译似乎没有译出这个短语。

<sup>151</sup>κἀνεἰ 即使

<sup>152</sup> μὴ τοιαύτας 不是这个，有所差别地。

<sup>153</sup>ἄλλως ἡμῶν ἐχόντων πρὸς ἄλλας 我们与不同的德性相关。ἄλλως 另一个。ἡμῶν 我们。ἐχόντων 具有，拥有。πρὸς 从……

<sup>154</sup>μὴπρὸς ἀρετὰς ὁμοιουμένων 即使德性不足以使我们与神同化。μὴ。πρὸς 在……方面。ἀρετὰς 德性。ὁμοιουμένων 与……相似，与神同化。

<sup>155</sup>οὐδὲν 但没有，没有任何事物能。

<sup>156</sup>κωλύει 妨碍

<sup>157</sup>ἡμᾶς 我们

<sup>158</sup> αὐτῶν 自己的，自己。

<sup>159</sup> ἀρεταῖς 德性

<sup>160</sup> μὴ 不

<sup>161</sup>依据 Paul Kalligas 撮要言之。［第 29—38 行］普罗提诺解释了内在于灵魂的德性与神的关系，神是灵魂同化的对象。"公正"（dikaiosune)的形式构成一种属性(idiotes)，也就是说它是一种本质的、特殊的和内在的性质。相形之下，"公正的"（dikaios)只表示一种规定(monon poion)，也就是说事物偶然的、习得的即来自于外部状态的(dathesin tina exothen)、用辛普里丘的话说只是一种情感性的性质(pathetike poiotes)，它们来自于对公正的分有。普罗提诺有时也使用"活跃性"（energeia)模式进行解释。实体拥有一种原初的"本质上使实体得到成全的活跃性"（energeia……sumplerousa ten ousian)，它还产生与之相应的作为"外部事物"的次级的活跃性。这种解释模式在普罗提诺的存在论中具有基础性作用。(Paul Kalligas, *The Enneads of Plotinus: A Commentary,* Vol.1, pp.136-137)

<sup>162</sup> κεκτημένῳ 拥有

<sup>163</sup> ἀρετὴν 德性

<sup>164</sup> ὁμοιοῦσθαι 与……相似。

<sup>165</sup>这句希腊文比较复杂，用了许多插入语。Εἰ οὖν τις συγχωρεῖ （如果承认这一点）[, κἂν εἰ μὴ τοιαύτας（有所差别地），ὁμοιοῦσθαι δύνασθαι（能够与神同化），ἄλλως ἡμῶν ἐχόντων πρὸς ἄλλας（我们与不同的德性相关），οὐδὲν κωλύει（没有任何事物能妨碍我们），καὶ μὴ πρὸς ἀρετὰς （不具有这些德性的）ὁμοιουμένων（与……相似），ἡμᾶς ταῖς αὐτῶν ἀρεταῖς ὁμοιοῦσθαι （我们可以凭借自己的德性）τῷ μὴ ἀρετὴν κεκτημένῳ（不具有这些德性的）。整句的中译是：如果承认这一点即能够与神同化，那就是即使我们有所差别地与不同的德性相关，即使德性不足以使我们与神同化，那么也没有任何事物能妨碍我们，我们可以凭借自己的德性成为与不拥有这些德性的神相似。

<sup>166</sup> Καὶ (and，而) πῶς 这是如何可能的？

<sup>167</sup>Ὧδε 可以理解如下。

<sup>168</sup>εἴ 如果

<sup>169</sup>θερμότητος 热量

<sup>170</sup>παρουσίᾳ 释放，呈现。

<sup>171</sup>θερμαίνεται 变热

<sup>172</sup>ὅθεν 是一个关系代词，Armstrong 英文译为 which，中文似乎无相关词。

<sup>173</sup>θερμότης 热量的，这里指释放热量的。

<sup>174</sup> ἀνάγκη 必定，必然。

<sup>175</sup>ἐλήλυθε 来自，这里译成"是"可能更切近中文表达形式。

<sup>176</sup> θερμαίνεσθαι 被加热的

<sup>177</sup> εἴ 如果

<sup>178</sup> πυρὸς 火

<sup>179</sup> παρουσίᾳ 点燃，呈现。

<sup>180</sup> θερμόν 变热

<sup>181</sup> πῦρ 火

<sup>182</sup> αὐτὸ 本身

<sup>183</sup> πυρὸς 火

<sup>184</sup> παρουσίᾳ 呈现

<sup>185</sup> θερμαίνεσθαι 热，变热。

<sup>186</sup> Ἀλλὰ πρὸς μὲν τὸ πρότερον εἴποι ἄν τις καὶ ἐν τῷ πῦρ εἶναι θερμότητα：在回答第一个论证时，有人可能反驳说火中有热。Ἀλλὰ 但是。πρὸς 从……看。 μὲν 一方面，一部分。 τὸ πρότερον 首先的，第一个的，这里指第一个论证。 εἴποι 如果。 ἄν 表示语气，语气词。 τις 这个，某个。ἐν 在……里面。τῷ πῦρ 火。εἶναι 是。 θερμότητα 热。

<sup>187</sup> ἀλλὰ 但

<sup>188</sup> σύμφυτον 本性

<sup>189</sup> μὲν 一部分，一方面。

<sup>190</sup> ὅθεν 连词，Armstrong 英译为 so that。

<sup>191</sup> λόγον 论证

<sup>192</sup>ὥστε 如果

<sup>193</sup> τῇ ἀναλογίᾳ 这样的类比

<sup>194</sup> ἀρετήν 德性

<sup>195</sup> ἐπακτὸν 外在于，在……外部。

<sup>196</sup>ψυχῇ 灵魂

<sup>197</sup>ὅθεν 连词，Armstrong 英译为 so that。

[198] μιμησαμένη 模仿

[199] ἔχει 有，具有，获得。

[200] σύμφυτον 本性

[201] 依据 Paul Kalligas 撮要言之。［第 40—50 行］普罗提诺把［第 29—38 行］的类比模式进行推广使用，房子的例子被用于描述所有可感觉对象之于可理知对象的分有，它指出两者之间有"成为相似"或"同化"（homoiosis）的关系，但并不没有给出"形象"（homoiotes)的彻底的存在论区分。可感觉对象是无时间无部分的可理知原型在时间和空间中的表达和显示。因此灵魂层次的德性所具有的属性显示的是那在自身中的更高原理，后者具有可理知区域的内在的本质特性。如果说德性表示的是灵魂的外部属性，那么在理智层面就没有所谓的德性而只有可理知原型。只有逊色于可理知单一性的层面才存在德性，德性是整合性的和组织性的能力，它的存在是为了满足人们的需要。(Paul Kalligas, *The Enneads of Plotinus: A Commentary,* Vol.1, p.137)

[202] πρὸς δὲ τὸν ἐκ τοῦ πυρὸς λόγον τὸ ἐκεῖνον ἀρετὴν εἶναι 关于火的论证的回答会使原理等同于德性。πρὸς 从……，关于。δὲ τὸν ἐκ 从中。τοῦ πυρὸς 火。λόγον 论证。τὸ ἐκεῖνον 那里，指原理。ἀρετὴν 德性。εἶναι 是。

[203] ἀξιοῦμεν 认为

[204] μείζονα 高于，大于。

[205] ἀρετῆς 德性

[206] εἰ 如果

[207] ψυχὴ 灵魂

[208] μεταλαμβάνει 分有

[209] τὸ αὐτὸ ἦν τῷ ἀφ᾽οὗ 就是其源泉。αὐτὸ 它的，其。ἦν 关系代词，相当于这个，那个。ἀφ᾽οὗ 关系代词，相当于 which 或 that 等。

[210] οὕτως ἔδει λέγειν 这样的说法是正确的。οὕτως 这种方式。ἔδει 正确的。λέγειν 说话。

[211] νῦν δὲ ἕτερον μὲν ἐκεῖνο, ἕτερον δὲ τοῦτο 那么事实上两者有所分别。νῦν 那么，因此。δὲ ἕτερον 两者中之一。μὲν 同一，相同，Armstrong 英译为 the same as。ἐκεῖνο 那个。ἕτερον 不同于。τοῦτο 这个。如果完全按照希腊文直译，可以译为：那么一者同于那者，不同于这者。

[212] αἰσθητὴ 可感知的

[213] οἰκία 房子

[214] οὐδὲ γὰρ 不就是，不是。οὐδὲ 不。γὰρ 用以加强语气。

[215] νοητῇ 可理知的

[216] αὐτὸ 它，这里指房子。

[217] Καί τοι ὡμοίωται 尽管前者是以后者为样式所造。ὡμοίωται 相似。

²¹⁸αἰσθητὴ 可感知的

²¹⁹ οἰκία 房子

²²⁰ μεταλαμβάνει 分有

²²¹ τάξεως 排列，安排，秩序。

²²² κόσμου 秩序、宇宙。

²²³ κἀκεῖ 然后，尽管。

²²⁴ ἐν τῷ λόγῳ 在……形成原理中。λόγῳ 这里译为形成原理。

²²⁵ οὐκ 不

²²⁶ τάξις 排列，安排，秩序。

²²⁷ κόσμος 秩序、宇宙

²²⁸ συμμετρία 比例

²²⁹Armstrong 的英译者注：只有当形式"延伸"到质料中时才会出现秩序、排列和比例，它们都是低级层次上的表达，不存在于可理知形式的原型统一体中。这是普罗提诺艺术理论的最重要原理之一。可对照《九章集》V.8.1。

²³⁰ οὕτωςοῦν 因此如果。

²³¹ μεταλαμβάνοντες 分有

²³² ἐκεῖθεν 那里，指上界。

²³³ κόσμου 秩序，宇宙。

²³⁴ τάξεως 排列，安排，秩序。

²³⁵ ὁμολογίας 和谐

²³⁶ τούτων 这里，指下界。

²³⁷ ὄντων 是，构成。

²³⁸ ἐνθάδε 这里的，指下界。

²³⁹ ἀρετῆς 德性

²⁴⁰ ἐκεῖ 那里的，指上界的原理。

²⁴¹ οὐ 不，无。

²⁴² δεομένων 需要

²⁴³ ὁμολογίας 和谐

²⁴⁴ κόσμου 秩序，宇宙。

²⁴⁵ οὐδὲ 既不……也不，前面已经表示否定，这里译为或者。

²⁴⁶ τάξεως 排列，安排，秩序。

²⁴⁷依据 Paul Kalligas 撮要言之。波菲利曾说普罗提诺的演讲并非在于其话语的有力的逻辑一致性而在于它是一种转向（"普罗提诺的生平和著作顺序" 18.6-8）。这里是一个不错的例子。普罗提诺没有停留于论证的逻辑力量或者形式论证，他引导读者产生更深和更基础性的回应。他使用某种像是说服(peitho)的方式，令他的读者透过自我

反思把握住真正的自我。(Paul Kalligas, *The Enneads of Plotinus: A Commentary*, Vol.1, p.137)

248 οὐδ᾽ ἂν ἀρετῆς εἴη χρεία 那么它们也无需德性。οὐδ᾽ 无，不是。ἂν 表示语气。ἀρετῆς 德性。εἴη 是。χρεία 需要，必要。

249 ἀρετῆς 德性

250 παρουσίαν 呈现，展现，成为。

251 ἐκεῖ 那里，指上界的原理，这里译为它们。

252 ὁμοιούμεθα 相似

253 ἐπείπερ 因为

254 ἡμεῖς 我们。Armstrong 的英译本略去翻译。

255 ἀρετῇ 德性

256 ταυτὶ 这，指上界。

257 μὲν οὖν 表示强调，确实，足够。

258 ἀρετὴν 德性

259 μὴ 不

260 ἀναγκαῖον 必要

261 εἶναι 是，存在于。

262 κἀκεῖ，在那里，指上界。

263 δεῖ 必须，应当。

264 λόγῳ 论证

265 πειθὼ ἐπάγειν 令人信服。ἐπάγειν 激发，引向。πειθὼ 说服，信服。

266 μὴ μένοντας ἐπὶ 不只是在……上面，不满足于，不止于。

267 βίας 强力，压力。

268 本节摘要：存在两种形式的同化；动态的同化指"成为与神相似"；德性存在于宇宙灵魂之中，德性使宇宙灵魂与神同化；但是德性不存在于理智原型之中；德性使身体的喜好和欲望具有尺度和限制，正如形式使质料得到塑造。

269 πρῶτον 首先

270 ληπτέον 思考，考虑。

271 ἀρετὰς 德性

272 φαμεν 认为

273 καθ᾽ ἅς 关系代词，译为"正是借着它们"(by which)。

274 ὁμοιοῦσθαι 如神一样

275 ἵν᾽ αὖ 关系代词，Armstrong 英译为 in order that，中译为"这样"。

276 εὕρωμεν 发现

277 ἡμῖν 我们

²⁷⁸ αὐτὸ 自身

²⁷⁹ μίμημα 模仿

²⁸⁰ μὲν 一

²⁸¹ ὂν 是。Armstorng 英译为 the same reality，中译根据希腊文原文简单地译为"是"。

²⁸²ἀρετή 德性

²⁸³这里原有一个关系代词 οἷον，相当于 that，这里根据中文表达和语意译为"而"。

²⁸⁴ἀρχέτυπον 原型

²⁸⁵ἐκεῖ 那里，指上界。

²⁸⁶οὐκ 不是，不。

²⁸⁷ἀρετή 德性

²⁸⁸ἐπισημηνάμενοι 标明，注意。

²⁸⁹ὡς 关系副词，译为这样。

²⁹⁰依据 Paul Kalligas 撮要言之。[第 4—10 行] 这里普罗提诺关注的是两种形式的同化(homoiosis)，而不是两种形式的形象(homoiotes)。同化(homoiosis)是一个动态过程，形象(homoiotes)可以构成其最终的结果，它表达的是静态关系。有必要作此澄清是因为两个术语间或会被合并使用，甚至柏拉图也不例外。只有在我们注意到两者的区别后，我们才会清楚本章第一节所讲的热和被加热的关系。当然同化(homoiosis)也可以表示形象(homoiotes)，普罗提诺据此提出两种同化：（1）它表示一种对称的观念，两者的相关因素拥有指向共同原型的共同属性，就如同一张脸的两种形象；（2）它表示一种不对称(ouk antistrephon)的观念，其中一者构成另一者的原型，它们是同名异义的关系。为了表示两者的差别，普罗提诺明确否定德性存在于理智层面，波菲利则把可理知原型的德性称为第四种德性(tetarton eidos areton)。这开启了新柏拉图主义系统描述德性的历程。(Paul Kalligas, *The Enneads of Plotinus: A Commentary,* Vol.1, p.138)

²⁹¹ διττή 两种

²⁹² ὁμοίωσις 相似

²⁹³ ἀπαιτεῖ 要求，索回。

²⁹⁴ ὁμοίοις 相似

²⁹⁵ ἐν 在……中

²⁹⁶ ἡ μέν τις ταὐτὸν 某种相同事物。ἡ μέν（一）　τις（某个，这个）　ταὐτὸν（自身）。

²⁹⁷ ὅσα ἐπίσης ὡμοίωται ἀπὸ τοῦ αὐτοῦ 这适用于那些从同一原理中同等地获得相似的事物。ὅσα 关系代词，Armstrong 英译为 which。ἐπίσης 相同，同样。　ὡμοίωται 相似。　ἀπὸ 从……而来。　τοῦ αὐτοῦ 自身。

²⁹⁸ μὲν，一，一事物。

²⁹⁹ ἕτερον 另一事物

³⁰⁰ ὡμοίωται 相似

<sup>301</sup> ἕτερόν 另一事物

<sup>302</sup> πρῶτον 首要的，原始的。

<sup>303</sup>ὅμοιον 相似的

<sup>304</sup>ἐκεῖνο 那，那个，那个事物。

<sup>305</sup>οὐδὲ 不是，没有

<sup>306</sup> ἀντιστρέφον 对立的，与……相对。

<sup>307</sup> πρὸς 相关，关联。

<sup>308</sup> οὐκ 不，不能。

<sup>309</sup>λεγόμενον 说，这里顺着前面的语意翻译为"反过来说"。

<sup>310</sup>ἐκεῖνο 另一者

<sup>311</sup> ὅμοιον 相似，像……

<sup>312</sup> αὑτοῦ 自身，它。

<sup>313</sup> Τρόπον 以……的方式。

<sup>314</sup>ληπτέον 理解

<sup>315</sup>ἐνταῦθα，这，这里的。

<sup>316</sup> ὁμοίωσιν 相似性，相似。

<sup>317</sup>依据 Paul Kalligas 撮要言之。[第 13-20 行] 普罗提诺开始考查公民德性的本性及与可理知模型的关系。新毕达哥拉斯主义者梅特波斯(Metopos)及其他许多哲学家都会说，这些德性的功能在于给本无尺度和本无限制的欲望和喜好（感受/情绪）以限制和尺度。在《普罗塔戈拉篇》356d1-357b3 和《政治家篇》284a8-e8 中，柏拉图指出尺度的技艺(metretike techne)是政治的技艺(politike)的种（还可参看《智者篇》228c1-d4 和《斐利布篇》64d9-e7）。德性所借助的标准(metron)或者尺度旨在实现至善(to agathon)或神的功能(可参看《九章集》I 8.2.5 和 VI 8.18.3 以及亚里士多德残篇 79)。借助于公民德性(1.23-24)，同化把神圣的尺度施加为身体喜好的限制(I 8.4.8-32)。因此，至少从中期柏拉图主义者观点看，节制(metriopatheia)构成伦理生活的最初关注，普罗提诺则有着更高的描述起点：从身体的喜好中获得完全的自由。(Paul Kalligas, *The Enneads of Plotinus: A Commentary,* Vol.1, pp.138-139)

<sup>318</sup> οὐ 不是，不。

<sup>319</sup> ἀπαιτοῦντας 要求

<sup>320</sup>ταὐτὸν 这个，指同一种。

<sup>321</sup>εἶδος 形式

<sup>322</sup>ἀλλὰ 然而，这里译为既然。

<sup>323</sup> μᾶλλον ἕτερον 以不同方式。μᾶλλον 更多。ἕτερον 不同。

<sup>324</sup> ἕτερον 不同，这里指不同方式。

<sup>325</sup> τρόπον 以……的方式

<sup>326</sup> εἴπερ 不同的

<sup>327</sup> ὡμοίωται 相似，相似性。

<sup>328</sup>希腊文本原无分段，这里跟随英文本分段。Armstrong 注释说，很可能如柏勒海（Brehier）所指出的，关于两种相似的思想是用以回应巴门尼德所反驳的下述观点：形式就是范型（柏拉图, Parmenides《巴曼尼得斯篇》132d-133a）。

<sup>329</sup>Τί ποτε οὖν ἐστιν 那么什么是。Τί 这个，某个。ποτε 什么。οὖν 表示强调，的确。ἐστιν 是。

<sup>330</sup>σύμπασα 全部的，一般的。

<sup>331</sup>ἑκάστη 特殊的

<sup>332</sup>ἀρετή 德性

<sup>333</sup>ἐφ᾽ἑκάστης 如果我们先单独讨论特殊德性。

<sup>334</sup> Λόγος 解释，理由。Armstrong 英译为 our account of。

<sup>335</sup> σαφέστερος 清楚的

<sup>336</sup> ῥαδίως 容易

<sup>337</sup>δῆλον 比较清楚，清楚起来。

<sup>338</sup>各种特殊德性

<sup>339</sup>οὕτω γὰρ 以这种方式。οὕτω 这样。　γὰρ 既然。

<sup>340</sup> κοινόν 普遍，共性。

<sup>341</sup> καθ᾽同样，因着。

<sup>342</sup> πᾶσαι 所有

<sup>343</sup> ἀρεταὶ 德性

<sup>344</sup> ἃς ἄνω που εἴπομεν 我们前面提到过的。

<sup>345</sup> πολιτικαὶ 公民

<sup>346</sup> ἀρεταί 德性

<sup>347</sup> κατακοσμοῦσι 秩序。Armstrong 英译为 in order。

<sup>348</sup> ποιοῦσιν 赋予。Armstrong 英译为 make。

<sup>349</sup> ἐπιθυμίας 欲望

<sup>350</sup> ὁρίζουσαι 限制，Armstrong 英译为 limit。

<sup>351</sup> μετροῦσαι 尺度，Armstrong 英译为 measure。

<sup>352</sup> αἱ μέν.....μέν ὄντως καὶ 一方面……另一方面，这里从简，略去前半句的"一方面"，只依据中文句式译出"并把"。

<sup>353</sup> μετροῦσαι 尺度

<sup>354</sup> ὅλως 全部，整个。

<sup>355</sup> πάθη 经验，感受，情绪。Armstrong 英译为 experience。

<sup>356</sup> ἀμείνους 更好，更优秀。

357ὅλως 全部的，整个的，全然的。

358 ἀμείνονι 无尺度

359 ὡρίσθαι 规定，分开。Armstrong 英译为 limitation，与 ὁριζουσαι 的翻译相同。因为普罗提诺用了两个不同的希腊文，中译还是略作区分。

360ἔξω 在……外部，排除。

361ἀμέτρων 无尺度

362ἀορίστων 不定型，没有加以规定的。

363ἀφαιροῦσαι 摒弃，废除。

364ψευδεῖς 虚假的，错误的。

365 δόξας 意见

366 αὐταὶ 自身

367 κατὰ 借着。

368 μεμετρημένον 尽度，限度，限定。Μεμετρημένον 和 μετροῦσαι 相同，为保持译文统一性，译为动词性的"尺度"，或者译为限度，限定。Armstrong 英译为 limit。

369ὁρισθεῖσαι 加以规定，定义，定型。

370 Ἦι μέτρα γε ἐν ὕλῃ τῇ ψυχῇ 就它们是形成灵魂之质料的尺度而言。Ἦι μέτρα γε 就……而言。ἐν 在……中。ὕλη 质料。ψυχῇ 灵魂。

371 ὡμοίωνται，与……相似，照着。

372ἐκεῖ 那里，指上界。

373 μέτρῳ 尺度

374依据 Paul Kalligas 撮要言之。[第 20—22 行] 如果至善是尺度，它的对立面"质料"就是无尺度(I 8.3.13-14)。质料就其自身而言没有形式(aneideos:I 8.3.14)，它把形式作为外在于它自身的事物加以接受。[第 23—26 行]就如质料要成为感知觉对象就必须受形式塑造(VI 7.27.2-3)，灵魂的德性也来自形式的塑造。借着赋予质料以形成原理(logoi)，质料得以秩序化(kosmetiai)并获得美(kallos)，因此也就几近于能够模仿神圣的理智。借着德性，灵魂与神同化。比起所有其他事物，宇宙灵魂是最完美的，也最与神相像。正是这一点误导"阿尔喀诺俄斯"和其他有此信念的人认为产生同化作用的是宇宙灵魂。(Paul Kalligas, *The Enneads of Plotinus: A Commentary,* Vol.1, p.139)

375 ἔχουσιν 拥有，保持。

376 ἐκεῖ ἀρίστου 上界至善。ἐκεῖ 那里，指上界。ἀρίστου 最好的，至善。

377ἴχνος 痕迹

378μὲν γὰρ 两个希腊文虚词，表示加强语气。

379 πάντη 全然的，完全的，所有的。

380 ἄμετρον 无尺度的

381 ὕλη 质料

382 πάντη 全然的，完全的，所有的。

383 ὄν 是，存在。

384 ἀνωμοίωται 不相似。

385 ὅσον 它

386 μεταλαμβάνει 分有

387 εἴδους 形式

388 καθ' 同样的，这里指就……而言。

389 ὄντι 是。Armstrong 英译为 becomes。

390 ἀνειδέῳ 无形式

391 ἐκείνῳ 那里，指上界。

392 ὁμοιοῦται 与……相似

393 中译和英译为了措辞简洁,都略去了后半句的句首 κατὰ τοσοῦτον(关于同样的),简单地译成。普罗提诺这句话的意思是：质料是无形式的，至善也是无形式的。就此而言，它们是相似的。

394 ἐγγὺς 靠近，严格意义上并不是空间距离意义上的远和近，而是指共在上的亲近关系。

395 μεταλαμβάνει 分有

396 μᾶλλον 更多

397 σώματος 身体

398 ψυχὴ 灵魂

399 ἐγγυτέρω 靠近，更近。

400 至善

401 συγγενέστερον 天生的，与生俱来的，近亲的，更亲近，亲近。συγγενέστερον 由 συγ（共同的）和 γενέστερον（产生、生产），也可以译为同源的，共同生成的。

402 ταύτῃ 这样，因此。

403 μεταλαμβάνει 分有

404 πλέον 满的，多的。

405 ἐξαπατᾶν 欺骗，这里译成诱发，指的是"使我们错误地认为……"。

406 φαντασθεῖσα 想象

407 ὥστε 好似。Armstrong 英译为 it is，译意似乎过强了些。

408 θεὸς 神

409 τοῦτο 这种，这个，这里指相似性。

410 πᾶν 全部，所有。

411 θεοῦ 神

412 中译文根据 Armstrong 的英译本，英译者 Armstrong 注释说：对普罗提诺来说，

灵魂就是一位最低级的神，我们不应该相信它具有全部的神性或者最重要部分。这句
希腊文原文是 μὴ τὸ πᾶν θεοῦ τοῦτο ᾖ，如果直译，可以是"这种相似性绝不包含全部神
性"。μὴ 绝不。

[413]ὁμοιοῦνται 与神同化

[414]Οὕτω μὲν οὖν οὗτοι ὁμοιοῦνται：那些拥有政治德性的人就是这样变得与神同化。
Οὕτω 这个。 μὲν 一者，一个。 οὖν 的确。 οὗτοι 只不过。 ὁμοιοῦνται 与神同化。

[415]本节摘要。从公民德性转向净化德性的论述，对公民德性和净化德性进行系统
区分；"与神同化"是指从有形体事物中释放出来，公民德性只是相随"与神同化"过
程的一种习得；对在理智中的语词、在灵魂中的语词和说出的语词进行区分，这三者
之间依次存在模仿关系。

[416]依据 Paul Kalligas 撮要言之。[第 1—2 行] 普罗提诺一直记得《法律篇》IV
716d1-e3，他的解释也从公民德性转到净化德性。这里还可比较《泰阿泰德篇》176c4-d1。
[第 5—10 行]柏拉图的《斐多篇》(82a11-c1)在流行的公民德性(demotiken kai politiken)
和那些属于离世时(pantelos katharoi apionti)实践了哲学并过着纯粹生活的人之间作了
区分，现在通过把《泰阿泰德篇》(176b1)"逃离"(phuge)和《理想国》的"公民"(politike)
德性结合在一起，普罗提诺在公民的和净化的两个层级的德性之间作了系统区分。(Paul
Kalligas, *The Enneads of Plotinus: A Commentary,* Vol.1, p.139)

[417]ἀλλ᾽但是

[418]ἐπεὶ 由于

[419]希腊文原文中没有柏拉图。

[420]ὑποφαίνει 暗示，透露，指出。

[421]οὖσαν 具有，属于。

[422]μείζονος 更大的，大的。

[423]ἀρετῆς 德性

[424]ἄλλην 不同地

[425]ὡς 以致于，因此。

[426]λεκτέον 谈论

[427]ὁμοίωσιν 另一种

[428]περὶ ἐκείνης 关于另一种，指关于另一种相似性。περὶ 关于。ἐκείνης 另一种。

[429]ἐν ᾧ 在这一讨论中。

[430]πολιτικῆς 公民的，这里指公民德性。

[431]Σαφέστερον 真实的

[432]οὐσία 本质，本体，实体。Armstrong 译为 nature（本性）。

[433]ἔσται 是，这里译为"变得"。

[434]μᾶλλον 更多的，更清楚。

⁴³⁵ἥτις 既……又…….

⁴³⁶οὐσίαν 本质，本体，实体。Armstrong 译为 nature（本性）。

⁴³⁷κατὰ 在……边上

⁴³⁸μείζων 更大的

⁴³⁹ὅλως 总而言之，整体上的。

⁴⁴⁰ἔστι 存在着，是。

⁴⁴¹παρὰ 除……外，不同于。

⁴⁴²πολιτικὴν 公民的，公民德性。

⁴⁴³ἑτέρα 另一种，另一个，这里指另一种德性。

⁴⁴⁴ Πλάτων 柏拉图

⁴⁴⁵ λέγων 谈到

⁴⁴⁶ πρὸς 从……

⁴⁴⁷ τῶν ἐντεῦθεν εἶναι 下界存在。τῶν 定冠词。ἐντεῦθεν 下界。 εἶναι 存在，是。

⁴⁴⁸θεὸν 神

⁴⁴⁹φυγὴν 逃向，飞向，飞升。

⁴⁵⁰英译者 Armstrong 注：这里参考《泰阿泰德篇》，本篇第一章的开头就引用了这段话。

⁴⁵¹οὐ 没有

⁴⁵²διδούς 赋予，称……为。

⁴⁵³ πολιτείᾳ 公民的，公民生活。

⁴⁵⁴ἐν 在……中

⁴⁵⁵ἀρεταῖς 德性

⁴⁵⁶ἁπλῶς 简单的，单纯的，直接的，这里根据中文语意译为"就是"。

⁴⁵⁷προστιθεὶς 增加，归在……上

⁴⁵⁸γε 的确，真的，表示加强语气。

⁴⁵⁹ πολιτικάς 公民的

⁴⁶⁰ ἀλλαχοῦ 而

⁴⁶¹λέγων 称为

⁴⁶²ἁπάσας 所有，全部。

⁴⁶³ καθάρσεις 净化

⁴⁶⁴英译者 Armstrong 注：柏拉图在美德前加上"公民的"标语，见于《理想国》IV.430c，但是他并没有暗示这里有所说的区别。称美德为"净化"见于《斐多篇》69b-c。

⁴⁶⁵依据 Paul Kalligas 撮要言之。[第 10—13 行] 由于净化(katharsis)这个概念太过强烈的宗教气息，柏拉图引入了一个全新的完全是哲学的德性概念，它取代传统概念以期纯粹地展示实践的特性。因此普罗提诺的净化德性不在于力图把理性加在质料之

上以节制身体的喜好，而在于培养漠视感觉对象的态度并转向那超越感觉的对象，从形体性事物中释放出来与神同化，公民德性的习得只是相伴净化德性所生，这说明被净化的灵魂并没有相关于社群共同体的强烈愿望也没有对此所谓的关怀。任何与身体的约定俗成关系都只会把灵魂引入迷途。(Paul Kalligas, *The Enneads of Plotinus: A Commentary,* Vol.1, pp.139-140)

[466] τιθεὶς 分配、设定。

[467] διττὰς 两种，这里指两种德性。

[468] τιθείς 分配，视……为。

[469] πολιτικὴν 公民的、公民德性。

[470] οὐ 不，不会。

[471] κατὰ 贯穿、遍及、延伸。Armstrong 英译为 producing，我们觉得译为"延伸到"或者"贯穿到"更好些。普罗提诺这里的意思是，公民德性是较低的德性。公民德性不具有高级德性的特质，它只停留在它的层次，不会向上延伸至更高德性。这也意味着公民德性不能够从自身中产生出高级德性。

[472] ὁμοίωσιν 相似性

[473] λέγομεν 称……为，意指。

[474] ταύτας 这，这些，这里指这些其他的德性。

[475] καθάρσεις 净化

[476] πῶς，如何，何以，这里为"什么意思"。

[477] πῶς 如何，何以。

[478] καθαρθέντες 净化

[479] μάλιστα 真正的，更多的。

[480] ὁμοιούμεθα 与……相似

[481] ἐπειδὴ 因为，既然。

[482] ψυχὴ 灵魂

[483] μέν 完全的，全部的。

[484] σώματι 身体

[485] συμπεφυρμένη 混合

[486] ἐστιν 是，就是。

[487] κακὴ 恶

[488] γινομένη 分享，分有。

[489] αὐτῷ 它，它的，这里指身体的。

[490] ὁμοπαθής 相同经验，由 ὁμο 和 παθής 复合而成。

[491] καὶ 和，以及。

[492] πάντα 所有，全部。

　　⁴⁹³ συνδοξάζουσα 同样意见，由 συν（相同的）和 δοξάζουσα（意见）复合所成。

　　⁴⁹⁴依据 Paul Kalligas 撮要言之。[第 13—19 行]与四种同名异义的净化德性相应（I.2)，前面描述了四种公民德性(I.17-21)。虽然这些论述不是把公民德性作为净化德性的外部显现，但也不是根据定义和由此产生的心理倾向区分它们。[第 19—21 行]"无动于心"（apatheia:不受情绪支配）是斯多亚学派所推崇的伦理理想，斐洛和亚历山大的克莱门(Clement of Alexandria)这样的思想家也把它和"与神同化"联系起来。(Paul Kalligas, *The Enneads of Plotinus: A Commentary,* Vol.1, p.140)

　　⁴⁹⁵ εἰ μήτε 不在……中，不再。

　　⁴⁹⁶συνδοξάζοι 同样意见

　　⁴⁹⁷ἀλλὰ 然而

　　⁴⁹⁸μόνη 独自

　　⁴⁹⁹ἐνεργοῖ 行动

　　⁵⁰⁰ ὅπερ ἐστὶ 就是那个。

　　⁵⁰¹ νοεῖν 智性，Armstrong 英译为 intelligence。

　　⁵⁰² φρονεῖν 智慧

　　⁵⁰³ μήτε ὁμοπαθὴς εἴη 不分有身体的经验。Μήτε 不。 ὁμοπαθὴς 相同的经验，这里指身体的经验。 εἴη 是。

　　⁵⁰⁴ σωφρονεῖν 节制，Armstrong 译为 self-control（自制），在亚里士多德的德目表中，自制的相应希腊文是 ἐγκράτειν，并且不被视为德性，节制则是一种德性。亚里士多德这样说，"自制意味着有强烈的、坏的欲望……节制的人没有坏的欲望。但是一个自制者必定有。"（《尼各马可伦理学》1146a9-11,廖申白译，商务印书馆，2003 年）普罗提诺认为这里讲的应该是节制，因为他强调节制不分有身体经验，与亚里士多德有关节制的描述相应。

　　⁵⁰⁵ μήτε 不

　　⁵⁰⁶ φοβοῖτο 恐惧，惊慌。

　　⁵⁰⁷ σώματος 身体

　　⁵⁰⁸ ἀφισταμένη 分离

　　⁵⁰⁹ ὅπερ ἐστὶν 那就是，就是那个。

　　⁵¹⁰ ἀνδρίζεσθαι 勇敢

　　⁵¹¹ λόγος 理性

　　⁵¹²νοῦς 理智

　　⁵¹³ἡγοῖτο 主导，引导。

　　⁵¹⁴ ἀντιτείνοι 对立，对立面。

　　⁵¹⁵ δικαιοσύνη δ' ἂν εἴη τοῦτο 这就是正义。δικαιοσύνη 正义。 δ' ἂν 语气词，表示强调。 εἴη 是。τοῦτο 这。

$^{516}$εἴη ἂν 是，就成为。εἴη 是。 ἂν 表示陈述语气。

$^{517}$ἀγαθὴ 好

$^{518}$ἔχουσα 拥有

$^{519}$ἀρετὴν 德性

$^{520}$τοιαύτην 这，这种。

$^{521}$διάθεσιν 状态、状况、布局、安排。

$^{522}$λέγοι 说，称为。

$^{523}$ψυχῆς 灵魂

$^{524}$πρὸς 从……处，这里转译为"获得了"。

$^{525}$θεόν 神。Armstrong 译为 Divine，没有译为 God 或 god。

$^{526}$ὁμοίωσιν 相似性

$^{527}$οὐκ ἂν 不会。οὐκ 不会。ἂν 表示语气，语气词。

$^{528}$ἁμαρτάνοι 错的

$^{529}$依据 Paul Kalligas 撮要言之。[第 21—24 行]就普罗提诺来说，所谓完美的"纯粹"(katharon)是至善（参看例如 V 5.10.3）；其次是理智(IV 7.10.32)和可理知区域(IV 9.3.34)。反之，与灵魂相应的则是"净化"（katharsis）和"被净化"（kathariresthai）。就灵魂来说，纯粹表示一种"性情"(diathesis)，即一种习得的属性(echein)，就其更高方面来说则表示一种本体上的或者本质上的活动(energeia)。这种区分与"形象"和"同化"（或者"热"和"被加热"）是并行的和逻辑上对等的。(Paul Kalligas, *The Enneads of Plotinus: A Commentary,*Vol.1, p.140)

$^{530}$καθ᾽ ἣν 在这种状态中的活动。

$^{531}$νοεῖ 理智

$^{532}$οὕτως 如此而已，以这样的方式。καθ᾽同样如此。 ἣν 关系代词 ὅς 的宾格，这里相当于 which。

$^{533}$ἀπαθὴς 不动心的、淡漠的，与身体无关的经验。

$^{534}$γὰρ 因为

$^{535}$θεῖον 神 Armstrong 译为 Divine，没有译为 God 或 god。

$^{536}$καθαρὸν 纯粹的、净化的。

$^{537}$ἐνέργεια 活动

$^{538}$τοιαύτη 这，这里译成"这样的一种"。

$^{539}$ὡς 关系代词，相当于 which。

$^{540}$μιμούμενον 仿效

$^{541}$ἔχειν 具有

$^{542}$φρόνησιν 智慧

$^{543}$οὖν 如何，何以，这里译成"为什么"。

544 τί 这，这里指神自身。

545 οὐ 不，不处在。

546 κἀκεῖνο οὕτω 这种。κἀκεῖνο：在这里，在那里。οὕτω 这样，那样。

547 διάκειται 状态。Armstrong 英译为 state。

548 ἢ οὐδὲ 但不，根本就没有。

549 διάκειται 状态

550 ψυχῆς δὲ ἡ διάθεσις 状态属于灵魂。ψυχῆς 灵魂。δὲ 一般位于句子的前两个字，此外，但。ἡ διάθεσις 状态，性情。

551 ψυχή 灵魂

552 νοεῖ 理智，指理智活动。

553 ἄλλως 不一样的，不同的。

554 μὲν… δὲ 一方面

555 ἑτέρως 不同的

556 依据 Paul Kalligas 撮要言之。[第 24—27 行] 普罗提诺指出可能存在的误解：如果有德性的灵魂思考，那么理智也思考；然而至善在理智活动之上。但是，理智思考或者理智活动是其专有本体的原初显示，灵魂则是来自理智的第二层次事物。因此两种理智之间的关系不是简单的同名异义，而是模型之于影像的关系。[第 27—30 行]这里引入了"在灵魂中"(en tei psuchei)的"内在"(endiathetos)的语词和"在声音中"(en phonei)的"说出"(prophorikos)的语词关系的新模式，《九章集》V 1.3.7-10 用热的类比进行了说明。这种模式可以追溯到柏拉图《泰阿泰德篇》(189e6 和 206d1-4，可参照《智者篇》263e3-8 和亚里士多德《后分析篇》I 10,76b24-25)：说出的语词是"灵魂与其自身交谈"的语词的模仿(mimema)或者后裔(ektupoma)。至于"说出的语词"和"在声音中的语词"的术语则由斯多亚学派所创，并对斐洛产生直接影响(《论摩西的生平》II 27)。只有普罗提诺才区分出三种层级性的语词(logoi)，它们依次模仿：(1)"在理智中"(en noi)的语词，也被称为"在其他事物中"(en heteroi)和"在它之先"(pro autou)的语词；(2)"在灵魂中的语词"(logos en psuchei)；(3)"说出的语词"(logos en prophorai)。斐洛所做的一项富有意义的工作是，他把"在灵魂中的语词"描述为"解释者"(例如《寓意解经》III 207，《论亚伯拉罕的迁居》219)。斐洛的此种解释可追溯至西塞罗，还可以在柏拉图《蒂迈欧篇》(29b4-5)找到思想的萌芽。普罗提诺自己把"可理知的语词"描述为赫尔墨斯的形象，然而柏拉图《克拉底鲁篇》(407e5-6)就已经不仅把赫尔墨斯描述为信使，而且称他为解释者，后来的思想家如基督教神学家殉道者查士丁(Justin)和亚历山大的克莱门都将其使用为上述双重意义。普罗提诺所谓的"在灵魂中的语词"也是如此：在作为伦理命令的灵魂内部解释神圣理智的永恒真实。

(Paul Kalligas, *The Enneads of Plotinus: A Commentary,* Vol.1, pp.140-141)

557 ἐκεῖ 在那里，指上界和上界的实在存在。

<sup>558</sup> δὲ 另一方面

<sup>559</sup> οὐδὲ ὅλως 根本就不，全不，这里根据根本不思考。οὐδὲ 不。 ὅλως 完全。

<sup>560</sup> Πάλιν οὖν τὸ νοεῖν ὁμώνυμον 那么另一个问题是："理智活动只是包括两种不同活动的一个共同术语吗？ Πάλιν 重新，又，另一个。 οὖν 的确的，真的。 τὸ νοεῖν 理智。 ὁμώνυμον 同名的。如果仅按希腊文原文，这句话也可以简单地译为：的确有同名的理智活动吗？" Armstrong 的翻译包含一些解释，可能要比原文清楚些。普罗提诺后文分出外在的逻各斯和内在的逻各斯，它们是同名的"逻各斯"，但是"外在的逻各斯"是对"内在的逻各斯"的模仿。

<sup>561</sup>Οὐδαμῶς 不，绝对不是。

<sup>562</sup>这里指理智和理智活动。

<sup>563</sup>ἀλλὰτὸμὲνπρώτως 它最初被用于神。ἀλλὰ 但是，强调语气的转折上。τὸμὲν 一方面，另一方面。πρώτως 首先，最初，原初。

<sup>564</sup>δὲ 另一方面，其次。

<sup>565</sup>παρ᾽ἐκείνου 源出于它的。παρ᾽ 从……那里来的，源出于。ἐκείνο 那里。

<sup>566</sup>ἑτέρως 另一个，不同的，指不同事物，这里指的是源出于理智的灵魂。

<sup>567</sup>ὅς γὰρ 正如。ὅς 关系代名词。 γὰρ 因为。

<sup>568</sup> ὁ ἐν φωνῇ λόγος 说出的语词。 ὁ ἐν 在……中。 φωνῇ 说话声。 λόγος 语言，语词。

<sup>569</sup>ἐν ψυχῇ 灵魂中的语词。ἐν 在……中。 ψυχῇ 灵魂。

<sup>570</sup> μίμημα 模仿

<sup>571</sup> ἐν ψυχῇ

<sup>572</sup>οὕτω 因此，同样，于是。

<sup>573</sup> ἐν ἑτέρῳ 在其他事物中。ἐν 在……中。 ἑτέρῳ 另一个，其他的。

<sup>574</sup> μίμημα 模仿

<sup>575</sup> ὃς οὖν 当……时，正如。

<sup>576</sup> πρὸς τὸν ἐν ψυχῇ 灵魂中的语词。πρὸς 从……而来。 τὸν ἐν 在……中。 ψυχῇ 灵魂。

<sup>577</sup>ὁ ἐν προφορᾷ 说出的语词。ὁ ἐν 在……中。 προφορᾷ 奉上的，说出的。

<sup>578</sup>依据 Paul Kalligas 撮要言之。[第 31 行] 德性表示理智在灵魂层面的显现。但是理智自身和最高原理（至善）在德性之上。基于上述理由并为了达到最高者，就必须要超越德性之列。(Paul Kalligas, *The Enneads of Plotinus: A Commentary,* p.141)

<sup>579</sup> μεμερισμένος 划分，分成。

<sup>580</sup> ὧν ἐκείνου πρὸς τὸ πρὸ αὐτοῦ 在灵魂之先的事物，Armstrong 解释说这指的是理智，在理智中即指 totheion。ὧν 于是，因此。 ἐκείνου 在那里。 πρὸς 从……而来。τὸ πρὸ 从……而来。αὐτοῦ 它，它自身。直译的希腊文字面意思是：因而是从那里即从它

自身而来。这里指的是理智，也就是 Armstrong 英译的从在灵魂之先的事物而来的。

582 ὁ ἐν ψυχῇ ἑρμηνεὺς 灵魂所表达的事物。ὁ ἐν 在……中。ψυχῇ 灵魂。ἑρμηνεὺς 表达。

583 οὕτω 如此，也是如此。

584 ἀρετὴ 德性

585 δὲ 就是，是。

586 ψυχῆς 灵魂

587 οὐκ 不

588 ἔστιν 是，属于。

589 νοῦ 理智

590 οὐδὲ 连接两个子句，译为 "或"。

591 τοῦ ἐπέκεινα 那者，那一个，指超越理智的太一。普罗提诺在《九章集》中常用它指太一，我们译成 "那者"。

592 本节摘要。普罗提诺区分净化过程和净化状态；净化的状态是完美的，净化的过程则仍然处在扬弃异在事物的过程；净化之后获得的是善，德性是净化的结果；灵魂所获得的这善还不是绝对的善；如果是绝对的善或者真正的善，它不会成为恶；灵魂净化所习得的德性，仍然有可能转向恶。

593 依据 Paul Kalligas 撮要言之。[第 1—8 行] 灵魂经受净化(kathairesthai)或者说灵魂处在净化过程之中(kekatharthai)，与灵魂已经获得净化或者说已经完全纯净(katharon)，其不同之处在于前者包含着某种时间的持续过程，后者（与之相关的词是 "福祉"）则是超越了时间的状态。(Paul Kalligas, *The Enneads of Plotinus: A Commentary,* Vol.1, pp.141－142)

594 Ζητητέον δέ 我们必须研究。Ζητητέον 探索，研究。δέ 因此，于是。

595 κάθαρσις 净化

596 εἰ 是否

597 τοιαύτη 这个，这种。

598 ταὐτὸν 它自身，相同，同一。

599 προηγεῖται 早先，首先。

600 κάθαρσις 净化

601 ἕπεται 被放在……后面，这里按照中文语意译成 "然后"。

602 ἀρετή 德性

603 πότερον···ἀρετὴ 德性……是两者中的哪一者。πότερον 两者中的哪一者。

604 ἐν τῷ καθαίρεσθαι 在被净化过程。ἐν 在……中。τῷ καθαίρεσθαι 被净化的过程。

605 ἢ···μὲν ἡ 是……还是…….

606 ἐν τῷ κεκαθάρθαι 达到净化状态。

607ἐν τῷ καθαίρεσθαι 在被净化过程。

608ἐντῷκεκαθάρθαι 达到净化状态。

609ἀτελεστέρα 不完美。τελεστέρα 完美。

610γὰρ 因为

611 οἷον κεκαθάρθαι 这样的达到净化状态。οἷον 这样的。

612 ἤδη 已经

613 τέλος 完美

614 ἀλλὰ 但是

615 κεκαθάρθαι 被完全净化

616 ἀφαίρεσις 夺走，扬弃。

617 παντός 一切，所有。

618 ἀλλοτρίου 敌视的，异在的。

619 ἀγαθὸν 善

620 δὲ 于是，这里译为"则"。

621αὐτοῦ 它，自身，这里译成"此"，指"被完全净化的德性"。

622 ἕτερον 不同

623 εἰ 如果，是否。

624 ἀγαθὸν 善

625 πρὸ τῆς ἀκαθαρσίας 在不纯粹性之先。πρὸ 从……而来。τῆς ἀκαθαρσίας 不纯粹性。ἀκαθαρσίας 由 ἀ（表示否定）和 καθαρσίας（纯粹）构词而成。

626ἦν 是，这里译为"存在"。

627 κάθαρσις。Stephen Mackenna and B. S. Page（WilliamBenton 版）英文为"善"，希腊文原文 κάθαρσις，Armstrong 英译文译为"净化"。

628ἀρκεῖ 足够

629δὲ 即使如此，因此。

630 ἀλλ᾽尽管

631 κάθαρσις 净化

632 μὲν 的确，已经。

633 ἀρκέσει 足够

634 ἀγαθόν 善

635 οὐχ 不

636 καταλειπόμενον 净化本身

637 ἔσται 是

638 κάθαρσις 净化

639依据 Paul Kalligas 撮要言之。［第 8—20 行］一旦净化过程得以完成，灵魂就是纯粹的并被完全引向同类者(sungenes:可参考柏拉图《斐德若篇》79d3)即可理知者。然而它还不是那第一原理即至善，也还不是善性(Goodness)即显现在理智层面的至善。灵魂所具有的只是一种习得的善性(goodness)，这使灵魂彼此有别。借着这种本性，灵魂或者有能力主观地转向理智与理智联合，或者主观地转向与身体的感受（pathe:喜好）的联合。普罗提诺清楚地陈述说净化使灵魂转向。净化和转向基本相同，净化纯粹是形而上学的，转向是客观的方面。这两个词容易被误解为："同化"（katharsis）（相当于净化，是负面的）和完整的理解（sunesis，积极地、连续的发生）。然而两者其实是统一的净化的转向，引导灵魂直观"是"，其结果是生成德性。(Paul Kalligas, *The Enneads of Plotinus: A Commentary*, Vol.1, p.142)

640 ζητητέον 询问，探索。

641 καταλειπόμενόν 留传下来的，留下的。

642 ἐστι 是，是什么。

643 ἴσως γὰρ οὐδὲ τὸ ἀγαθὸν ἦν ἡ φύσις ἡ καταλειπομένη 也许留下的本性绝对不是真正的善。ἴσως 我们知道。γὰρ 因为。 οὐδὲ 甚至没有一点。τὸ ἀγαθὸν 善。ἦν ἡ φύσις 本性，自然。 ἡ καταλειπομένη 留下的，留传下来的。

644 οὐ γὰρ ἂν ἐγένετο ἐν κακῷ 因为如果是真正的善，它就不会成为恶。οὐ γὰρ ἂν 表示语气。 ἐγένετο 产生，形成。 ἐν 在……中。 κακῷ 恶。οὐ γὰρ 真的不是，因为没有。

645 λεκτέον 称为

646 ἀγαθοειδῆ 善

647 Ἆρ' οὖν 但是仍然，指具有一定的相似性。

648 因为前面这句的希腊文表达了一个虚拟的意思，Armstrong 的英译文加了 yes 以表示语意的连续性。希腊文原文没有相关词汇。

649 οὐχ 不

650 ἱκανὴν 可能

651 πρὸςτὸμένεινἐντῷὄντωςἀγαθῷ 处在真正的善中。πρὸς 从……而来。τὸ μένειν 停留，处在。ἐν 在……中。τῷ ὄντως 是。ἀγαθῷ 善。

652 γὰρ 因为

653 πέφυκε 天生俱有的，与生俱来的，生长。这里译为"自然倾向"。

654 ἐπ' ἄμφω 双重性。

655 οὖν 因此

656 ἀγαθὸν αὑτῆς 灵魂的善。αὑτῆς，它，这里指灵魂。

657 συγγενεῖ 同类，同类事物。

658 συνεῖναι 带来，同时带来。

659 κακὸν 恶

$^{660}$ ἐναντίοις 对立物

$^{661}$ καθηραμένην 净化

$^{662}$ δεῖ οὖν 因此，这里译为"必定"。

$^{663}$ συνεῖναι 同时带来，带来，这里指求助于同类。

$^{664}$ δὲ 通常用在两个字之间，意为"此外"，这里译为"借着"

$^{665}$ ἐπιστραφεῖσα 回转

$^{666}$ συνέσται 同时带来，带来，这里译为"实现"。

$^{667}$ Ἆρ' οὖν 但是仍然，这里译为"那么"。

$^{668}$ μετὰ τὴν κάθαρσιν 转回自身。μετὰ 在……之后。 κάθαρσιν 净化。

$^{669}$ ἐπέστραπται 转回，转向，指转回自身。

$^{670}$ ἢ 或者，这里译为无宁说。

$^{671}$ μετὰ τὴν κάθαρσιν 转回自身。μετὰ 在……之后。 κάθαρσιν 净化。

$^{672}$ ἐπέστραπται 被转向，被转回。

$^{673}$ οὖν ἢ 如果完全从字译，可以译为"因此或者"，这里译成"那么"。

$^{674}$ τοῦτ' 这就是

$^{675}$ αὑτῆς 它的，指灵魂的。

$^{676}$ ἀρετὴ 德性

$^{677}$ ἢ 或者，这里译为无宁说。

$^{678}$ αὑτῇ 它，指灵魂。

$^{679}$ ἐκ τῆς ἐπιστροφῆς 从回转而来的。ἐκ 回转。ἐπιστροφῆς 转向，转回，回转。

$^{680}$ γινόμενον 认知，决定，这里依据中文语意勉强译成"结果"。

$^{681}$ Ἢ τὸ γινόμενον αὑτῇ ἐκ τῆς ἐπιστροφῆς 无宁说这是它回转的结果。根据希腊文，可能如下翻译更妥当些：无宁说这是它从回转所得的认识。这里所谓的"所得的认识"，是指"德性"。

$^{682}$ Τί οὖν τοῦτο 那么这是什么呢？Τί 这。οὖν 因此，那么。τοῦτο 某个，什么。

$^{683}$ περὶ 关于

$^{684}$ ὀφθέντος 看见，所见之物。

$^{685}$ θέα 视力

$^{686}$ τύπος 印象，轮廓，素描。

$^{687}$ Armstrong 注：灵魂所看见的，就是回转之后清晰地呈现出来并在它里面活跃的实在，它们是理智领域的存在即形式；它们持续地向灵魂显示出来，但是当灵魂不纯粹和未回转时就不能意识到它们。

$^{688}$ ἐντεθεὶς 植入

$^{689}$ 依据 Paul Kalligas 撮要言之。[第 20—24 行] 现在的问题是：可理知对象是否是灵魂必须超越其自身才能够找到的外在于它的事物？普罗提诺给出如下两方面的回

答。（1）灵魂包含着不活跃的理智性印象或者印记(tupoi)，这些印象或者印记只有在被
照亮或者活跃时才能被认识。普罗提诺的这个观点来自于柏拉图的回忆说并建立于漫
步学派的智性观念之上；［第 25—29 行］（2）理智即可理知实体构成灵魂的本质性内
核，当意识聚焦于理智时它与理智同一，发展成为自我—智性(self-intellection)并最终
超越它自身的自我。普罗提诺的这个观念得益于漫步学派，借用了亚里士多德《论灵
魂》(II 1.412A22-23)在第一现实性和第二现实性之间所作的区分。(Paul Kalligas, *The
Enneads of Plotinus: A Commentary,* Vol.1, pp.142-143)

$^{690}$ἐνεργῶν 工作，活动。

$^{691}$ὡς 就如，正如。

$^{692}$ὀρώμενον 看

$^{693}$ὄψις 对象

$^{694}$αὐτὰ 它

$^{695}$ οὐκ 不曾，尚未。

$^{696}$ εἶχεν 具有

$^{697}$ ἄρα 所见的

$^{698}$οὐδ' 没有

$^{699}$ἀναμιμνήσκεται 所提醒的，所记忆的，回忆的。

$^{700}$Ἤ εἶχεν 它当然拥有它们。Ἤ 或者，要么，这里译为"当然"。εἶχεν 拥有。

$^{701}$ οὐκ 不

$^{702}$ ἐνεργοῦντα 活跃

$^{703}$ ἀλλὰ 然而，而。

$^{704}$ ἀποκείμενα 被搁置

$^{705}$ ἀφώτιστα 没有得到光照。ἀφώτιστα 由 ἀ（表示否定）和 φωτιστα（光照）。

$^{706}$ ἵνα δὲ: 如果。ἵνα 就好，就可以。δὲ 通常用在两个字之间。

$^{707}$ εἶχεν 具有，得到。

$^{708}$ φωτισθῇ 光照

$^{709}$τότε 有时候，这时候。这里表示加重语气。

$^{710}$γνῷ 知道

$^{711}$αὐτὰ 它们

$^{712}$ ἐνόντα 理智

$^{713}$ δεῖ 必须，必定。

$^{714}$ προσβαλεῖν 投奔，趋于某个事物。

$^{715}$ φωτίζοντι 光照的，光照的事物。

$^{716}$δὲ οὐκ 不。δὲ 通常用在两个字之间。οὐκ 不。

$^{717}$εἶχε 拥有，具有。

<sup>718</sup>αὐτά 它，它自身，这里译为"实在本身"，指"理智"。

<sup>719</sup> ἀλλὰ 然而，而。

<sup>720</sup> τύπους 印象

<sup>721</sup>δεῖ 必定

<sup>722</sup>τύπον 印象

<sup>723</sup>ὧν 关系代词，相当于 which，这里译为"作为"引出后面的内容"印象的根源"。

<sup>724</sup>ἀληθινοῖς 真正实在。

<sup>725</sup>ἐφαρμόσαι，与……一致

<sup>726</sup>λέγεται 他们说

<sup>727</sup>τάχαδὲ 也许，δὲ 通常用在两个字之间。

<sup>728</sup>οὕτω....ἔχειν 这就是灵魂如何之所是。οὕτω 是这样。ἔχειν 具有，拥有。

<sup>729</sup> νοῦς 理智

<sup>730</sup> οὐκ 不，不是。

<sup>731</sup> ἀλλότριος 异在的。

<sup>732</sup> ὅταν πρὸς αὐτὸν βλέπη 尤其是当灵魂凝视它时。ὅταν 当……的时候。 πρὸς 从……而来。 αὐτὸν 它，指灵魂。 βλέπη 凝视。

<sup>733</sup>εἰ δὲ μή 否则即使。εἰ 在这种情形下。δὲ 通常用于两个字之间。μή 不是，否则。

<sup>734</sup>παρὼν 在场，呈现出来。

<sup>735</sup> ἀλλότριος 异在的

<sup>736</sup> Ἐπεὶ κἂν ταῖς ἐπιστήμαις 这同样可以应用到知识的不同分支。Ἐπεὶ 用于陈述语气。 κἂν 同样，相似。 ταῖς ἐπιστήμαις 知识，这里指知识的分支。

<sup>737</sup> ἐὰν 如果，既然，假如。

<sup>738</sup> ὅλως 根本

<sup>739</sup> μηδ' 不

<sup>740</sup> ἐνεργῶμεν 行动

<sup>741</sup> ἀλλότριαι 异在的，不真正的是。这里译为"那么它们就不真正属于我们"如果为了保持前文翻译的统一"那么它们就是异在的"。

<sup>742</sup>本节摘要。讨论净化的范围；净化与同化（与神同化）相同；净化处理情绪的方式是让灵魂回到其自身，这样灵魂至少不会受外部事物的影响，不因身体的苦痛削弱宁静；灵魂不会欲求坏事，如果有其他欲望，那也只是片刻的想象；理性在场就足以能够使灵魂保持为善。

<sup>743</sup>依据 Paul Kalligas 撮要言之。[第 1—5 行] 在分析了"同化"(homoiosis)的概念后，普罗提诺接着分析了其实现程度的可行性。柏拉图表述"与神同化"(homoiosis theoi)时通常会伴随"尽可能地"(kata to dunaton:《泰阿泰德篇》176b1-2，《理想国》500d1 和 613b1，《斐德若篇》253a4，《蒂迈欧篇》69a1-2)这样的限定词，但是普罗提

诺忽略了这个限定词，不过他的意思应该是说"根据我们可能所具有的部分"实现"同化"，也就蕴含着根据灵魂所具有的智慧(phronesei monos)实现"同化"的意思。因此普罗提诺正确理解了柏拉图所谓的"(按照一个必死者)尽可能地"的含义，并以此理解净化（与神同化）的实现程度，只要此时灵魂还处在身体化之中。(Paul Kalligas, *The Enneads of Plotinus: A Commentary,* Vol.1, p.143)

744 ἀλλ' 然而

745 λεκτέον 陈述

746 κάθαρσις 净化

747 πόσον 多大，多远，这里指范围。

748 γὰρ 因为，Armstrong 英译本没有译出。

749 οὕτω 这样，以这种方式。

750 φανερὰ 更加清楚

751 τίνι 某个，一位。

752 θεῷ 神

753 ὁμοίωσις 相似

754 ταυτότης 它自身，同一。

755 τοῦτο δέ ἐστι μάλιστα 这是问题的根本。τοῦτο 这。δέ 通常放在两个字之间。ἐστι 是。μάλιστα 极多，最多。全句的直译可以是"这是问题最多之处"。

756 πῶς 如何

757 ζητεῖν 寻觅，打听，这里译成处理，处置。

758 θυμὸν 激情，勇气，强烈的情感。

759 ἐπιθυμίαν 欲望，欲求。

760 τἆλλα πάντα 所有其他部分。τἆλλα 别的，其他的。 πάντα 所有。

761 λύπην 痛苦

762 依据 Paul Kalligas 撮要言之。［第 5—6 行］灵魂的净化相当于从有形体的事物中回到它之前的"合适的处所"(idios topos)，也就是可理知区域；事实上依据亚里士多德的理解，柏拉图主义者称可理知区域为"诸形式的处所"(topos eidon:亚里士多德《论灵魂》III 4.429a27)。［第 7—14 行］普罗提诺的"隐修主义"避免了斯多亚学派或诺斯底主义的极端，在灵魂生活中对感受（喜好）进行限制，降低指向感受（喜好）的兴趣和关注。普罗提诺也承认存在必要的快乐，它们与生命物（灵魂和身体的复合物）相关，都是不自愿的(aprohaireta)，并且处在我们的控制和意图之外。(Paul Kalligas, *The Enneads of Plotinus: A Commentary,* Vol.1, p.143)

763 συγγενῆ 同类的，同类的事物。

764 δυνατόν 能够

765 χωρίζειν 分开，分离，脱离。

<sup>766</sup> ἀπὸ σώματος 从身体

<sup>767</sup>Ἐπὶ πόσον 延伸到多远，这里简单译成多远。Ἐπὶ 延伸。 πόσον 多远。

<sup>768</sup>μὲν δὴ 当然是，可以说。

<sup>769</sup>ἀπὸ 从……而来，从……脱离出来。

<sup>770</sup>σώματος 身体

<sup>771</sup>Ἴσως 相似的，同样的，相等于，这里译成"就是"。

<sup>772</sup> συνάγουσαν 集合，投入，这里译为"退回到"。

<sup>773</sup> πρὸς ἑαυτήν 从它自身，这里指从灵魂。πρὸς 从……ἑαυτήν 它，它自身。

<sup>774</sup> τοῖς οἷον τόποις 这样的所在，这样的处所。τοῖς 定冠词。 οἷον 这样的。τόποις 处所，所在。

<sup>775</sup> πάντως μὴν 完全。πάντως 全部。 μὴν 的确。

<sup>776</sup> ἔχουσαν ἀπαθῶς 不动心，不受影响。ἀπαθῶς 由 ἀ（表示否定）和 παθῶς（激情、情绪）复合所成。ἔχουσαν 具有，这里译成"受"。

<sup>777</sup>ἀναγκαίας 必然。μόνον 仅仅，这里译为"任凭"。

<sup>778</sup> ποιουμένην 造成，这里简单译成"让"。

<sup>779</sup> αἰσθήσεις 感觉，感受，感知到。

<sup>780</sup> ἡδονῶν 快乐

<sup>781</sup> ἰατρεύσεις 治疗，治疗物。

<sup>782</sup> ἀπαλλαγὰς · πόνων 摆脱痛苦，镇静剂。ἀπαλλαγὰς 移走，摆脱。πόνων 痛苦的。

<sup>783</sup> ἵνα μὴ ἐνοχλοῖτο 以防止其活动受妨碍。ἵνα 以便。μὴ 不。ἐνοχλοῖτο 被束缚住的。

<sup>784</sup>ἀφαιροῦσαν 减轻，摆脱，除去。

<sup>785</sup> τὰς δὲ ἀλγηδόνας 痛苦。τὰς 是定冠词，δὲ 通常用在两个字之间。

<sup>786</sup> εἰ μὴ οἷόν τε 如若不能。εἰ 如果。μὴ 不。οἷόν 这个。 τε 二者，意思是如果不是"这二者"（指治疗物<sup>786</sup>和镇静剂）。

<sup>787</sup>πρᾴως 心平气和的，平静地。

<sup>788</sup> φέρουσαν 承受，忍受。

<sup>789</sup> μὴ 不，不因。

<sup>790</sup> συμπάσχειν 有一同的感受，一同感受，这里指与身体一样的感受。

<sup>791</sup> ἐλάττους τιθεῖσαν 削弱宁静。ἐλάττους 减少。τιθεῖσαν 分配，若单纯根据字义可以译为"分配得较少"。

<sup>792</sup> εἰ 如果

<sup>793</sup> δυνατόν 能够

<sup>794</sup> πάντη 完全，这里指完全实行。

<sup>795</sup> ὅσον 差不多，尽可能地。

<sup>796</sup> οἷόν 全部，完整地。

<sup>797</sup> ἀφαιροῦσαν 取走，摆脱。

<sup>798</sup> τὸν δὲ θυμὸν 激情。τὸν 定冠词。δὲ 通常用在两个字之间。

<sup>799</sup> εἰ δὲ μή 如果不可能。εἰ 如果。δὲ 通常用在两个字之间。　μή 不，不可能。

<sup>800</sup> γοῦν 至少

<sup>801</sup> αὐτὴν 它

<sup>802</sup> μὴ 不

<sup>803</sup> συνοργιζομένην 一齐愤怒，这里译成情绪冲动。συνοργιζομένην 由 συν（共同，一起）和 οργιζομένην（愤怒）复合所成。

<sup>804</sup> ἀλλ' 然而

<sup>805</sup> ἀπροαίρετον 无意地

<sup>806</sup> εἶναι 是，属于。

<sup>807</sup> ἄλλου 另一个，另一回事，其他事物。

<sup>808</sup> ὀλίγον 较小

<sup>809</sup> εἶναι καὶ 这里译成"也"。εἶναι 是。καὶ 和。

<sup>810</sup> ἀσθενές 较弱

<sup>811</sup> τὸν δὲ φόβον πάντη 灵魂无畏无惧。τὸν 定冠词。δὲ 用在两个字之间。φόβον 恐惧。πάντη 所有，全部。

<sup>812</sup> γὰρ 因为

<sup>813</sup> περὶ οὐδενος 令他能够……在意的。περὶ 关于。οὐδενος 不值得注意的。

<sup>814</sup> φοβήσεται 恐惧

<sup>815</sup> ἐνταῦθα 这里

<sup>816</sup> τὸ δὲ ἀπροαίρετον 无意的冲动。τὸ 定冠词。δὲ 通常用在两个字之间。ἀπροαίρετον 无意的冲动。

<sup>817</sup> γ' 除非

<sup>818</sup> πλήν 恐惧

<sup>819</sup> ἐν νουθετήσει 具有矫正之用。ἐν 在……中。νουθετήσει 警告，提醒。

<sup>820</sup> δέ 那么

<sup>821</sup> ἐπιθυμίαν 欲望

<sup>822</sup> ὅτι...δῆλον 显而易见，当然。

<sup>823</sup> μὲνμηδενὸς 绝不。μὲν 的确。μηδενὸς 绝不。

<sup>824</sup> φαύλου 坏事

<sup>825</sup> αὐτὴ 它自身

<sup>826</sup> οὐκ 绝不，决不。

<sup>827</sup> ἕξει 走出去，这里指迎合身体的放纵。

828 σίτων δὲ καὶ ποτῶν 饮食。σίτων 谷物,粮食。δὲ 通常用在两个字之间。 καὶ 和。ποτῶν 饮酒,酒。

829 δέ 当然

830 οὐδὲ 也不

831 ἀφροδισίων 性愉悦,这里指性愉悦的欲望。

832 εἰ δ' ἄρα 如果它们确有任何这样的欲望。εἰ 如果。 δ' ἄρα 这样。

833 依据 Paul Kalligas 撮要言之。[第 21—31 行]"因此就不会出现冲突"(oukoun estai mache)这个短语集中体现了普罗提诺的伦理学说与诺斯底主义激进的英雄式劝勉的差别,诺斯底主义尤其是摩尼教宣称要对恶的力量宣战。普罗提诺则认为单纯凭着善就足以能够制服恶,他细致地分析灵魂内部每一部照亮阴影的光芒,使灵魂免于外部感受(喜好)的影响。(Paul Kalligas, *The Enneads of Plotinus: A Commentary,* Vol.1, p.145)

834 οἶμαι 我料想,我想。

835 φυσικῶν 自然的

836 οὐδὲ 不会

837 ἀπροαίρετον 无意冲动,无意的冲动。

838 ἐχουσῶν 具有,包含在内。

839 εἰ δ' ἄρα 如果它们确有其他种类的欲望。

840 ὅσον μετὰ 只不过是……而已。ὅσον 和……一样多。μετὰ 在……中间。

841 προτυποῦς 突然迸发的,稍纵即逝的。

842 φαντασίας 想象

843 ὅλως δὲ αὕτη μὲν πάντων τούτων καθαρὰ ἔσται 灵魂在所有这些方面都是纯粹的。ὅλως 全部。 δὲ 通常用在两个字之间。αὕτη 它,指灵魂。μὲν 的确如此。 πάντων 所有方面。 τούτων 这些。 καθαρὰ 纯粹的。ἔσται 是。

844 Καὶ τὸ ἄλογον δὲ βουλήσεται καὶ αὐτὸ καθαρὸν ποιῆσαι 它想使非理性部分也变得纯粹。Καὶ 和。τὸ ἄλογον 非理性,非理性部分。 δὲ 通常用在两个字之间。βουλήσεται 希望,愿意。καὶ 和。αὐτὸ 它。καθαρὸν 纯粹。ποιῆσαι 成为,变得。

845 ὥστε 因此

846 μηδὲ 不会,不。

847 πλήττεσθαι 搅扰

848 εἰ δ' ἄρα 或者即使有所搅扰。

849 μὴ 不,不会。

850 σφόδρα 剧烈的,过度的,这里译成太多的搅扰。

851 αὐτοῦ 它

852 πληγὰς 打击

853 ἀλλ' 尽管,不过是,只会。

854 ὀλίγας 微弱的

855 γειτονήσει 邻居，近邻。

856 εὐθὺς 得着，立即，笔直地。

857 λυομένας 安息

858 ὥσπερ εἰ 正如，正如与……一样。

859 σοφῷ 贤者，贤人。

860 γειτονῶν 邻居，邻人。

861 γειτνιάσεως 邻居，邻人。

862 ἀπολαύοι 得到益处，受益。

863 γενόμενος 生成，变得。

864 ὅμοιος 与……相似

865 αἰδούμενος 可敬，尊敬。

866 μηδὲν τολμᾶν...ὧν 于是……不敢。μηδὲν 不。 τολμᾶν 大胆做。...ὧν 于是，因此。

867 ποιεῖν 做

868 ἀγαθὸς 善，好，良善的人。

869 οὐ θέλει 不愿意，不赞同。οὐ 不。θέλει 自愿，愿意。

870 οὔκουν 不，绝不。

871 ἔσται 是，存在，这里译为"出现"。

872 μάχη 战争，冲突。

873 λόγος 理性

874 παρὼν 在场，呈现。

875 γὰρ 表示强调，这里译为"已经"。

876 ἀρκεῖ 足够

877 χεῖρον 较坏的，指较坏部分。

878 ὂν 由于，相当于英语中以分词结构作状语所表达的因果 being,例如 Being interested in the relationship of language and thought, Who developed the idea that the structure of language determines the structure of habitual thought in a society.

879 αἰδέσεται 可敬，尊敬。

880 ὥστε 因此，既然。

881 ἐάν 如果

882 τι ὅλως 任何，任何一点。τι 这个，某个。ὅλως 全部，所有。

883 κινηθῇ 波动，运动。

884 ὅτι 因为

885 μὴ 不

[886]δεσπότου 导师，主导者。

[887] παρόντος 在……面前，在……前面。

[888]ἦγε 引导，统治，保持。

[889] ἡσυχίαν 宁静，平静。

[890] δυσχερᾶναι 不安，不友好的。

[891] ἐπιτιμῆσαι 处罚，责备。

[892] ἀσθένειαν 软弱，虚弱。

[893]本节摘要。与神同化后，人抵达了介于神人之间的灵的状态；这个层次的人虽然还有感受或喜好，但已经完全听从理性的主导；在完全净化后，"无意的冲动"及所有抵制也消失了；"智慧"可以用来表述这种理智性知识的活动，它是自身独立的实体，不是依附性实体，也不构成对其他事物的谓述。

[894]依据 Paul Kalligas 撮要言之。［第 1—3 节］第 5 节描述的净化过程的实践与斯多亚学派的伦理学说一致，这显示普罗提诺引入了斯多亚学派的"正确行动"（katorthosis）和"错误行动"（hamartia）这对对立的概念。然而普罗提诺认为"正确行动"并不是目的本身，它是达到"同化（与神同化）"的方法。［第 3—6 行］在与神同化的上升过程中，人持续地清除在其"是（存在）"之中的较低的并非出于自愿(aprohairetoi：无意的)的显现。当人抵达这个层次时他就处在所谓的神人之间的"灵"（daimon)了。在这个层次，感受（情绪或者喜好）仍然存在，但是已经完全听从于理性的主导。如果不再有这些较低东西的显现，人就是"完全的神"（monom theos)了。这样的"目的"（telos)是否只在人死后才能达到呢？波菲利认为是，但普罗提诺从没有清楚地加以回答。(Paul Kalligas, *The Enneads of Plotinus: A Commentary,* Vol.1, p.145)

[895] ʼαλλὰ κατόρθωσις ἀνθρώπῳ 就人而言。ʼαλλὰ 但是，尽管。 κατόρθωσις 从……看，就……而言。ἀνθρώπῳ 人。

[896] τοιούτων 这些，这些事情。

[897] οὐδὲν 不，不存在。

[898] ἁμαρτία 失误，过错，罪。

[899] ἔστι μὲν οὖν 只有正确的活动。ἔστι 是。 μὲν 另一方面。οὖν 的确。

[900] ἀλλʼ 尽管

[901] σπουδὴ 热心，关心。

[902] οὐκ 不

[903] εἶναι 是

[904] ἔξω 从……出来，脱离。

[905]ἁμαρτίας 失误，过错，罪。

[906] ἀλλὰ 而是

[907] εἶναι 是，成为。

908 θεὸν 神

909 εἰ 如果

910 μὲν οὖν 还存在。μὲν 一方面。οὖν 的确。

911 τι τῶν τοιούτων 这种

912 ἀπροαίρετον 无意冲动

913 γίνοιτο 因素

914 依据 Paul Kalligas 撮要言之。[第 6—7 行]与神同化意味着人成为神：在其他的（可理知）诸神中的神，所有这些诸神都仿效至高神或者至善。普罗提诺的这个思想渊源于柏拉图《斐德若篇》（246e4-6）所谓的宙斯之灵的降临和毕达哥拉斯学派的"效仿神"（hepou theoi）的格言。[第 7—11 节]因此真正的自我是智性本质，正是这种智性使较低部分与人自身同化。在完全净化后，"无意的冲动"（to aprohaireton）及其抵制部分就消失了。在这个阶段，真正的"导师"（despotes）不是强制人服从，而是人要因着他的临在彼此表示尊敬和服从。(Paul Kalligas, *The Enneads of Plotinus: A Commentary*,Vol.1, pp.145-146)

915 ἂν εἴη ὁ τοιοῦτος 处于这种状态的人。ἂν 表示语气。εἴη 是。ὁ τοιοῦτος，这，这种状态。

916 ἔχοντα 具有，拥有，将是。

917 διπλοῦς 双倍的，双重的。

918 θεὸς 神

919 δαίμων 灵

920 μᾶλλον δὲ ἔχων 无宁说。μᾶλλον 更多地。δὲ 通常用在两个字之间。ἔχων 拥有。

921 ἔχοντα 具有，有着

922 ἄλλον ἄλλην 不同类型，在别处。

923 ἀρετὴν 德性

924 σὺν 和……一起，和……相处在一起。

925 εἰ δὲ μηδέν 如果没有这些。εἰ 如果。δὲ 通常用在两个字之间，除外。μηδέν 没有，表示否定。

926 μόνον 单独的，单纯的。

927 θεὸς 神

928 πρώτῳ，第一，第一者，可以译为"首要原理"。

929 θεὸς δὲ τῶν ἑπομένων 就是第一者之后的诸神之一。θεὸς 神。δὲ 通常用在两个字之间，除外。τῶν ἑπομένων 紧随，在……之后。

930 Armstrong 英译注：这里指《斐德若篇》246E4 之后诸神的排序。柏拉图认为第一神宙斯（他是整个序列之首）之后是哲学灵魂（250B7，252E1）。普罗提诺则可能用柏拉图的词汇表达他自己的思想，用第一者指他自己的第一原理即至善，后面的诸神则指可理知领域的诸神。

[931]γάρ 因为

[932]αὐτὸς，它，它自身。

[933]μὲν ᾗ ἐστιν 就是。μὲν 的确，表示强调。

[934]ὃς ἦλθεν ἐκεῖθεν 来自上界的神。ὃς 关系代词，相当于 who。ἦλθεν 来自。ἐκεῖθεν 那里，上界。

[935]εἰ 如果

[936]γένοιτο 生成，变成，成了。

[937]ἦλθεν 来自，所来之处。

[938]οἷος 关系代词 what。Armstrong 英译为 what it was（它所曾是）。

[939]καθ᾽αὑτόυ 根据它自身，这里译成它自身的真实本性。καθ᾽根据，按照。αὑτόυ 它，它自身。

[940]ἐστιν 是，属于。

[941]ἐκεῖ 那里，上界。

[942]ἥκων 来到，到达。

[943]ᾧ δὲ συνῳκίσθη ἐνθάδε 他就与其他事物共处。ᾧ δὲ 通常用在两个字之间。συνῳκίσθη 与……共处，与……一致。ἐνθάδε 这里。

[944]依据 Paul Kalligas 撮要言之。[第 11-13 行] 在柏拉图的四主德中，phronesis（智慧/明智）列于第三位。亚里士多德把 phronesis 与"行动"(to prakton)联系起来赋予"实践智慧"的含义，指透过"训练"(ethos)所获得的智慧（《尼各马可伦理学》VI 7.1141b10-16,VI 8.1142a23-27, X8.1178a16-19）。[第 13 行] 普罗提诺则用更具理论含义的 sophia 取代 phronesis，亚里士多德认为 sophia 是一个更多包含第一原理知识的理论层面的智慧，指的是"关乎知识的理解"(nous kai episteme)。柏拉图在《斐多篇》(79d6)中把智性或 phronesis 定义为与永恒存在者关联的灵魂状态。(Paul Kalligas, *The Enneads of Plotinus: A Commentary,* Vol.1, p.146)

[945]τούτου 这些事物

[946]αὐτῷ 他

[947]ὁμοιώσει 与……相似。

[948]κατὰ 按照，具有。

[949]ἐκείνου 从上界来的。这里根据前文，意译为"其真实本性中最好的"。

[950]δύναμιν 能力

[951]ὥστε 同样，因此。

[952]εἰ 如果

[953]δυνατόν 能力，可能。

[954]ἄπληκτον 没被打击的，没有被搅扰。

<sup>955</sup> δεσπότῃ 主人，导师。

<sup>956</sup> μὴ 不

<sup>957</sup> δοκούντων 同意，认可。

<sup>958</sup> ἄπρακτόν 无益的事情，指不从事这些事情。

<sup>959</sup> Τίς οὖν ἑκάστῃ 当人处于这种状态时。Τίς 某个，任何一个，是什么。 οὖν 的确，真的。 ἑκάστῃ 那，那里。

<sup>960</sup> τοιούτῳ 这个，具体的。

<sup>961</sup> ἀρετὴ 德性

<sup>962</sup> σοφία 理论智慧

<sup>963</sup> ἢ……μὲν 无论……还是……

<sup>964</sup> φρόνησις 实践智慧，明智。

<sup>965</sup> ἐν 在……中

<sup>966</sup> θεωρίᾳ 凝思

<sup>967</sup> νοῦς 理智

<sup>968</sup> ἔχει 具有，包含，这里译为所包含的，包含的内容。

<sup>969</sup> νοῦς δὲ τῇ ἐπαφῇ 理智借直接接触而具有它。νοῦς 理智。 δὲ 通常用在两个字之间。 τῇ ἐπαφῇ 接触。

<sup>970</sup> διττὴ δὲ ἑκατέρα 有两种智慧。διττὴ（二，两种） δὲ （通常用在两个字之间） ἑκατέρα（那，指智慧）。

<sup>971</sup> 依据 Paul Kalligas 撮要言之。［第 14-19 行］普罗提诺正本清源，回到理智区域只存在原型不存在德性这个基本观点。在回顾了"内在的"（sumphutos）属性和"习得的"（epakte）属性的区分后，为了更准确地区分德性和可理知原型，普罗提诺诉诸于两种活跃性(energeiai)的类比。德性始终是"某个人的"（tinos)具有依赖性的实体，可理智原型则是自身存在的实体；德性表现为逻辑上的谓述，可理知原型则是个主词。［第 19-23 行］就普罗提诺的存在论（是论）而言，灵魂的每一次下降都是对其统一性的削弱。公正在灵魂层面就预设了多样性部分，而灵魂作为形式是一个单纯的实体。(Paul Kalligas, *The Enneads of Plotinus: A Commentary,* Vol.1, p.146)

<sup>972</sup> ἡ μὲν ἐν νῷ οὖσα, ἡ δὲ ἐν ψυχῇ 一种在理智中，一种在灵魂中。ἡ μὲν ἐν 在……中。 νῷ 理智。 οὖσα, ἡ δὲ ἐν 在……中。 ψυχῇ 灵魂。 ἡ μὲν……ἡ δὲ……一种……一种……。

<sup>973</sup> κἀκεῖ 而且在那里，指在上界。

<sup>974</sup> μὲν οὐκ 不是。μὲν 的确。 οὐκ 不。

<sup>975</sup> ἀρετή 德性

<sup>976</sup> ἐν δὲ ψυχῇ 在灵魂中。ἐν 在……中。 δὲ 通常用在两个字之间。 ψυχῇ 灵魂。

<sup>977</sup> ἀρετή 德性

<sup>978</sup> ἐκεῖ οὖν τί 什么是上界的智慧？ἐκεῖ 上界。οὖν 的确。 τί 什么，是什么。

<sup>979</sup> αὐτοῦ 它，它自身。

<sup>980</sup> ἐνέργεια 活动

<sup>981</sup> καὶ 和

<sup>982</sup> ὅ ἐστιν 其所是，其真正之所是。

<sup>983</sup> ἀρετή 德性

<sup>984</sup> ἐκεῖθεν 那，那里，指上界。

<sup>985</sup>ἄλλῳ 那样，尤其是，其他方式。

<sup>986</sup>ἐν 在……中，这里译为"存在于"。

<sup>987</sup>ἐνταῦθα 这里，这，译为"此"。

<sup>988</sup> γὰρ 因为

<sup>989</sup> ἀρετή 德性

<sup>990</sup> οὐδὲ…καὶ 既不是……也不是……

<sup>991</sup> αὐτο δικαιοσύνη 绝对的公正。αὐτο δικαιοσύνη 由 αὐτο(自身，绝对)和 δικαιοσύνη（公正，正义）复合所成。

<sup>992</sup> ἑκάστη 那，这里指上界的德性。Armstrong 英译为 other moral absolute。我们这里还是译为"德性"。普罗提诺认为在理智本体中，不存在公民德性意义上的绝对伦理包括公正自身、勇敢自身等。可见，普罗提诺把公民伦理放在较实践的层面，而没有视为哲学的生活。在这里，也可以看到普罗提诺要比柏拉图和亚里士多德更多更清楚地区分哲学的生活和政治的生活，其哲学的重点在于讨论哲学的生活。

<sup>993</sup>ἀλλ᾽ 但是

<sup>994</sup>οἷον 唯一的

<sup>995</sup> παράδειγμα 范型

<sup>996</sup> ἀρετή 德性

<sup>997</sup>τὸ δὲ ἀπ᾽ 来自于，源自于。τὸ δὲ 通常用在两个字之间。ἀπ᾽ 从……而来。

<sup>998</sup> ἐν ψυχῇ 在灵魂中

<sup>999</sup> αὐτῆς 它，指智慧。

<sup>1000</sup> τινὸς γὰρ ἡ ἀρετή 德性是某人的德性。τινὸς 某个，某人。 γὰρ 因为。 ἡ ἀρετή 德性。

<sup>1001</sup> αὐτὸ δὲ ἕκαστον 在理智中的每种具体德性的范型。αὐτὸ 它，它自身，这里指每种具体德性的范型。 δὲ 通常用在两个字之间。ἕκαστον 那，那里，指理智。

<sup>1002</sup> αὐτὸ 它自身

<sup>1003</sup> οὐχὶ δὲ ἄλλου τινός 不是属于其他人。οὐχὶ 不。δὲ 通常用在两个字之间。ἄλλου 另一个。 τινός 某个，某人。

<sup>1004</sup>希腊文本本无分段，中译分段根据 Armstrong 英译。

1005 δικαιοισύνη δὲ εἴπερ 如果说公正。δικαοισύνη 公正。 δὲ 通常用在两个字之间。εἴπερ 果真，如果。

1006 οἰκειοπραγία 关心自己的事务。

1007 ᾶρα 毕竟，到底。这里译为"是否意味着"。

1008 αἰεὶ 永远，总是。

1009 ἐν πλήθει μερῶν 需要许多部分。ἐν 在……中。πλήθει 多，多数。μερῶν 部分。

1010 ὅταν 每当

1011 μέρη 部分，指公正的支配部分。

1012 πολλὰ 多

1013 Ἡ ἡ μὲν ἐν πλήθει 它就存在于多中。Ἡ ἡ μὲν（的确） ἐν 在……中。πλήθει 多，多数。ἡ……ᾗ……或者……或者……

1014 ἡ δὲ 还是，另一种。δὲ 通常用在两个字之间。

1015 ὅλως 完全

1016 οἰκειοπραγία 关心自己的事务。

1017 κᾶν 即使

1018 ἑνος 一，这里指"这事务的一种统一性"。

1019 ἀληθὴς 真正的

1020 αὐτοδικαιοσύνη 绝对公正

1021 ἡ γοῦν 至少是

1022 ἑνὸς πρὸς αὐτό 对自身统一性的安排。ἑνὸς 一。 πρὸς 来自于。 αὐτό 它，自身。

1023 ἐν ᾧ οὐκ ἄλλο, τὸ δὲ ἄλλο 在这统一性中不存在任何差别的部分。ἐν 在……中。ᾧ οὐκ 绝不。ἄλλο 另一个。τὸ δὲ 通常用在两个字之间。ἄλλο 另一个。英译者 Armstrong 在这里作了个注，指出普罗提诺试图把柏拉图对公正所下的定义"关心自己的事务"（出自《理想国》第四卷）用到他自己关于高级德性和低级德性的构想中，认为较低层次的多的秩序和模式表现的是较高层次统一性。

1024 希腊文本无分段，中译分段根据 Armstrong 英译。

1025 ὥστε 好似，那么，既然。这里译为"因此"。

1026 ψυχῇ 灵魂

1027 μείζων 更大的，极远的，更好的。

1028 δικαιοσύνη 公正

1029 πρός νοῦν 朝向理智。πρὸς 靠近，在……面前。

1030 ἐνεργεῖν 活动

1031 καθ' 依据

1032 πρὸς ὃ βλέπει 它所凝视的那者，从凝视来的。πρὸς 从……来的。 ὃ βλέπει 凝视，看。

1033 ὁμοίωσιν 相似性

1034 ὂν τὴν φύσιν 借着本性。φύσιν，本性，自然。

1035 ἀπαθὲς 免于感受，不受感受控制，摆脱了感受。

1036 τὸ δὲ σωφρονεῖν 节制。δὲ 通常用在两个字之间。σωφρονεῖν 节制。

1037 εἴσω πρὸς νοῦν στροφή 面向理智内转。εἴσω 在……里面。πρὸς 来自……方面。νοῦν 理智。στροφή 转动。

1038 ἡ δὲ ἀνδρία 勇敢。δὲ，通常用在两个字之间。

1039 ἀπάθεια 摆脱感受

1040 αὕτη δὲ ἐξ ἀρετῆς 这种自由来自德性。αὕτη 自身，这里译为"自由"。δὲ 通常用在两个字之间。ἐξ 来自。ἀρετῆς 德性。

1041 ἵνα μὴ 就可以不，这里译为"防止"。ἵνα 就可以。μὴ 不。

1042 χείρονι 较低的

1043 συνοίκῳ，由 συν（共同的）和 οἴκω（家务、事务）复合而成，这里译为低层同律。

1044 συμπαθῆ，由 συμ（共同的）和 παθῆ（感受，激情，情绪）复合而成，这里译为"分有感受"，也可以译为"共同感受"。

1045 本节摘要。主要讨论德性的彼此相互蕴含关系；智慧是一种较高的理论性德性，但它还不是凝思；较高德性潜在地包含较低德性，但是较低德性并不包含较高德性；具有较高德性的人的活动不会与较低德性冲突，他们过着神一样的生活。

1046 依据 Paul Kalligas 撮要言之。[第 1—3 行]德性"彼此相互蕴含"（antakolouthia）是标准的斯多亚主义学说，这个主题发端于苏格拉底（例如见于柏拉图的《普罗塔戈拉篇》392e2-4），并通过阿斯卡龙的安提俄库一直是中期柏拉图主义的主题。普罗提诺的德性"彼此相互蕴含"是智性活动统一性的直接结果。(Paul Kalligas, *The Enneads of Plotinus: A Commentary,* Vol.1, p.147)

1047 αἱ ἀρεταὶ ἐν ψυχῇ 灵魂的这些德性。αἱ 如果。ἀρεταὶ 德性，这些德性。ἐν 在……中。ψυχῇ 灵魂。

1048 τοίνυν 那么，这里译为"也"。

1049 ἀντακολουθοῦσι 彼此，互换。

1050 ἀλλήλαις 相互

1051 αὗται 它，它自身，指彼此有它，这里译为"隐含"。

1052 ὥσπερ 如同，好似。

1053 πρὸ 在……前面，先于。

1054 ἀρετῆς 德性

1055 ἐν νῷ 在理智中。ἐν 在……中。νῷ 理智。

1056 κἀκεῖ 上界

<sup>1057</sup> ὥσπερ παραδείγματα 如同范型。ὥσπερ 如同。 παραδείγματα 范型。

<sup>1058</sup>αἱ 如果，这里译为"权且这样称之"。

<sup>1059</sup>Armstrong 的英译注：德性彼此相互包含的思想源自斯多亚派。对照 Stoicorum Vetrerum Fragmenta III. 295 和 299。如柏勒海（Brehier）在导论中指出的，普罗提诺的这篇作品借助于他的高级德性和低级德性的观点调和斯多亚学派和亚里士多德。斯多亚学派认为贤人的德性与神圣的德性是一，两者不可分离。亚里士多德则认为德性是人独有的优秀，不属于神；神在德性之上，正如野兽在德性之下一样（对照《尼各马可伦理学》VII 1. 1145a 25-7）。

<sup>1060</sup>ἐκεῖ 上界

<sup>1061</sup> γὰρ ἡ νόησις 思想，这里追随 Armstrong 译为"直观性思想"。γὰρ 因为。

<sup>1062</sup>ἐπιστήμη 知识

<sup>1063</sup>σοφία 智慧

<sup>1064</sup>τὸ δὲ πρὸς αὑτὸν 自我专注。τὸ δὲ 通常用在两个字之间。 πρὸς 从……而来。αὑτὸν 它，自身。

<sup>1065</sup>依据 Paul Kalligas 撮要言之。[第 6—10 行]智慧(phronesis)是最理论的德性，柏拉图认为它优于所有其他德性（《理想国》VII 518e2-3），但它不同于理智凝思内蕴在自身之中的可理知对象的方式。现在由于净化使灵魂从有形体事物转向可理知对象，当"转向"发挥作用时，灵魂就拥有所有德性。这就是"彼此相互蕴含"（antakolouthia）的含义。

<sup>1066</sup> σωφροσύνη 节制

<sup>1067</sup> τὸ δὲ οἰκεῖονἔργον 它自身的固有的活动。ἔργον 职业、工作、活动。τὸ δὲ 通常用在两个字之间。οἰκεῖον 它自身的事务，它自身的固有的。

<sup>1068</sup> οἰκειοπραγία 关心它自身的事务。

<sup>1069</sup> τὸ δὲ οἷον ἀνδρία 勇敢的同义语。τὸ δὲ 通常用在两个字之间。οἷον 完全的。ἀνδρία 勇敢。

<sup>1070</sup> ἀυλότης 非质料性。ἀυλότης 由 ἀ（表示否定，非）和 υλότης（质料）复合所成。

<sup>1071</sup> τὸ ἐφ᾽αὑτοῦ μένειν καθαρόν 纯粹寓居于自身。τὸ ἐφ᾽αὑτοῦ (byitself)借着自身。μένειν 居住，居于。 καθαρόν 纯粹。

<sup>1072</sup> ἐν ψυχῇ 在灵魂中

<sup>1073</sup> σοφία 智慧

<sup>1074</sup> τοίνυν πρὸς νοῦν 指向理智。τοίνυν 那么。πρὸς 在……面前，从……而来。νοῦν 理智。

<sup>1075</sup> ὅρασις 看

<sup>1076</sup> σοφία 理论智慧

<sup>1077</sup> φρόνησις 实践智慧

<sup>1078</sup> ἀρεταὶ αὐτῆς 这些都是属于德性的灵魂。ἀρεταὶ 智慧。 αὐτῆς 它们。

<sup>1079</sup>γὰρ 因为

<sup>1080</sup> ὥσπερ 如同，正如……那样。

<sup>1081</sup>ἐκεῖ 上界

<sup>1082</sup>αὐτὴ 它，它自身，译为"同一"。

<sup>1083</sup>ὡσαύτως 如同

<sup>1084</sup>ἀκολουθεῖ 跟随，列在其后，列于后面。

<sup>1085</sup>ταῦτα 它，它们。

<sup>1086</sup>οὐ 不

<sup>1087</sup> ἄλλα 另一个，其他事物。

<sup>1088</sup> καὶ τῇ καθάρσει δέ 如果所有德性都是净化。καὶ 和。τῇ καθάρσει 净化。 δέ 此外。

<sup>1089</sup>εἴπερ 如果真的，这里译为"就是说"。

<sup>1090</sup>依据 Paul Kalligas 撮要言之。［第 10—18 行］较高德性在潜在意义上蕴含较低德性，但较低德性并不在任何意义上蕴含较高德性，除非他的灵魂实现转向，任何较低德性都不可能凭着它自身达到净化之路。现在的问题是：较高德性是否在现实性（energeiai）上必然地拥有较低德性？某种程度上确实如此。这不是说人会受节制爱好（情绪/感受）这种审慎意向的辖制，而是说他们的节制也就是他们搁置事物的态度伴随"转向"而生，他们的所有行为也不会与较低的德性相抵触。由于他无差别地对待世界上的所有事物，他就完全可能是不活跃的。这个年纪的普罗提诺的理想不是做"高贵且富有德性的人"（kalos kagathos），而是做能够从纷扰的世界中退出的"神圣的人"（theios aner）。(Paul Kalligas, *The Enneads of Plotinus: A Commentary,* Vol.1, p.147)

<sup>1091</sup> κατὰ 由，借着。

<sup>1092</sup> κεκαθάρθαι 净化

<sup>1093</sup> πάσαι 全部，全部过程。

<sup>1094</sup> ἀνάγκη 必然

<sup>1095</sup>πάσας 全部

<sup>1096</sup>希腊文本原文无［］的内容。

<sup>1097</sup>οὐδεμία 绝不，就没有一个。

<sup>1098</sup> τελεία 完满，目的。

<sup>1099</sup> ὁ μὲν ἔχων 具有。ὁ μὲν 与后面的 ὁ δὲ 连有，可以译为"一方面……另一方面……"

<sup>1100</sup> μείζους 较大的，指较大的德性。

<sup>1101</sup> ἀνάγκης 必然的

$^{1102}$ δυνάμει 潜能，能力。

$^{1103}$ ἐλάττους 较小的

$^{1104}$ ὁ δὲ τὰς ἐλάττους 较小的，指较小的德性。

$^{1105}$ οὐκ 不

$^{1106}$ ἀναγκαίως 必然

$^{1107}$ ἔχει 具有

$^{1108}$ ἐκείνας 那，那里的，指较大的德性。

$^{1109}$ οὗτος 那么这里，那么这样。

$^{1110}$ σπουδαίου 善的，优良的。

$^{1111}$ βίος 生活

$^{1112}$ προηγούμενος 首要，主要，这里指主要特征。

$^{1113}$ μείζους 较大的

$^{1114}$ ἔχει 具有者

$^{1115}$ ἐνεργείᾳ 活动

$^{1116}$ ἢ 或者

$^{1117}$ ἄλλον τρόπον 另外的方式，其他方式。ἄλλον 另外的，其他的。 τρόπον 某种方式。

$^{1118}$ ἐλάττους 较小的，指较小的德性。

$^{1119}$ καθ' 关联于

$^{1120}$ ἐκάστην 每个，各个，指每个具体的德性。

$^{1121}$ σκεπτέον 必须考虑，考虑，加以讨论。

$^{1122}$ οἷον φρόνησιν 以实践智慧为例。οἷον 例如。 φρόνησιν 实践智慧。

$^{1123}$ εἰ γὰρ 如果。εἰ 如果。γὰρ 因为。

$^{1124}$ ἄλλαις 其他的，另外的。

$^{1125}$ ἀρχαῖς 原理，德性。

$^{1126}$ χρήσεται 在使用之中，使用。

$^{1127}$ πῶς 如何

$^{1128}$ μένει 停留在，还在。

$^{1129}$ ἔτι ἐκείνη 在那里。ἔτι 仍然还在。 ἐκείνη 那里。

$^{1130}$ κἂν εἰ 甚至。κἂν 而且。 εἰ 如果。

$^{1131}$ μὴ 不

$^{1132}$ ἐνεργοῦσα 活动

$^{1133}$ φύσει 自然，自然地。

$^{1134}$ τοσόνδε 多少

$^{1135}$ εἰ ἡ μὲν…ἡ δὲ…ἡ δὲ 如果一种……另一种……

<sup>1136</sup>τοσόνδε 这样多的，不同的量。

<sup>1137</sup>σωφροσύνη 节制

<sup>1138</sup> ἐκείνη μετροῦσα 上界的尺度 Armstrong 英译为 measure and limits（尺度和限制），希腊文原意应是那里的尺度，指上界的尺度。

<sup>1139</sup> ὅλως 完全

<sup>1140</sup> ἀναιροῦσα 废除

<sup>1141</sup> Φρονήσεως 实践智慧

<sup>1142</sup> κινηθείσης 运动，驱动，被提出来。

<sup>1143</sup> ταὐτὸν δὲ καὶ ἐπὶ τῶν ἄλλων ὅλως 它就同样可以运用在其他德性上。ταὐτὸν 同一的，相同的，同样的。δὲ 通常用在两个字之间。καὶ 和。ἐπὶ 延伸到。τῶν ἄλλων 另外的，其他的。ὅλως 全部，整个。

<sup>1144</sup>ἢ εἰδήσει γε αὐτὰς 也许德性的拥有者知道它们。ἢ 或者，也许。εἰδήσει 学识，见识，知道。γε 的确。αὐτὰς 它们。

<sup>1145</sup> ὅσον παρ' αὐτῶν ἕξει 它从中获益多多。ὅσον 多少，全部。παρ' αὐτῶν 它。ἕξει 从中走出去，获益。

<sup>1146</sup> τάχα δέ ποτε περιστατικῶς ἐνεργήσει κατά τινας αὐτων 并根据具体情境要求的某些因素而活动。Τάχα 立即。δέ 通常用在两个字之间。ποτε 何时，某时。περιστατικῶς 要求，被称赞。ἐνεργήσει 活动。κατά 根据。τινας 某些。αὐτων 它，它自身，这里译为"要素"。

<sup>1147</sup>ἐπὶ 延伸到，到达，达到。

<sup>1148</sup> μείζους δὲ ἀρχὰς ἥκων 较高原理。μείζους 较大的，较高的。δὲ 通常用在两个字之间。ἀρχὰς 原理。ἥκων 在此。

<sup>1149</sup>ἄλλα 不同的，另一个。

<sup>1150</sup> μέτρα 尺度

<sup>1151</sup> κατ' 依据

<sup>1152</sup>ἐκεῖνα 那，那里，这里译为"它们"，指较高原理。

<sup>1153</sup> πράξει 行动

<sup>1154</sup> οὐκ 不，绝不。

<sup>1155</sup> σωφρονεῖν 节制

<sup>1156</sup> ἐν 在……中

<sup>1157</sup> τιθείς 安排，使……遵从。

<sup>1158</sup> ἐκείνῳ 那，那里，指上界。

<sup>1159</sup>μέτρῳ 尺度

<sup>1160</sup>ἀλλ' 而是

<sup>1161</sup>ὅλως 完全

<sup>1162</sup>κατὰ τὸ δυνατὸν 尽可能地。κατὰ 依据，凭照。 τὸ δυνατὸν 能力，力量。

<sup>1163</sup>χωρίζων 低等的，低等的本性。

<sup>1164</sup>ἀλλ᾽ ὅλως κατὰ τὸ δυνατὸν χωρίζων。根据 Armstrong 英译本译为“而是完全地使自己分离，他也尽可能地与较低本性分离”，可以依据希腊文直译为“而是尽可能完全地与较低本性分离。”

<sup>1165</sup>οὐκ 不

<sup>1166</sup>ζῶν 生活

<sup>1167</sup>πολιτικὴ 公民的

<sup>1168</sup>ἀρετή 德性

<sup>1169</sup>ὂνάξιοι 所值得的，所要求的。

<sup>1170</sup>ἀγαθοῦ 善，善的。

<sup>1171</sup>ἀνθρώπου 人

<sup>1172</sup>βίον 生活

<sup>1173</sup>ἀλλὰτοῦτονμὲνκαταλιπών 他把它们留在身后。ἀλλὰ 另一个。 τοῦτον 这里。μὲν 的确的，确实的。καταλιπών 放在……后面。

<sup>1174</sup>ἄλλον δὲ ἑλόμενος τὸν 选择另一种。ἄλλον 另一种。 δὲ 通常用在两个字之间。ἑλόμενος 挑选，选择。

<sup>1175</sup>θεῶν 神，指神的生活。

<sup>1176</sup>πρὸς γὰρ τούτους 因为对他们来说。πρὸς 从……而来。γὰρ 因为。τούτους 某些，某个，这里指善的人。

<sup>1177</sup>ὁμοίωσις 与……相似

<sup>1178</sup>οὐ πρὸς ἀνθρώπους ἀγαθοὺς ἡ 而非限于成为善的人。οὐ πρὸς 从……而来。ἀνθρώπους 人。ἀγαθοὺς 善。 ἡ…οὐ…ἡ…不是……而是……

<sup>1179</sup>Ὁμοίωσις δὲ ἡ μὲν πρὸς τούτους, ὡς εἰκὼν εἰκόνι ὡμοίωται ἀπὸ τοῦ αὐτοῦ ἑκατέρα 善的人的相似性只不过是同一主体两个图像彼此的相似性。ὁμοίωσις 与……相似。δὲ 通常用在两个字之间。ἡ μὲν 的确。πρὸς 从……而来。 τούτους 这些，某些。ὡς 关系代词。εἰκὼν 图像，形象。εἰκόνι 图像，形象。ὡμοίωται 与……相似。ἀπὸ 从……来。τοῦ αὐτοῦ 它，它自身。ἑκατέρα 每一个。αὐτοῦ ἑκατέρα 译为“彼此”。

<sup>1180</sup>Ἡ δὲ πρὸς ἄλλον ὡς πρὸς παράδειγμα 与诸神相似则是与范型相似，是一种完全不同的我们自身。Ἡ δὲ 通常用在两个字之间。πρὸς 从……来。ἄλλον 另一个，不同的。ὡς 关系代词。πρὸς 从……来。παράδειγμα 范型。

# 第1卷 第3章
## 论辩证法

# 互 参[1]

**注释：**

[1]互参的撮要来自 Paul Kalligas, *The Enneads of Plotinus: A Commentary,* Vol.1, p.148.

# 导　言[1]

　　就写作和构思而言，这篇文章的主题紧接《九章集》第一卷第二章，研究灵魂向第一原理（至善）上升的理智之旅。讨论的线索出自《斐德若篇》所述的掌管坠入肉身的灵魂的"命运法则"神话。以此为基点，普罗提诺重构了趋向至善的三阶段序列，依次分别是爱音乐的人（音乐家）、情人和哲学家。与柏拉图辩证法相应的是哲学的最高阶段，这个阶段研究真正的存在者（真正的是者）及其相互关系，并导向可理知世界所构成的完整知识。普罗提诺称辩证法科学具有超出亚里士多德逻辑学所无可比拟的优先性。

　　为了理解普罗提诺的观点，我们须知道普罗提诺所谓的辩证法和逻辑学并不是两个拥有共同主题的相互匹配的方法，它们是关于不同存在（是）论层次的两种理性进路。亚里士多德逻辑学的效用在于其形式化并抽离其他所使用的材料：命题的具体指涉与三段论的运用没有任何关系。相反，柏拉图的辩证法就理念先在的语义联结（即其汇总并划分为属和种）而言与现实对象的本性紧密相关。因此，就普罗提诺而言，亚里士多德的逻辑学是关于可感觉宇宙现象的逻辑分析的专门工具，辩证法则探讨可理知本性及其关联。辩证法的前提来自理智，其结论则是"知识"（episteme）。普罗提诺进而指出在可理知世界根本不存在推论（logismos），也就是说在可理知世界根本不存在三段论运用的基础。

　　我们不能把柏拉图和亚里士多德有关辩证法与逻辑学的争论和亚里士多德与斯多亚学派的争论进行混淆。漫步学派与斯多亚学派争论的焦点在于：逻辑学是哲学的构成部分抑或只是哲学的工具？斯多亚学派的逻辑[他们称之为辩证法（dialektike）]和亚里士多德的三段论都是运用于所有命题并与内容无关的形式推论系统，尽管两者存在明显的差别。由于只有透过辩证法我们才能趋近并把握宇宙的理性构成，甚至把握贯穿于宇宙的理性原理，因此斯多亚学派认为辩证法构成了我们把握自然哲学甚至是伦理"成全"和福祉的必要阶段。在其一元论和物体主义的体系中，斯多亚学派认为辩证法构成了哲学的第一阶段并且是哲学不可分割的部分（meros）。相反，普罗提诺则主张层级性存在（是）论，认为可理智存在（是者）处在不同于可感觉世界的层级；形式逻辑不具有揭示事物本质的力量，只研究命题（protaseis）和句子（lekta）却不能研究存在者（是者：onta）本身。逻辑是哲学从属的工具（organon），只是一般性推论。只有柏拉图的辩证法才能够研究真正的存在者（是者），它扮演着引导自然哲学和伦理哲学的角色。

　　以上观点是普罗提诺这篇文章的背景，对我们理解普罗提诺的观点至为关键。普罗提诺的兴趣不在于透过严密的逻辑建构使他的读者熟悉其观点，而在于揭示他自己的观点并引导他的读者进行理解。

**注释：**

[1]导言的撮要来自 Paul Kalligas, *The Enneads of Plotinus: A Commentary,* Vol.1,pp.149-151.

# 第 3 章 论辩证法[1]

1.[2][第 1 行][3]何种[4]技艺[5]、方法[6]或[7]习惯[8]能带领[9]我们[10]前往[11]那必去之地[12]？经[13]多次[14]论证[15]后，我们认为已经达成共识[16]：那必去之地[17]就是至善[18]，就是第一原理[19]；论证本身就是我们道路的一种指引。[20][第 5 行][21]那么什么人能够被引向这上升之路呢？[22]肯定[23]是那已经洞察[24]全部[25]的人，或者如柏拉图所说的，[26]"那已经洞察了[27]多数[28]事物[29]且天生要成为[30]哲学家[31]、音乐家[32]或情人[33]的人类之子[34]"。[35][第 10 行][36]哲学家[37]借着本性[38]踏上上升之路[39]，音乐家[40]和情人[41]则是出于它[42]的引导。那么什么是引导的方法？[43]它是所有人同一的和共同的引导方法[44]还是不同的引导方法[45]？所有人的旅行[46]都包含[47]两个阶段[48]：一个是他们正处在上升的阶段[49]，另一个则是已经到达[50]上界的阶段[51]。第一阶段引导人离开[52]下界[53]，第二阶段[54]则是就已经抵达。[第 15 行][55]可理知世界[56]和已在上界获得立足点的人[57]而言，[58]他们还得继续旅行，[59]直至他们抵达这一区域的顶点。[60]在[61]你抵达了[62]可理知区域[63]的顶点[64]，那就是[65]"旅行[66]的终点[67]"。[68]但[69]那是可以等待的[70]，让我们先来[71]尝试[72]谈论[73]上升[74]。[第 20 行][75]首先[76]我们必须区分[77]这些人[78]的特性[79]：我们[80]先描述[81]音乐家[82]的本性[83]。我们得认为[84]音乐家[85]容易受美[86]驱使[87]和被美激动[88]，却不容易[89]被绝对的美[90]驱使[91]。他能对所遇到的[92]美的影像[93]迅速[94]作出反应，就如[95]一个神经质的人[96]对噪音十分敏感[97]，音乐家[第 25 行][98]对声音的节拍[99]和其所蕴含的美[100]特别敏感[101]。他总在[102]避免[103]乐曲和节奏的不和谐[104]与不一致[105]，热切地寻求[106]节奏[107]和条理[108]，因此[109]就对他的引导来说[110]，这些借着[111]感觉感知到[112]的声音[113]、节奏[114]和形式[115]就成了起点。他需要得到引导，[116]学习[117][第 30 行]剥离[118]其中的质料因素[119]，从而[120]到达这些事物的比例[121]与组织力量[122]之所根源[123]的原理和这些原理所内蕴的美[124]。学习可理知[125]和谐[126]及其中的美[127]，这才是感动他的真正原因。[128]这是普遍的[129]美[130]而不是[131]某种[132]具体的[133]美[134]。此外，他必须保有生根于[135]他里面的哲学[136]思想[137]。他由此[138]会对他所拥有的[139]满怀[140]自信[141]，即使[142]他［35 行］不具有关于它的知识[143]。我们将在后面[144]解释[145]这些哲学思想[146]。

2．[147]［第 1 行］[148]情人[149]（音乐家[150]也会成为情人[151]，然而有的停留在这阶段，有的则继续上升[152]）具有关于美[153]的某种记忆[154]。但是他无法在其分离中[155]把握[156]它，他只是醉心和激动于［第 5 行］[157]可见之美。[158]因此他[159]必须[160]被教导[161]不能[162]墨守[163]某一形体[164]，不能受其激动[165]，而须[166]借着推论过程被引导着[167]去思考[168]所有[169]形体[170]，向他显明[171]美是存在于所有形体[172]中[173]的同[174]，是不同于[175]形体[176]的某种事物；他必须被告知[177]它来自其他地方[178]，在某些别的事物[179]例如[180]生活方式[181]和法律[182]中［第 10 行］[183]更好地显明出来[184]——这会让他习惯于非形体事物的美[185]——以及[186]存在于[187]艺术[188]、科学[189]和德性[190]中的美。[191]那么[192]就必须把所有这些美复原[193]为一[194]，必须向他指明[195]它们的源泉[196]。但是如果从德性开始[197]，那么他就能立即[198]上升[199]至[200]理智[201]和是[202]，并从这里[203]去往[204]更高的[205]旅程[206]。

3．[207]［第 1 行］[208]但是我们说，哲学家[209]——他天性[210]就反应灵敏[211]并"长了翅膀"[212]，[213]无[214]须[215]像[216]其他人[217]那样进行分离[218]。他已经开始向更高世界[219]运动[220]，只是[221]缺乏[222]引导者[223]而已。因此必须得[224]给他指点迷津[225]，［第 5 行］[226]让他得自由[227]。因着他自己的意愿[228]，他[229]天性上[230]早就已经是[231]净化的[232]。他须[233]进行[234]数学研究[235]，训练其哲学思想[236]，培养他习惯于[237]非质料性事物存在[238]的坚定信念[239]——由于[240]他生性好学[241]，他能[242]轻易地掌握它们[243]。他天生[244]具有德性[245]，因此必须完善他的德性[246]。在数学[247]研究[248]后[249]，就要指导[250]他辩证法[251]，［10 行］使他成为[252]一个完全的[253]辩证法家[254]。

4．[255]［第 1 行］[256]那么，什么是[257]前面两种人[258]和哲学家都必须[259]得到指导[260]的辩证法[261]呢？[262]它是[263]一门以推论[264]和有序方式研究万物[265]的科学，研究其所是[266]，其与其他事物之如何区别[267]，其与这些事物在其所是[268]和其所处之所[269]的共性[270]，［第 5 行］[271]其是否真的是其所是，[272]存在多少真正所是的事物，[273]又存在多少有别于真正所是的不是？[274]辩证法[275]讨论[276]

善[277]与非善[278],以及那个[279]位于[280]善[281]和相反者[282]下的具体事物,讨论永恒的[283]和非永恒的[284],它提供的是关于所有事物的[285]知识[286]而非[287]意见[288]。辩证法不[289]游荡[290][第 10 行][291]在感觉世界[292]而是定居于[293]理智世界[294],它拥有[295]它自身的事业[296]并摒弃[297]错误[298]。在[299]柏拉图所谓的[300]"真理[301]的原野[302]"[303]牧养[304]灵魂[305],用他的二分法[306]区分[307]形式[308],决定[309]每一事物的其所是[310]并找到[311]最初的[312]种[313],用理智[314]把所有从[315]最初的[316]种[317]中[第 15 行]派生出来的事物[318]编织为一体[319],直至[320]穿越[321]整个[322]可理知世界[323];然后又[324]开始把世界的结构分解为[325]诸部分直至[326]回到[327]其起点[328];再后[329]它保有[330]宁静[331](由于它存在于上界,它就能够宁静[332])。既然[333]它已经达到[334]一[335],它就[336]不再[337]让它自身忙碌[338]而能沉思[339]。[第 20 行][340]就像[341]它抛弃了[342]如何写作[343]的知识[344]那样,它放弃了所谓的[345]逻辑[346]活动[347]即[348]命题[349]和推论[350]而转向另一种[351]技艺[352]。它认为某些逻辑知识[353]是必要的[354],是基础性的,[355]但它自身必须对此进行判断,就如判断其他事物一样,[356]找出哪些有用[357]哪些多余[358],并归入[359]相应的[360]学科[361]。[362]

5.[363][第 1 行][364]那么[365]这门科学[366]从何处[367]获得[368]其[369]原理[370]?理智[371]赋予[372]任何能[373]接受[374]它的灵魂[375]以清楚明白的[376]原理[377];然后[378]它结合[379]、编结[380]和分辨[381]其结果,直至[382]达到[383]完美[384]的智性[385]。[第 5 行][386]因为[387]柏拉图称[388]辩证法[389]是"智性[390]和智慧[391]的最纯粹部分[392]",[393]是[394]我们[395]心智能力[396]中最具价值的部分[397],因此它与真是[398]和最具价值的事物[399]相关[400];它作为智慧[401]与真是[402]关联[403],它作为智性[404]与超越是的那者[405]关联[406]。但是,哲学[407]肯定是[408]最具价值的事物[409]吗?辩证法[410]和哲学[411]同一[412]吗?它是哲学[413]最具价值的[414]部分[415],因为[416]辩证法不能[417]被视为是哲学家[418]所使用[419]的[第 10 行][420]工具[421],因为[422]它不会[423]只是[424]空洞[425]的理论[426]和准则[427];它从事各种事务活动,[428]视真是[429]为[430]其活动的一种[431]质料[432];它从方法论上[433]趋近[434]它们[435],与其理论[436]一样[437]拥有[438]真事物[439]。[第 15 行][440]它认为[441]偶然的[442]谬误[443]和诡辩[444]是其他事物[445]的产物[446],断定[447]谬误[448]是与真理[449]本身[450]相悖的事物[451]。一旦[452]谬误被加以讨论[453],人们就会发现[454]它与真理[455]的准则[456]相反[457]。因此,辩证法[458]无[459]关乎[460]命题[461]——它们不过是[462]字母[463]而已——但是,在认识[464]真理[465]中,它[466]知道[467]它们所谓的正确命题[468]。总而言之[469],如果[470]事物之间彼此不同[471]或[472]相同[473],[第 20 行]那么辩证法[474]就知道灵魂[475]的活动[476],知道灵魂所肯定的[477]和所否定的[478],知道它所肯定的[479]是否[480]就是它所否定的[481]或者是[482]其他事物[483];知道事物是相异[484]还是[485]相同[486];任何归于[487]辩证法的都可凭着指向性直观[488]获得感知[489],就像感知觉那样[490],但是它把话语的细微的精确性[491]留给[492]需要从中找到有自足感[493]的其他学科[494]。

6.[495][第 1 行][496]因此,辩证法确实[497]是一个有价值的[498]部分[499]。哲学[500]还有[501]其他部分[502]。哲学也[503]借助辩证法[504]审视[505]物理世界[506],就像[507]其他[508]技艺[509]使用数学[510]作为帮助一样,[511]尽管[512][第 5 行][513]自然哲学[514]所借用的[515]语言与辩证法[516]更接近[517]。同样[518],伦理哲学[519]就凝思[520]方面而言源于辩证法[521],还增加了[522]德性品格[523]和造成[524]这些品格[525]的训练[526]。理性品格[527]把从辩证法[528]所获取[529]的原理视为它们的专有财产[530],尽管[531]多数来自较高区域的原理[532]有质料[533]相随[534]。其他[535]德性[536]把推论[537]用于[538]具体[539]经验[540]和活动[541],实践智慧[542]则是更多[543]与普遍性[544]相关的[第 10 行]较优先的推论[545],它思考互蕴的问题[546],思考是现在[547]还是[548]以后[549]控制活动,或者[550]一种完全[551]不同的过程[552]是否更好[553]等问题。辩证法[554]和理论智慧[555]以普遍的[556]非质料的形式[557]为实践智慧[558]提供所有[559]可使用的的事物[560]。

那么,如果没有[561]辩证法[562]和理论智慧[563],较低种类的德性[564]能否存在[565]?当然能,但[566]只能是不完全[567]和有缺陷的[568]。[第 15 行][569]如果没有[570]这些较低的德性[571],他能成为[572]有智慧者[573]和辩证法家[574]吗?不会发生这种情况。[575]较低的德性必然在智慧之前[576]或[577]与它同时生长[578]。人们也许有自然德性[579],随着智慧[580]的降临[581],这些自然德性会完善其品格。[582][第 20 行][583]因此[584]智慧[585]在自然德性[586]之后[587]来到,然后[588]完善[589]其品格[590];或者[591]当自然德性[592]存在[593]时,两者[594]就[595]可以共同提高[596]并共同成全[597]:因为一者[598]取得进步[599]就可以完善[600]另一者[601]。一般而言[602],自然德性[603]无论[604]在视觉上[605]还是品格[606]上都不完善[607],因此[608]无论在自然德性还是智慧上[609],我们据以引伸出[610]它们的那些原理[611]都是至关重要的事物[612]。

## 注释:

[1]Περι Διαλεκτικηε。按照普罗提诺写成作品的时间排列，本篇原为第 20 篇作品。

[2]本节摘要。普罗提诺追问什么样的技艺会引导我们抵达第一原理？哲学家借着辩证法抵达第一原理；"向上旅行"可以分为两阶段："上升"和辩证法；"上升"引导人超出现象世界；辩证法则发生在可理智区域并引导人走向第一原理；音乐因为具有数的比率而"美"，然而真正的美是"数"这种形式原理。

[3]依据 Paul Kalligas 撮要言之。[第 1—4 行] 这里的表述与亚里士多德《尼各马可伦理学》开卷相似，确定了本篇文章的讨论主题。"上升"(anagoge)，即人向上进展被引向至善(to agathon)这万物的至高原理，是万物所欲求的(hou pant' ephitai)。在这篇文章之前，普罗提诺已经有过相关观点(《九章集》VI.9(9))。"上升"是普罗提诺伦理学的核心，第三章第一节的主题是"上升借德性得以成全"。"Anagoge"一词语出柏拉图《理想国》洞喻（517a5，521c2，533d2）。(Paul Kalligas, *The Enneads of Plotinus: A Commentary*, Vol.1, p.151)

[4]τίς 何种，什么样的。

[5]τέχνη 技艺

[6]μέθοδος 方法

[7]ἤ 或者

[8]ἐπιτήδευσις 习惯，养成习惯。Armstrong 译为 practise（实践）。为了与希腊文 πρᾶξις（实践）区分，中译为"习惯"。

[9]οἵ δεῖ 带领，指示。οἵ 关系代词。

[10] ἡμᾶς 我们

[11] πορευθῆναι 前往

[12] ἀνάγει 必然，必去之地。

[13] διὰ 通过，经由。

[14] πολλῶν 多次

[15] δεδειγμένον 论证

[16] κείσθω διωμολογημένον 达成共识

[17] ὅπου μὲν οὖν δεῖ ἐλθεῖν 那必去之地。ὅπου 在那里。 μὲν 的确。 οὖν 因而。 δεῖ 必须，应当。ἐλθεῖν 到达。

[18] ὡς ἐπὶ τἀγαθὸν 就是至善。ὡς 这样，如同。ἐπὶ 向着。 τἀγαθὸν 至善。

[19] τὴν ἀρχὴν τὴν πρώτην 就是第一原理。τὴν 定冠词。ἀρχὴν 原理。 τὴν πρώτην 首要，第一。

[20]καὶ δὴ καὶ δι' ὧν τοῦτο ἐδείκνυτο, ἀναγωγή τις ἦν 论证本身就是我们道路的一种指引。καὶ 和。δὴ 真的。καὶ δι' ὧν 因而。τοῦτο 这个，某个。ἐδείκνυτο 指示，指引。ἀναγωγή 必然。τις ἦν 关系代词。

²¹依据 Paul Kalligas 撮要言之。[第 6-9 行]普罗提诺借用柏拉图《斐德若篇》(248c1-2)的文句讨论"Adrasteia 的命令(thesmos)" 也就是统治坠入肉身的灵魂的命运法则。这里讨论灵魂离开 "真理原野"即人性最高等级之后的第一次降生（此下还有八个等级，最低是暴君的等级）。在柏拉图而言，本段文字所表明出来的范畴还不具有层级性倾向。事实上，《斐德若篇》所谓的"缪斯的追随者"(mousikos)和"受性欲支配的人"(erotikos)似乎是相同的，普罗提诺却没有解释"爱智者"(philosophos) 之后的"爱美者（情人）"(philokalos)。此外，柏拉图认为 mousikos 表示热爱音乐的人，他通常用它来指"有教养的人"。普罗提诺则尤其关注那些精通音乐和音律的人，他经常以 philomosos 自称。普罗提诺最初所关心的是用柏拉图的证明确立他所区分的三层级：音乐家居于最低等级，哲学家居于最高等级。这个区分与《九章集》V9.1.1-21 所描述的人的种类相一致：那些属于感知觉的人，他们是快乐和痛苦的奴隶；当他们被迫趋向较高事物时，他们缺乏居住于其中的能力，只能回到实践活动；最后那些人成功地超出世俗世界并向真理的区域上升。Dillon 指出斐洛和诺斯底主义思想中存在类似的比喻，Paul Kalligas 则对普罗提诺受诺斯底主义影响的观点持怀疑态度。本段文字以及《九章集》第五卷有关哲学的分析都有毕达哥拉斯派柏拉图主义的因素。(Paul Kalligas, *The Enneads of Plotinus: A Commentary,* Vol.1,p.151)

²² τίνα δὲ δεῖ εἶναι τὸν ἀναχθησόμενον 那么什么人能够被引向这上升之路呢？τίνα 什么人，什么样的人。δὲ 通常用在两个字之间，可以译为此外，究竟。δεῖ 指示，带领。εἶναι 是。τὸν ἀναχθησόμενον 上升。

²³ ἆρά γε 肯定的。ἆρά 因此，于是。 γε 肯定。

²⁴ ἰδόντα 洞察，看见。

²⁵ πάντα 全部

²⁶希腊文文本原文正如柏拉图所说一句，系英译者所加。

²⁷ ἰδόντα 洞察，看见。

²⁸ πλεῖστά 多数

²⁹ φησιν 事物

³⁰ ὃς ἐν τῇ πρώτῃ γενέσει εἰς 天生要成为。ὃς 关系代词。ἐν 在……里面。τῇ πρώτῃ 首先的。 γενεσει 诞生。εἰς 进入……里面。

³¹ ἐσομένον φιλοσόφου 哲学家。ἐσομένον 一群。 φιλοσόφου 哲学家。

³²μουσικοῦ 音乐家

³³ἐρωτικοῦ 情人，指爱美的人。

³⁴ γονὴν ἀνδρὸς 人类之子。γονὴν 子孙。 ἀνδρὸς 成人。

³⁵Armstrong 英译注：这出自《斐德若篇》248d1-4。"一切或多数事物"指灵魂出生前天国之旅中所看见的形式。

³⁶依据 Paul Kalligas 撮要言之。[第 12—16 行]上升进程又可以细分为两阶段：第

一阶段是可感觉区域进入可理知区域;第二阶段则发生在可理知区域并到达最高原理。这两阶段与灵魂德性变化的两阶段即得到净化(kathairesthai)和正在净化(kekatharthai)(I 2.4.1-7)相一致。本段的 anabainousin(上升)表示在时间里面的活动过程,elthousin(抵达)指整个过程的完成,或者指的是那个超出时间的阶段。但是这里的"抵达"指的是理智区域而非旅程的终点,毋宁说它是旅程的新起点即向着至善的最终上升。因此这段文字描述的是理智区域最顶端的上升活动。(Paul Kalligas, *The Enneads of Plotinus: A Commentary,* Vol.1, pp.151-152)

[37] ὁ μὲν δὴ φιλόσοφος 哲学家确实地。μὲν 确实地。 δὴ 真的。φιλόσοφος 哲学家。

[38] φύσιν 本性

[39] ἀνακτέοι 上升

[40] μουσικὸς 音乐家

[41] ἐρωτικὸς 情人

[42] 指哲学家。

[43] Τίς οὖν ὁ τρόπος 那么什么是引导的方法。Τίς 什么是。οὖν 因此,那么。τρόπος 方法,方式。

[44] Ἆρά γε εἷς καὶ ὁ αὐτὸς ἅπασι τούτοις 它是所有人同一的和共同的引导方法。Ἆρά 于是。γε 真的,确实的。εἷς 在……里面。 καὶ 和。 αὐτὸς 它,它自身。ἅπασι 全部,所有。 τούτοις 那里,在那里。

[45] ἢ καθ᾽ ἕνα εἷς τις 还是不同的引导方法?ἢ 或者,还是。 καθ᾽ 依照,依据。ἕνα 在……里面。 εἷς 在……里面。τις 哪一个,什么。

[46] πορεία 旅行

[47] μὲν οὖν. . . πᾶσιν 都包含。μὲν οὖν 的确,真的。πᾶσιν 全部,都。

[48] διττὴ 两个,两个阶段。

[49] ἀναβαίνουσιν 上升

[50] ἐλθοῦσιν 到达

[51] ἄνω 向上,上面。

[52] προτέρα ἀπὸ 引导人离开。προτέρα 引导,带领。 ἀπὸ 从……来。

[53] κάτω 下界,在下的。

[54] δευτέρα 第二,第二阶段。

[55] 依据 Paul Kalligas 撮要言之。[第 16—18 行] 和柏拉图一样,普罗提诺也认为向上旅行的目标和目的是"凝思至善"(tou aristou thea)。这里,他描述了理智的顶峰(apex mentis),而没有如通常那样强调理智的超越性。(Paul Kalligas, *The Enneads of Plotinus: A Commentary,* Vol.1,p.152)[第 18—19 行] 这里的"上升"(anagoge)准确地讲指的是旅程的第一阶段,第二阶段使用辩证法(dialektike)的术语。但是普罗提诺没有坚持这种区分,他通常把第一个术语用于描述向至善的进展,《九章集》的其他文章都没有使用辩证法

这个术语。(Paul Kalligas, *The Enneads of Plotinus: A Commentary,* Vol.1,pp.152-153)

[56]οἷς ἤδη ἐν τῷ νοητῷ γενομένοις 则是就已经抵达可理知世界。οἷς ἤδη 而且，则就。ἐν 在……中。τῷ νοητῷ 可理知世界。γενομένοις 造成，到达。

[57] καὶ οἷον ἴχνος θεῖσιν ἐκεῖ 和已在上界获得立足点的人而言。καὶ 和。οἷον ἴχνος 足迹，立足点。θεῖσιν 安置，分配。ἐκεῖ 那里，上界。

[58] ἡ μὲν γὰρ... ἡ δέ γε 或者……或者……

[59] ἐκεῖ πορεύεσθαι ἀνάγκη 他们还得继续前行。ἐκεῖ πορεύεσθαι 供应，前进。ἀνάγκη 必然。

[60] ἕως ἂν εἰς τὸ ἔσχατον τοῦ τόπου ἀφίκωνται 直至他们抵达这一区域的顶点。

[61]ὅταν 每当……时，在……时。

[62]γένηται 造成，到达。

[63]νοητῷ 可理知，可理知区域。

[64]τις ἐπ᾽ ἄκρῳ 最高处，顶点。

[65] ὂν τυγχάνει 抵达，取得，获得。ὂν(being)是。τυγχάνει 取得，获得。

[66]πορείας 旅行

[67]ὂ δὴ τέλος 终点

[68]Armstrong 的英译注：出自《理想国》第七卷(532e3)对辩证法的描述。"旅程的终点"就是对至善的沉思。

[69]Ἀλλ᾽但

[70]ἡμὲνπεριμενέτω 还是可以等待的。ἡ 或者，一方面，还是。μὲν 的确。περιμενέτω，等待（期待）。

[71] πρότερον 在……先，先是。

[72]πειρατέον 尝试，试着。

[73]λέγειν 谈论

[74] περὶ δὲ τῆς ἀναγωγῆς 上升，用来提升的事物。περὶ 为了，在……周围。δὲ 通常用在两个字之间。τῆς ἀναγωγῆς 上升，用来提升的事物。

[75]希腊文本原无分段。依据 Paul Kalligas 撮要言之。［第 20—28 行］"上升"旅程的最低阶段是"音乐家"（爱好音乐的人：mousikos），是痴迷于美的声音的人。按照普罗提诺的看法，这样的人的性格特征在于受美的节奏和旋律的强烈吸引并为之驱动。普罗提诺认为这样的人是被动的，因为这只是机体的自动，某种程度上类似于魔法所引致的状态。普罗提诺认为声音和旋律也呈现了(to kalon)美作为太一的显现，具有形式的和谐与节奏的规律。从这个角度说，音乐具有一种媒质性的力量，它引导人从第一阶段领会"没有感知到的"(aphanes)和谐及听觉表达中的基础的算术比率，最终获得对理智原理的把握。(Paul Kalligas, *The Enneads of Plotinus: A Commentary,* Vol.1,p.153)

[76]πρῶτονδὴ 首先。πρῶτον 首先。δὴ 真的，确实的，于是。

$^{77}$διασταλτέον 区分,分开清楚。

$^{78}$τοὺς ἄνδρας 人

$^{79}$τούτους 某些,什么,这里译为"特性"或"特征"。

$^{80}$ἡμῖν 我们

$^{81}$ἀρξαμένους ἀπὸ. . . ἐστὶ λέγοντας 先描述。ἀρξαμένους 开始。 ἀπὸ 从。ἐστὶ 是。λέγοντας 言说,表述。

$^{82}$τοῦ μουσικοῦ 音乐家

$^{83}$ φύσιν 本性

$^{84}$ θετέον δὴ 我们得认为。

$^{85}$ αὐτὸν 他,它,这里指音乐家。

$^{86}$ μὲν πρὸς τὸ καλόν 容易受美。μὲν 的确。 πρὸς 从……而来。τὸ καλόν 美。

$^{87}$εὐκίνητον 驱使,驱动,运动。

$^{88}$ἐπτοημένον 被激动,被感动。

$^{89}$ἀδυνατώτερον 不能够

$^{90}$δὲ παρ᾽ αὐτοῦ 绝对的美。δὲ 通常用在两个字之间。 παρ᾽ 从……来。 αὐτοῦ 它,指绝对的美。

$^{91}$κινεῖσθαι 驱使,驱动。

$^{92}$ δὲ ἐκ τῶν τυχόντων 所遇到的。δὲ 通常用在两个字之间。ἐκ 出自。 τῶν τυχόντων 偶然地,遭遇到的。

$^{93}$οἷον ἐκτύπων 美的影像。οἷον 这样的,那样的。ἐκτύπων 轮廓。

$^{94}$ ἕτοιμον 迅速,立即。

$^{95}$ ὥσπερ 就如

$^{96}$ οἱ δειλοὶ 懦弱的,神经质的。

$^{97}$ πρὸς τοὺς ψόφους 对噪音十分敏感一样。πρὸς 从……而来。τοὺς ψόφους 噪音。

$^{98}$依据 Paul Kalligas 撮要言之。[第 28—34 行] 就上升而言,只有乐感还不够充分。柏拉图所谓的从可感觉的音乐特征中抽离出来还需要进一步的力量。如果要把握可理知之美(最终目的是美自身的形式),就必须得驱散声音的魔法。这里预设了音乐的哲学概念:痴迷于声音会依旧深陷于知觉印象的世界。普罗提诺的整个操练与柏拉图的回忆学说相一致。亚里士多德讨论过古代音乐理论中的 harmonikoi(形式的)和 rhuthmikoi(节奏的) logoi,形式原理应该被理解为"比率"。(Paul Kalligas, *The Enneads of Plotinus: A Commentary,* Vol. 1, p. 153)

$^{99}$ οὕτω καὶ τοῦτον πρὸς τοὺς φθόγγους 对声音的节拍。οὕτω 这个。καὶ 和。 τοῦτον 那个。 πρὸς 从……而来。 τοὺς φθόγγους 清晰的声音。

$^{100}$τὸ καλὸν τὸ ἐν τούτοις 其所蕴含的美。τὸ καλὸν 美。 τὸ ἐν 在……里面。τούτοις 这个。

[101] ἕτοιμον 特别敏感，已经准备好的。

[102] δὲ ἀεὶ 总在。δὲ 通常用在两个字之间。ἀεὶ 永远。

[103] φεύγοντα 避免

[104] ἀνάρμοστον 不和谐

[105] ᾀδομένοις 不一致

[106] εὔσχημον διώκειν 热切地寻求。εὔσχημον 热切地。　διώκειν 寻求。

[107] ῥυθμοῖς 节奏

[108] εὔρυθμον 条理，优美的节奏。

[109] τοίνυν 因此，于是。

[110] οὕτως ἀκτέον 对他的引导来说。οὕτως 如此，这样。ἀκτέον 引导，带领。

[111] μετὰ 借着，按照。

[112] αἰσθητοὺς 感觉

[113] φθόγγους 声音

[114] ῥυθμοὺς 节奏

[115] σχήματα 形式

[116] τὸ ἐπ᾽ αὐτοῖς ἀκτέον 他需要得到引导。τὸ ἐπ᾽ 在……上面，就……而言。αὐτοῖς 他。　ἀκτέον 引导，带领。

[117] διδακτέον 学习

[118] χωρίζοντα 分离，剥离。

[119] ὕλην 质料

[120] ἐφ᾽ ὧν αἱ 因而，从而。

[121] ἀναλογίαι 比例

[122] λόγοι 组织力量

[123] εἰς 进入到……里面去，根源。

[124] κάλλος 美

[125] νοητὴ 可理知

[126] ἁρμονία 和谐

[127] ἐν ταύτῃ καλόν 其中的美。ἐν 在……中。ταύτῃ 它。　καλόν 美。

[128] ὡς περὶ ἃ ἐπτόητο ἐκεῖνα ἦν 这才是感动他的真正原因。ὡς 关系代名词，那里，这是。περὶ 在……上面。ἃ ἐπτόητο 感动。　ἐκεῖνα 那个，那件事。ἦν 是。ἐκεῖνα ἦν 那个事物的所是，指原因。

[129] ὅλως 全部的，普遍的。

[130] καλόν 美

[131] οὐ 不是，Armstrong 英译为 not just（不只是）。英译恐怕有误。

[132] τι 某些

<sup>133</sup> μόνον 具体的、特殊的。

<sup>134</sup> καλὸν 美

<sup>135</sup> ἐνθετέον 生根于

<sup>136</sup> φιλοσοφίας 哲学

<sup>137</sup> λόγους 思想

<sup>138</sup> ἀφ᾽ ὧν εἰς 由此。ἀφ᾽ ὧν 因此，于是。 εἰς 直到。

<sup>139</sup>ἔχων 他所拥有的，拥有。

<sup>140</sup>ἀκτέον 满怀，被引向。

<sup>141</sup>πίστιν 自信

<sup>142</sup>ὧν 即使，于是，因此。

<sup>143</sup>ἀγνοεῖἔχων 他不具有关于它的知识。ἀγνοεῖ 没有知道。ἔχων 具有。这里指不具有关于哲学的知识。

<sup>144</sup> ὕστερον 此后，以后。

<sup>145</sup> λόγοι 解释

<sup>146</sup> τίνες δὲ 这些哲学思想。τίνες 这些，某些。 δὲ 通常用在两个字之间。

<sup>147</sup>本节摘要。普罗提诺指出爱音乐的人、情人和哲学家处于三个层级；爱音乐的人（音乐家）在美上完全是被动的；情人虽然在美上具有主动性，但容易被误导至他的偏好之中；哲学家所实现的是理智之美，辩证法结合了"是"的环节。

<sup>148</sup>依据 Paul Kalligas 撮要言之。［第 1—2 行］第一层级的人即"爱音乐的人"会向第二层级的人即"情人"上升（《理想国》403c6-7）；"情人"会保持在同一层级，或者向着更高的层级即"哲学家"上升。［第 2—4 行］就其情绪并非完全被动的而言，情人要高于爱音乐的人。他具有某种美的意识，但他被将其自身显现出来的美的可感觉物体的影像导入迷途。尽管"情人"的立场是主动的，然而他的偏好误导他，理智之光的折射造成欺骗。(Paul Kalligas, *The Enneads of Plotinus: A Commentary,* Vol.1, p.153)

<sup>149</sup> ὁ δὲ ἐρωτικός 情人。ὁ δὲ 通常用在两个字之间。 ἐρωτικός 情人。

<sup>150</sup>μουσικὸς 音乐家

<sup>151</sup> εἰς ὃν μεταπέσοι ἂν 也会成为情人。εἰς 进入里面。ὃν 是 (being)。 μεταπέσοι 停留，转化为，成为。ἂν 一般是对语气加以限制。

<sup>152</sup> μεταπεσὼν ἢ μένοι ἂν ἢπαρέλθοι 有的停留在这阶段，有的则继续上升。ἢ...ἢ... 有的……有的……μεταπεσὼν 阶段。 μένοι 阶段。ἂν 一般是对语气加以限制。παρέλθοι 继续上升。

<sup>153</sup> ἐστί πως κάλλους 关于美的。ἐστί 是。πως 什么，怎么。κάλλους 美。

<sup>154</sup> μνημονικός 记忆

<sup>155</sup> χωρὶς δὲ ὃν ἀδυνατεῖ 无法在其分离中。χωρὶς 分离。δὲ 通常用在两个字之间。ὃν 是(being)。ἀδυνατεῖ 不能够，无法。

<sup>156</sup> καταμαθεῖν 把握

<sup>157</sup>依据 Paul Kalligas 撮要言之。[第 5—12 行] 普罗提诺开始讨论柏拉图《会饮篇》所描述的"爱的奥秘"的三个梯度。（1）意识到"美"(kallos)是所有美的(kala)物体所共有的（因此他补充说美不同于美的物体）。比较《会饮篇》210a8-b16；（2）接下来转向无形体的美，也就是呈现在灵魂中的美。它显示在人的关系和行动之中，也显示在管理秩序（法律）之中（《会饮篇》210b6-c6）；（3）最后是关于知识的美、艺术的美（值得注意的是，这个观点为普罗提诺自己所加，柏拉图则不曾列出）和德性的美的认识，普罗提诺这里统称为"理论德性"，指灵魂向着理智的转向。比较《会饮篇》210c6-7。这些预备性阶段已经得到讨论，接着讨论的是所有美的统一性即柏拉图所谓的美之为美的观点。(Paul Kalligas, *The Enneads of Plotinus: A Commentary,* Vol.1, p.154)

<sup>158</sup> πληττόμενος δὲ ὑπὸ τῶν ἐν ὄψει καλῶν περὶ αὐτὰ ἐπτόηται 他只是醉心和激动于可见之美。πληττόμενος 使惊异，醉心于。δὲ 通常用在两个字之间。ὑπὸ 依附，在……下面。τῶν ἐν 在……中。ὄψει 可见的，有形的。καλῶν 美。περὶ 在……上面。αὐτὰ 它。ἐπτόηται 激动。

<sup>159</sup>αὐτὸν 他

<sup>160</sup>οὖν 的确，确实。

<sup>161</sup>διδακτέον 被教导

<sup>162</sup>μὴ 不

<sup>163</sup> πεσόντα 墨守，抓住。

<sup>164</sup> περὶ ἓν σῶμα 某一形体。περὶ 在周围。ἓν 在。σῶμα 形体。

<sup>165</sup>ἐπτοῆσθαι 激动

<sup>166</sup>ἀλλ᾽ 然而

<sup>167</sup>ἀκτέον 引导，带领。

<sup>168</sup> λόγῳ 思考

<sup>169</sup> ἐπὶ πάντα 所有

<sup>170</sup> σώματα 形体，物体。

<sup>171</sup> δεικνύντα 显明

<sup>172</sup> πᾶσι 所有，所有形体。

<sup>173</sup> ἐν 在……中

<sup>174</sup> ταὐτὸν 它自身，同。

<sup>175</sup> ὅτι ἕτερον 不同于。ὅτι 显然。ἕτερον 不同于。

<sup>176</sup>σωμάτων 形体，物体。

<sup>177</sup>λεκτέον 告知

<sup>178</sup> ὅτι ἄλλοθεν 其他地方。ὅτι 显然地。ἄλλοθεν 其他地方。

<sup>179</sup>ὅτι ἐν ἄλλοις μᾶλλον 在某些别的事物。ὅτι 显然地。ἐν 在……中。ἄλλοις 某些

其他的。 μᾶλλον 而且。

<sup>180</sup> οἷον 例如

<sup>181</sup> ἐπιτηδεύματα 生活方式

<sup>182</sup> νόμους 法律

<sup>183</sup>依据 Paul Kalligas 撮要言之。[第 12—13 行] 在"理论"德性之后，"上升" 一直持续在理智［也就是"是（存在）"的整体］世界中直到至善。辩证法的工作就是研究"是"的构造和结合，这也正是哲学的工作。(Paul Kalligas, *The Enneads of Plotinus: A Commentary*, Vol.1, p.154)

<sup>184</sup> δεικνύντα 显明出来

<sup>185</sup> ἐν ἀσωμάτοις γὰρ ὁ ἐθισμὸς τοῦ ἐρασμίου ἤδη 这会让他习惯于非形体事物的美。 ἐν 在……中。ἀσωμάτοις 非形体的。 γὰρ 因为，到底。ὁ ἐθισμὸς 习惯于。 τοῦ ἐρασμίου 可爱的，美的。 ἤδη 此后。

<sup>186</sup> ὅτι καὶ 以及。ὅτι 显然地。 καὶ 和。

<sup>187</sup> ἐν 在……中间，存在于。

<sup>188</sup> τέχναις 技艺

<sup>189</sup> ἐπιστήμαις 科学、知识。

<sup>190</sup> ἀρεταῖς 德性

<sup>191</sup>Armstrong 注：《会饮篇》 210A 后面部分内容，指心智上升到绝对美的视野。

<sup>192</sup> εἶτα 那么

<sup>193</sup> ποιητέον 复原，造成。

<sup>194</sup> ἓν 一

<sup>195</sup> διδακτέον 向……指明，学会。

<sup>196</sup>ὅπως ἐγγίνονται 以……为源泉

<sup>197</sup>ἀπὸ δὲ τῶν ἀρετῶν 从德性开始。ἀπὸ 从……开始。 δὲ 通常用在两个字之间。τῶν ἀρετῶν 德性。

<sup>198</sup> ἤδη 立即，即刻。

<sup>199</sup> ἀναβαίνειν 上升

<sup>200</sup>ἐπὶ 相当于英文中的 to，这里译为"至"。

<sup>201</sup>νοῦν 理智

<sup>202</sup>ὄν 是

<sup>203</sup>κἀκεῖ 而且从这里

<sup>204</sup> βαδιστέον 去往

<sup>205</sup> ἄνω 更高的

<sup>206</sup> πορείαν 旅程

<sup>207</sup>本节摘要。哲学家生性好学，天性上已经得到净化；他能够轻易地进行数学研

究；在数学学习之后，他学习辩证法，并得到自由。

[208] 依据 Paul Kalligas 撮要言之。[第 1—2 行] 在灵魂挣脱可感觉世界后，它就"出现"(anakuptei)在真是(real Being)的世界。这就是哲学家的状态，他借着逃脱质料性所造成的幻觉位列"情人"之上。《斐德若篇》用"长了翅膀"这样的语词(246c1 和 249c4-5)表达了上述喻意，并与形式的"超越天体的居所"（247c2）始终保持关联。[第 2—3 行]人在进入形式之前，其通常的逃离方式是通过"净化"德性或者自然死亡洁净他们的身体。相形之下，哲学家已经得到净化并发现他们已经在实在之中，换言之他们已经意识到他们的呈现。[第 3—5 行] 乍看之下，在趋近可理知事物整体时，人会发现他自己处在缺乏(aporia)之中，但是在苏格拉底的辩诘方法中我们确实可以看到一丝这样的回响。柏拉图不断地强调哲学家被引向可理知领域又在可理知领域之中。其中最典型的文本是《会饮篇》(210a6-7 和 c7)以及《第七封书信》(340c5)，此外还有柏拉图自己作为"引导者"(hegoumenos)使用教导方法引导美诺的奴仆走上回忆之路，在清除了美诺奴仆自己的意见后把他带入缺乏之中（《美诺篇》84a7-b6），然后向他显示论证几何问题的方法。在可理知区域中，"显示"只存在于语义网络所构成的实在的形式之中，这只有辩证法才能够达成。普罗提诺这里的"自由"(luteon)和净化(lelumenos)显然是对柏拉图洞喻的影射。(Paul Kalligas, *The Enneads of Plotinus: A Commentary,* Vol.1, p.155)

[209] Φιλόσοφος 哲学家

[210] φύσιν 本性，天性。

[211] ἕτοιμος οὗτος 灵敏反应。ἕτοιμος 已经作预备的。 οὗτος 这样。

[212] οἷον ἐπτερωμένος 长了翅膀

[213] Armstrong 英译注：在《斐德若篇》的神话中，完善的灵魂展翅翱翔（246c1）。

[214] οὐ 不

[215] δεόμενος 需要

[216] ὥσπερ 好像

[217] οἱ ἄλλοι οὗτοι 这样那样，其他人。

[218] χωρίσεως 分离

[219] ἄνω 更高，较高，更高世界。

[220] κεκινημένος 运动

[221] μόνον 只是

[222] ἀπορῶν 缺乏

[223] δὲ τοῦ δεικνύντος δεῖται 向他显明出来的，引导者。δὲ 通常用在两个字的中间。τοῦ δεικνύντος 显明，显示。δεῖται 需要(he is in need of )。

[224] οὖν 的确，真的，必须得。

[225] δεικτέον 显示，显明，指点迷津。

[226] 依据 Paul Kalligas 撮要言之。[第 5—7 行] 这里分配给数学的角色与柏拉图《理

想国》第七卷数学在卫士教育中所起的作用是一致的。普罗提诺自己似乎拥有数学能力，尽管《九章集》没有数学的相关讨论。哲学家从事数学研究并不难，因为哲学的本性使哲学家乐于学习数学。［第 7—8 行］哲学使我们天生的伦理倾向得到表达并为我们所意识。［第 8—10 行］就如《理想国》(531d7-535a1)所言，数学之后是辩证法教育，辩证法是所有其他研究的顶石。(Paul Kalligas, *The Enneads of Plotinus: A Commentary,* Vol.1, p.155)

227 λυτέον 自由，必须废除。

228 βουλόμενον 意愿，Armstrong 根据上下文译为 goodwill（善良意愿）。

229 αὐτὸν 他

230 φύσει 本性，天性。

231 πάλαι 早就已经是，古已有之。

232 λελυμένον 净化。Armstrong 英译为 free(自由)。

233 μὲν δὴ 的确，必须。

234 δοτέον 给予，这里译为"进行"。

235 μαθήματα 数学，指数学训练。

236 κατανοήσεως 理解，领会，译为"用哲学思想训练"，或者译为"训练其哲学思想"。Κατανοήσεως 由 κατα（依照，按照）和 νοήσεως（理智）构成。

237 πρὸς συνεθισμὸν 习惯于。πρὸς 从……而来。συνεθισμὸν 习惯。

238 ἀσωμάτου 非质料的，非形体的，非质料性事物的存在。ἀσωμάτου 由 ἀ（非，不）σωμάτου（物体，形体）构成。

239 πίστεως 信念

240 γὰρ 因为，由于。

241 δέξεται φιλομαθὴς 生性好学。δέξεται 倾向于，有意于。 φιλομαθὴς 学习。

242 ὤν 因此，中译没有译出。

243 ῥᾴδιον 容易地，这里指"轻易地掌握哲学思想"。

244 φύσει 天生的、本性上的。

245 ἐνάρετον 德性

246 πρὸς τελείωσιν ἀρετῶν ἀκτέον 必须完善他的德性。πρὸς 从……来。 τελείωσιν 目的，完善。 ἀρετῶν 德性。ἀκτέον 继续前进。

247 μαθήματα 数学

248 λόγους 研究

249 μετὰ 在……后

250 δοτέον 给予，指导。

251 διαλεκτικῆς 辩证法

252 ποιητέον 造成，成为。

²⁵³ ὅλως 完整的

²⁵⁴ διαλεκτικον 辩证法家

²⁵⁵本节摘要。本节讨论辩证法研究的对象和方法；辩证法是一门推论的科学，研究事物的其所是及与不同事物的其所是的区别和关系；研究可理知区域的事物其所是的语义网络和关联；辩证法与形式逻辑不同；形式逻辑与事物的内容即其所是无关，讨论的是命题的逻辑蕴含关系；形式逻辑对辩证法有辅助作用；辩证法的基本方法是划分法。

²⁵⁶依据 Paul Kalligas 撮要言之。[第 1 行]与柏拉图所采取的立场相比较，普罗提诺并不认为数学是辩证法研究的必要前提，事实上辩证法也活动在爱音乐的人和情人内部。在这里我们必须接受《普罗提诺的生平和著作顺序》所说的事实：普罗提诺时代的罗马并没有纯粹的数学家。[第 2—6 行] 普罗提诺的辩证法定义来自柏拉图所奠定的各种描述。相比较之下，普罗提诺对辩证法的描述远非系统和完整。他认为辩证法的基本特征如下：（1）辩证法是一种定义的方法。辩证法使得如下的分辨成为可能：每个事物的所是（形式）；在哪些方面它与别的事物存在差别（即它的具体差别）；什么是它与其他事物的共性（即它的种）；（2）辩证法因此决定了每种形式在种和属的网络中的位置，能够绘制出所有其他可理知事物（存在）的语义关系；（3）辩证法因此确定作为一个存在者（是者）的形式的地位，并与非存在者（不是者，即可感觉者）区别开来；（4）对可理知区域的更广泛探索揭示出存在许多存在者（是者），每一者都被与其他许多存在者进行区分又被在许多存在者中间进行细分。总之，辩证法方法是划分的方法，它是一种发现存在者（是者）语义之间关联的方法，使每个存在者（是者）在可理知区域的位置成为可能。(Paul Kalligas, *The Enneads of Plotinus: A Commentary,* Vol.1, pp.155-156)

²⁵⁷ τίς δὲ 什么是。δὲ 通常用在两个字之间。

²⁵⁸ προτέροις 前面的，指前面两种人即音乐家和情人。

²⁵⁹ δεῖ 必须

²⁶⁰παραδιδόναι 交出去的，得到指导的。

²⁶¹διαλεκτική 辩证法

²⁶²Armstrong 注：以下对辩证法的描述完全是普罗提诺式的术语，似乎没有必要如柏勒海（Brehier）那样假设普罗提诺接受过斯多亚学派的影响。普罗提诺引用的柏拉图描述辩证法的主要段落见诸于《理想国》531c-535a;《智者篇》 253c-d（后面有大段讨论），对二分法的描述见诸于《斐德若篇》265d-266a。

²⁶³ἔστι μὲν δή 它的确是，这里指它是一门……的科学。μὲν δή 的确，真的。

²⁶⁴ λόγῳ περὶ ἑκάστου 以推论方式研究万物。λόγῳ 推论，推理。 περὶ 环绕，关于。ἑκάστου 每一个事物。

²⁶⁵ δυναμένη ἕξις 以有序方式

²⁶⁶ εἰπεῖν τί τε ἕκαστον 其所是。εἰπεῖν 曾是。τί τε ἕκαστον 每个事物。

²⁶⁷τί ἄλλων διαφέρει 其与其他事物之如何区别。ἄλλων 另一个，其他的。διαφέρει 不同的。

²⁶⁸ ἐν οἷς ἐστι 在其所是。ἐν 在……中。 οἷς 关系代名词。 ἐστι 它是，其所是。

²⁶⁹ποῦτούτωνἕκαστον 其所处之所。ποῦ 哪里。τούτων 这。ἕκαστον 每一个。

²⁷⁰κοινότης 共性

²⁷¹［第 6—9 行］除了提供所谓的对"是论（存在论）"区域的探索方式之外，辩证法还提供评估价值领域的唯一正确方式：借助辩证法可以研究至善的本性（如柏拉图的某些论述所表明的，哪怕是只能用否定的方法进行研究），以及至善与所有其他价值的关系。辩证法的研究可以造成某种知识，这是由于它容许某种事物准确地处在不包含任何不确定的语义框架之下。(Paul Kalligas, *The Enneads of Plotinus: A Commentary*, p.156)

²⁷²εἰἔστινὅἐστι 其是否真的是其所是。εἰ 是否。

²⁷³τὰ ὄντα ὁπόσα 存在多少真正所是的事物。ὁπόσα 向哪里，到哪里。

²⁷⁴τὰ μὴ ὄντα αὖ, ἕτερα δὲ ὄντων 又存在多少有别于真正所是的非是。τὰ μὴ 不，不是。ὄντα 是。αὖ 另一方面，又，此外。ἕτερα 不同的，有别于。 δὲ 用在两个字之间。ὄντων 是。

²⁷⁵διαλέγεται 辩证法

²⁷⁶αὕτη καὶ περὶ 而且讨论，又讨论，中译为"讨论"，略去连词。αὕτη καὶ 而且，又。περὶ 关于，讨论。

²⁷⁷ἀγαθοῦ 善

²⁷⁸περὶ μὴ ἀγαθοῦ 关于非善。περὶ 关于，讨论。 μὴ 非。ἀγαθοῦ 善。

²⁷⁹ὅσα 那，那个，这里指那个……具体事物。

²⁸⁰ὑπὸ 位于……下面

²⁸¹ἀγαθὸν 善

²⁸²ἐναντίον 相反者，对立方。

²⁸³τί τὸ ἀίδιον δηλονότι 永恒的。τί τὸ ἀίδιον 永恒的。 δηλονότι 显然的。

²⁸⁴ μὴ τοιοῦτον 非永恒的。μὴ 非。 τοιοῦτον 这样的，这种性质的。

²⁸⁵ πάντων 所有的，所有事物的。

²⁸⁶ ἐπιστήμη 知识。Armstrong 英译为 certainknowlede（确定的知识）没有必要，因为希腊哲学讲的知识就是确定的。

²⁸⁷ οὐ 不，非。

²⁸⁸ δόξῃ 意见

²⁸⁹ παύσασα δὲ 停止，不。παύσασα 停止。 δὲ 通常用在两个字之间。

²⁹⁰ πλάνης 游荡，闲逛。

²⁹¹［第 12—16 行］依据"阿尔喀诺俄斯"的观点，辩证法可以被分为两个分支：首

先与所有事物的本质(ten ousian)相关，其次与事物的偶性(peri ton sumbebekoton)相
关。第一个方面借助于"划分"(diairetikos)和"定义"(horistokos)从上界(anothen)获得知
识，或者借助于分析"从下界"(katothen)获得知识；第二方面是通过归纳(di' epagoges)
或者三段论(dia sullogismou)所获得的知识。如 4.18-20 所提到的，普罗提诺认为只有
第一个分支才描述了柏拉图《斐德若篇》(256e1-266c1)尤其是《智者篇》(253d1-e6
和 259e5-260b2)所勾略的辩证法特征。由辩证法这个术语所标识的程序造成了一系列
的运作：（1）"形式的分别"（diakrisis ton eidon）指的是确立区分某个形式与其他形
式的差异性；（2）借助于差异性，找出每个事物的"本质特征"或者"其所是"(ti esti)：
也就是事物的定义；（3）定义推定形式整体处在某个"种"下。透过这种运用，我们可
以把某个段落追溯到"最大的"(megista)和构成"是的原理"(archai tou ontos)的"原初的
种"(prota gene)；（4）在真正的"划分"之后，"种"的结合或者织合(sumploke)构成其从
属的形式。如果连续地考究细分，在理论上可以回转到可理知秩序整体。如柏拉图那
样，尽管普罗提诺认为这两种内在的交织和分析是互补的，但令人感兴趣的是他选择
把"分析"放在最后。这无疑是因为他认为这与哲学的最终目的相关。［第 16—18 行］
与真理相联的灵魂进入宁静(hesuchia)状态。宁静是智慧人(spoudaios)的状态。从繁杂
的混乱(polupragmosune)进入统一性正是柏拉图《法律篇》所要定义的德性(962d2-4；
比较 963a2-3，b1-2)。(Paul Kalligas, *The Enneads of Plotinus: A Commentary,* Vol.1,
pp.156-157)

292 περὶ τὸ αἰσθητὸν 感觉世界。περὶ 在周围。τὸ αἰσθητὸν 感觉。

293 ἐνιδρύει 定居于，居住于。

294 τῷ νοητῷ κἀκεῖ 理智世界。νοητῷ 理智的。 κἀκεῖ 并且在那里。

295 ἔχει 拥有

296 πραγματείαν 事业，职业。

297 ἀφεῖσα 摒弃

298 ψεῦδος 错误

299 ἐν 在……中

300 λεγομένῳ 所谓的

301 ἀληθείας 真理

302 πεδίῳ 原野，平原。

303 英译者 Armstrong 注：比较《斐德若篇》 248b6，形式的象征性居所，灵魂在此
找到真正的食粮。

304 τρέφουσα 喂养，牧养。

305 ψυχὴν 灵魂

306 διαιρέσει 二分法

307 διάκρισιν 区分

308εἰδῶν 形式

309χρωμένη 决定

310δὲ καὶ εἰς τὸ τί ἐστι 其所是。δὲ 通常用在两个字之间。 καὶ 和。εἰς 在……里面。τὸ τί ἐστι 其所是。Armstrong 英译为 essential nature（基本本性，本质本性）。

311χρωμένη δὲ καὶ ἐπὶ 发现，决定。χρωμένη 发现，决定。δὲ 通常用在两个字之间。καὶ 和。 ἐπὶ 在周围，有关于。

312πρῶτα 在先的，最初的。

313γένη 种。Armstrong 英译为 kinds，这里根据亚里士多德的用法，译为"种"

314τούτωννοερῶς 理智。τούτων 在这里起定冠词的作用。

315ἐκ 从……出来

316πρῶτα 最初的

317γένη 种

318χρωμένηδὲκαὶἐπὶ 派生出来的。χρωμένη 派生，分离。δὲ 通常用在两个字之间。καὶ 和。ἐπὶ 向……

319πλέκουσα 编织，编织为一体。

320ἕως ἂν 直至。ἕως 直至。ἂν 表示语气。

321 διέλθη 穿越，穿过，到达。

322πᾶν 所有，整个。

323 νοητόν 可理知世界

324 ἀνάπαλιν 又

325 ἀναλύουσα 分解，分解为。

326 εἰς ὃ ἂν ἐπ᾽ 直至。εἰς 直到。ὃ ἂν 表示语气。 ἐπ᾽向……

327ἔλθη 抵达，回到。

328ἀρχήν 起点，开始。

329 τότεδὲ 那么，再后。δὲ 通常用在两个字之间。

330 ἄγουσα 保有

331 ἡσυχίαν 宁静

332 ὡς μέχρι γε τοῦ ἐκεῖ εἶναι ἐν ἡσυχίᾳ 由于它存在于上界，它就能够宁静。ὡς 如同，这样。 μέχρι 直到。γε 的确。τοῦ ἐκεῖ 那里，指上界。ἐν 在……中。 ἡσυχίᾳ 宁静。

333εἰς 既然已经

334γενομένη 生成，达到。

335ἓν 一

336ἔτι 仍然，还。

337οὐδὲν 不再

338πολυπραγμονοῦσα 忙碌

$^{339}$βλέπει 看，沉思。

$^{340}$ [第 18—23 行] 形式逻辑所讨论的是与内容无关的命题的逻辑蕴含，它是一种不同于辩证法的技艺但又是对于辩证法的辅助。形式逻辑是与修辞学相关的写作形式 (柏拉图《斐德若篇》269b7-8)。辩证法不能揭示存在者（是者）的本性但能够描述存在者（是者）所显现的必然性。它被运用在时间中广延事物的推论性的和信息性知识 (informational knowledge)的推论(dianonia)领域。它的主导性原理服从辩证法的支配，但在某些方面又极其不同于辩证法的主导性原理。(Paul Kalligas, *The Enneads of Plotinus: A Commentary*,p.157)

$^{341}$ὥσπερ ἂν 就像。ἂν 表示语气。

$^{342}$δοῦσα 抛弃，放弃。

$^{343}$ γράφειν 写作

$^{344}$ εἰδέναι 观念，知识。

$^{345}$ λεγομένην 宣告，所谓的。

$^{346}$ λογικὴν 逻辑

$^{347}$ πραγματείαν 活动

$^{348}$ περὶ 关于，这里译为"即"。

$^{349}$προτάσεως 命题

$^{350}$συλλογισμῶν 推论

$^{351}$ἄλλη 另一种

$^{352}$τέχνη 技艺

$^{353}$ὧν τινα 于是任何一个，这里指前面有关逻辑知识。中译根据 Armstrong 译为"它认为某些逻辑知识"。

$^{354}$ἀναγκαῖα 必要的，必然的。

$^{355}$πρὸ τέχνης ἡγουμένη，如果直译的话，可以译为"即是说是来自技艺的"。这里根据 Armstrong 译为"即是说是基础性的"，指逻辑是一种基础性知识。πρὸ 来自。τέχνης 技艺。ἡγουμένη 即是说。

$^{356}$κρίνουσα δὲ αὐτὰ ὥσπερ καὶ τὰ ἄλλα 但它自身必须对此进行判断，就如判断其他事物一样。κρίνουσα 判断。δὲ 通常用在两个字之间。αὐτὰ 它，它自身。ὥσπερ 好像，就如。καὶ 和。τὰ ἄλλα 另一个事物，另一个。

$^{357}$ τὰ μὲν χρήσιμα αὐτῶν 哪些有用。τὰ μὲν 的确，确实。χρήσιμα 有用。αὐτῶν 它。

$^{358}$τὰ δὲ περιττὰ ἡγουμένη 哪些多余。δὲ 通常用在两个字之间。περιττὰ 多余。ἡγουμένη 即是说。

$^{359}$βουλομένης 愿意，想望，归入。

$^{360}$ταῦτα 某个，这里译为"相应的"。

<sup>361</sup>μεθόδου 方法，学科。

<sup>362</sup>Armstrong 英译注：普罗提诺这里所谈到的和第五章所讨论的逻辑都是一般意义上的逻辑，适用于亚里士多德和斯多亚派学派的逻辑观念。普罗提诺认为逻辑与辩证法的本质区别在于：逻辑讨论词和句子及其联系，辩证法则分辨真正的实在即形式间的关系，辩证法家的心智因此处在直接接触中。

<sup>363</sup>本节摘要。辩证法与真是和最具价值的部分相关；辩证法是哲学中最具价值的部分，与哲学同一；辩证法不是单纯讨论命题的形式逻辑，后者是空洞的推论形式；辩证法作为智性活动还与超越是的至善相关。

<sup>364</sup>依据 Paul Kalligas 撮要言之。［第 1—4 行］辩证法原理就是定义方法。因此，这些原理只借助于理智的直接把握而得到认识，如果期望作为话语(logoi)前提的它们彼此结合和编织，那显然超出了语言的表达能力。与这些原理不同，还存在构成命题或者其他分析命题的可能；这种类型的分析与最初的纯粹理智的前观念状态并无二致，它们纯粹是同义反复。无论如何，用辩证法阐释和呈现(anaptuxis)存在者（是者）虽然要求混织（组合）多个"种"但并没有增加新知识。毋宁说辩证法研究的是内在于理智的结构，它更像是一种集中注意力的活动(oion enapereisis mallon)(IV 4.1.25-26)。(Paul Kalligas, *The Enneads of Plotinus: A Commentary,* Vol.1, pp.157-158)

<sup>365</sup>ἀλλὰ 那么，然而。

<sup>366</sup>ἐπιστήμη 科学

<sup>367</sup>πόθεν 从何处

<sup>368</sup>ἔχει 拥有，获得。

<sup>369</sup>αὕτη 它，其。

<sup>370</sup>ἀρχὰς 原理

<sup>371</sup>νοῦς 理智

<sup>372</sup>δίδωσιν 赋予，给予。

<sup>373</sup>εἰ....δύναιτο 能够。εἰ 表示可能。δύναιτο 能够。

<sup>374</sup>λαβεῖν 接受，抓住。

<sup>375</sup>ψυχή 灵魂

<sup>376</sup>ἐναργεις 清楚明白的

<sup>377</sup>ἀρχάς 原理

<sup>378</sup>εἶτατὰἐξῆς 然后。εἶτα 随即，此后。τὰἐξῆς 随即，此后。

<sup>379</sup>συντίθησι 结合

<sup>380</sup>συμπλέκει 编结

<sup>381</sup>διαιρεῖ 分辨

<sup>382</sup>ἕωςεἰς 直到

<sup>383</sup>ἥκη 达到

$^{384}$τέλεον 完美的

$^{385}$νοῦν 智性

$^{386}$依据 Paul Kalligas 撮要言之。[第 5—8 行]辩证法在于呈现纯粹理智的把握和重构存在者（是者）语义的内在关联。它在对象的整体中具有"是"，同时它会导向那超越"是"的万物的原理。随着旅途的展开，灵魂因着智慧(phronesis)的引导会趋向"是"，理智因其原理的引导会趋向于至善。这里的介词 peri 与 VI 7.42.5-8 所着重的一样，指的是智慧渐近于"是"，准确地讲是理智渐近于至善。"超越是" (epekeina tou ontos/ tes ousias) 的表达出自柏拉图《理想国》(509b)对至善形式的刻划，中期柏拉图主义者以之称谓第一原理。[第 9—10 行]普罗提诺在各种相冲突的文本中把辩证法定位于逻辑学之上，这里所谓的逻辑学（斯多亚学派称之为辩证法）指的是形式逻辑，它是亚里士多德意义上的逻辑学，是哲学的一部分(meros)或者是纯粹的工具(organon)。当然，普罗提诺没有诋毁作为工具的逻辑学。普罗提诺把逻辑学从与存在论的关联中解除出来，以此推进逻辑学研究。这是波菲利和其他晚期新柏拉图主义者所做的工作，它使得亚里士多德的形式逻辑成为从古代晚期到中世纪间持续时间最长和最丰富的遗产。(Paul Kalligas, *The Enneads of Plotinus: A Commentary,* Vol.1, pp.158-159)

$^{387}$γάρ 因为

$^{388}$ἔστιφησιν，他相信，他认为。希腊文本没有提柏拉图的名字，根据上下文，译为"柏拉图称"。

$^{389}$αὕτη 它，指辩证法。

$^{390}$νοῦ 智性

$^{391}$ φρονήσεως 智慧

$^{392}$ καθαρώτατον 纯粹的，净化的，最纯粹的部分。

$^{393}$Armstrong 英译注：《斐利布篇》 58d6-7。

$^{394}$ἀνάγκη οὖν 确实的，必定是，这里简单地译为"是"。 ἀνάγκη 必然。 οὖν 的确。

$^{395}$ἐν ἡμῖν 在我们里面，我们的。ἐν 在……中。 ἡμῖν 我们。

$^{396}$ οὖσαν ἕξιν 心智能力，心智状态。

$^{397}$ τιμιωτάτην 具有价值的

$^{398}$ τὸ ὄν 是，真是。

$^{399}$ τὸ τιμιώτατον 具有价值的部分

$^{400}$μὲν περὶ 相关。μὲν 的确，真实的。περὶ 在……周围，关于。

$^{401}$ φρόνησιν 智慧，审慎，实践智慧。

$^{402}$ τὸ ὄν 真是，是。

$^{403}$ μὲν περὶ 相关。μὲν 的确，确实的。 περὶ 在……周围，关于。

$^{404}$νοῦν 智性

$^{405}$ τὸ ἐπέκεινα τοῦ ὄντος 超越是的。τὸ ἐπέκεινα 超越。 τοῦ ὄντος 是。

[406]δὲ περὶ 相关。δὲ 通常用在两个字中间。περὶ 在……周围，关于。

[407]φιλοσοφία 哲学

[408]Τί οὖν 肯定是这样吗？

[409]τιμιώτατον 具有价值的

[410]διαλεκτική 辩证法

[411]φιλοσοφία 哲学

[412]ταὐτὸν 同一

[413]φιλοσοφίας 哲学

[414] τίμιον 具有价值的

[415] μέρος 部分

[416] γὰρ 因为

[417] οὐ……δὴ 确实不能。οὐ 不。δὴ 的确，确实。

[418] φιλοσόφου 哲学家

[419] ὄργανον 使用，制造。

[420]依据 Paul Kalligas 撮要言之。［第 10-13 行］普罗提诺这里强调辩证法的非形式性。辩证法凝思作为推论过程结果的存在者（是者）(hos ex akolouthias ta onta)，形式逻辑由于没有任何内容而是空洞的(kene)。辩证法则相反，由于凝思和实在同一，因此在亚里士多德看来两者是活跃的知识(kat' energeian episteme)。思想者和思想（辩证法和存在论（是论））的同一保证了凝思的真理。这与逻辑学讨论命题(protaseis)和断言(axiomata)不同，后者不是讨论实际发生的存在者，而只是对此加以描述：它们是尺度(to metroun)而不是被尺度的(to metroumenon)。(Paul Kalligas, *The Enneads of Plotinus: A Commentary,* Vol.1, p.159)

[421] οἱητέον 工具（one must suppose）

[422] γὰρ 因为

[423] οὐ 不会

[424] ἐστι 是

[425] ψιλὰ 空洞的

[426] θεωρήματά 理论

[427] κανόνες 准则

[428] ἀλλὰ περὶ πράγματά ἐστι 它从事各种事务活动。ἀλλὰ 尤其。περὶ 关于。πράγματά 事务活动。 ἐστι 是。

[429]τὰ ὄντα 真是，是。

[430]ἔχει 具有，如果按字面翻译，这里其实译成"为拥有"。

[431] οἷον 一种

[432] ὕλην 质料

433 ὁδῷ μέντοι ἐπ' 从方法论上(it leads by the right way towards it)。μέντοι 无论如何 (however)。

434 χωρεῖ 趋近，前进。

435 αὐτὰ 它们

436 θεωρήμασι 理论

437 ἅμα 如同，与……一样。

438 ἔχουσα 拥有

439 πράγματα 各种事务，事务活动，真事物。

440 依据 Paul Kalligas 撮要言之。[第 13—23 行] 作为真知识和关于"是"的知识，辩证法处在间接地判断这些事物的地位。"阿尔喀诺俄斯"构造了一种记忆机制，它或者是用来表示心理的字母或者是与辩证法直接相关的推论(dianoetike)。这是一种类似于知觉形式的直接把握。这样一种心理活动或者运动(kinemata)伴随着肯定或者否定的要素。这意味着辩证法并不考虑不能加以肯定的命题。(Paul Kalligas, *The Enneads of Plotinus: A Commentary,* Vol.1, p.159)

441 γινώσκει 认为，知道。

442 κατὰ συμβεβηκὸς 凭着偶然

443 τὸ δὲ ψεῦδος 谬误

444 σόφισμα 诡辩

445 ἄλλου 其他事物，另一个。

446 ποιήσαντος 产物

447 κρίνουσα 断定

448 ψεῦδος 谬误

449 ἀληθέσι 真理

450 ἐν αὐτῇ 在自身中，本身。

451 ὡς ἀλλότριον 多么的相悖，多么的相异。ὡς 多么，表示语气。ἀλλότριον 相异，相悖。

452 ὅταν 一旦，当……时。

453 προσαγάγῃ 提出来，加以讨论。

454 γινώσκουσα 知道，发现。

455 ἀληθοῦς 真理

456 κανόνα 准则

457 ὅ τι παρὰ 与……相比，与……相反。

458 οἶδε 小品词，它，指辩证法。

459 οὖν οὐκ 绝不，无。οὖν 的确。 οὐκ 不。

460 περὶ 关系到，关于。Armstrong 英译为 know（知道），有些不知所云。普罗提诺的意思是，辩证法与命题无关，而与"是"相关。他并不是说辩证法不知道命题。

[461]προτάσεως 命题

[462]γὰρ 因为，既然，只不过是……

[463] γράμματα 字母

[464] εἰδυῖα 认识，知道。

[465] δὲ τὸ ἀληθὲς 真理。δὲ 通常用在两个字之间。　τὸ ἀληθὲς 真理。

[466] οἶδεν 它

[467]εἰδυῖα 认识，知道。

[468]ὃκαλοῦσιπρότασιν 正确命题。καλοῦσι 美好的、优秀的，这里译为正确的。πρότασιν
命题。

[469]καθόλου 总而言之

[470]εἰ 如果

[471]ἕτερα 不同，相异。

[472]ἢ 或

[473]ταὐτά 相同

[474]οἶδε 它，指辩证法。

[475] ψυχῆς 灵魂

[476] κινήματα 运动

[477] ὅ τε τίθησι 肯定，所肯定的。

[478] ὃ αἴρει 否定，所否定的。

[479] τίθησιν 肯定

[480] εἰ 是否

[481] αἴρει 所否定的

[482] ἢ 或者是

[483]ἄλλο 另一个，其他事物。

[484] ἕτερα 相异

[485] εἰ 是……还是……

[486] ταὐτά 相同

[487]προσφερομένων 归于

[488]ἐπιβάλλουσα 原义是"抓住注意力"，Armstrong 译为 directing intuition（指引性直
观）。

[489]αἴσθησις 感觉，感知，这里译为就像感知觉那样。

[490] ὥσπερ 就像，如同。

[491] ἀκριβολογεῖσθαι 精确

[492] δίδωσι 交出，留给。

<sup>493</sup> ἀγαπῴση 自足

<sup>494</sup> ἑτέρᾳ 其他的，不同的，这里指其他学科。

<sup>495</sup>本节摘要。伦理哲学的"凝思"部分源于辩证法；理性品格源自辩证法所获取的原理；辩证法和理论智慧为实践智慧和其他德性提供前提；没有理论智慧，其他较低德性也可以存在，但是它们会有某种缺陷且它们之间不能相互蕴含；理论德性使自然德性完善。

<sup>496</sup>依据 Paul Kalligas 撮要言之。[第 2—6 行] 就如算术是所有其他技艺和科学的前提，因此辩证法是所有其他哲学分支（自然哲学和理论部分的伦理学）的前设。这个观点与斯多亚学派的观点也有相似之处。但是普罗提诺的观点也与斯多亚学派有区别。斯多亚学派认为辩证法是对任何缺乏自主性的能力加以支配和管理的理性工具，普罗提诺则认为辩证法是一种"超越的理性"或者第一哲学，为其他理论科学提供存在论基础。(Paul Kalligas, *The Enneads of Plotinus: A Commentary,* Vol.1, pp.159-160)

<sup>497</sup> οὖν 的确

<sup>498</sup> τίμιον 具有价值的

<sup>499</sup> μέρος 部分

<sup>500</sup> φιλοσοφία 哲学

<sup>501</sup> ἔχει γὰρ 既然有，还有。ἔχει 有。　γὰρ 既然。

<sup>502</sup>ἄλλα 另一个，其他的，其他部分。

<sup>503</sup> γάρ καὶ 既然，这里译成"也"。

<sup>504</sup> βοήθειαν παρὰ διαλεκτικῆς λαβοῦσα 借助辩证法。βοήθειαν 协助。παρὰ 借着。διαλεκτικῆς 辩证法。　λαβοῦσα 找到，发现，认识。

<sup>505</sup> θεωρεῖ 观察，审视。

<sup>506</sup> περὶ φύσεως 关于物理世界，关于自然世界。

<sup>507</sup> ὥσπερ 好像，如同。

<sup>508</sup> αἱ ἄλλαι 另一个，其他的。αἱ 感叹词，语气词。

<sup>509</sup>τέχναι 技艺

<sup>510</sup>ἀριθμητικῇ 数学

<sup>511</sup>Armstrong 注：所谓其他技艺依赖于数学的观点出自《理想国》VII. 522c 1-6。普罗提诺的辩证法在自然哲学和道德哲学中的地位就如同逻辑学在斯多亚哲学中的地位 [参见第欧根尼•拉尔修（Diogenes Laerlius）VII. 83]。

<sup>512</sup>μᾶλλονμέντοι 尽管

<sup>513</sup>依据 Paul Kalligas 撮要言之。[第 6—14 行] 德性不只是实践智慧，还是与身体相关的德性，这部分德性被称为习惯的(ethesi)和实践的(askesesin)。因此伦理学不只是理论上的，它也包含与品格(hexeis)的适度状态相关的内容，亚里士多德在《尼各马可伦理学》(II 6.1106b36)中就把德性自身定义为品格(hexis)。德性最初是由实践(askesis)

养成的，因为实践完善了我们的自然秉性。因此较低的德性与情感和行动相关，也就是与身体和灵魂的复合相关，智慧(phronesis)则纯粹是理论的，它源自原理并基于辩证法所成。在较低的德性中德性的"互蕴"并不是理所当然的，而是智慧内在干预的结果。
(Paul Kalligas, *The Enneads of Plotinus: A Commentary,* Vol.1, p.160)

[514]αὕτη 它，指自然哲学。

[515]κομίζεται 带走，这里指自然哲学所借用的语言。

[516]διαλεκτικῆς 辩证法

[517]ἐγγύθεν 贴近，靠近。

[518]ὡσαύτως 同样

[519]περὶ ἠθῶν 关于伦理，伦理哲学。Armstrong 译为 moral philosophy（道德哲学）。

[520]θεωροῦσα 凝思

[521]μὲν ἐκεῖθεν 的确是那里（上界），这里指源于辩证法。

[522]προστιθεῖσα δὲ 增加。δὲ 通常用在两个字之间。

[523]ἕξεις 品格，德性品格。Armstrong 把 ἕξεις 英译为 disposition。

[524]ἐξ ὧν προίασιν 造成，相当于英文 out of which the dispositions produce。

[525]ἕξεις 品格

[526]ἀσκήσεις 训练

[527]λογικαὶ ἕξεις 理性品格。Armstrong 译为 intellectual virture。亚里士多德用 διανοίας（理智的）和 διάνοια（理智）表示理智德性。普罗提诺这里也没有使用 ἀρετή（德性），而是使用 ἕξεις（品格）。为了区别普罗提诺的措词，译为理性品格。

[528]ἐκεῖθεν 那里，那，指辩证法。

[529]ισχουσι δὲ αἱ 获取。δὲ 通常用在两个字之间。αἱ 语气词。

[530]ὡς ἴδια ἤδη 已经视为它们的专有财产。ὡς 关系副词，如同，好像，Armstrong 英译为 as。 ἴδια 私人的，专有的。ἤδη 已经。

[531]καὶ γὰρ 尽管

[532]τὰ πλεῖστα 多数的，最多的，这里指"多数来自较高区域的原理"。

[533] ὕλης 质料

[534] μετὰ 和……一起。

[535] αἱ μὲν ἄλλαι 其他的，另外的。αἱ 语气词。 μὲν 的确。

[536] ἀρεταὶ 德性

[537] λογισμοὺς 推论

[538] ἐν 在……中，用于。

[539] τοῖς ἰδίοις 私人的，具体的，特殊的。

[540] τοῖς πάθεσι 经验，激情。

[541]πράξεσιν 活动，行动，实践。

$^{542}$ἡ δὲ φρόνησις 实践智慧。ἡ 或者，还是。δὲ 通常用在两个字之间。

$^{543}$ μᾶλλον 更多

$^{544}$ καθόλου 普遍性

$^{545}$ ἐπιλογισμός 推论

$^{546}$ εἰ ἀντακολουθοῦσι 相互呼应，相互暗示或者蕴含。εἰ 是一个语气词。

$^{547}$ εἰ δεῖ νῦν 现在。δεῖ 必须，应当。

$^{548}$ἢ 还是

$^{549}$ εἰσαῦθις 以后

$^{550}$ ἢ 或者

$^{551}$ ὅλως 完全

$^{552}$ ἄλλο 不同的

$^{553}$ βέλτιον 更好

$^{554}$ ἡ δὲ διαλεκτικὴ 辩证法。ἡ···ἢ···或者······或者······δὲ 通常用在两个字之间。

$^{555}$ σοφία 智慧，Armstrong 译为 theroreticalwisdom（理论智慧），是为了与句子后面的 φρονήσει（实践智慧）区分

$^{556}$ καθόλου 普遍的

$^{557}$ ἀύλως 非质料的

$^{558}$ φρονήσει 实践智慧

$^{559}$ πάντα 所有事物

$^{560}$ χρῆσιν προφέρει 可使用的事物。χρῆσιν 使用。

$^{561}$ εἶναι ἄνευ 没有。εἶναι 系词。ἄνευ 无。

$^{562}$διαλεκτικῆς 辩证法

$^{563}$σοφίας 智慧，理论智慧。

$^{564}$κάτω 较低的，处在下方的，指较低种类的德性。

$^{565}$ πότερα δὲ ἔστι 能否存在？πότερα 是······还是······ δὲ 通常用在两个字之间。ἔστι 是，存在。

$^{566}$ "当然能······但"。这是 Armstrong 为了更清晰地表达普罗提诺的语意而加，希腊文原来无此。

$^{567}$ἀτελῶς 不完全的。ἀτελῶς 由 ἀ（不，否定的）和 τελῶς（完全）复合而成。

$^{568}$ἐλλειπόντως 有缺陷的

$^{569}$依据 Paul Kalligas 撮要言之。［第 14—17 行］在较高德性缺席的情况下，较低的德性是否能够存在？普罗提诺认为较低的德性能够存在但会有所缺陷，这时的较低德性因为缺乏坚实的知识会随处境而变。"纵向的"德性则相反，它是一种引导较低德性的理论德性。(Paul Kalligas, *The Enneads of Plotinus: A Commentary*, Vol.1, p.160)

$^{570}$ἄνευ 无，没有。

$^{571}$τούτων 这个，指较低的德性。

$^{572}$ἔστιδὲ 是，能成为。δὲ 通常用在两个字之间。

$^{573}$σοφονεῖναι 这样的智慧者。εῖναι 是。

$^{574}$διαλεκτικὸνοὕτως 这样的辩证法家。οὕτως 这样的。

$^{575}$ἢοὐδ᾽ἂνγένοιτο 不会发生这种情况。ἢ 或者，还是。οὐδ᾽但没有。ἂν 表示语气。γένοιτο 发生，生成。

$^{576}$ πρότερον 在……之前，这里指"较低的德性必然在智慧之前"

$^{577}$ ἀλλὰ ἢ …ἢ 然而或者……或者……

$^{578}$ἅμα συναύξεται 同时生长。ἅμα 和……一起。

$^{579}$ τάχα ἂν φυσικάς τις ἀρετὰς ἔχοι 人们也许有自然德性。τάχα 也许，可能。ἂν 表示语气。 φυσικάςτις ἀρετὰς 自然德性。ἔχοι 有，拥有。

$^{580}$σοφίας 智慧

$^{581}$γενομένης 降生，降临。

$^{582}$ ἐξ ὧναἱτέλειαι 这些自然德性会完善其品格。ἐξ ὧν 于是，因而。αἱ 语气词。τέλειαι 完善。

$^{583}$依据 Paul Kalligas 撮要言之。［第 18-24 行］与此相关的《九章集》第一卷第二章没有提到自然的德性，而称之为"好的自然秉性"(euphuiai)。亚里士多德已经区分了"自然德性"(phusike arete)和"严格意义上的"(kuria)德性。他认为孩子甚至野兽都有自然德性，但他们的自然德性不包含智慧的活动，容易变化。因此亚里士多德认为，"严格意义的德性离开了实践智慧就不会产生(ou ginetai aneu phroneseos)，所有其他德性都来自实践智慧并包括实践智慧。"凡有德性的地方，就有实践智慧。"总之，普罗提诺的伦理完全是理智主义者的伦理：较低的德性只是我们的习惯(ethe)，它不能产生较高的和理论的德性。(Paul Kalligas, *The Enneads of Plotinus: A Commentary,* Vol.1, pp.160-161)

$^{584}$οὖν 因此，的确。

$^{585}$σοφία 智慧

$^{586}$φυσικὰς 自然，自然德性。

$^{587}$μετὰ 在……之后

$^{588}$εῖτα 后来，随即，然后。

$^{589}$ τελειοῖ 完善

$^{590}$ ἤθη 性格，性情，品格。

$^{591}$ ἢ 或者

$^{592}$ φυσικῶν 自然的，这里指自然德性。

$^{593}$ οὐσῶν 存在

594 ἄμφω 两者

595 ἤδη 立即，就。

596 συναύξεται 共同提高

597 συντελειοῦται 共同成全。συντελειοῦται 由 συν（共同）和 τελειοῦται（成全，完全）复合而成。

598 ἑτέρα 一者

599 προλαβοῦσα 取得进步

600 ἐτελείωσεν 完善，成全，完全。

601 ἑτέραν 另一者

602 ὅλως 一般而言，整体的。

603 φυσικὴ 自然，指自然德性。

604 ἢ...καὶ... 无论……还是……

605 ὄμμα 看，视觉。

606 ἦθος 品格，伦理。

607 ἀτελὲς...ἔχει 具有不完善性，不具有完善性。ἀτελὲς 不完善。ἔχει 具有。

608 γὰρ 既然，因为。这个字出现在前半句，没有译出；译在后半句，加上"因此"。

609 ἀμφοτέραις 双方，指自然德性和智慧。

610 ἀφ' ὧν ἔχομεν 我们据以引伸出。

611 αἱ ἀρχαὶ 原理。αἱ 表示语气。

612 πλεῖστον 最多的，最重要的，指最重要的事物。

# 第1卷第4章
## 论福祉

# 互　参[1]

1　A. 对其他理论的批评性回顾

（1）漫步学派："福祉"(eudaimonia)等同于"生活得好"(euzoia)
但是，那么：(a)非理性动物和植物将分有福祉。

(b)什么是感知觉所扮演的角色？

2　（2）斯多亚学派：福祉是理性生活。不，如果理性生活不只是
自然的仆役。

3　B. 普罗提诺的立场：福祉是理智生活。

4　因此它与人的真实本性一致。有福的人不把其他事物作为善，他
把其他事物只作为必然性。

5　C. 漫步学派的反对意见：

（a）外部善的角色。

（b） 身体的善的角色。

6　D. 回应：

(a)外部的善无助于福祉；我们的意愿只指向真正的善。

7　即使大恶事也不能搅扰福祉：

8　(b)不只是自己的或者别人身体上的痛苦。

9　E. 意识的角色：是（a）领会（理解 apprehension）和（b）作为
福祉必要构成的活跃性。

（a）领会之于理智并不是必要的。

10　表像的功能是理智的（有时是破坏性的）辅助。

11　如果承认外部事物是善就会削弱福祉。

12　有福的人的快乐是纯粹和不可撼动的。

13　（b）有福的人的活跃性并不是运气的结果。

14   F. 福祉的主体。

     福祉只与真人有关。

15   真人对于那些较低的显像无动于心。

16   智慧的人专注于至善。

**注释:**

    [1] 互参的撮要来自 Paul Kalligas, *The Enneads of Plotinus: A Commentary,* Vol.1, p.161.

# 导　言[1]

福祉(eudaimonia)最早的含义是人所能获得的最高的繁荣和福分，最适用于描述诸神的状态，因为它与其完满的仁慈最相匹配。柏拉图经常用这个词表达灵魂凝思形式的状态（例如《斐多篇》111a3，《理想国》516c6，《斐德若篇》259bc），这种凝思的对象偶尔也被描述为"所享有的高深事物"(to eudaimonestaton tou ontos)（《理想国》526e3-4），代表人最高的诉求（《会饮篇》205c1-5，《理想国》580b9—c1）。福祉是亚里士多德伦理教导的重心，《尼各马可伦理学》和《欧台德谟伦理学》的开卷和末卷都分析福祉（幸福）概念这绝非偶然。Stagirite 的理论表现了亚里士多德和柏拉图富有意义的一致性：eudaimonia 是某种理智的凝思(theoria tis)形式（《尼各马可伦理学》Ⅹ8.1178b28—33），它是我们所有诉求的目的或目标(telos)（Ⅰ7.1097a31-b7；Ⅹ6.1176b30—32），只有通过德性才能获得(1177a1—2)，或者说它是德性的现实性(Energeia kat'areten：Ⅰ7.1098a16-18；Ⅰ13.1102a5-6；Ⅹ7.1177a12)。

但是与此同时，亚里士多德又把福祉等同于"生活得好"(eu zen)和"做得好"(eu prattein)。正因为如此，他把福祉与外部的善(ta ektos agatha)和实践中显示的德性联系在一起，把它们看作是完满福祉的前提。这导致晚期漫步学派把福祉与快乐更密切地加以关联。阿佛洛狄西亚斯的亚历山大认为福祉是在不受妨碍(ei anempodistos gignointo)的前提下所合乎于人的自然(tais kata phusin)和专属于人(oikeiais energeiais)的活动。同时，亚历山大又暗示说处在"生活得好"（eu zen）之下的"福祉"寻求德性的自足：因为福祉就是那些把德性付之于使用的人，他们的生活合乎德性，他们是那些实践使他们生活得好的行动的人，这样行动又被置于使用(chrestikai)和拥有(ktetikai)的意义之下。

　　因此晚期斯多亚学派把福祉还原成两个基本要素：（1）拥有某种身体的或者外部的善的意识，通常又被描述成"自然的"或者"合乎自然的"（ta kata phusin）和（2）借助于各种德性所实现的心理功能上的无妨碍活动。这使得他们甚至比亚里士多德还强调快乐与福祉的关系。亚历山大觉得他有责任解释这两要素之间的差别以解决所谓的"伦理问题"。同时晚期漫步学派又保持了福祉作为活跃性（energeia）的突出特性：心理的意向活动和德性活动以及它们的实践显现。由于行动的结果依赖于外部环境的某种可行性，德性就成为福祉必要但不是充分的条件。这样，亚历山大就批驳了斯多亚学派所谓的福祉是德性自足的观点。

　　如果按照晚期斯多亚学派的自然学说与福祉的关系就会导致无限，而与斯多亚学派原本所谓的德性自足（autarkes）的观点冲突，后者把德性看成是福祉的唯一前提。斯多亚学派认为贤人（智慧的人）必须选择获得所谓的原初的自然事物（ta prota kata phusin），又要对现实事物不动于心（adiaphoros），这就不能导入目的概念（me sunteinousa pros to telos）。依照斯多亚学派的立场，eudaimonia 与不受妨碍的事务状态一致，与普遍的自然理性一致。然而这种观点会削弱 eudaimonia 的活跃性，使福祉成为单纯的心理倾向。

　　普罗提诺则从完全不同的角度理解这个问题。在他而言，心理能力的活跃性与感觉世界的客观状态没有任何关系。他认为存在一个可理知宇宙的世界，当灵魂凝思可理知世界时灵魂就会因为凝思真正的存在物（是者：beings）而被激活。在那里则可以找到真正的原初生命，它是这个世界的源泉和范型。正如对那个世界（可理知世界）的凝思构成我们的感知觉和实践世界的范型，因此转向理智就是转向真正的自我，任何外部事物对福祉的限制也就被清除了。普罗提诺由此颠覆了斯多亚学派的立场，他认为福祉与德性的共在基于共同的原因即投身于对"是"的凝思。一旦确立了这个理论基石，普罗提诺就转而描述福祉生活的至上性以及它在面对外部事物和状态变化时的无动于心。

　　这一章（第一卷第四章）构思于波菲利去往西西里之时，普罗提诺写作此文的时间应该是 268 年末或者 269 年初。普罗提诺身上开始出现一年半后致他于死地的疾病的最初症状。出于身体的患难和孤独感，相比较于早期著作，普罗提诺晚年的作品尤其关注伦理性，例如"福祉是否随时间增加"这样的文章都表现出类似特性，从中可以看到普罗提诺晚年作品与前期作品的区别。其前期作品表现出来的与自己对话的特性在晚期作品中逐渐消失，晚期作品代之以更直接更具劝勉性的风格。这些文章甚至可以说更优雅更简洁，内含诗意的韵味，更大地影响了普罗提诺之后的思想家。

**注释：**

　　[1] 导言的撮要来自 Paul Kalligas, *The Enneads of Plotinus: A Commentary,* Vol.1, pp.162—164.

# 第 4 章 论福祉[1]

1.[2] [第 1 行][3] 我们不妨认为[4]有福的[5]生活[6]和福祉[7]是一[8]和同[9]，[10]那么我们会同意[11]其他[12]有生命物[13]也与我们自身那样分有[14]它们[15]吗？它们[16]如果[17]能够[18]不受妨碍地[19]合乎自然地生活[20]，[21]那么我们如何不能[22] [第 5 行] 说[23]它们也处在[24]有福的生活[25]状态中呢？无论[26]人们把有福的生活[27]视为[28]自足的经验[29]还是[30]其适合的[31]工作[32]的完成[33]，无论是哪种情形[34]，它都如属于我们一样属于[35]其他[36]有生命物[37]。因为[38]它们既有[39]自足的经验[40]，[41]又在从事[42]合乎[43]其自然的[44]工作[45]。例如[46]，有音乐天赋的[47]生命物[48]，它们有着[49]另外的[50]福祉[51]，以合乎自然的方式[52] [第 10 行] [53]歌唱[54]，因此过着自己[55]想有[56]的生活[57]。[58]我们还[59]可以认为[60]福祉[61]是一种目的[62]，[63]即[64]自然欲望[65]的最后阶段[66]；我们依然得承认[67]当[68]其他有生命物抵达[69]其最后状态[70]时，它们也分有福祉[71]，它们所抵达的[72]那一状态就是其[73]本性[74]的寄寓[75]之所，[第 15 行] [76]它自始至终[77]贯穿[78]并充满于[79]它们的[80]整个[81]生命[82]。但是，如果[83]有人不赞成[84]福祉[85]在一定程度上可以延伸[86]至[87]其他[88]有生命物[89]的观点——这一观点[90]意味着即使[91]最卑微的事物[92]也分有[93]福祉[94]；人们得认为植物[95]分有[96]福祉，因为它们也是活的[97]并且具有[98]延展[99]至[100]终点[101]的生命——那么首先[102]，[103]如果仅仅因为[104]认为[105]其他[106]有生命物[107]不[108]重要[109]就否认[109] [第 20 行] [110]它们的[111]有福生活[112]，这样的观点岂不[113]荒谬[114]？[115]不[116]要迫使[117]他们把赋予[118]其他[119]有生命物的[120]也赋予[121]植物[122]，这是因为[123]植物[124]没有[125]感觉[126]。但是，也许有人会仅仅因为植物[127]具有生命[128]就[129]同等地[130]赋予[131]它们福祉。一种生活可以是有福的，[132]另一种则可以是相反的[133]。植物可以是好的，[134]也可以是相反的[135]，可能结果子，[136]也可能不结果子。[137]如果[138]快乐[139]是目的[140]，[141]如果有福的[142]生活[143]由快乐决定[144]，那么否认[145]其他[146]有生命物[147]拥有有福的[148]生活[149]就是荒谬的[150]。如果[151]合乎[152]自然的[153]［第30行］生活[154]就被称为[155]是[156]有福的[157]生活[158]，那么[159]也同样[160]适用于[161]宁静[162]。[163]

2.[164]［第 1 行］[165]那些以植物[166]没有[167]感觉[168]就否认[169]它们享有快乐生活[170]的人，[171]是在冒否认[172]一切[173]生命物[174]能快乐生活之险[175]。因为[176]如果[177]他们用感觉[178]指其经验表达[179]，那么经验[180]在被意识到[181]之前[182]就是善的。［第5行］[183]例如[184]，善[185]是[186]一种自然状态[187]，即使[188]人们没有[189]意识[190]到这一点，善[191]同样[192]也是自身[193]的合适状态[194]，即使人们不[195]知道[196]那[197]就是[198]它自身的合适状态[199]，它就是快乐[200]（正如它必然如此[201]）。既然[202]这[203]善[204]存在[205]并[206]呈现[207]，快乐[208]的拥有者[209]就已经是[210]有福的[211]，[212]我们为什么[213]要[214]把感觉[215]列入[216]福祉[217]，当然除非[218]人们不[219]把善[220]归于[221]［第 10 行］[222]实际的[223]经验[224]而[225]归入关于它的认识[226]和感觉[227]？但是[228]他们会以这种方式[229]说善[230]实际上[231]就是[232]感觉[233]，就是感觉[234]—生命[235]的活动[236]，因此[237]无论感觉到什么[238]，它都会是相同的[239]。但是如果[240]他们说[241]善[242]是两种成分的产物[243]，［第15 行］[244]是对特殊种类对象[245]的感觉[246]，那么在每种构成物[247]是[248]中性的[249]情况下[250]，他们可以说[251]其产物[252]是[253]善[254]的吗？如果[255]它是善[256]的经验[257]，善的生活又是人们所知道的[258]善[259]向他[260]呈现出来[261]的特殊[262]状态[263]，那么我们须问[264]有福的[265]生活[266]是否[267]就是知道[268]这呈现之物[269]的呈现[270]，或者[271]他不仅[272]知道[273]它给了他快乐[274]而且[275]知道它就是善[276]。但是[277]如果[278]他必须知道它[279]就是善[280]，［第20 行］那么这就不再是[281]感觉[282]的事情[283]，而是另一种[284]比感觉的[285]快乐[286]更大[287]能力[288]的事情了。因此[289]有福的[290]生活[291]不属于[292]那些感到快乐[293]的人，而属于[294]能够[295]知道快乐[296]就是善的[297]人。这样[298]，有福的[299]生活[300]的原因[301]就不会[302]是[303]快乐[304]，而是[305]那判断[306]快乐就是善[307]的能力[308]。［第 25 行］[309]那下判断[310]的要好[311]于纯粹的[312]经验[313]，因为[314]它是理性[315]或理智[316]。快乐[317]则只是一种经验[318]，非理性[319]决不会[320]好于[321]理性[322]。理性[323]如何[324]会把其自身[325]搁置一边[326]，而[327]假设在[328]相反的[329]种[330]上有其位置[331]的其他事物好于[332]它自身[333]呢？看起来[334]否认[335]植物[336]有福[337]的人和把福祉列为特殊[338]感觉[339]的人［第30 行］[340]无意中[341]都在寻求[342]属于更高事物[343]的有福[344]生活[345]，并假定[346]它是一种更好[347]更澄明[348]的生活[349]。那些说[350]在[351]

理性[352]生活[353]中发现福祉[354]而非[355]只是[356]生活[357]，或者不是[358]与感觉生活[359]为伴的人，很可能是正确的[360]。［第 35 行］但是我们要问[361]他们[362]为何只[363]把福祉[364]奠基于[365]理性的[366]生命物[367]？你们加上[368]'理性的[369]'，是因为[370]理性[371]更有效[372]，更容易[373]发现[374]、探索[375]和获得[376]基本的[377]自然[378]需要[379]，还是即使[380]它不[381]能[382]发现[383]或者获得[384]基本的自然需要[385]，你们也需要理性？如果[386]你们需要它是因为[387]它能[388]更好地[389]发现[390]它们，[391]那么非[392]［第 40 行］理性生物[393]也能做到[394]；如果它们无须[395]理性[396]，纯粹凭其本性[397]就能满足[398]基本的[399]自然需要[400]，那么它们也有福祉[401]。这样，理性[402]就成为仆从[403]而并非[404]值得[405]拥有[406]。这同样适用于[407]它的[408]完善[409]也就是[410]我们所说的[411]德性[412]。但是如果[413]你认为[414]理性并不是[415]因为[416]基本的[417]自然需要[418]才具有尊贵地位[419]，而是[420]因为[421]它自身[422]的缘故受人欢迎[423]，［第 45 行］[424]那么你得告诉[425]我们它[426]能起到何种其他[427]作用[428]？其[429]本性[430]是什么[431]？又是什么[432]使[433]它[434]完善？"使[435]理性[436]完善的不[437]可能[438]来自对这些基本自然需要[439]的研究[440]。它的[441]完善[442]是[443]其他[444]事物[445]，其[446]本性[447]也不同[448]，它本身[449]并不[450]是[451]这些[452]基本[453]自然需要[454]之一或者并不是[455]［第 50 行］[456]这些基本[457]自然需要[458]得以产生的源泉[459]之一。它完全[460]不[461]属于[462]这存在物之列[463]，而是好于[464]所有这些事物[465]，否则[466]我不[467]相信[468]他们[469]能够[470]解释[471]它的[472]尊贵地位[473]。然而[474]，除非[475]这些人[476]能够[477]找到比他们现在所谈论的事物[478]更好的[479]自然[480]，否则我们必须让他们就[481]此[482]放弃[483]。［第 55 行］这也是他们的所愿[484]，因为他们不能回答[485]有福[486]生活[487]对有能力获得它的存在物[488]来说是[489]如何可能的[490]。

3.[491]［第 1 行］[492]然而，我们[493]首先意在指出[494]什么是[495]我们始初[496]就理解[497]的福祉[498]。我们不妨[499]假设[500]福祉[501]存在于[502]生命[503]之中。如果[504]我们让"生命"[505]在完全[506]同样的意义上[507]成为[508]适用于[509]一切生命物[510]的术语[511]，［第 5 行］那么我们同意它们全都有能力[512]有福地生活[513]，那些事实上过着有福生活的存在者都拥有同样的事物，[514]那是一切[515]有生命物[516]都自然地[517]能够[518]获得的[519]。我们不是[520]基于这样一种假设就[521]认定[522]有福地生活[523]的能力[524]属于理性存在[525]而不属于[526]非理性存在[527]。［第 10 行］[528]生命[529]之于[530]两者是[531]共同的[532]。如果[533]福祉[534]就存在[535]于一种生命[536]之中[537]，那么［无论理性生命还是非理性生命］，生命都通过同样方式获得福祉。[538]因此我相信[539]那些认为[540]福祉存在于[541]理性[542]生命[543]中的人没有[544]意识到[545]，他们之所以没有[546]把福祉[547]［第 15 行］[548]列入[549]一般[550]生命[551]之中，是因为他们真的假设[552]它[553]根本就不是[554]生命。他们应该会[555]说[556]福祉[557]所依赖的[558]理性[559]能力[560]是一种性质[561]。[562]但[563]他们[564]论述的起点[565]是[566]理性[567]生命[568]。福祉[569]依赖于[570]这一整体的生命[571]，也即是[572]依赖于另一种生命[573]。我不是[574]在逻辑[575]区分[576]的意义上指[577]"另一种"，而是[578]用在我们柏拉图主义者[579]所谓的[580]一在先者[581]与另一在后者[582]的意义上。[583]可以在许多不同意义下[584]使用[585]"生命"[586]这一术语，根据[587]所运用事物的序列[588]可以区分出[589]第一[590]和[591]［第 20 行］第二[592]等。而"有生命的"[593]意指[594]不同语境[595]中的不同事物[596]，它以一种方式指植物，[597]以另一种方式指非理性动物，[598]根据其各自生命的澄明[599]与晦暗[600]程度，以不同事物的方式进行区别[601]。显然[602]这同样适用于[603]"有福的生活"[604]。如果[605]一事物[606]是另一事物[607]的影像[608]，显然[609]一事物的有福生活[610]也是另一事物[611]的有福生活[612]的影像[613]。如果[614]善的生活[615]属于满溢的[616]生命者[617]［第 25 行］[618]（这就是说[619]它的生命[620]决不会[621]匮乏[622]），那么福祉[623]也只属于[624]满溢地[625]善的[626]生命[627]；如果[628]在诸实在[629]中[630]那最好的[631]就是真正有活力的[632]存在[633]，是完善的[634]生命[635]，那么它就拥有至善[636]。因此[637]它的善[638]就不是[639]来自于[640]外部事物[641]，其善性的基础[642]也不是[643]［第 30 行］[644]来自[645]某个地方[646]并带[647]它[648]进入[649]善[650]的状态[651]；因为[652]还有什么[653]能加在[654]完善的[655]生命[656]中[657]并使它成为[658]最好的生命[659]呢？如果[660]有人说[661]，"那[662]就是善[663]的本性[664]"，那么这正是[665]我们自己[666]想要说的[667]。不过目前我们不是[668]要寻找[669]原因[670]，而是[671]要寻找内在的要素[672]。

我们常说，完善的[673]生命[674]即真正的[675]和真实的生命[676]存在于[677]那超验的[678]可理知[679]［第 35 行］本性[680]中，其他生命则不完整，[681]是生命的[682]痕迹[683]，是不[684]完善的[685]或者不[686]纯粹的[687]，与其相反者[688]相比并不[689]具更[690]多[691]生命[692]。简言之，[693]只要[694]所有[695]生命物[696]都来自[697]单一的[698]源头[699]，但是[700]由于它们不具有[701]与源头同等程度的[702]生命[703]，那么这源头［第 40 行］必[704]是[705]首要的[706]和最完善的[707]生命[708]。

4. [709]［第 1 行］[710]如果[711]人[712]能有[713]完善的[714]生活[715]，那么拥有这种[716]生活[717]的人[718]就是有福的[719]。如果人不具有完善的生活，[720]如果[721]只[722]在诸神[723]中[724]才能找到这种[725]生活[726]，那么我们就应把福祉[727]归于[728]诸神[729]。但是［第 5 行］[730]既然[731]我们主张[732]福祉[733]存在[734]于人类[735]中间[736]，我们就必须思考[737]这[738]是[739]如何[740]可能的。这就是我的意思。[741]显然[742]，前述其他地方的讨论[743]已经指出人[744]不[745]仅[746]拥有[747]感觉生活[748]，而且拥有[749]推论[750]和真正的[751]智性[752]，［第 10 行］[753]因此[754]人[755]具有[756]完善的[757]生活[758]。但他是将此作为不同于他自身的某种事物来拥有吗？[759]不[760]，如果人[761]无论[762]潜能上[763]还是现实上[764]都不[765]拥有[766]这一点[767]（如果他现实地拥有这些，[768]那么我们就说[769]他生活在有福的状态中了[770]），他就根本[771]不[772]是[773]人[774]。但[775]我们可以说[776]他所拥有的[777]这完善的[778]生活[779]是他自身[780]的一部分[781]吗？另一些人也就是[782]在潜能上[783]拥有[784]它的人[785]，把它作为[786]自身[787]的部分[788]而有福地生活的人[789]，就是现实地[790]拥有[791]它[792]［第 15 行］[793]并与它同一的人[794]，［它不是拥有它][795]而就是它[796]。其他事物[797]都只不过[798]是人所披戴的[799]，你不能称之为他的一部分，[800]因为他并非[801]愿意[802]披戴[803]它，如果[804]他出于[805]意愿活动[806]与它联合[807]，才可以说是他的[808]。那么[809]对他而言[810]善[811]是[812]什么[813]呢？他就是他之所有[814]，就是他自身的善[815]。超验的善[816]是在他[817]里面[818]的善的因[819]。［第 20 行］[820]它作为善这个事实[821]不同于它向他呈现出来这个事实[822]。有关于此[823]的证据[824]，其事实[825]是[826]处于这种状态的人[827]不[828]寻求[829]其他事物[830]。他还要寻求什么呢？[831]他当然[832]不可能[833]寻求较差的[834]事物[835]，他已经拥有[836]最好的[837]。拥有[838]如此[839]生活[840]的人得到了他生活[841]中的一切[842]。如果[843]他是有德性的[844]，［第 25 行］[845]他就拥有福祉[846]所需的[847]一切[848]并得到了[849]善[850]，没有[851]他不[852]曾有[853]的善[854]。他所寻求的乃是必然性[855]，不是[856]他自己[857]而是[858]那属于他的某种事物[859]，他寻求[860]与他联合[861]的身体[862]。我们甚至承认这是有生命的身体[863]，它虽拥有自己的生活[864]，但不[865]是[866]善的人[867]的生活[868]。他知道[869]身体的需要[870]，［第 30 行］[871]赋予[872]它所赋予的[873]，但丝毫不[874]减少[875]自己的[876]生命[877]。即使[878]命运[879]抛弃[880]了他，他的福祉[881]也不会[882]有所减损[883]。善的[884]生活[885]存在如故[886]。他从他朋友[887]和亲属[888]的死亡[889]中了解到何谓[890]死亡[891]，就像那些死者[892]所知道的[893]，如果他们是有德性的[894]人[895]。［第 35 行］即使[896]朋友亲属之死[897]令人悲伤[898]也不能令他悲伤[899]，只是令他[900]里面[901]没有[902]智性[903]的部分悲伤，他不会[904]让此类的悲伤[905]搅扰[906]他。

5.[907][第 1 行][908]但是痛苦[909]、疾病[910]和所有[911]阻碍[912]活动[913]的事物[914]又是怎样的？能否[915]设想善的人[916]甚至会[917]丧失[918]意识[919]呢？药物[920]和某些[921]疾病[922]可能会导致[923]这样的结果[924]。他在所有这些环境中[925]如何[926]能拥有[927][第 5 行][928]有福的[929]生活[930]和福祉[931]呢？我们不必对匮乏[932]和耻辱[933]加以考虑[934]。尽管[935]有人会在这些方面反驳我们的观点[936]，尤其是人们总会谈论[937]的"普里阿摩斯[938]的命运[939]"。[940]即使要[941]他承受[942]它们[943]，哪怕只是稍加[944]忍受[945]，[第 10 行][946]他[947]都丝毫不[948]愿[949]。有福地[950]生活[951]必定[952]是[953]人之所愿[954]。因为[955]善的人[956]并非[957]就是[958]善的[959]灵魂[960]，他没有[961]把身体的[962]本性[963]视为[964]其[965]实体[966]。[967]我们的论敌会说[968]只要[969]身体的[970]感受[971]用于指人本身，并且正是他本人[972]出于[973]与身体[974]相关的原因[975]进行选择[976]和逃避[977]，他们就[978]愿意[979]接受[980]我们的观点[981]。[第 15 行]但是如果快乐[982]被考虑为[983]有福地[984]生活[985]的一部分，那么当[986]运气[987]和痛苦[988]造成苦恼[989]时，一旦发生[990]这些事情[991]，即使是善的人[992]又如何[993]能说是[994]有福的[995]呢？然而[996]这种[997]自足的[998]福祉[999]状态[1000]属于诸神[1001]。人[1002]因为具有低级本性的[1003]附加物[1004]，因此必须[1005]从已经存在的[1006]整体[1007]中寻找[1008]福祉[1009]，[第 20 行]而[1010]不是[1011]在部分中[1012]寻找福祉。一个较差部分[1013]不能良好[1014]运行[1015]，必然会[1016]导致好的部分[1017]在其自身活动方面[1018]受较差部分[1019]的妨碍[1020]，这是因为[1021]较差方面[1022]不能[1023]良好[1024]运行[1025]。[1026]否则的话，我们就得[1027]除去[1028]身体[1029]甚至[1030]身体的感觉[1031]，以此种方式[1032]来追寻[1033]福祉问题上[1034]的自足[1035]。

6.[1036][第 1 行][1037]但是[1038][我们应该回答说]，如果[1039]我们的论证[1040]认为[1041]福祉[1042]在于[1043]摆脱[1044]痛苦[1045]、疾病[1046]、恶运[1047]和巨大的不幸[1048]，那么一旦出现与福祉相反的这些情况[1049]，任何人就都不[1050]可能[1051]是[1052]有福的[1053]。然而如果[1054]寻求福祉在于拥有[第 5 行]真善[1055]，那么我们为何忽视这一点[1056]，不[1057]把它[1058]作为[1059]判断[1060]福祉的准则[1061]，却[1062]去[1063]寻求[1064]不[1065]被视为[1066]福祉[1067]之构成部分的其他事物[1068]呢？如果[1069]它是诸善[1070]和必然性[1071]的汇集[1072]，或者[1073]虽非[1074]必然性[1075]却[1076][第 10 行][1077]仍被称为[1078]善的事物[1079]的汇集[1080]，那我们仍应尝试[1081]并思考[1082]这些事物[1083]。如果[1084]我们的目标[1085]是[1086]一[1087]而[1088]非多[1089]，否则[1090]我们就不只有[1091]一个目标[1092]而有[1093]多个目标了[1094]，那么我们必须[1095]抓住[1096]这最终[1097]且最高价值[1098]的独一者[1099]，那就是灵魂[1100]努力在自身中[1101]要努力[1102]抓住[1103]的独一者。在这种情况下[1104],寻求[1105]和意愿[1106][第15 行][1107]并非[1108]指向不是[1109]。这些事物[1110]不属于[1111]我们的[1112]自然[1113],而[1114]只是[1115][偶然]呈现[1116]。我们的推论能力[1117]正是要排除[1118]它们和设法[1119]摆脱它们[1120],有时也要求得到它们[1121]。但我们灵魂欲求的真正驱动力是趋近[1122]那好于[1123]它自身[1124]的存在。当那者在灵魂中呈现,灵魂就充满并安宁,[1125]这是[1126]它真正愿意[1127]的生活方式[1128]。如果就意愿[1129]适合使用的意义[1130]而言[1131],而[1132]非[1133]从误用[1134]为我们所乐见的[1135]必然性的[1136]场合而言,那么我们就不能[1137]被说成[1138]是"意愿"[1139]这些必然性[1140]呈现[1141]:因为我们总是[1142]在避免[1143]恶[1144],但是我猜想[1145]这种[1146]避免[1147]不是[1148]意愿[1149]的问题,因为我们宁愿[1150]不要[1151]出现[1152]这种[1153]逃避的场合[1154]。当[1155]我们拥有[1156]例如[1157]健康[1158]和免于痛苦[1159]时,这些必然性本身就提供了[第 25 行]其证据[1160]。它们为何能吸引我们呢[1161]?当我们拥有[1162]健康[1163]时却总是[1164]忽视[1165]它,免于[1166]痛苦[1167]时也是如此。但是当这些在那里[1168]并对我们没有[1169]吸引力[1170]时,它们不能[1171]为我们的福祉[1172]作出贡献[1173];当其缺席[1174]时我们却寻求[1175]它们,因为[1176]没有它们我们就不安[1177]。[第30 行]它们被称为[1178]必然性[1179]是合理的[1180],但[1181]它们不[1182]是[1183]善[1184]。因此它们[1185]不能[1186]被列为[1187]我们所应寻求的目的[1188]的一部分,即使[1189]它们[1190]缺席[1191]了,它们的相反方面[1192]呈现出来[1193],这目的[1194]还是依然如故[1195]。

7.[1196][第 1 行][1197]那么,处于福祉状态的人为何[1198]想望[1199]这些必然性[1200]而拒绝[1201]其相反方面[1202]呢?我们认为[1203]不是[1204]因为[1205]它们对其福祉有何贡献[1206],而是因为对其存在有所贡献[1207]:他拒绝[第 5 行]福祉[1208]的相反方面[1209]或者是[1210]因为[1211]它们导致他的不是[1212],或者是因为[1213]它们的出现[1214]妨碍了[1215]他的目的[1216],而非[1217]它们想从目的中获取什么[1218],因为[1219]凡拥有[1220]至善[1221]的总是想望[1222]单独[1223]拥有[1224]它[1225],不愿意[1226]有其他事物[1227]共有[1228]它[1229],就是那些虽然[1230]不至于[1231]减损[1232]至善[1233],但仍然依附它存在的事物[1234]。但是即使[1235]有福的人[1236]所不[1237]想望[1238]的事物始终[第10 行][1239]存在[1240],任何属于[1241]他福祉[1242]的事物[1243]都不会被减损[1244]。否则[1245]他[1246]就会日[1247]有所变[1248],从福祉[1249]中坠落[1250]。例如[1251]如果[1252]他失去[1253]了一个奴隶[1254],或者[1255]失落了一件财产[1256]:如果发生的这些数以千计的[1257]事情都不能[1258]影响[1259]他的心智[1260],那么就绝不能[1261]妨碍[1262]他所获得[1263]的最终的[1264]善[1265]。但是[1266]人们会说[1267]如果发生的是巨大的灾难[1268]而非[1269]日常变化[1270]！如果[1271]人的处境[1272]已经如此高远[1273]，对一个已经登临[1274]高处[1275]，不再[1276]依赖于[1277]所有下界事物[1278]的人来说，还有什么人什么事[1279]不可以[1280]忽略不计[1281]？一切偶发的好运[1282]，无论怎样重大[1283]，在他而言都不是大事[1284]，如[1285]王位[1286]、所统治的[1287]城邦[1288]［第20行］[1289]和人民[1290]，或者[1291]建立[1292]殖民地[1293]和城邦[1294]（即使是[1295]他亲自[1296]建立[1297]的）。那他怎么会认为[1298]丧失[1299]权力[1300]和城邦[1301]沦陷[1302]是大事呢？如果他以为这些是[1303]大[1304]恶[1305]，或者[1306]至少[1307]是恶[1308]，那么他就会因其意见[1309]而遭人嘲笑[1310]；如果他以为那些木头[1311]和石块[1312]是好的[1313]、（愿神帮助我们[1314]）必死者的[1315]死亡[1316]［第25行］[1317]是重要的[1318]，[1319]［那么还有什么德性在他里面？］[1320]我们会说[1321]这个人需要[1322]想想[1323]死亡[1324]乃是[1325]好于[1326]在肉体[1327]中[1328]的生命[1329]！如果[1330]他自己[1331]被作为祭品[1332]，难道他会因为[1333]死于[1334]祭坛[1335]而认为[1336]他的[1337]死[1338]是一种恶[1339]？如果[1340]他未[1341]被埋葬[1342]，他的肉体[1343]迟早[1344]也会腐烂[1345]于大地之上[1346]或死于[1347]泥土之下[1348]。如果[1349]他因为[1350]没有[1351]［第30][1352]风光的葬礼[1353]而[1354]只是悄然被埋葬[1355]，为没有[1356]奢华的[1357]墓碑[1358]不安，那他是何等地渺小[1359]！如果[1360]他是作为战俘[1361]被捕[1362]，那么即使[1363]他已经不[1364]可能[1365]活得美好[1366]，仍然有逃脱的路[1367]"为他敞开"[1368]。[1369]如果[1370]他的[1371]亲人[1372]在战争中被捕[1373]，"他的女儿女婿被拖走"[1374]，假如[1375]他未[1376]看到[1377]［第35行］诸如此类事情[1378]发生就去世了[1379]，那么他离世时会以为[1380]这些事[1381]不可能[1382]发生[1383]吗？难道[1384]他会以为他的亲人不[1385]可能[1386]遭遇[1387]诸如此类的不幸[1388]吗？如果这样，那[1389]他就是[1390]一个傻瓜[1391]。难道他不[1392]知道[1393]他的亲属们[1394]可能会落入[1395]这些不幸中？难道他相信[1396]这些不幸[1397]会妨碍［第40行][1398]他的福祉[1399]？不可能发生这样的事[1400]。因为[1401]他会认为[1402]这个宇宙的本性[1403]就包含种种不幸[1404]，我们只有[1405]顺从于它[1406]。不管怎样[1407]，许多人[1408]都会因[1409]成为[1410]战俘[1411]而做得[1412]更好[1413]，如果他们[1414]觉得不堪忍受[1415]，就会设法自己解脱[1416]。如果他们留下来[1417]，那或者[1418]因为留下[1419]是合理的[1420]，无须[1421]［第45行］惧怕[1422]，或者[1423]他们不应该[1424]留下[1425]却留下了，那就是不合理的[1426]，是他们自己的[1427]错[1428]。善的人不会因为[1429]他人的[1430]愚蠢[1431]而卷入邪恶[1432]，即使那是他的[1433]亲人[1434]。他不会依赖于[1435]他人的[1436]好运[1437]或恶运[1438]。

8.[1439][第 1 行][1440]无论他的[1441]痛苦[1442]如何之剧烈[1443]，只要[1444]能[1445]承受[1446]他就会尽力承受[1447]；如果[1448]至深的痛苦吞没了[1449]他的承受能力，他就会被夺走[1450]。[1451]他即使身处[1452]痛苦[1453]也不会想要[1454]别人同情[1455]。他的[1456]内在[1457]之光[1458][第 5 行][1459]就像灯塔[1460]之光[1461]，虽在暴风骤雨[1462]中[1463]仍艰难地照向[1464]远方。[1465]但是[1466]假如[1467]痛苦令他神志昏迷[1468]，或者已经到达一个极端[1469]，尽管[1470]极度痛苦[1471]还不至以[1472]令他死亡[1473]呢？如果这样延续下去的话[1474]，他会思考他所该采取的行动[1475]，[第 10 行][1476]因为[1477]痛苦并未[1478]夺走[1479]他的自决能力[1480]。我们必须明白[1481]事物向善的人[1482]的呈现[1483]不同于[1484]它向其他人[1485]的呈现[1486]。他的遭受无一[1487]能触动[1488]他的内在自我[1489]，其他事物[1490]不能[1491]，痛苦[1492]也不能。那么如果[1493]痛苦[1494]事关[1495]他人[1496]呢？[同情他人]是[1497]我们[1498]灵魂[1499]的一个弱点[1500]。对此，[第 15 行]有如下事实[1501]为证[1502]：我们[1503]认为如果不知道[1504]他人的痛苦便是[1505]幸事[1506]，甚至认为如果我们先人而死乃是一件幸事[1507]，我们仍然[1508]没有[1509]从他人的角度[1510]而只会[1511]从自己的[1512]角度思考[1513]问题，只求避免[1514]悲伤[1515]。这正是我们[1516]必须[1517]加以克服并且需要加以[1518]摆脱[1519]的弱点[1520]，不能任由它存于己身[1521]，否则[1522]我们会担心[1523]它吞没我们[1524]。[第 20 行]如果[1525]有人[1526]认为[1527]感受[1528]我们同胞的[1529]不幸[1530]是我们的[1531]本性[1532]，那么[1533]他应该知道[1534]这并不[1535]适用于所有人[1536]，德性[1537]的任务就是要把一般[1538]本性[1539]提升[1540]至一个高度[1541]，它是好于[1542]大多数人所能有的本性[1543]。它的好[1544]在于它绝不[1545]向一般[1546]本性[1547]所习惯[1548]恐惧的[1549]事物屈服[1550]。我们不[1551]能[1552]像毫无训练的人[1553]，[第 25 行]而[1554]应像[1555]训练有素的[1556]斗士[1557]那样面对[1558]命运[1559]的打击[1560]。要知道[1561]虽然确实[1562]某些[1563]本性[1564]不为[1565]我们喜欢[1566]，但是我们自己能够加以承受，我们不应将之视为恐怖之事[1567]而[1568]应视之为孩子的困惑[1569]。善的人[1570]想望不幸[1571]吗？当然不。但是当他所不想望的事降临时[1572]，他就用[1573]德性[1574]对付[1575]它[1576]。[第 30 行]这使得他的灵魂[1577]在困扰或者痛苦[1578]前声色不动[1579]。

9.[1580][第 1 行][1581]但是[1582]假如[1583]他失去了意识[1584]，比如，疾病[1585]或者[1586]巫术[1587]夺去了[1588]他的心智呢？[1589]如果[1590]他们主张[1591]在这种状态下他[1592]仍然[1593]是[1594]一个善的人[1595]，只是进入睡眠而已[1596]，那么有什么能妨碍[1597]他[1598]［第 5 行］获得[1599]福祉[1600]？毕竟当[1601]他睡着[1602]时，他们没有[1603]能剥夺[1604]他的[1605]福祉[1606]，或者不能[1607]因他化费[1608]时间[1609]于睡眠[1610]之上就[1611]说[1612]他并非[1613]终生[1614]有福[1615]。[1616]但是如果[1617]他们说[1618]他在这种状态就不是[1619]善的[1620]，那么他们就不再[1621]是在讨论[1622]善的人[1623]了。但是，我们[1624]是把善的人[1625]作为我们讨论的起点[1626]，［第 10 行］[1627]探问[1628]只要[1629]他是[1630]善的[1631]他是否就有福祉[1632]。"但是[1633]"，他们说[1634]"就算他是[1635]善的[1636]，如果他没有[1637]意识到[1638]善，或者没有[1639]从事德性活动[1640]，如何能说[1641]他就处于[1642]福祉状态[1643]呢"？但是[1644]即使[1645]他不[1646]知道[1647]自己是健康的，他确实就是[1648]健康的[1649]；即使[1650]他不[1651]知道自己俊美[1652]，但他确实就是[1653]俊美的[1654]。同样，如果[1655]他不[1656]知道[1657]自己是智慧的[1658]，难道他的智慧就有所减损[1659]？也许有人说[1660]，智慧要求[1661]自觉[1662]和察知[1663]它[1664]的呈现[1665]，因为[1666]福祉在现实、主动的智慧[1667]中[1668]才能被发现。如果明智[1669]和智慧[1670]真的[1671]来自外部[1672]事物[1673]，［第 15 行］[1674]这个论证也许有些意义[1675]，但是如果[1676]智慧[1677]根本[1678]就在一个实体之中[1679]，或者毋宁说就在这个实体中[1680]，那么这种实体[1681]并不[1682]因为他入睡[1683]或[1684]处于无意识[1685]而不存在[1686]；［第 20 行］[1687]如果这种实体[1688]的真正[1689]活动[1690]持续在他身上[1691]，这种[1692]活动[1693]就不停止[1694]，那么善的人[1695]在那种情况下[1696]他就是一个善的人，甚至那时他也是活跃的[1697]。不是[1698]他的[1699]整体[1700]而是[1701]［第 25 行］[1702]他的[1703]部分[1704]没有意识到[1705]他的[1706]活动[1707]。同样[1708]，在我们的生长[1709]活动[1710]活跃[1711]之时，关于它的感知并没有[1712]通过感觉功能[1713]传递到[1714]人的[1715]其他部分[1716]；如果[1717]我们的[1718]生长活动[1719]就是"我们"自身[1720]，那么我们[1721]就是活跃的[1722]我们自身[1723]［不考虑我们不知道它的事实］[1724]。然而事实上我们不是它[1725]，但我们是理智[1726]活动[1727]。因此［第 30 行］理智[1728]活跃[1729]时[1730]，我们[1731]就是[1732]活跃的[1733]。

　　10.[1734]［第 1 行］[1735]也许[1736]我们没有注意到[1737]理智活动，因为它与感觉对象[1738]无关[1739]。借助于[1740]作为[1741]媒介[1742]的感知觉[1743]，我们确实能在感觉层次上[1744]起作用[1745]并思考感觉对象[1746]。[1747]但是理智本身[1748]［没有知觉］[1749]为何就不能是活动的[1750]，那先于[1751]感知觉[1752]和任何[1753]意识形式[1754]的理智之［第 5 行］[1755]随从即灵魂[1756]为何就不能是活动的？如果[1757]"思想[1758]与[1759]是[1760]同一[1761]"，那么[1762]必有[1763]一种活动[1764]先于[1765]意识[1766]。[1767]当理智活动[1768]回光返照[1769]时，那在敏于思考[1770]的灵魂[1771]生命[1772]中的事物[1773]某种意义上也[1774]就返照[1775]，正如[1776]平滑光亮的[1777][第 10 行][1778]镜面返照所成的镜像[1779]，意识似乎就这样存在或者产生了。在这些情况中[1780]，镜子[1781]的存在[1782]产生[1783]镜像[1784]，即使镜子不[1785]存在[1786]或者[1787]并非[1788]平滑光亮[1789]，或者并没有以这种方式起作用，[1790]使之成像的对象也会[始终]存在[1791]。[1792]灵魂[1793]也是[1794]如此[1795]。当我们里面[1796]反映[1797][第 15 行]思想[1798]和理智[1799]影像[1800]的事物没有受到干扰[1801]，我们就以一种类似于[1802]感知觉[1803]的方式[1804]认识到[1805]与先在[1806]知识[1807]一起[1808]的是活跃的理智和思想[1809]。但是当身体[1810]的和谐[1811]被搅乱[1812]，我们内在的镜子被颠覆[1813]，推论性思想[1814]和理智[1815]就可以无像运行[1816]，理智活动[1817]也不会[1818]产生心像[1819]。[1820][第 20 行][1821]因此我们可以得出这样的结论[1822]，理智活动[1823][通常]会有某种[1824]心像[1825]相随[1826]，但理智[1827]并不[1828]就是[1829]心像[1830]。我们可以找到[1831]大量[1832]富有理论[1833]价值和实践[1834]价值[1835]的活动[1836]，即使在我们[1837]完全有意识[1838]但并没有意识到[1839]它们[1840]时，我们在凝思[1841]和现实生活[1842]中都继续活动。读者并不[1843][第 25 行]必然[1844]意识到[1845]自己正在阅读[1846]，至少[1847]他聚精会神时[1848]是如此[1849]；正勇敢的人[1850]也不[1851]必然意识到他正是勇敢的[1852]，他的行为与勇敢这种活动相一致[1853]。还有成千上万[1854]诸如此类的例子[1855]。事实上[1856]，有意意识[1857]很可能[1858][第 30 行]使意识活动[1859]变得[1860]模糊不清[1861]。只有当它们单独时[1862]，它们才是[1863]更纯粹[1864]、更真实的[1865]能动的[1866]生命[1867]。当善的人[1868]处于这种状态[1869]时，他们就获到了提升[1870]，因为他们的生活没有[1871]散落[1872]在感知觉[1873]里面[1874]，而是[1875]聚集[1876]—[1877]于它自身[1878]。

11.　[1879][第 1 行][1880]如果[1881]有人说[1882]处于这种状态的人[1883]甚至不[1884]拥有生命[1885]，那么我们认为[1886]他是有生命的[1887]，他们只不过没看到[1888]他的[1889]福祉[1890]，正如[1891]他们不理解他的[1892]生活[1893]。如果[1894]他们不[1895]信任[1896]我们，那么就请[1897]他们[1898]把[第 5 行]一个有生命的人[1899]和一个善的人[1900]作为其起点[1901]，进而追寻他的福祉[1902]。要在不[1903]减少[1904]他[1905]生命[1906]的前提下来究问[1907]他是否拥有好[1908]生活[1909]，或者在不[1910]褫夺[1911]他人性[1912]的前提下究问[1913]人的[1914]福祉[1915]，或者在承认[1916]善的人[1917]的生活指向[1918]其内在的[1919]前提下从他的外部活动[1920]认知[1921]他[1922]，[第 10 行][1923]他[1924]必较少

[1925]对外部事物[1926]的欲求[1927]。如果[1928]有人说[1929]外部事物[1930]都可欲求[1931]，善的人[1932]也欲求[1933]它们[1934]，那就不可能存在福祉[1935]。有福的[1936]人[1937]希望[1938]人人[1939]都繁荣[1940]，希望没有人受制于恶[1941]。即使[1942]不能[1943]实现[1944]，他也总是[1945]有福的[1946]。［第 15 行］如果[1947]有人认为[1948]假设[1949]善的人想望[1950]诸如此类的事情[1951]使他[1952]显得[1953]荒谬[1954]——因为[1955]恶[1956]不可能[1957]不是[1958]是[1959]——那么持这观点的人显然[1960]同意[1961]我们[1962]所说的善的人指向[1963]内在[1964]欲求[1965]。

12.　[1966]［第 1 行］[1967]当他们被要求[1968]说明[1969]什么是生活[1970]中的这种[1971]快乐[1972]时[1973]，他们不是[1974]想获得[1975]放荡者[1976]的快乐[1977]，或者任何身体的[1978]快乐[1979]——这些[1980]都不会[1981]出现在那里[1982]，甚至会遮暗[1983]福祉[1984]——［第 5 行］[1985]或者极度快乐的情绪[1986]——善的人怎么可能会有这些呢[1987]？——福祉指的是与所呈现的[1988]诸善[1989]相伴[1990]的快乐。快乐不[1991]在于[1992]运动[1993]，它们也不是任何过程的结果[1994]：因为[1995]诸善[1996]已经存在[1997]，而善的人[1998]向他自身[1999]呈现[2000]。他的快乐[2001]和福祉[2002]就是宁静[2003]。善的人[2004]总是[2005]愉快的[2006]。安宁[2007]就是他的状态[2008]，他性情[2009]恬静[2010]，［第 10 行］不[2011]受任何所谓的[2012]恶[2013]搅扰[2014]——如果[2015]他真的是善的[2016]。如果[2017]有人寻找[2018]生活[2019]中的另一种[2020]善[2021]，那就不是[2022]他所寻找的[2023]德性[2024]生活[2025]。

13.[2026]［第 1 行］[2027]善的人的活动[2028]不[2029]因[2030]运气[2031]变化受妨碍[2032]，他能够随机应变[2033]。不管怎样，他的活动总是[2034]适当的[2035]，也许由于顺应环境变化[2036]而更加适当[2037]。至于[2038]他的思辨[2039]活动[2040]，［第 5 行］[2041]在涉及某些具体观点时可能会受环境影响[2042]，例如[2043]，那些需要探索[2044]和研究[2045]的观点[2046]。但是"最伟大的学习"[2047]总是[2048]容易的[2049]并与他相伴[2050]，如果[2051]他身处[2052]所谓的[2053]"法拉利公牛"[2054]——尽管人们一直[2055]称之为[2056]快乐[2057]，但如此称谓[2058]是愚蠢的[2059]——之中，就更是如此。[2060]因为根据［第 10 行］他们的哲学观点[2061]，其快乐状态正是其所遭受痛苦的事物[2062]；根据我们的哲学观点，遭受痛苦的是一部分，[2063]但还有另一部分虽然被迫同受痛苦[2064]却始终持守他自身[2065]，绝不会[2066]有所缺乏于[2067]普遍[2068]之善[2069]的凝思[2070]。

14.　[2071]［第 1 行］[2072]人[2073]尤其是[2074]善的人[2075]并非[2076]是灵魂和身体的复合物[2077]。毋庸置疑的是[2078]，人可以从[2079]身体[2080]中分离出来[2081]，轻看[2082]所谓的[2083]身体[2084]的善[2085]。［第5行］[2086]主张[2087]凡有生命[2088]的身体都拥有福祉[2089]是[2090]荒谬的[2091]，因为福祉[2092]是[2093]善的生活[2094]，与灵魂有关[2095]，是[2096]灵魂的[2097]一种活动[2098]，但它不是[2099]灵魂[2100]的全部[2101]——因为[2102]它不是[2103]生长—灵魂[2104]的活动，否则便使活动与身体相关联了[2105]。这种[2106]福祉[2107]状态当然[2108]不[2109]在于身体的高大[2110]或健康[2111]，也不[2112]在于[2113]［第10行］感觉[2114]的善好[2115]。这些优势由于太过明显[2116]而令人负重[2117]过甚[2118]，以致把他降低到它们的水平[2119]。另一方面[2120]则存在一种平衡[2121]引导[2122]向至善[2123]，它削弱[2124]和限制身体[2125]。这样，不同于其外在部分的[2126]真人[2127]就显明了出来[2128]。属于这个世界的人［第15行］可能是[2129]俊美的[2130]、高大的[2131]和[2132]富有的[2133]，他是全[2134]人类[2135]的统治者[2136]（因为他本质上就属于这个区域[2137]），我们不应[2138]为诸如此类的事物嫉妒[2139]他[2140]，他借它们伪装[2141]自己[2142]。贤人[2143]也可能[2144]完全[2145]不[2146]拥有[2147]这些[2148]本原[2149]。[2150]如果他拥有[2151]，如果[2152]他关心[2153]的是真我[2154]，他自己就会削弱[2155]它们[2156]。［第20行］[2157]他借着漠视[2158]削弱[2159]和逐渐消除[2160]身体[2161]的优势[2162]，抛弃[2163]权位和职位[2164]。他关心[2165]身体[2166]健康[2167]但不[2168]指望[2169]完全[2170]不生[2171]病[2172]，或者不经历痛苦[2173]。毋宁说[2174]，即使[2175]这样的事[2176]没有发生在他身上[2177]，他也希望[2178]年轻[2179]时就能了解[2180]它们，不[2181]希望年长时[2182]任何痛苦[2183]或者快乐[2184]［第25行］妨碍[2185]他，或者不希望任何世俗之事不管快乐的[2186]还是痛苦的[2187]来妨碍他[2188]，总之[2189]他不再以身体为思虑了[2190]。如果他发现身处痛苦之中[2191]，他就用以此为目的[2192]所赐予[2193]他的力量[2194]对抗[2195]它。他会发现快乐[2196]、健康[2197]、免于痛苦和烦恼[2198]并不[2199]有助于[2200]他的福祉[2201]，［第30行］那么其对立面[2202]也就不能[2203]剥夺[2204]或者减少[2205]他的福祉[2206]。因为[2207]如果一件事情[2208]的增加[2209]无助于[2210]一种状态[2211]，其对立面[2212]又如何能[2213]夺走[2214]它呢？

15.[2215]［第1行］[2216]但是[2217]假如[2218]有[2219]两个[2220]贤人，一个[2221]具有[2222]所谓的[2223]合乎[2224]自然[2225]的善，另一个[2226]则有其对立面[2227]，那么我们能否说[2228]他们具有[2229]同等的[2230]福祉[2231]？是的[2232]，如果[2233]他们具有同等[2234]智慧[2235]的话。即使[2236]某人相貌堂堂[2237]，［第5行］具有其他[2238]所有与智慧无关的[2239]所有[2240]身体[2241]的优势，具有或者与德性[2242]和至善[2243]的凝思[2244]或者与至善本身[2245]无关的[2246]优势，那它们又有何意义呢[2247]？毕竟[2248]拥有[2249]这些优势[2250]的人[2251]不会[2252]放弃它们[2253]，仿佛[2254]他们比不[2255]

拥有[2256]这些的人更[2257]有福[2258]似的。然而，比他人更多地[2259]拥有它们[2260]甚至无助于[2261]成为[2262]一名管道工[2263]。［第 10 行］[2264]但是[2265]由于[2266]我们在思考[2267]一个人是否有福[2268]时把我们自己的[2269]弱点[2270]引入了其中，就把处于福祉状态的人[2271]所不屑一顾的[2272]事物视为[2273]可怕[2274]和恐怖[2275]。如果人不能[2276]从这种事情[2277]的想象[2278]中摆脱出来[2279]，不能［第 15 行］在自身[2280]中建立起恶[2281]无法[2282]随附于[2283]他的信心[2284]，不能以某种方式[2285]成为[2286]一个完全[2287]不同的[2288]人，那他就未曾[2289]抵达[2290]智慧[2291]或者福祉[2292]。当心智处于这种状态，他就泰然自若[2293]。如果他畏东怕西[2294]，那他的德性[2295]便不[2296]完善[2297]，只是半人[2298]而已。在他关注别的事物时[2299]，如果有一种不自觉的恐惧以迅雷不及掩耳之势袭上心头[2300]，那么［在他里面[2301]］的智慧者[2302]就会来临[2303]并赶走[2304]恐惧[2305]，［第 20 行］[2306]借着威吓[2307]或者[2308]推论[2309]安抚[2310]在他里面的悲伤的[2311]孩子[2312]。威吓[2313]是冷漠的[2314]，就像[2315]孩子[2316]震惊于[2317]一张严厉的[2318]脸[2319]而不敢出声。这类[2320]人[2321]并非[2322]不友好[2323]或者缺乏[2324]同情心[2325]。他也是如此对待自己和处理自己的事务的[2326]。但是他怎样对待自己便也怎样对待朋友[2327]，因此对最好的朋友也［第 25 行］待之以智性[2328]。

16．[2329]［第 1 行］如果[2330]有人不[2331]把善的人[2332]列于[2333]理智世界[2334]的高处[2335]，而把他降低[2336]为随机事件[2337]并担心[2338]偶然[2339]会发生在他身上[2340]，那么他就没有如[2341]我们要求的那样[2342]专注于善的人[2343]，而是[2344]把他假设为［第 5 行］普通的[2345]人[2346]，一个善[2347]恶[2348]混合[2349]的人，就是在把一种[2350]善恶混合的[2351]、不大可能发生的生活[2352]归之于[2353]他。即使[2354]这种人[2355]确实存在[2356]，他也不[2357]配[2358]被称为[2359]是[2360]有福的[2361]。在他里面不[2362]包含[2363]任何恢弘的气度[2364]，无论[2365]在[2366]智慧[2367]的尊贵[2368]还是善[2369]的纯粹[2370]上都是如此。［第 10 行］[2371]身体和灵魂的共同体[2372]不[2373]可能拥有[2374]有福的[2375]生活[2376]。柏拉图[2377]正确地[2378]主张愿意[2379]成为智慧的[2380]并处身于福祉状态的[2381]人，必须从那里[2382]，从上界[2383]获得[2384]善[2385]，凝视[2386]、仿效[2387]并依靠它[2388]。[2389]他须[2390]将此[2391]视为[2392]唯一的目标[2393]，随居所[2394]的［第 15 行］[2395]改变[2396]而改变他的其他环境[2397]，不是因为他[2398]要从[2399]这个[2400]或那个居所[2401]获得[2402]有关福祉方面的[2403]好处[2404]，而是揣度[2405]他居于[2406]这里[2407]或[2408]那里[2409]时，在受其他环境限制的情况下[2410]，他必须尽可能[2411]满足身体的需要[2412]，但是他本身不是身体[2413]，而是要抛弃身体[2414]，要在最适当的时候[2415]［第 20 行］[2416]抛弃身体[2417]。此外他有权[2418]为他自己[2419]选择[2420]这个时间[2421]。因此[2422]他的[2423]某些活动[2424]指向[2425]福祉[2426]，其他活动[2427]则不[2428]指向[2429]这目标[2430]，也不[2431]真正[2432]属于他[2433]，而是[2434]属于与他联合的身体[2435]。他要尽可能[2436]照顾[2437]和承受[2438]它，就像[2439]音乐家[2440]与他使用的[2441]里拉[2442]。［第 25 行］如果他已经不能使用它[2443]，他就得换一个[2444]或者[2445]放弃[2446]使用[2447]里拉[2448]，也[2449]放弃[2450]有关它[2451]的活动[2452]。他有[2453]与里拉[2454]无关[2455]的其他[2456]活动[2457]要做。当他无须[2458]乐器[2459]而浅吟低唱[2460]时，他便把它弃之一边[2461]。然而，最初[2462]给予[2463]他[2464]乐器[2465]并非[2466]没有充分理由[2467]。他经常[2468]用[2469]它[2470]直至今天[2471]。

**注释:**

[1] Περι Ευδαιμονιας。按照普罗提诺写成作品的时间排列，本篇原为第 46 篇作品。英译者 Armstrong 注:"我"把 eudaimonia 中以及类似的词译成"福祉"、"福泽"，这种表达虽不十分恰当，但至少比通常所译的"幸福"少些误导。我们通常用幸福指感觉良好，而 eudaimonia 则意指存在于一种美好状态中。在这篇作品中，普罗提诺花了大量篇幅表明，即使人们没有幸福的感受，甚至在完全没有意识到自己的 eudaimonia 时，他都可能是 eudaimon 的。

[2] 本节摘要。本节概述了亚里士多德和斯多亚学派的福祉观念；普罗提诺某种程度上采用了斯多亚学派的福祉是"生活得好"的观点，认为动植物也能够"生活得好"并拥有福祉；但是动植物的"生活得好"发生在感知觉领域而不是发生在理智领域。

[3] 依据 Paul Kalligas 撮要言之。［第 1—8 行］亚里士多德依据人们的信念把"福祉"等同于"生活得好"。在可靠的学园派著作中（托名柏拉图的《定义》(definitions)412d10-11），福祉(eudaimonia)被定义"为生活得好(pros to eu zen)"所具有的自足能力(dunamis autarkes)。任何生命物只要令其生命合乎自然，(kata phusin)，就都可以被认为趋向其合适目的(oikeion telos)，能合乎自然地生活得好，并最终获得福祉(eudaimonia)。从普罗提诺这里所论述的内容看他似乎援引了斯多亚学派的观点，但是亚里士多德显然不会表示赞同，因为他认为福祉是凝思活动(theoretike energeia)。普罗提诺这里尝试论证所谓"生活得好"(eu zen)和"生命"(zoe)的一致性，如果生命被认为是具有被动和主动呈现的生物学延续的话。普罗提诺将其表述为"自足的经验"和"其适合的工作的完成"，那么就会导致如下观点:任何生命物包括植物都有能力生活得美好。(Paul Kalligas, *The Enneads of Plotinus: A Commentary,* Vol.1, pp.164-165)

<sup>4</sup>τιθέμενοι 认为，假设。

<sup>5</sup>εὖ 福祉，有福的。Armstrong 译为 good。εὖ 是 εὐδαιμονία 的缩写。

<sup>6</sup>ζῆν 生活

<sup>7</sup>εὐδαιμονεῖν 福祉

<sup>8</sup>ἐν 一

<sup>9</sup>αὐτῷ 同，自身。

<sup>10</sup>Armstrong 英译注指出这是亚里士多德《尼各马可伦理学》I 8.1098b.21 中的观点。

<sup>11</sup>ἄρα 就，立即，会。

<sup>12</sup>ἄλλοις 其他，另外的。

<sup>13</sup>ζῴοις 有生命物

<sup>14</sup>μεταδώσομεν 分有，分享。

<sup>15</sup>τούτων 这，它们，指福祉。

<sup>16</sup>αὐτοῖς 它们

<sup>17</sup>εἰ γὰρ 如果。γὰρ 因为，既然。

<sup>18</sup>ἔστιν 是，能够。

<sup>19</sup>ἀνευμποδίστως διεξάγειν 不受妨碍地。ἀνευμποδίστως 不受阻拦地。 διεξάγειν 保持，维持。

<sup>20</sup>πεφύκασιν 使生长，自然地。

<sup>21</sup>英译者 Armstrong 注：可对照《尼各马可伦理学》VII 14. 1153b. 11。

<sup>22</sup>κωλύει 阻止，不能够。

<sup>23</sup>λέγειν 说

<sup>24</sup>ἐν...εἶναι 处在……中。ἐν 在……中。εἶναι 是。

<sup>25</sup>εὐζωίᾳ 有福的生活。Armstrong 英译为 good life。

<sup>26</sup>καὶγὰρ 无论，既然。

<sup>27</sup>εὐζωίαν 有福的生活。Armstrong 译为 good life。

<sup>28</sup>θήσεται 考虑，视为。

<sup>29</sup>εὐπαθείᾳ 自足的经验。εὐπαθείᾳ 由 εὐ（有福的）和 παθείᾳ（经验）复合所成，也可以译为"令人满足的经验"，或者"美好的经验"。

<sup>30</sup>εἴτε...εἴτε 或者……或者……

<sup>31</sup>οἰκείῳ 适合的

<sup>32</sup>ἔργῳ 在工作中。ἐν 在……中，Armstrong 英译为 consisting in。

<sup>33</sup>τελειουμένῳ 完成

<sup>34</sup>κατ' ἄμφω 无论是哪种情形。

<sup>35</sup>ὑπάρξει 开始存在，属于。

<sup>36</sup>ἄλλοις 其他，另一个。

<sup>37</sup> ζῴοις 生命物

<sup>38</sup> γὰρ 因为

<sup>39</sup> ἐνδέχοιτο 能够，有。

<sup>40</sup> εὐπαθεῖν 自足的经验。

<sup>41</sup> καὶ γὰρ εὐπαθεῖν ἐνδέχοιτο 因为它们既有自足的经验。

<sup>42</sup>εἶναι，是，这里译为"从事"。

<sup>43</sup>κατὰ 依照，这里译为"合乎"。

<sup>44</sup> φύσιν 自然的

<sup>45</sup> ἔργῳ 工作

<sup>46</sup> οἷον καὶ 例如

<sup>47</sup>μουσικὰ 音乐的，有音乐天赋的。

<sup>48</sup>ζῴων 生命物

<sup>49</sup>ὅσα τοῖς 相当于 which。

<sup>50</sup>ἄλλοις 其他的，另外的。

<sup>51</sup>εὐπαθεῖ 自足的经验，这里简单译为"福祉"。

<sup>52</sup>πέφυκε 与生俱来的，一起生长的，自然的。

<sup>53</sup>依据 Paul Kalligas 撮要言之。[第10—15行] eudaimonia 构成所有理性生命的最终目的，这深深地植根于古代伦理哲学的意识之中（《尼各马可伦理学》X 6.1176a31—32）。阿佛洛狄西亚斯的亚历山大认为 eudaimonia 同样可以被视为是欲望的终极术语(eschaton orekton)，对此的追寻则构成任何生命活动的动力，任何完美生命的达成就是有机体本性的呈现。(Paul Kalligas, *The Enneads of Plotinus: A Commentary,* Vol.1, p.165)

<sup>54</sup>ᾄδοντα 歌唱

<sup>55</sup> ταύτῃ αἱρετὴν αὐτοῖς 自己想抓住的。ταύτῃ 这样的。 αἱρετὴν 抓住。αὐτοῖς 自己。

<sup>56</sup> ἔχει 有，拥有。

<sup>57</sup>ζωὴν 生活

<sup>58</sup>英译者 Armstrong 注：对照《尼各马可伦理学》X 16.1176a.31。

<sup>59</sup>καὶ τοίνυν 于是，因此，这里译为"还"。

<sup>60</sup> τιθέμεθα 认为，假定。

<sup>61</sup> εὐδαιμονεῖν 福祉

<sup>62</sup> εἰ τέλος 目的。εἰ 是语气词。

<sup>63</sup>英译者 Armstrong 注，此处可以对照《尼各马可伦理学》X 16.1176a.31。

<sup>64</sup>ὅπερἐστὶν 即

<sup>65</sup>ἐνφύσειὀρέξεως 自然欲望。ἐν 在……中。 φύσει 自然。 ὀρέξεως 欲望。

<sup>66</sup> ἔσχατον 最后，指最后阶段。

<sup>67</sup> μεταδοίημεν 承认

<sup>68</sup> εἰς 直到，当。

<sup>69</sup> ἀφικνουμένων 抵达

<sup>70</sup> ἔσχατον 最后的，最后状态。

<sup>71</sup> εὐδαιμονεῖν 福祉

<sup>72</sup> ἐλθοῦσιν 抵达

<sup>73</sup> αὐτοῖς 其，它自身的。

<sup>74</sup> φύσις 自然

<sup>75</sup> ἵσταται 寄寓，栖居。

<sup>76</sup>依据 Paul Kalligas 撮要言之。[第 15—21 行]如果在一般的意义上把美好生活等同于福祉，那么这就可以被视为是生物学的繁荣，意味着福祉概念被扩展到所有有机体。依照亚里士多德的定义（《论灵魂》II 1.412a14—15），如果用"自我营养、成长和衰败"描述身体的能力，那么任何事物包括植物都可以满足这个标准，只要它的生命"无所妨碍地"朝着适当的"目的"展现其自身即实现其"自然"（phusis），尽管这种不受妨碍的生命机体的自然功能的活跃性产生的是快乐，而不必然是 eudaimonia。为了区分福祉和生命物所具有的自然快乐，就要注意"生活得好"这个概念在之前和之后文本的区别。(Paul Kalligas, *The Enneads of Plotinus: A Commentary,* Vol.1, p.167)

<sup>77</sup>ἐξ ἀρχῆς τέλος 自始至终。ἐξ 从……到…… ἀρχῆς 开始。τέλος 终点。

<sup>78</sup> διεξελθοῦσα 贯穿

<sup>79</sup> πληρώσασα 充满于

<sup>80</sup> αὐτοῖς 它们的

<sup>81</sup> πᾶσαν 整个，所有。

<sup>82</sup> ζωὴν 生命

<sup>83</sup> εἰ 如果

<sup>84</sup> δυσχεραίνει 不喜欢，不赞成。

<sup>85</sup> εὐδαιμονίας 福祉

<sup>86</sup> καταφέρειν 下降，延伸。

<sup>87</sup> εἰς 直到，这里译成"至"。

<sup>88</sup> ἄλλα 另一个，其他的。

<sup>89</sup> ζῷα 生命物

<sup>90</sup> οὕτω 这一点，指这个观点。

<sup>91</sup> γὰρ ἂν καὶ 即使。γὰρ 既然，因为。ἂν 语气词。καὶ 和。

<sup>92</sup> ἀτιμοτάτοις 不受尊敬的，卑微的，指卑微的事物。

<sup>93</sup> μεταδώσειν 分有，分享。

<sup>94</sup> αὐτῶν 它，指福祉。

95　τοῖς φυτοίς 植物

96　μεταδώσειν δὲ καὶ 分有。δὲ 通常用在两个字之间。

97　ζῶσι 活的

98　ἔχουσι 具有

99　ἐξελιττομένην 展开，延展。

100　εἰς 至

101　τέλος 终点

102　πρῶτον 首先

103　ὅτι 因为

104　λέγων 认为

105　ἄλλα 其他的，另一个。

106　ζῶα 生命物，有生命物。

107　μὴ 不

108　πολλοῦ ἄξια 许多价值，重要。πολλοῦ 许多，多数。 ἄξια 价值。

109　εἶναι οὐ δόξει 就否定，就不持这个观点。εἶναι 就是。οὐ 表示否定。 δόξει 观点。

110依据 Paul Kalligas 撮要言之。[第 21—26 行] 某些人可能会认为只要生命存在，哪怕是在缺乏感知觉的情况下，生命也可以被意识到，茂盛的植物就是如此。然而就人而言，营养和生长这样的自然功能的满足并不能够导致福祉。换言之，如果人们认为植物由于缺乏感知觉而不具有福祉，那么他就得把"生活得好"严格地限定为感知觉生活的范围。在下面的文章中，普罗提诺对这样的观点作了考查。(Paul Kalligas, *The Enneads of Plotinus: A Commentary*, Vol.1, p.166。

111διὰ τί 它们的，Armstrong 英译为 of them。

112εὖ 福祉，有福的生活。

113μὲν 的确，真的，这里译为"岂不"。

114 ἄτοπος 荒谬

115 πρῶτον μὲν ἄτοπος διὰ τί εἶναι οὐ δόξει μὴ ζῆν εὖ τὰ ἄλλα ζῶα λέγων, ὅτι μὴ πολλοῦ ἄξια αὐτῷ δοκεῖ εἶναι。这半句话如果完全按照句子顺序译，可以试译如下：首先持如下关于它们［指有生命物］的否定观点的确荒谬，即不认为其他生命物也有福祉，仅仅因为它们不具有重要性［或者价值］的判断。

116 οὐκ 决不，不是。

117 ἀναγκάζοιτο 强迫，迫使。

118 ἂν διδόναι 给予，赋予。ἂν 语气词。

119 ἄπασι 所有，全部，这里指"所有其他的"。

120 ζῴοις 有生命物，生命物。

121 δίδωσιν 赋予

¹²² φυτοῖς 植物

¹²³ ὅτι 因为

¹²⁴αὑτοῖς 它，它们，指植物。

¹²⁵ μὴ...πάρεστιν 不……没有，既不……也不……

¹²⁶αἴσθησις 感觉

¹²⁷φυτοῖς 赋予

¹²⁸ζῆν 生命

¹²⁹εἴπερ 果真，就。

¹³⁰ἴσως 同等地

¹³¹ διδοὺς 赋予

¹³² ζωὴ δὲ ἡ μέν εὖ ἂν εἴη 一种生活可以是有福的。ζωὴ 生活。 δὲ 通常用在两个字之间。 μέν 的确，真的。εὖ 有福的，幸福的。ἂν 语气词。 εἴη 系词"是"。Armstrong 将 εὖ 译为善的。

¹³³τοὐναντίον 相反的，对立的。

¹³⁴ οἷον ἔστι καὶ ἐπὶ τῶν φυτῶν εὐπαθεῖν 植物也可以是好的。οἷον ἔστι 是。 καὶ 和。ἐπὶ 关于。τῶν φυτῶν 植物。 εὐπαθεῖν 好的经验，有福的经验，好的。

¹³⁵καὶ μή 也可以是相反的。μή 表示否定，不。

¹³⁶καρπὸν αὖ φέρειν 结果子。καρπὸν 结果子。 αὖ 而且。φέρειν 产物。

¹³⁷ μὴ φέρειν 不结果子。μὴ 不，没有。φέρειν 产物。

¹³⁸ εἰ 在……中

¹³⁹ἡδονὴ 快乐

¹⁴⁰τέλος 目的

¹⁴¹英译者 Armstrong 注：享乐主义者和伊壁鸠鲁学派在不同的意义上都坚持这个观点。不过，下一句显然指伊壁鸠鲁，因此这里可能仅指享乐主义。可比照第欧根尼·拉尔修《名哲言行录》（II. 88）中的阿里斯提波（Aristippus）。

¹⁴²εὖ 有福的

¹⁴³ ζῆν 生活

¹⁴⁴ἐντούτῳ 由快乐决定。ἐν 在……中。τούτῳ 这个，某个，指快乐。

¹⁴⁵ ἀφαιρούμενος 否认

¹⁴⁶ ἄλλα 其他的

¹⁴⁷ ζῷα 有生命物，生命物。

¹⁴⁸ εὖ 有福，有福的。

¹⁴⁹ ζῆν 生活

¹⁵⁰ ἄτοπος 荒谬的

¹⁵¹ εἰ 如果

[152] κατὰ 合乎

[153] φύσιν 自然

[154] ζῆν 生活

[155] δὲ λέγοιτο 被称为。δὲ 通常用在两个字之间。

[156] εἶναι 是

[157] εὖ 有福的

[158] ζῆν 生活

[159] καὶ εἰ 那么

[160] ὡσαύτως 同样的

[161]δὲ εἴη 适用于。δὲ 通常用在两个字之间。εἴη 系词"是"。

[162]ἀταραξία 宁静

[163]英译者 Armstrong 注：ἀταραξία 是伊壁鸠鲁学派的理想，指不受干扰的内心平静。

[164]本节摘要。普罗提诺批评有些学派否认动植物享有快乐生活；他接受斯多亚学派的某些表述，也认为凡合乎自然的即享有它自身的福祉。但是他批评斯多亚学派的物质主义一元论，因为它不可能为"好生活"奠定存在论基础。就有理智的生命物而言，好生活是基于理智的完美性。理智生活才是真正的好生活，快乐只是理智的在世表达。

[165]依据 Paul Kalligas 撮要言之。[第 3—4 行] 有一部分身体所受的刺激在抵达灵魂前已经消退，这样灵魂就不受影响(apathes)，还有一部分刺激由于比较剧烈(seismos)，因此不可能不被灵魂所注意(me lanthanein)。柏拉图在《斐利布篇》(33d2-10)中经对感知觉(perceptual apprehension)已经有所阐释，还指出了意识在感知觉中扮演的角色。普罗提诺在"论灵魂问题的难点"(IV 4.8.8—11)一文中也作了某种程度的讨论。这里，普罗提诺仍然注意感受（pathos）和我们对感受的意识的区分。这里所谓的感受指的是有形体的或者最初的变化，是发生在感觉形成之前的刺激(III 6.1.1—4)。(Paul Kalligas, *The Enneads of Plotinus: A Commentary,* Vol.1, pp.166—167)

[166]φυτοῖς 植物

[167]μὴ 不，没有。

[168]αἰσθάνεσθαι 感觉

[169]οὐδιδόντες 否认。οὐ 不。διδόντες 准许，认可。

[170]ἥδη 快乐，愉悦。

[171]英译者 Armstrong 注：如《尼各马可伦理学》（X 8 1178b. 28 所显示的，亚里士多德否认除人之外的其他生命物分有福祉，因为它们不分有 theoria（视、听、凝思）。普罗提诺则批评了亚里士多德的观点。尽管普罗提诺认为 eudaimonia（福祉）专属于人，但他常用一些适用于一切生命物的术语定义它。亚里士多德和普罗提诺都把 eudaimonia 列入理智生活，尽管他们以不同方式理解那种生活。

[172]οὐδὲ 厖 διδόναι 否认。οὐδὲ 也不。διδόναι 准许，认可。

<sup>173</sup>ἅπασι 所有，一切。

<sup>174</sup>ζώοις 生命物

<sup>175</sup>κινδυνεύσουσιν 冒庞的风险

<sup>176</sup>γὰρ 因为

<sup>177</sup>εἰμὲν 如果真的。μὲν 真的。

<sup>178</sup>αἰσθάνεσθαι 感觉

<sup>179</sup>λέγουσι，根据下文，指的是有关 πάθος 的 λέγουσι。Armstrong 把 λέγουσι 译为 aware，Stephen MacKenna 译为 perception。中译本根据上下文，译为"表达"。

<sup>180</sup>πάθος 经验

<sup>181</sup>λανθάνειν 意识到

<sup>182</sup>μὴ 没有，在……之前。

<sup>183</sup>依据 Paul Kalligas 撮要言之。［第4—9行］现在的问题是："好生活"（enzoia）的"好"(eu)是属于对有形事物的无意识感受，还是在我们所意识和认知到的感受中才能够发现。在第一种情况下，那所谓的"好"(agathon)和"合适的好"(oikeion)就是感受本身，无论它是否"具有知识"或者意识到质料。阿斯卡龙的安提俄库和欧多鲁斯都曾持上述主张，据此动物拥有知觉的起点。但是在普罗提诺之前这个观点就已经遭到斯多亚学派的批评，普罗提诺似乎对此不感兴趣。普罗提诺的论述仅限于如下方面：如果原初的适当的感受（proton oikeion pathos）本身是好的，那么它就足以能够带来好生活，也就不能够否认植物拥有好生活。如果我们不否认植物拥有好生活，也就不能否认动物具有好生活。(Paul Kalligas, *The Enneads of Plotinus: A Commentary,* Vol.1, p.167)

<sup>184</sup>οἷον 例如

<sup>185</sup>ἀγαθὸν 善

<sup>186</sup>ἔχειν 具有，是。

<sup>187</sup>κατὰφύσιν 合乎自然，自然状态。

<sup>188</sup>κᾶν 即使

<sup>189</sup>μὴ 不

<sup>190</sup>λανθάνειν 意识，意识到。

<sup>191</sup>ἀγαθὸν 善

<sup>192</sup>δεῖ 同样，必须，应当。

<sup>193</sup>αὐτὸ 它，自身。

<sup>194</sup>οἰκεῖον 合适的状态

<sup>195</sup> μήπω 不

<sup>196</sup> γινώσκῃ 知道

<sup>197</sup> ὅτι 关系词

<sup>198</sup> εἶναι 是

<sup>199</sup> οἰκεῖον 合适的状态。

<sup>200</sup> καὶ ὅτι ἡδύ 它就是快乐。καὶ 和。ὅτι 关系词。

<sup>201</sup> δεῖ γὰρ ἡδὺ εἶναι 正如它必然如此。δεῖ 应当,必须,必然。 γὰρ 因为。ἡδὺ 快乐。εἶναι 是。

<sup>202</sup>ὥστε 既然

<sup>203</sup> τούτου 这

<sup>204</sup> ἀγαθοῦ 善

<sup>205</sup> ὄντος 存在

<sup>206</sup> καὶ 并且,和。

<sup>207</sup> παρόντος 呈现

<sup>208</sup> ἤδη 快乐

<sup>209</sup> ἔχον 拥有者

<sup>210</sup> ἐστὶν ἐν 是在……中,已经是。

<sup>211</sup> εὖ 有福,福祉。

<sup>212</sup> Ὥστε ἀγαθοῦ τούτου ὄντος καὶ παρόντος ἤδη ἐστὶν ἐν τῷ εὖ τὸ ἔχον. 对于这句希腊文,不同英译者的处理存在较大差别。Armstrong 译为 So if something is good and is there its possessor is already well off.Kieran McGroarty 译为 Just as this good exists and is present, the one who has it already has the good.Stephen MacKenna 译为 This Good exists, then; is present; that in which it is present has well-being without more ado. 从希腊文原文看,Armstrong 的翻译语义略有问题,MacKenna 的翻译则带有解释的因素。中译根据希腊文结合 Kieran McGroarty 的英译加以处理。

<sup>213</sup>ὥστε 何以,为什么。

<sup>214</sup> δεῖ 应当,要。

<sup>215</sup> αἴσθησιν 感觉

<sup>216</sup> προσλαμβάνειν 带入,抓住,列入。

<sup>217</sup> τί 这,指福祉。

<sup>218</sup> εἰ μὴ ἄρα 当然除非。εἰ 如果。 μὴ 不。ἄρα 于是,就。

<sup>219</sup>οὐκ 不

<sup>220</sup>ἀγαθὸν 善

<sup>221</sup>διδόασιν 归入

<sup>222</sup>依据 Paul Kalligas 撮要言之。[第 9—13 行] 在第二种情况下,"好"属于某种感知觉意识或认知,也可以说是某种意识状态。然而这样一种状态与任何具体感受都不同。任何具体的感觉功能甚至只当幻想活跃时,它就是自足的,对这个人来说就是获得了好生活的"好"(eu 或者 agathon)。这样一种极端主观主义者的 eudaimonia(福祉)观念遭到古代哲学家们的广泛反对,因为他们认为 eudaimonia 是人们所实际获得并经

验的客观事务状态。普罗提诺认为前面的观点无疑是荒谬的，因此没有深入地加以驳斥。[第 13—15 行] 第三种可能在于"好"是一种结合：一种感受(pathos)或感觉刺激与感知觉(aisthesis)或知觉意识的结合。普罗提诺批驳了这种观点，因为"好"不可能来自既不给予福祉(well—being)又不导致灾祸(ill—being)的中性事物(adiaphora)的结合。(Paul Kalligas, *The Enneads of Plotinus: A Commentary,* Vol.1, pp.166—167)

²²³καταστάσει 所建立的，实际的。

²²⁴πάθει 经验

²²⁵ἀλλὰ 然而，而。

²²⁶ γνώσει 认识

²²⁷ αἰσθήσει 感觉

²²⁸ ἀλλ᾽但是

²²⁹ οὕτω γε 以这种方式

²³⁰ ἀγαθὸν 善

²³¹ αὐτὴν 它，自身，真正地。

²³² ἐροῦσι 是

²³³ αἴσθησιν 善

²³⁴ αἰσθητικῆς 感觉

²³⁵ ζωῆς 生命

²³⁶ ἐνέργειαν 活动

²³⁷ ὥστε 因此

²³⁸ ἀντιλαμβανομένοις 感觉到

²³⁹ ὁτουοῦν 相同的

²⁴⁰ εἰ δὲ 如果。δὲ 通常用在两个字之间。

²⁴¹λέγουσιν 说，他们说。

²⁴²ἀγαθὸν 善

²⁴³ἐξ ἀμφοῖν 从两者来的，产物。

²⁴⁴依据 Paul Kalligas 撮要言之。[第 15—24 行] 一个更细致的观点是：所谓的感受（喜好）就是好，但只有在意识到它时才会实现好生活。普罗提诺的批评基于他的如下观察：所获得的意识涵盖了某种对感受（喜好）即某种具体感受的评估，否则，快感就成为评估感受（喜好）是否是一种好(agathon)的唯一标准，而这会导致回归快乐主义立场。阿佛洛狄西亚斯的亚历山大已经指出过，所谓的伴随发生的特性指的是根据活跃性判断快乐(apo ton energeion tas hedonas krinomen)，即快乐是根据产生它们的活跃性得以评估的。基于这个原因，并不是所有快乐都被评估为"好" (agatha)，因为还有其他的例如"美"(to kalon)和"优势"(to sumpheron)也可以决定某事物是否值得选择。根据这个观点，好生活并不是快感的直接结果，而是一个认知过程。(Paul Kalligas, *The*

*Enneads of Plotinus: A Commentary,* Vol.1, p.168)

<sup>245</sup>τοιούτου 特殊种类的，这一种的。

<sup>246</sup>αἰσθήσεως 感觉

<sup>247</sup>ἑκατέρου 每一个方面，每种构成物。

<sup>248</sup> ὄντος 是

<sup>249</sup> ἀδιαφόρου 中性的，无差别的。

<sup>250</sup> πῶς 在……的情况下

<sup>251</sup> λέγουσιν 说，他们说。

<sup>252</sup> ἐξ ἀμφοῖν 从两者来的，产物。

<sup>253</sup>εἶναι 是

<sup>254</sup>ἀγαθὸν 善

<sup>255</sup>εἰ δὲ 如果，δὲ 通常用在两个字之间。

<sup>256</sup> ἀγαθὸν μὲν 善。μὲν 的确，真的。

<sup>257</sup>παθος 经验

<sup>258</sup>γνῷ 知道，所知道的。ὅταν 每当……，中译文略去了相应翻译。

<sup>259</sup> ἀγαθὸν 善

<sup>260</sup> αὐτῷ 他

<sup>261</sup> παρόν 呈现

<sup>262</sup> τοιάνδε 这种，这样的，特殊的。

<sup>263</sup> κοτάστασιν 状态，情况。

<sup>264</sup> ἐρωτητέον 询问，须问。

<sup>265</sup> εὖ 有福的

<sup>266</sup> ζῆν 生活

<sup>267</sup> εἰ 如果，是否。

<sup>268</sup> γνοὺς 知道

<sup>269</sup> τὸ παρὸν δὴ τοῦτο 呈现之物。τὸ παρὸν 呈现。 δὴ 真的是。 τοῦτο 这个。

<sup>270</sup> ὅτι πάρεστιν 呈现。ὅτι 连接词，相当于 that。

<sup>271</sup>ἢδεῖ 或者。ἢ 或者。δεῖ 必须。

<sup>272</sup>οὐμόνον 不只是，不仅。

<sup>273</sup>γνῶναι 知道

<sup>274</sup> ὅτι ἡδύ 快乐。ὅτι 连接词，相当于 that。

<sup>275</sup>ἀλλ᾽而且

<sup>276</sup>ὅτιτοῦτοτὸἀγαθόν 它就是善。ὅτι 连接词，相当于 that。τοῦτο 这。 τὸ ἀγαθόν 善。

<sup>277</sup>ἀλλ 然而，但是，

<sup>278</sup>εἰ ὅτι 如果。ὅτι 连接词，相当于 that。

<sup>279</sup> τοῦτο 这，它。

<sup>280</sup> ἀγαθόν 善

<sup>281</sup> οὐκ 不，不再。

<sup>282</sup> αἰσθήσεως 感觉

<sup>283</sup> ἔργον 事情，事务，工作。

<sup>284</sup> ἑτέρας 另一种

<sup>285</sup> κατ᾽ αἴσθησιν 感觉的，关于感觉的。

<sup>286</sup> ἤδη 快乐

<sup>287</sup> μείζονος 在更大程度上

<sup>288</sup> δυνάμεως 能力

<sup>289</sup> τοίνυν 因此

<sup>290</sup> εὖ 有福的

<sup>291</sup> ζῆν 生活

<sup>292</sup> οὐ，不属于

<sup>293</sup> ἡδομένοις 快乐

<sup>294</sup> ὑπάρξει 属于，产生。

<sup>295</sup> δυναμένῳ 能够

<sup>296</sup> ὅτι ἡδονή 快乐。ὅτι 连接词，相当于 that。

<sup>297</sup> ἀγαθόν 善

<sup>298</sup> δή 于是，这样。

<sup>299</sup> εὖ 福祉，有福的。

<sup>300</sup> ζῆν 生活

<sup>301</sup> αἴτιον 原因

<sup>302</sup> οὐχ 不会

<sup>303</sup> ἔσται 是

<sup>304</sup> ἡδονή 快乐

<sup>305</sup> ἀλλά 而是

<sup>306</sup> κρίνειν 判断

<sup>307</sup> ὅτι ἡδονή ἀγαθόν 快乐就是善。ὅτι 连接词，相当于 that。 ἡδονή 快乐。 ἀγαθόν 善。

<sup>308</sup> δυνάμενον 能力

<sup>309</sup>依据 Paul Kalligas 撮要言之。[第 28—31 行] 普罗提诺在批评这些理论时提出了一种方法，就是试图在它们里面分别出正确的线索。由于他自己的某些基本假设还不完善，这些线索还没有被证明是不恰当的。普罗提诺以这种方式持续地提出他自己的理论，他把自己的理论称作是一束光，其他的只是半途而废并需要加以修正的不完

善学说。(Paul Kalligas, *The Enneads of Plotinus: A Commentary,* Vol.1, pp.168)

310 μὲν κρῖνον 下判断，判断。μὲν 的确，真的。

311 βέλτιον 较好

312 κατὰ 大约，大致，纯粹。

313 πάθος 经验

314 γὰρ 因为

315 λόγος 理性

316 νοῦς 理智

317 ἡδονὴ δὲ 快乐。δὲ 通常用在两个字之间。

318 πάθος 经验

319 ἄλογον 非理性

320 οὐδαμοῦ 决不会，从不。

321 κρεῖττον 更好，好于。

322 λόγου 理性

323 λόγος 理性

324 πῶς ἂν οὖν 如何会。ἂν 语气词。οὖν 的确，真的。

325 αὐτὸν 自身，其自身。

326 ἀφεὶς 搁置一边，驱赶。

327 ἄλλο 而，然而。

328 ἐν 在……中

329 ἐναντίῳ 相反的

330 γένει 属

331 κείμενον 位置

332 κρεῖττον 更好，好于。

333 ἑαυτοῦ 它自身

334 ἀλλὰ γὰρ ἐοίκασιν 看起来。ἀλλὰ 然而。 γὰρ 因为。ἐοίκασιν 同样地。

335 οὐ διδόασι 否认。οὐ 没有。διδόασι 批准，同意。

336 ὅσοι τε τοῖς φυτοῖς 植物。ὅσοι 相当于 who。φυτοῖς 植物。

337 εὖ 福祉，有福。

338 τοιᾷδε 这种，特殊的。

339 αἰσθήσει 感觉

340 依据 Paul Kalligas 撮要言之。［第 31—46 行］早期斯多亚学派把"目的"定义为"合乎自然地生活"[homologoumenos(tei phusei) zen]。由于受到学园派的批评，斯多亚学派修正上述观点如下：在"好"的选择上理性具有主导性地位，因此巴比伦的第欧根尼(Diogenes of Babylon)把目的定义为"在合乎自然地选择或者不选择的正确理性

(en toi eulogistein)之中"。最后波西多纽(Posidonius)提出 eudaimonia（福祉）是绝不受灵魂的非理性的、不幸的和非神性部分引导的存在，理性构成"一种更完美的管理"(teleioteran prostasian)。塞涅卡则认为理性的缺席不仅妨碍动植物的"好"，而且妨碍孩子的"好"这种有关理性的观点以某种变化的形式表现在西塞罗和阿斯卡龙的安提俄库学说中。普罗提诺则认为如果服从理性和推论性功能只是为了合乎自然，那就导致对实在性的倒置；理性不是自然需要的仆从，而是其自身理形原理的在世表达。理智原理自身构成唯一真实的价值，它不是达成有别于其自身的某种目的的手段，它是目的本身的显现。斯多亚学派摧毁了这一理论的基础，但是没有奠定这一理论的合适的存在论（是论），这节文本使普罗提诺把德性定义为"完善的理性"(logou teleiosis)成为可能，但是他的这个观点来自斯多亚学派而非亚里士多德。(Paul Kalligas, *The Enneads of Plotinus: A Commentary*, Vol.1, pp.168—169)

[341]λανθάνειν 无意的，没有被注意到的。

[342]ζητοῦντες 寻找

[343] ἑαυτοὺς μεῖζόν 更高事物的。ἑαυτοὺς 它自身。μεῖζόν 更大的，更高的。

[344] εὖ 有福的，福祉。

[345] ζῆν 生活

[346] τιθέντες 假定

[347] ἄμεινον 更好的

[348] ἐν τρανοτέρᾳ 更澄明的。ἐν 在……中。

[349]ζωῇ 生活

[350]ὅσοι δὲ…λέγουσιν 那些说……ὅσοι 相当于 who）。δὲ 通常用在两个字之间。λέγουσιν 说。

[351] ἐν 在……中。

[352] λογικῆ 理性

[353]ζωῇ 生活

[354]英译者 Armstrong 注：这些是斯多亚学派的观点，可以对照第欧根尼•拉尔修《名哲言行录》VII. 130。这里，普罗提诺开始认真讨论斯多亚学派的立场。在本章的批评中，普罗提诺紧紧抓住斯多亚学派的反对者所普遍认为的其伦理学的最薄弱方面，这就是他们很难把所坚持的理性和德性生活是人的唯一真正的善与基本的自然需要的重要性加以协调。有关斯多亚学派伦理学这些观点的批评性讨论可参看西塞罗（Cicero）《论目的》（*De Finibus* IV）以及普卢塔克（Plutarch）的作品。不过，与先前的批评相比，普罗提诺的观点更接近斯多亚学派。他完全同意他们所提出的外在的善与自然的"善"无区别的观点，认为真正的福祉只在于理性和德性生活之中。但是他认为，斯多亚学派不能解释其原因。

[355]οὐχ 不，并非。

356ἁπλῶς 单纯的，只是。

357 ζωῆ 生活

358 οὐδὲ εἰ 也不。οὐδὲ 既不……也不。εἰ 表示可能。

359 αἰσθητικὴ 感觉，指感觉生活。

360 καλῶς μὲν ἴσως ἂν λέγοιεν 很可能是正确的。καλῶς 美好的，应当的，正确的。μὲν 的确。ἴσως 同样地。 ἂν 语气词。 λέγοιεν 所说的，指上面的观点。

361ἐρωτᾶν 提问，问。

362αὐτοὺς 他们。προσήκει 关系到，适合于，这里转译为"为何"

363 μόνον 只

364 εὐδαιμονεῖν 福祉

365 τίθενται 假定，设定于，奠基于。

366 περὶ τὸ λογικὸν 关于理性的，理性的。

367 ζῷον 生命物

368 προσλαμβάνετε 参加，增加。

369 ἆρά γε τὸ λογικὸν προσλαμβάνετε 你们加上理性的。ἆρά 于是。γε 无论如何。 τὸ λογικὸν 理性。προσλαμβάνετε 增加，加上。

370 ὅτι 因为

371 λόγος 理性

372 μᾶλλον 更加，更加有效。

373 ῥᾳδίως 容易地

374 εὐμήχανον 善于发现

375 ἀνιχνεύειν 追踪，探索。

376 περιποιεῖν 取得，获得。

377 πρῶτα 首要的，基本的。

378 κατὰ φύσιν 合乎自然的，自然的。

379 δύναται 能力，需要。

380 κἂν 即使

381 μὴ 不

382 δυνατὸς 能够

383 ἀνιχνεύειν 发现

384 μηδὲ τυγχάνειν 不能获得。μηδὲ 绝不，不能。

385 δυνατὸς 需要，能力。

386 ἀλλ᾽ εἰ μὲν 如果。ἀλλ᾽ 然而。εἰ 如果。μὲν 的确，真的。

387διὰ 透过，借助于，因为。

388 δύνασθαι 能够，能。

389 μᾶλλον 更好地

390 ἀνευρίσκειν 找到，发现。

391 指基本的自然需要。

392 μὴ 不，非。

393 λόγον 理性，指理性生物。

394 ἔχουσιν 具有，拥有，做到。

395 ἄνευ 无须

396 λόγου 理性

397 φύσει 本性

398 τυγχάνοιεν 满足，获得。

399 πρώτων 基本的，基础的。

400 κατὰ φύσιν 合乎自然的，自然的需要。

401 εὐδαιμονεῖν 福祉

402 ἂν ὁ λόγος 理性。ἂν 语气词。

403 ὑπουργὸς 服从，仆从。

404 οὐ δι' αὑτὸν 非它自身。αὑτὸν 它，它自身。

405 γίγνοιτο 值得

406 αἱρετὸς 拥有，抓住。

407 οὐδ' αὖ 同样适用于。οὐδ' 既不……也不。

408 αὑτοῦ 它的

409 τελείωσις 完善

410 εἶναι 就是，是。

411 ἣν φαμεν 我们说，我们所说的。ἣν 关系代词。 φαμεν 说。

412 ἀρετὴν 德性

413 εἰ δὲ 如果。δὲ 通常用在两个字之间。

414 φήσετε 认为，相信

415 μὴ 不，并不是。

416 διὰ 因为，借助于，透过。

417 πρῶτα ἔχειν 具有基本的。πρῶτα 基本的。 ἔχειν 具有。

418 κατὰ φύσιν 合乎自然的，自然需要。κατὰ 合乎，在……周围。

419 τίμιον 受尊敬的，贵重的，尊贵的。

420 ἀλλὰ 而是

421 δι' 因为，借助于，透过。

422 αὑτὸν 它自身，它。

423 ἀσπαστὸν 喜爱，欢迎，受人欢迎。

[424]依据 Paul Kalligas 撮要言之。[第 46—51 行] 理性的完美性不是服务于合乎自然的原初事物(protakataphusin)及其结果,因为相关的理性功能不是自足的,而是要从其自身就是作为完满(teleia)存在物的智性中获得原理。(Paul Kalligas, *The Enneads of Plotinu : A Commentary,* Vol.1, p.169)

[425]λεκτέον 告诉

[426]αὐτοῦ 它

[427]ἄλλο 另外的,其他。

[428]ἔργον 工作,作用。

[429] αὐτοῦ 其,它。

[430] φύσις 本性

[431] τίς 什么

[432] τί 什么

[433] ποιεῖ 造成,使……。

[434] αὐτὸν 它

[435] ποιεῖν 使……,造成。

[436] αὐτὸν 它,指理性。

[437]οὐ 不

[438]δεῖ 应当,可能。

[439] περὶ ταῦτα 关于它,指这些基本自然需要。

[440] θεωρίαν 观看,研究。

[441] αὐτῷ 它的

[442] τέλειον 完善

[443] εἶναι 是

[444] ἀλλὰ ἄλλο 另外的,其他的。ἀλλὰ 然而,句中没译出。

[445]τι 某个事物

[446]αὐτῷ 它,其。

[447]φύσιν 本性

[448]ἄλλην 不同,另外的。

[449]αὐτὸν 它,它本身。

[450]μὴ 不

[451]εἶναι 是

[452]τούτων 这些

[453]πρώτων 基本

[454]κατὰφύσιν 合乎自然的,自然需要。

[455]μηδὲ 不是

⁴⁵⁶依据 Paul Kalligas 撮要言之。[第 52—55 行] 普罗提诺关于斯多亚学派的立场始终一致，他认为斯多亚学派走在正确的方向上，但是其物质主义的一元论不能够上升到超越感觉的区域，因而不能够为伦理学说奠定正确的基础。(Paul Kalligas, *The Enneads of Plotinus: A Commentary,* Vol.1, p.169)

⁴⁵⁷πρῶτα 基本

⁴⁵⁸κατὰφύσιν 合乎自然的，自然需要。

⁴⁵⁹ἐξ ὧν 来自是……，得以产生的源泉。

⁴⁶⁰ ὅλως 完全

⁴⁶¹ μηδ᾽不，不属于。

⁴⁶² εἶναι 是，属于。

⁴⁶³ γένους 属，指这存在物之列。

⁴⁶⁴ κρείττονα 好于，较好。

⁴⁶⁵ τούτων ἀπάντων 所有这些事物。τούτων 这个，某个。ἀπάντων 处处。

⁴⁶⁶ ἢ πῶς 否则。πῶς 如何。

⁴⁶⁷ οὐκ 不

⁴⁶⁸ λέγειν 相信，认为。

⁴⁶⁹ αὐτοὺς 他们

⁴⁷⁰ οἶμαι 能够，认为。

⁴⁷¹ ἕξειν 抓住，解释。

⁴⁷² αὐτῷ 它的

⁴⁷³τίμιον 尊贵，尊贵地位。

⁴⁷⁴ἀλλ᾽然而

⁴⁷⁵ἕως 直到，除非。

⁴⁷⁶οὗτοι 这些，这些人。

⁴⁷⁷ μέν 的确，真的，能够。

⁴⁷⁸ περὶ ἃ νῦν ἵστανται 他们现在所谈论的事物。περὶ 关于……的事物。ἃ νῦν 现在。ἵστανται 所谈论的。

⁴⁷⁹κρείττονα εὕρωσι 更好，更强大的。κρείττονα 更好的。εὕρωσι 更强大的。

⁴⁸⁰φύσιν 自然

⁴⁸¹εἶναι 就是。

⁴⁸² ἐνταυθοῖ 这里，那里，此。

⁴⁸³ ἑατέοι 放弃

⁴⁸⁴ οὗπερ μένειν ἐθέλουσιν 这也是他们的所愿。ἐθέλουσιν 愿意，愿望，所愿。

⁴⁸⁵ ἀπόρως ἔχοντες ὅπη 他们不能回答这个问题。ἀπόρως 不能。ἔχοντες 握有，回答。ὅπη 如何，怎样，指这个问题。

<sup>486</sup> εὖ 福祉、有福。

<sup>487</sup> ζῆν 生活

<sup>488</sup> οἷς δυνατόν 有能力获得它的存在物。οἷς 这样的，那样的。δυνατόν 能力。

<sup>489</sup>ἐστι 是

<sup>490</sup>τούτων 这样的，指可能的。

<sup>491</sup>本节摘要。不只人能够"生活得好"，动植物也有"生活得好"的活跃性；在最广泛的意义上，动植物也具有"福祉"；普罗提诺使用层级性存在论（是论）的观念，解决古典希腊哲学把"福祉"单纯使用在"理智生活"和他把"福祉"（"生活得好"）扩展到所有生命物的矛盾；真正的福祉为理智生活所具有，但普罗提诺似乎暗示所有生命物都具有智性，只是其他生命物的智性更多处于被遮暗之中；普罗提诺还指出至善是超越性的善，它是善但并不具有任何属性意义上的善。

<sup>492</sup>依据 Paul Kalligas 撮要言之。[第 2 行] 亚里士多德认为福祉是"以某种方式得到规定的生活"(zoe poiatis)(《形而上学》Θ 8.1050b1—2)，它是一种单纯的现实性(energeia)，一种活跃性，但没有所谓的产物(ergon)。"现实就处于自身之中，例如，看在看者之中，凝思处在凝思者之中，生命在灵魂之中。"(同上，1050a34—36，译文根据李真先生的翻译，略有改动。)亚里士多德似乎认为"生命"已经具有灵魂较高的"理论的"（即理智）活跃功能，因此 eudaimonia 在引伸的意义上被合理地刻画为"凝思的"(theoretike)或者理智的生活。[第 3—9 行] 基于福祉是一种生活的观点，普罗提诺用新的逻辑分析评估了前面已经提出的两个观点。(1) 把漫步学派的"生活得好"（"福祉"）的观念扩展到所有生命物，这就预设了"生活得好"与"生命"是同义词。如果根据《论灵魂》有关生命的生物学定义，人与动物的生命并无本质区别。但是这样一来，eudaimonia 的理智维度就落空了。漫步学派不可能兼容下面两个观点："福祉"或者与涵盖所有生命物的有机体功能的无妨碍的活跃性等同，或者福祉就是人所单独具有的理智活跃性。阿斯卡龙的安提俄库则提出一种相反的观点，他认为所有生命物都具有特殊本性，每个人的"好生活"也是特殊的。受这个观点的启发，普罗提诺认为生命和福祉不是同义词而是同名异义。在此基础上，普罗提诺提出了层级性结构的描述方式。(Paul Kalligas, *The Enneads of Plotinus: A Commentary,* Vol.1, pp.169—170)

<sup>493</sup>ἡμεῖς δὲ 我们。δὲ 通常用在两个字之间。

<sup>494</sup>λέγωμεν 意在指出

<sup>495</sup>τί ποτε 几时，何时，什么。

<sup>496</sup>ἐξ ἀρχῆς 始初。ἐξ 从……。ἀρχῆς 原理，开始。

<sup>497</sup> ὑπολαμβάνομεν 理解，从下面开始举起。

<sup>498</sup> εὐδαιμονεῖν 福祉

<sup>499</sup> δή 于是，不妨。

⁵⁰⁰ τιθέμενοι 假设

⁵⁰¹ εὐδαιμονεῖν 福祉

⁵⁰² ἐν 在……中

⁵⁰³ ζωῇ 生命

⁵⁰⁴ εἰ 如果

⁵⁰⁵ ζῆν 生命

⁵⁰⁶ μὲν 的确，真的。

⁵⁰⁷ συνώνυμον 同名的，在完全同样的意义上。

⁵⁰⁸ ἐποιούμεθα 造成，让……成为。

⁵⁰⁹ δεκτικοῖς 适用于

⁵¹⁰ πᾶσι μὲν ἂν τοῖς ζῶσιν 一切生命物。πᾶσι 一切，所有。μὲν 的确，真的。ἂν 语气词。τοῖς ζῶσιν 生命物。

⁵¹¹ ἀπέδομεν 术语

⁵¹² ἐνεργείᾳ ἐκεῖνα 在那活动，有能力做。ἐκεῖνα 那里。

⁵¹³ εὖ δὲ ζῆν 幸福地生活。δὲ 通常用在两个字之间。

⁵¹⁴ οἷς παρῆν ἕν τι καὶ ταὐτόν 那些事实上过着美好生活的存在者都拥有同样的事物。οἷς παρῆν ἕν 在……里面。 τι 某个，这个，指美好生活，有福的生活。καὶ ταὐτόν 同样的，同样的事物。

⁵¹⁵ πάντα 一切，所有。

⁵¹⁶ ζῷα 生命物

⁵¹⁷ ἐπεφύκει 自然地

⁵¹⁸ εἶναι 是，能够。

⁵¹⁹ δεκτικὰ 获得

⁵²⁰ οὐκ 不是。ἂν 语气词。

⁵²¹ μὲν 真的，就。

⁵²²ἔδομεν 赋予，认定。

⁵²³ ταὐτόν 它，指有福的生活，有福地生活。

⁵²⁴ δύνασθαι 能力

⁵²⁵ λογικῷ 理性，理性存在。

⁵²⁶οὐκέτι 不，不属于。

⁵²⁷τῷ δὲ ἀλόγῳ 非理性存在。δὲ 通常用在两个字之间。

⁵²⁸依据 Paul Kalligas 撮要言之。［第 10—15 行］（2）由于斯多亚学派认为生命不足以造成福祉，理性被作为目的附加于生命之上，这样斯多亚学派就不得不去寻求构成福祉性质的条件。如果生命本身不包含福祉，如果生命并不就是理性生命，那么就只能用理性的性质(to logikon)构成福祉。在其特殊的宇宙论背景之下，斯多

亚学派认为作为理性(logos)之显现的性质构成了有形体事物的排列(diatheseis)。因为如果"理性能力"(logike dunamis)是另外地加在此前存在生命的性质上，福祉也就毫无疑问只是附加的。(Paul Kalligas, *The Enneads of Plotinus: A Commentary,* Vol.1, p.170)

<sup>529</sup>ζωὴ 生命

<sup>530</sup>γὰρ 既然，之于，表示原因。

<sup>531</sup>ἦν 是

<sup>532</sup>κοινόν 共同的

<sup>533</sup>εἴπερ 如果，果真。

<sup>534</sup>εὐδαιμονεῖν 福祉

<sup>535</sup>ὑπῆρχεν 被发现，得到理解，存在。

<sup>536</sup>ζωῆ 生命

<sup>537</sup>ἐν 在……中

<sup>538</sup>ὃ δεκτικὸν τοῦ αὐτο ῦπρὸς τὸ εὐδαιμονεῖν ἔμελλεν εἶναι [无论理性生命还是非理性生命]，生命通过同样方式获得福祉。ὁ δεκτικὸν 获得。τοῦ αὐτοῦ 它，指生命。πρὸς 从……，以……。τὸ εὐδαιμονεῖν 福祉。ἔμελλεν 将要达到。εἶναι 是。

<sup>539</sup>ὅθεν, οἶμαι 因此我相信。ὅθεν 在那里，因此。οἶμαι 我认为，我相信。

<sup>540</sup>λέγοντες 认为

<sup>541</sup>ἐν 存在于，在……中。

<sup>542</sup>λογικῆ 理性

<sup>543</sup>ζωῆ 生命

<sup>544</sup>οὐκ 没有

<sup>545</sup>γίνεσθαι 考虑到，意识到。

<sup>546</sup>οὐδὲ 没有

<sup>547</sup>εὐδαιμονείν 福祉

<sup>548</sup>依据 Paul Kalligas 撮要言之。[第 15—24 行] 普罗提诺认为理性只是区分理性生活和非理性生活的标准，理性和非理性没有先后之分。就其本性而言，它们是同时性的。理性是更高更完美生命的表达，它与非理性生命混合在一起。当非理性生命不断降低其在原初生命中的分量时，就有了较高层级的生命，也就越接近智性和真正福祉的完美生活。从这个语义学观点看，所有这些"生命"的关系是同名异义的。然而在普罗提诺看来，同名异义不是变化的关系，而是层级的关系，这也意味着普罗提诺用层级秩序代替所谓的先后观念。没有所谓的能够涵盖所有生命形式的种，因此生命可以用许多不同的方式加以言说：因为它事实上表示某种本性，但它所述谓的又不是事物的相似状态。有意思的是，亚里士多德的这些使亚历山大成为唯名论者的结论，却被普罗提诺用来支持一个"实在论者"的层级存在论（是论）。(Paul Kalligas, *The Enneads*

*of Plotinus: A Commentary,* Vol.1, pp.170-171)

[549]ὑποτιθέμενοι 置于······之下，列入。

[550]κοινῇ 一般的，共同的。

[551]ζωῇ 生命

[552]τιθέντες 假设

[553]εὐδαιμονεῖν 福祉

[554]ἠγνόησαν 无知，不知道，没有注意到，这里译为"根本就不是"。

[555]ἀναγκάζοιντο 应该会，必然会。

[556]λέγειν 说

[557]εὐδαιμονία 福祉

[558]συνίσταται 依赖，所依赖的。

[559]λογικὴν 理性

[560]δύναμιν 能力

[561]ποιότηταδὲ 性质。δὲ 通常用在两个字之间。

[562]而不是性质的载体，即生命。

[563]ἀλλὰ 但是，然而。

[564]αὐτοῖς 他们

[565]ὑποκείμενον 起点

[566]ἐστι 是

[567]λογική 理性

[568]ζωή 生命

[569]εὐδαιμονία 福祉

[570]συνίσταται 依赖

[571]περὶγὰρ τὸ ὅλοντοῦτο 这一整体的生命。ὅλον 全部的，所有的，整体的。τοῦτο 那个。περί 关于······，在······周围。γὰρ 毕竟，到底。

[572]ὥστε 既然，即是。

[573]περὶ ἄλλο εἶδος ζωῆς 另一种生命。περι 关于。ἄλλο 另一个，另一种。εἶδος 种类，种。ζωῆς 生命。

[574]δὲ οὐχ 不是。δὲ 通常用在两个字之间。

[575]λόγῳ 逻辑

[576]ἀντιδιῃρημένον 区分

[577]λέγω 意指，指。

[578]ἀλλ'而是

[579]ἡμεῖς 我们，指我们柏拉图主义者。希腊文原文无"柏拉图主义者"，系 Armstrong 英译时所加。

<sup></sup>580φαμεν 所谓的，认为。

581 πρότερον 在先者

582 δὲ ὕστερον 在后者。δὲ 通常用在两个字之间。

583英译者 Armstrong 注：普罗提诺区分了亚里士多德用以排列的二分法或种和属的简单划分法（《范畴篇》13.14b33 及之后的内容）与实体等级秩序的识别法。亚里士多德认为一种生命依赖于另一种更高级的生命，前者是后者的影像。

584πολλαχῶςτοίνυν 可以在许多不同意义下。πολλαχῶς 许多，指许多不同意义。τοίνυν 于是，那么。

585λεγομένης 使用

586ζωῆς 生命

587κατὰ 根据

588ἐχούσης 所具有的，这里指所运用的事物的序列。

589διαφορὰν 区分出，区分。

590πρῶτα 第一

591καὶ 和

592δεύτερα 第二

593ὁμωνύμωςτοῦζῆν 同名的有生命的，这里简单译为"有生命的"。

594λεγομένου 意指

595ἐφεξῆς 语境，诸如此类，等等。

596ἄλλως 不同的，不同的事物。

597μὲντοῦφυτοῦ 它以一种方式指植物。μὲν 的确，真的。τοῦ φυτοῦ 植物。

598 ἄλλως δὲ τοῦ ἀλόγου 以另一种方式指非理性动物。ἄλλως 另外的，另一种方式。δὲ 通常用在两个字之间。　τοῦ ἀλόγου 非理性的，非理性动物。

599 τρανότητι 澄明

600 ἀμυδρότητι 晦暗

601 διαφορὰν ἐχόντων 以不同事物的方式进行区别。διαφορὰν 不同的。ἐχόντων 具有。

602 δηλονότι 显然

603 ἀνάλογον 类推，可以类推到，这里译为"同样适用于"。

604 εὖ 有福的生活。

605 εἰ 如果

606 ἄλλο 一事物

607 ἄλλου 另一事物

608 εἴδωλον 影像

609 δηλονότι 显然

610 εὖ 有福的生活

611 αὖ 另一方面，另一事物。

612 εὖ 有福的生活

613 εἴδωλον 影像

614 εἰ 如果

615 δὲ ὅτῳ ἄγαν 善的生活。δέ 通常用在两个字之间。

616 ὑπάρχει 满溢的

617 ζῆν 生命者

618 依据 Paul Kalligas 撮要言之。［第 24—31 行］普罗提诺对于生命概念作了必要的修正，他使生命与福祉建立起相关性。但是"生活得好"(eu zen)现在指的是分有较高和较完美的生命形式，具有"完美的"(teleios)生命，体现"最好的"(to ariston)观念。在普罗提诺的哲学中，存在论（是论）层级的上升正在于趋近于至善本身。(Paul Kalligas, *The Enneads of Plotinus: A Commentary,* Vol.1, p.171)

619 τοῦτο δέ ἐστιν 这就是说。τοῦτο 这。 δέ 通常用在两个字之间。 ἐστιν 就是，是。

620 ζῆν 生命

621 μηδενὶ 决不会

622 ἐλλείπει 匮乏，缺乏。

623 εὐδαιμονεῖν 福祉

624 μόνῳ 单单地，只，只属于。

625 ὑπάρχοι 满溢地

626 ἄγαν 善的

627 ζῶντι 生命，生活。

628 εἴπερ 如果

629 οὐσὶ 实在，实体。

630 ἐν 在……中

631 ἄριστον 最好的

632 ἐν ζωῇ 在生命中的，真正有活力的。

633 ὄντως 存在

634 τέλειος 完善的

635 ζωή 生命

636 τούτῳ γὰρ καὶ τὸ ἄριστον 那么它就拥有至善。τούτῳ 这个，某个。 γάρ 因此，于是。καὶ τὸ ἄριστον 至善。

637 οὕτω γὰρ 因此。

638 ἀγαθὸν 善

639 οὐδὲ 不是

<sup>640</sup> ὑπάρχοι 来自于，开始存在。

<sup>641</sup> ἐπακτὸν 外部的，外部的事物。

<sup>642</sup> ὑποκείμενον 基础

<sup>643</sup> οὐδ' ἄλλο 也不是。οὐδ' 但不是。ἄλλο 另一个。

<sup>644</sup>依据 Paul Kalligas 撮要言之。[第 31—33 行] 然而至善保有其超验性。作为善的原因，至善本身并不内在于任何其他事物，它只是在理智生活中，其自身却并不内在于这些事物，它也不拥有作为善(eu)的属性。普罗提诺非常清楚地拒绝把"内在的"这种术语用在至善与可理知世界的关联中。[第 33—40 行] 柏拉图认为生命是在完全的所是之中(to pantelos on)（《智者篇》248e6-249a1）；亚里士多德认为原初的、完美的、真正的生命是理智的"活跃性"(energeia)即其智性本身（《形而上学》Λ 7.1072b26—28）。普罗提诺认为，生命是"是"的潜能的必然结果（III 6.6.14—17），他甚至主张所有生命都是智性的，但较低形式的生命因为削弱了思想而"比较暗淡"(amudrotera:III 8.8.17—21)，它只是理智生命的痕迹(VI 7.15.1-11)。因此普罗提诺认为可理知者拥有的是首要的和最清晰的生命(all' he prote kai enagestate)，拥有的是生命最纯粹的本体(kai to tranon echousa tou zen)(VI 6.18.15—16)。(Paul Kalligas, *The Enneads of Plotinus: A Commentary*, Vol.1, pp.171—172)

<sup>645</sup>γενόμενον 来自于，产生自。

<sup>646</sup>ἀλλαχόθεν 另一个，某个地方。

<sup>647</sup>παρέξει 实践，带领。

<sup>648</sup>αὐτὸ 它

<sup>649</sup>ἐν 进入，在……中。

<sup>650</sup>ἀγαθῷ 善

<sup>651</sup>εἶναι 是，这里译为"状态"。

<sup>652</sup> γὰρ 因为

<sup>653</sup> τί 什么

<sup>654</sup> ἂν προσγένοιτο 加在，增加。ἂν 语气词。

<sup>655</sup> τελείᾳ 完善的

<sup>656</sup> ζωῇ 生命

<sup>657</sup>εἰς 进入，到……中间去。

<sup>658</sup> εἶναι 成为，是。

<sup>659</sup> ἀρίστη 最好的，指最好的生命。

<sup>660</sup> εἰ 如果

<sup>661</sup> ἐρεῖ 有人说

<sup>662</sup> δέ τις 那。δε 通常用在两个字之间。

<sup>663</sup> ἀγαθοῦ 善。Armstrong 把 ἀγαθοῦ φύσιν 译为 The Absolute Good，MacKenna 和

McGroarty 译为 the nature of Good 或 the nature of the Good。中译文根据希腊文本采用后面两位译者翻译。

[664]φύσιν 本性

[665]μὲν 正是，真的。

[666]ἡμῖν 我们自己

[667]οἰκεῖος...λόγος 想要说的……事情。οἰκεῖος 事情。λόγος 说。

[668]οὐμὴν 不是。οὐ 不是。μὴν 真的，真的不是。

[669]ζητοῦμεν 寻找

[670]αἴτιον 原因

[671]ἀλλὰ 而是

[672]ἐνυπάρχον 内在的，固有的，这里译为"内在的要事"。

[673]τελεία 完善的

[674] ζωὴ 生命

[675]ἀληθινὴ 真正的

[676]ὄντως 真实的生命存在，真实的存在。Armstrong 和 McGroarty 都译为 real life，MacKenna 译为 essential life。

[677]ἐν 存在于，在……中。

[678]ἐκείνη 超验的，超越的。

[679]νοερᾷ 可理知的

[680]φύσει 本性

[681]ὅτιαἰἄλλαιἀτελεῖς 其他生命则都不完整。ὅτι 因为。αἰ ἄλλαι 然而，则。ἀτελεῖς 不完整，不完善。

[682]ζωῆς 生命的

[683]ἰνδάλματα 痕迹

[684]οὐ 不

[685] τελείως 完善

[686] οὐδὲ 不

[687] καθαρῶς 纯粹的

[688] τοὐναντίον 相反者

[689] οὐ 不

[690] μᾶλλον 更

[691] πολλάκις 多

[692] ζωαὶ 生命

[693] καὶ νῦν δὲ λελέχθω συντόμως 简言之。καὶ νῦν 现在。δὲ 通常用在两个字之间。λελέχθω 宣布。συντόμως 简短地。

694 ἕως 只要

695 πάντα 所有。ἂν 语气词。

696 ζῶντα 生命物

697 ἐκ 来自

698 μιᾶς 单一的

699 ἀρχῆς 源头

700 ἄλλα 但是

701 μή 不，不具有。

702 ἐπίσης 相等的，同等程度的。

703 ζῇ 生命

704 ἀνάγκη 必然

705 εἶναι 是

706 πρώτην 首要的

707 τελειοτάτην 最完善的

708 ζωὴν 生命物

709 本节摘要。本节讨论福祉；人无论在潜能上还是现实上都拥有福祉，福祉是人所本有的"是"；福祉使人从冲动的强制中抽离出来，发现真正的自我；拥有福祉的人，其灵魂不再受感受（情绪）的影响，因为情绪不属于灵魂真正的自我，虽然人也会感到悲伤，但是不会减少他的福祉。

710 依据 Paul Kalligas 撮要言之。［第 1—4 行］就亚里士多德来说，福祉在于凝思的活跃性(theoretike energeia)，它主要属于诸神。人因拥有这种活跃性的影像得享福祉（参看亚里士多德《尼各马可伦理学》X 8.1178b7—9 和 21—27，此外还有《形而上学》Λ 7.1072b24—25）。就其根本而言，人因超越其人性而获得一种适当的神圣状态。但有人推论认为处在神圣状态的人不再具有人性，普罗提诺反对上述观点。(Paul Kalligas, *The Enneads of Plotinus: A Commentary,* Vol.1, p.172)

711 εἰμὲνοῦν 如果。μὲνοῦν 的确，真的。

712 οἷόςτεἄνθρωπος 人。οἷόςτε 这种。

713 ἔχειν 有

714 τελείαν 完善的

715 ζωὴν 生活

716 ταύτην 这种，这样的。

717 ζωὴν 生活

718 ἄνθρωπος 人

719 εὐδαίμων 有福的

720 εἰδεμή 如果人不具有完善的生活。εἰ 如果。　δὲ 通常用在两个字之间。　μή 不。

721 εἰ 如果

722 μόνοις 只有，只能，只。

723 ἐκείνοις 那里，指诸神。

724 ἐν 在……中

725 τοιαύτη 这种

726 ζωή 生活

727 εὐδαιμονεῖν 福祉

728 θεῖτο 归于，安放。

729 ἐν θεοῖς ἄν τις 诸神。ἐν 在……中。θεοῖς 神。ἄν 语气词。τις 这些，诸。

730 依据 Paul Kalligas 撮要言之。［第 6—8 节］人拥有三种认知功能：（1）感知觉功能；（2）推论的或者推理的功能，这是灵魂运用理性部分的能力，智性表象借助于推论功能被加以理解和进行逻辑推演；（3）真正的智性(alethinos nous)直接和直观地与可理知对象关联。（2）和（3）体现了人和动物之间的差别，人会让自己的生活趋于完美(teleia)因而被引向福祉（可比较亚里士多德《欧台德谟伦理学》II 1.1219a38）。与亚里士多德（《尼各马可伦理学》 I 7.1098a17—20 和 X 7.1177b24—25）不同，普罗提诺的福祉观念不依赖于时间的持续，它完全是智性的本性并把生命投入在其自身的完美性之中（《九章集》I.5.7.20—30 和柏拉图《斐德若篇》246b7—c1 和 249c7—8）。(Paul Kalligas, *The Enneads of Plotinus: A Commentary*, Vol.1, p.172)

731 ἐπειδὴτοίνυν 但是既然。τοίνυν 那么，于是，所以。ἐπειδὴ 既然。

732 φαμὲν 主张，相信。

733 εὐδαιμονεῖν 福祉

734 εἶναι 是，存在。

735 ἀνθρώποις 人类

736 ἐν 在……中间

737 σκεπτέον 思索，思考。

738 τοῦτο 这

739 ἔστι 是

740 πῶς 如何

741 Λέγω δὲ ὧδε 这就是我的意思。Λέγω 意指。ὧδε 如下，这。δὲ 通常用在两个字中间。

742 δῆλον 显然

743 ἐξ ἄλλων 前述其他地方的讨论。ἐξ 从……而来。ἄλλων 另外的，其他的。

744 ἄνθρωπος 人

745 οὐ 不

<sup>746</sup> μόνον 仅，只是。

<sup>747</sup> ἔχων 拥有

<sup>748</sup> αἰσθητικὴν 感觉生活

<sup>749</sup> ἔχει 拥有

<sup>750</sup> λογισμὸν 推论

<sup>751</sup> ἀληθινόν 真正的

<sup>752</sup> νοῦν 智性

<sup>753</sup> 依据 Paul Kalligas 撮要言之。［第 8—15 节］普罗提诺的人论容许他把福祉观念加以扩展并与亚里士多德完全不同。就普罗提诺而言，神圣观念是人构成的核心，福祉是人所本有的内容，因此人总是或者潜能或者现实地具有福祉。(Paul Kalligas, *The Enneads of Plotinus: A Commentary*, Vol.1, p.172)

<sup>754</sup> ὅτι 因此

<sup>755</sup> ἄνθρωπος 人

<sup>756</sup> μὲν οὖν ἔχει 的确具有。μὲν 的确，真的。οὖν 的确。

<sup>757</sup> τελείαν 完善的

<sup>758</sup> ζωὴν 生活

<sup>759</sup> Ἀλλ᾽ ἆρά γε ὡς ἄλλος ὢν ἄλλο τοῦτο ἔχει 但他是将此作为不同于他自身的某种事物来拥有吗？Armstrong 英译为 But is he different from this when he hawit? McGroarty 英译为 But does he have this as something go then himself? MacKenna 英译为 But are to picture this kind of life as something foreign imported into his nature?McGroarty 的译文更清晰妥当。Ἀλλ᾽ 但。ἆρά 于是，就。γε 真的，甚至。ὡς ἄλλος 不同的。ὢν ἄλλο 另一种事物。τοῦτο 某种，此，这里指完善的福祉。ἔχει 拥有。

<sup>760</sup> οὐδ᾽ 不

<sup>761</sup> ἄνθρωπος 人

<sup>762</sup> ἢ……ἢ……无论……还是……

<sup>763</sup> δυνάμει 潜能上

<sup>764</sup> ἐνεργείᾳ 现实上

<sup>765</sup> οὐ 不

<sup>766</sup> ἔχων 拥有

<sup>767</sup> τοῦτο 这一点

<sup>768</sup> ὃν δὴ 如果他现实地拥有这些。δὴ 真的。

<sup>769</sup> φαμεν 主张，就说。

<sup>770</sup> εὐδαίμονα εἶναι 他生活在有福的状态中了，也可以简单地译成"他是有福的"。

<sup>771</sup> ὅλως 都，全部，根本。

<sup>772</sup> μὴ 不

<sup>773</sup> ἐστὶν 是

<sup>774</sup> ἄνθρωπος 人

<sup>775</sup>ἀλλ' 但，但是。

<sup>776</sup>τοῦτο φήσομεν 我们可以说，我们可以这样主张。τοῦτο 这样。 φήσομεν 主张。

<sup>777</sup>ἐν αὐτῷ 他所拥有的，在他里面的。ἐν 在……之中。

<sup>778</sup>τέλειον 完善的

<sup>779</sup> τὸ εἶδος τῆς ζωῆς 生活，Armstrong 英译为 kind of life。εἶδος 种类（form）。

<sup>780</sup> αὐτοῦ 它，它自身。

<sup>781</sup> μέρος 一部分

<sup>782</sup> ἢ τὸν μὲν ἄλλον 另一些人。μὲν 的确，真的。ἄλλον 另一些，另一些人。Armstrong 英译文还加上 we maintain。希腊文原文没有这个短语，中译与 McGroarty 的翻译保持一致。

<sup>783</sup>δυνάμει 潜能上

<sup>784</sup>ἔχοντα 拥有

<sup>785</sup> ἄνθρωπον 人

<sup>786</sup> ἔχειν 拥有，作为。

<sup>787</sup> τι τοῦτο 它自身

<sup>788</sup> μέρος 部分

<sup>789</sup> τὸν δὲ εὐδαίμονα ἤδη 有福地生活的人。δὲ 通常用在两个字之间。εὐδαίμονα 福祉。ἤδη 已经是，正好是。

<sup>790</sup>ἐνεργείᾳ 现实地

<sup>791</sup>ἐστὶ 是，拥有。

<sup>792</sup>τοῦτο 某种，它。

<sup>793</sup>依据 Paul Kalligas 撮要言之。[第 15—19 行] 较低级的心灵功能由于身体的辖制而与人最初的纯粹实体相关，其结果出于灵魂自发的冲动(autexousios rhope)、而非出于意愿的（强制的：akousion）本性、不与灵魂的本真意愿(boulesis)相一致。以此而论，要想获得福祉就必须把人从身体中抽离出来，使人能够发现真正的自我。同样，它也能够使我们发现福祉和德性之间的关系。(Paul Kalligas, *The Enneads of Plotinus: A Commentary,* Vol.1, p.172)

<sup>794</sup> καὶ μεταβέβηκε πρὸς τὸ αὐτό 并与它同一的人。Armstrong 英译为 and has passed over into identity with it. McGroarty 英译为 has passed into it. MacKenna 英译为 Who has passed over into actual identification with it. Armstrong 和 MacKenna 的英译语意要更准确些。καὶ 并且。μεταβέβηκε 迁移到，转移到。πρὸς 从……τὸ αὐτό 它自身。

<sup>795</sup>希腊文本原无此句，是 Armstrong 翻译时所加。MacKenna 和 McGroarty 都没有这句翻译。

<sup>796</sup>εἶναιτοῦτο 就是它。εἶναι 是。τοῦτο 某个，它。

<sup>797</sup>ἄλλα 其他事物，另外的。

<sup>798</sup>ἤδη 已经是，只不过是。

<sup>799</sup> περικεῖσθαι δ᾽ αὐτῷ 所披戴的，所穿上的。περικεῖσθαι 披戴。 δ᾽ αὐτῷ 它，某种事物。

<sup>800</sup>ἃ δὴ οὐδὲ μέρη αὐτοῦ ἄν τις θεῖτο 你不能称之为他的一部分。ἃδὴ 现在，已经。οὐδὲ 不，决不。μέρη 一部分。αὐτοῦ 它。ἄν 语气词。τιςθεῖτο 称为，归入。

<sup>801</sup>οὐκ 并非

<sup>802</sup>ἐθέλοντι 愿意

<sup>803</sup> περικείμενα 披戴，穿上。

<sup>804</sup> ἦν 如果

<sup>805</sup> κατὰ 出于，合乎。

<sup>806</sup> βούλησιν 意愿活动，意愿。

<sup>807</sup> συνηρτημένα 联合，支持。

<sup>808</sup> δ᾽ ἂν αὐτοῦ 他的，指他的部分。δ᾽ ἂν 语气词。 αὐτοῦ 他的。

<sup>809</sup> τοίνυν 那么，于是。

<sup>810</sup> τούτῳ 对他而言

<sup>811</sup> ἀγαθόν 善

<sup>812</sup> ἐστὶ 是

<sup>813</sup> τί ποτ᾽ 什么

<sup>814</sup> Ἢ αὐτὸς αὐτῷ 他就是他之所有。

<sup>815</sup> ὅπερ ἔχει 就是他自身的善。ὅπερ 恰好，正是。ἔχει 所具有的。

<sup>816</sup>τὸ δὲ ἐπέκεινα 超验的，超验的善。δὲ 通常用在两个字之间。

<sup>817</sup> αὐτῷ 它

<sup>818</sup> ἐν 在……里面

<sup>819</sup>αἴτιον 因，因为。

<sup>820</sup>依据 Paul Kalligas 撮要言之。[第 20—25 行] 福祉的特征是它的完整性或者整全性，亚里士多德就是在这个意义上使用自足(autarkeia)的概念（《尼各马可伦理学》I7.1097b7-10 和《修辞学》I 5.1360b14）。这意味着任何人只要拥有福祉就不再寻求任何其他事物，因为福祉使生活值得欲求并且不再有任何缺乏，它包含了所有的善。(Paul Kalligas, *The Enneads of Plotinus: A Commentary,* Vol.1, p.173)

<sup>821</sup>ἄλλως ἀγαθόν 那样的善，它作为善这个事实。ἄλλως 那样的。

<sup>822</sup>αὐτῷ παρὸν ἄλλως 向他呈现出来这个事实。αὐτῷ 他。 παρὸν 呈现。 ἄλλως 那样的。

<sup>823</sup>δὲ τοῦ 有关于此。δὲ 通常用在两个字之间。

$^{824}$μαρτύριον 证据

$^{825}$τοῦτο 这个，某个，其事实。

$^{826}$εἶναι 是

$^{827}$οὕτως ἔχοντα 处于这种状态的人。οὕτως 这样。ἔχοντα 拥有，处于。

$^{828}$μὴ 不

$^{829}$ζητεῖν 寻求

$^{830}$ἄλλο 另外的，其他事物。

$^{831}$Τί γὰρ ἂν καὶ ζητήσειε 他还要寻求什么呢？Τί 什么。γὰρ 既然，还。ἂν 语气词。καὶ 和。ζητήσειε 寻求。

$^{832}$μὲν γὰρ 当然。μὲν 的确。γὰρ 既然，还。

$^{833}$οὐδέν 决不

$^{834}$χειρόνων 较差的，更差的。

$^{835}$τῶν 某种事物。

$^{836}$σύνεστιν 分享，拥有。

$^{837}$τῷ δὲ ἀρίστῳ 最好的。

$^{838}$ἔχοντι 得到，拥有。

$^{839}$οὕτως 如此

$^{840}$βίος οὖν 生命。οὖν 的确，真的。

$^{841}$ζωὴν 生活

$^{842}$αὐτάρκης 自足的，中译为"生命的一切"。

$^{843}$κἂν 如果

$^{844}$σπουδαῖος 卓越的，有德性的。

$^{845}$依据 Paul Kalligas 撮要言之。[第 25—30 行]这当然不是说人不需要任何其他事物，因为身体性生命还是不断创造出他被迫服从的各种需要。亚里士多德正是根据这一点反驳斯多亚学派所谓的福祉完全因德性而自足，因为漫步学派的理论基础在于人是身体和灵魂的复合物。柏拉图主义者则把斯多亚学派和漫步学派的论辩完全扭向另一个领域。依据普罗提诺的分析，柏拉图《阿尔基比亚德篇》的观点如下：当人完全是单纯的灵魂时，身体的需要对于人不具有任何影响力，他不再关注身体的需要，因而满足感在福祉中没有任何地位：他们所关注的仅仅是什么是"我们的"(ta hemetera)而非"我们"(hemas)。柏拉图自己在《理想国》(387d5-e1)中也主张一个理性的人在生活得好(pros to eu zen)的事情上是自足的(autarkes)。与其他人相比，他对于外物最少需要。关于德性自足的教义是柏拉图主义思想最坚固的一部分。(Paul Kalligas, *The Enneads of Plotinus: A Commentary*, Vol.1, p.173)

$^{846}$εὐδαιμονίαν 福祉

<sup>847</sup>εἰς 在……中的，根据上下文原可译为"在福祉中的自足"，现在根据语境译为"福祉所需的一切"。

<sup>848</sup> αὐτάρκης 一切，自足。

<sup>849</sup> κτῆσιν 得到了

<sup>850</sup> ἀγαθοῦ 善

<sup>851</sup> οὐδὲν γὰρ ἔστιν 没有，不是。οὐδὲν 不。 ἔστιν 是。

<sup>852</sup> μὴ 不

<sup>853</sup> ἔχει 拥有

<sup>854</sup> ἀγαθὸν 善

<sup>855</sup> Ἀλλ'ὃ ζητεῖ ὡς ἀναγκαῖον ζητεῖ 他所寻求的乃是必然性。Ἀλλ'然而。ὃ ζητεῖ 所寻求的。 ὡς 这样，如此。ἀναγκαῖον 必然性。ζητεῖ 寻求。如果直译，本句可以译为"他寻求他所寻求的即必然性"。

<sup>856</sup> οὐχ 不，不是。

<sup>857</sup> αὐτῷ 他，他自己。

<sup>858</sup> ἀλλά 而是

<sup>859</sup> τινι τῶν αὐτοῦ 那属于他的某种事物。τινι 某种事物。

<sup>860</sup> ζητεῖ 寻求

<sup>861</sup> γὰρ προσηρτημένῳ 联合。προσηρτημένῳ 联合。

<sup>862</sup>σώματι 身体

<sup>863</sup> κἂν ζῶντι δὲ σώματι 这是有生命的身体。κἂν ζῶντι 生命。 δὲ 通常用在两个字之间。σώματι 身体。

<sup>864</sup>τὰ αὐτοῦ ζῶντι τούτῳ 它虽拥有自己的生活。 τὰ αὐτοῦ 它。ζῶντι 生活。 τούτῳ 这样的。

<sup>865</sup> οὐχ 不

<sup>866</sup> ἐστί 是

<sup>867</sup> ἀνθρώπου 人

<sup>868</sup> τοιούτου 这，某种，指生活。

<sup>869</sup> γινώσκει 知道

<sup>870</sup> ταῦτα 它，指身体的需要。

<sup>871</sup>依据 Paul Kalligas 撮要言之。[第 30—36 节] 落在人们身上的不幸(dustuchiai) 会导致人悲伤(lupe)，但是不会减少他的福祉：因为悲伤和其他感受（情绪：all pathe）不属于作为真我的灵魂，而属于作为灵魂的影像、身体和灵魂复合的生命物，感受（情绪)不可能对于享有福祉的灵魂即不动心的灵魂有任何影响。(Paul Kalligas, *The Enneads of Plotinus: A Commentary,* Vol.1, p.173)

<sup>872</sup>δίδωσιν 赋予

<sup>873</sup>δίδωσιν 赋予，它所赋予的。

<sup>874</sup>οὐδὲν 丝毫不，绝不。

<sup>875</sup> παραιρούμενος 减少，取走。

<sup>876</sup> αὐτοῦ 自己的，他自己的。

<sup>877</sup> ζωῆς 生命。δίδωσινᾶ δίδωσιν 赋予它所赋予的。对这句希腊文，Armstrong 英译为 gives it what he gives it. McGroarty 的英译与 Armstrong 的相近，gives what he gives. MacKenna 的英译比较具解释性，What he gives to the lower he so gives as to leave his true life undimished（他赋予较低部分的那种赋予并不减少他的真生命）。MacKenna 的翻译在语意上更加清楚，指出灵魂赋予的那个 "它" 是 "较低的部分"。灵魂虽然赋予了较低部分（身体）所赋予的，但并没有减少灵魂的生命。

<sup>878</sup>τοίνυν 于是，即使。

<sup>879</sup> ἐν τύχαις 在命运中

<sup>880</sup>ἐναντίαις 抛弃，反对。

<sup>881</sup>εὐδαιμονεῖν 福祉

<sup>882</sup>οὐδ'…εἰς 不会……从生命里。οὐδ'不会，不。εἰς 到……里面。普罗提诺认为即使命运抛弃了他，但是对有德性的人来说，德性也不会从他的生命里面有所减少。

<sup>883</sup> ἐλαττώσεται 减损，减少。

<sup>884</sup> τοιαύτη 这样的，指善的生活。

<sup>885</sup> ζωή 生活

<sup>886</sup> μένει 继续不变，存在如故。

<sup>887</sup> φίλων 朋友

<sup>888</sup> οἰκείων 家属，亲属。

<sup>889</sup> ἀποθνησκόντων 死亡

<sup>890</sup> τι ἐστίν 何谓，是。

<sup>891</sup> θάνατον 死亡

<sup>892</sup> πάσχοντες 死者

<sup>893</sup> ἴσασι δὲ 知道，看到。δὲ 通常用在两个字之间。

<sup>894</sup> σπουδαῖοι 有德性的，卓越的。

<sup>895</sup>ὄντες 存在，这里译为 "人"。

<sup>896</sup> κἂν 即使

<sup>897</sup> οἰκεῖοι δὲ καὶ προσήκοντες τοῦτο πάσχοντες 即使朋友亲属之死亡。οἰκεῖοι 家人。δὲ 通常用在两个字之间。καὶ 和。προσήκοντες 亲属。τοῦτο 这个，某个。πάσχοντες 死亡，苦难。Armstrong 译为 the death of friends and relations 并不确切；MacKenna death taking from him from his familiars，所涉及的外延过大，McGroarty 译为 the suffering of his relations 更好些。

<sup>898</sup>λυπῶσιν 令人悲伤。

<sup>899</sup>οὐκαὐτόν 不能令他悲伤。οὐκ 不能。αὐτόν 他。

<sup>900</sup>αὐτῷ 他

<sup>901</sup>ἐν 在……之中

<sup>902</sup>οὐκ ἔχον 没有，不具有。οὐκ 不。ἔχον 拥有。

<sup>903</sup>νοῦν 智性

<sup>904</sup>οὗ 不会

<sup>905</sup>λύπας 悲伤

<sup>906</sup>οὐ δέξεται 搅扰（he will not accept）。οὐ 不。δέξεται 有意于，倾向于。

<sup>907</sup>本节摘要。本节讨论疾病和痛苦等等是否会妨碍人的福祉？普罗提诺主要概述了亚里士多德和漫步学派的观点。后者认为福祉既应包含理智的善也应考虑身体的善，身体的善也就是快乐，福祉应该包含快乐；由于人的生活里面总是有运气的要素，而运气又是不确定的，因此只有诸神才能够享有福祉的自足。普罗提诺并不同意亚里士多德和漫步学派的观点，但他并没有进行论辩。

<sup>908</sup>依据 Paul Kalligas 撮要言之。[第 1—4 节] 这里提出的问题在《九章集》如下文本得到回应：痛苦（algedones）（见于 6.25—32 和 8.1—20），疾病(nosoi)（14.21—26），意识(to parakolouthein)(9.1—10.33)。斯多亚学派接受这样的观点：某种麻药(pharmaka)和疾病（主要指 melancholia）会导致理性状态 (apobolen tes logikes hexeos)和德性的丧失，由此可以推论他们的德性论。(Paul Kalligas, *The Enneads of Plotinus: A Commentary*, Vol.1, p.173)

<sup>909</sup>ἀλγηδόνες 痛苦

<sup>910</sup>νόσοι 疾病

<sup>911</sup>ὅλως 所有

<sup>912</sup>κωλύοντα 妨碍

<sup>913</sup>ἐνεργεῖν 活动

<sup>914</sup>δὲτί 事物。δὲ 通常用在两个字之间。

<sup>915</sup>εἰ 能否，是否。

<sup>916</sup>ἑαυτῷ 它，指善的人。

<sup>917</sup>δὲ δὴ 于是，立即。δὲ 通常用在两个字之间。

<sup>918</sup>μηδ᾽ 丝毫没有，丧失了。

<sup>919</sup> παρακολουθοῖ 理解，领会，意识。

<sup>920</sup> φαρμάκων 疾病

<sup>921</sup> τινων 某些，某种。

<sup>922</sup> νόσων 疾病

<sup>923</sup> ἐκ 导致，来自。

[924]γένοιτο γὰρ ἂν 这样的结果。γὰρ 既然，到底。 ἂν 语气词。

[925] ἐν τούτοις ἅπασι 在所有这些环境中。ἐν 在……中。 τούτοις 这些。 ἅπασι 所有。

[926] πῶς 如何

[927] ἂν ἔχοι 拥有，具有。ἂν 语气词。

[928]依据 Paul Kalligas 撮要言之。［第 4—9 行］前面几章勾略出来的反驳和论辩已经初现轮廓。这里所谈论的主要是亚里士多德和漫步学派的观点：他们认为应该避免极端的观点，应该考虑必要的善(ta ektos agatha)（亚里士多德《尼各马可伦理学》I 8.1099a31—b2 和 VII 13.1153b17—19）。希腊化哲学诸学派对此显然有激烈的争论。这里争论的例子是"普里阿摩斯的命运"。柏拉图以轻蔑的态度谈论特洛伊王普里阿摩斯的哀伤（《理想国》III 387e9—388b7），但是亚里士多德认为经历如此巨大悲伤的人，我们很难说他是有福的（《尼各马可伦理学》I 9.1100a5—9 和 I 10.1101a6—8）。阿提库斯(Anticus)对漫步学派作了尖锐的批评，他批评的不是亚里士多德，很可能是漫步学派的的塞奥弗拉斯特(Theophrastus)。这里的争论还只是最低限度的：即使人所承担的是最低程度的不幸，那也不是"理性意愿的"(bouleton)事物；有福的生活(eudaimon bios)是理性意愿的事物；因此有福的生活不能够包含不幸。普罗提诺的反驳可见本章第 6 节，他的焦点主要集中在三段论的中项 bouleton（意愿）一词上。(Paul Kalligas, *The Enneads of Plotinus: A Commentary,* Vol.1, p.174)

[929]εὖ 有福的

[930]ζῆν 生活

[931]εὐδαιμονεῖν 福祉

[932]πενίαςγὰρ 贫穷，匮乏。

[933]ἀδοξίας 耻辱，不名誉。

[934]ἐατέον 放弃，不必对……加以考虑。

[935]καίτοι 尽管，虽然。

[936]πρὸς ταῦτα ἂν τις ἀποβλέψας ἐπιστήσειε 有人会在这些方面反驳我们。πρὸς 从……。 ταῦτα 某些方面，这些方面。 ἂν 表示陈述语气。 τιςἀποβλέψας 反驳。 ἐπιστήσειε 知识，这里指"我们的观点"。

[937]πρὸς τὰς πολυθρυλλήτους αὖ μάλιστα 尤其是人们总会谈论。πρὸς 就……，从……。 τὰς πολυθρυλλήτους 总会谈论，著名的。 αὖ 语气词。μάλιστα 最多，极多，这里译成"尤其是"。

[938]Πριαμικὰς 普里阿摩斯

[939]τύχας 命运

[940]英译者 Armstrong 注：可以对比亚里士多德《尼各马可尼理学》I 10. 1100a8 和 11. 1101a8。在文章的这一部分，普罗提诺为斯多亚学派的基本观点进行了辩护：善的

人绝对不依附于外在环境。他据此驳斥漫步学派的观点。

<sup>941</sup>γὰρ εἰ 即使要

<sup>942</sup> φέροι 忍受，承受。

<sup>943</sup> ταῦτα 它们

<sup>944</sup> ῥαδίως 略微，稍加，轻易地。

<sup>945</sup> φέροι 忍受，承受。

<sup>946</sup>依据 Paul Kalligas 撮要言之。［第 9—24 节］亚里士多德所谓与身体相关的第二层次(peri soma)的善根基于"人是身体和灵魂复合物"的观念，他的福祉观念在于复合物诸要素处于合适状态，身体的好状态（快乐）也是福祉的构成。但这样的话福祉就并不必然是确定无疑的事情，因为存在运气的偶然性。因此只有神能够享有在福祉里面的自足。普罗提诺显然不接受亚里士多德及漫步学派论辩的前提，《九章集》稍后的作品对此进行了反驳。(Paul Kalligas, *The Enneads of Plotinus: A Commentary*, Vol.1, p.174)

<sup>947</sup>αὐτῷ 他

<sup>948</sup>ἀλλ' οὐ…γε ἦν 然而丝毫不。ἀλλ'然而。 οὐ 绝不，决不。γε 真的，确实。

<sup>949</sup>βουλητά 愿意

<sup>950</sup>εὐδαίμονα 福祉，有福地。

<sup>951</sup>βίον 生活

<sup>952</sup>δεῖ δὲ 必定，必须。δὲ 通常用在两个字之间。

<sup>953</sup> εἶναι 是

<sup>954</sup> βουλητὸν 愿望，意愿。

<sup>955</sup>ἐπεὶ 因为

<sup>956</sup>τοῦτον 这个，指善的人。

<sup>957</sup> οὐδὲ 不，并非。

<sup>958</sup> εἶναι 就是

<sup>959</sup> τὸν σπουδαῖον 善的，优秀的。τὸν 定冠词。

<sup>960</sup>ψυχὴν τοιάνδε 灵魂。τοιάνδε 定冠词。

<sup>961</sup>μὴ 没有

<sup>962</sup>σώματος 身体的

<sup>963</sup>φύσιν 本性

<sup>964</sup>συναριθμεῖσθαι 看作，算作，视为。

<sup>965</sup> αὐτοῦ 其，它的。

<sup>966</sup> οὐσίᾳ 实体

<sup>967</sup> ἐπεὶ οὐδὲ τοῦτον εἶναι τὸν σπουδαῖον ψυχὴν τοιάνδε, μὴ συναριθμεῖσθαι δ' αὐτοῦ τῇ οὐσίᾳ τὴν σώματος φύσιν. Armstrong 英译为 This good man,it might be objected, is not a

good soul, without reckoning his bodily nature as part of his essential being. It might be objecte 并非希腊文原文所有，是译者根据下文的意思所加。McGroarty 译为 Since this spoudaios is not a soul of such a kind without adding to his substance the nature of body. MacKenna 译 为 The proficient，that is, cannot be thought of as simply a proficient soul, no count being taken of the bodily-principle in the total of the being.

[968]πρòς αὐτòν ἀναφέρωνται 从他们的观点看，他们（我们的论敌）会说。根据 McGroarty 的英译本注，"我们的论敌"指的是"漫步学派"。

[969]ἕως ἂν αἱ 只要。ἂν 语气词。αἱ 如果。

[970]σώματος 身体的

[971]πείσεις 感受

[972] αὐτῷ 他本人

[973] διὰ 出于，由于，借助于。

[974]τοῦτο 这个，指身体。

[975] γίγνωνται 相关联

[976] αἱρέσεις 选择，理解。

[977] φυγαὶ 逃避

[978] γάρ 因此，就。

[979] ἑτοίμως 愿意，在手边的，预备好的。

[980] λαμβάνειν 接受

[981] τοῦτο φαῖεν 这个观点，我们的观点。

[982] ἡδονῆς 快乐

[983] δὲ συναριθμουμένης 考虑，算作。δὲ 通常用在两个字之间。

[984] εὐδαίμονι 有福地

[985] βίῳ 生活

[986] ἂν 当……时候

[987] λυπηρòν 痛苦

[988] διὰ τύχας 透过运气

[989] ὀδύνας 造成苦恼，引起苦恼。

[990] γίγνοιτο 发生

[991] ὅτῳ ταῦτα 这些事情，所有这些事情。

[992] σπουδαίῳ 优秀的，这里指善的人。

[993] πῶς 如何

[994] ἔχων 具有，是。

[995] εὐδαίμων 有福地

[996] ἀλλὰ 然而

$^{997}$ τοιαύτη 这种

$^{998}$ αὐτάρκης 自足

$^{999}$ εὐδαίμων 福祉

$^{1000}$ διάθεσις 状态

$^{1001}$ θεοῖς μὲν 诸神。μὲν 的确，真的。

$^{1002}$ ἀνθρώποις 人

$^{1003}$ χείρονος 低级的

$^{1004}$ δὲ προσθήκην 附加物。δὲ 通常用在两个字之间。

$^{1005}$ χρὴ 应该，必须。

$^{1006}$ γενόμενον 生成的，已经存在的。

$^{1007}$ περὶ ὅλον 整体。περὶ 在……周围，关于。

$^{1008}$ λαβοῦσι 寻找，抓住。

$^{1009}$ εὔδαιμον 福祉

$^{1010}$ ἀλλὰ 而

$^{1011}$ μὴ 不是

$^{1012}$ περὶ μέρος 在部分中。περὶ 在……周围，关于。

$^{1013}$ ἐκ θατέρου 从一部分，一部分，指较差部分。

$^{1014}$ κακῶς 坏的，不好的，不能良好的。

$^{1015}$ ἔχοντος 运行

$^{1016}$ ἀναγκάζοιτο ἂν 必然。ἂν 语气词

$^{1017}$ θάτερον 另一部分，指好的部分。

$^{1018}$ πρὸς τὰ αὐτοῦ 来自于自身的，在其自身活动方面。

$^{1019}$ κρεῖττον 较差部分

$^{1020}$ ἐμποδίζεσθαι 受妨碍

$^{1021}$ ὅτι 因为

$^{1022}$ ἑτέρου 另一方面，指较差方面。

$^{1023}$ μὴ 不能

$^{1024}$ καλῶς 美好的，良好的。

$^{1025}$ ἔχει 运行，具有。

$^{1026}$ ὃ ἐκ θατέρου κακῶς ἔχοντος ἀναγκάζοιτο ἂν καὶ θάτερον τὸ κρεῖττον ἐμποδίζεσθαι πρὸς τὰ αὐτοῦ, ὅτι μὴ καὶ τὰ τοῦ ἑτέρου καλῶς ἔχει.这句希腊文的英译，差别比较大。Armstrong 译为 for if one part is in a bad state the other, higher, part must necessarily be hindered in its proper work if the affairs of the lower part are not going well. McGroarty 英译为 a [worse]part, which doing badly would force the better part on the [better] side to be impeded in its activities, because the things of the [worse] side are not doing well.

MacKenna 英译为 if the one constituent be troubled, the other, answering to its associate's distress, must perforce suffer hindrance in its own activity.

<sup>1027</sup>δεῖ 应当，除去。

<sup>1028</sup>ἀπορρήξαντα 除去，放弃。

<sup>1029</sup>σῶμα 身体

<sup>1030</sup>ἦ καὶ 甚至

<sup>1031</sup>αἴσθησιν 身体的感觉

<sup>1032</sup>οὕτω 就这样，以这种方式。

<sup>1033</sup>ζητεῖν...ἔχειν 试图找到，试图具有，追寻。ζητεῖν 查询。ἔχειν 具有。

<sup>1034</sup>πρὸς τὸ εὐδαιμονεῖν 从福祉中，在福祉问题上。πρὸς 从……而来。

<sup>1035</sup>αὔταρκες 自足

<sup>1036</sup>本节摘要。本节反驳亚里士多德和漫步学派有关外部善与福祉的关系的观点。亚里士多德认为外部善是福祉的条件，它会影响人的福祉。我们很难称如普里阿摩斯这样的人是幸福的。普罗提诺则区分了习得的理智性生活和内在于理智的善，称福祉是内在于理智的善。外部善如健康只是必然性，只是对于恶的规避，然而善不是较少的恶。因此福祉与外部的善没有关系。

<sup>1037</sup>依据 Paul Kalligas 撮要言之。[第 1—7 行] 这里开始详细反驳漫步学派。只有在痛苦和不幸影响所拥有的真正的善时才会影响福祉。但是由于善不是习得的理智性生活，由于善内在于理智并和理智不可分离，因此不会发生上述情况。(Paul Kalligas, *The Enneads of Plotinus: A Commentary*, Vol.1, p.174)

<sup>1038</sup>ἀλλ' 但是

<sup>1039</sup>εἰ μὲν 如果真的。μὲν 真的，确实。

<sup>1040</sup> λόγος 论证

<sup>1041</sup> ἐδίδου 认为

<sup>1042</sup> ἐν εὐδαιμονεῖν 福祉，在幸福中。ἐν 在……中。

<sup>1043</sup> περιπίπτειν 在于

<sup>1044</sup> μὴ 摆脱，没有。

<sup>1045</sup>ἀλγεῖν 痛苦

<sup>1046</sup>μηδὲ νοσεῖν 摆脱疾病，没有疾病。μηδὲ 没有，摆脱。

<sup>1047</sup>μηδὲ δυστυχεῖν 摆脱恶运，没有恶运。

<sup>1048</sup> μηδὲ συμφοραῖς μεγάλαις 摆脱巨大的不幸。μεγάλαις 巨大的。συμφοραῖς 厄运，灾难，不幸。

<sup>1049</sup> τῶν ἐναντίων 相反的，指与福祉相反的情况。

<sup>1050</sup> οὐκ 不

<sup>1051</sup> παρόντων 临近，走近，可能。

<sup>1052</sup> εἶναι 是

<sup>1053</sup> ὁντινοῦν εὐδαίμονα 真正的福祉。ὁντινοῦν 真的，真正的。

<sup>1054</sup> εἰ 如果

<sup>1055</sup> δ' ἐν τῇ τοῦ ἀληθινοῦ ἀγαθοῦ 寻求福祉在于拥有真善。ἐν 在……中。ἀληθινοῦ
真正的。ἀγαθοῦ 善。

<sup>1056</sup> κτήσει τοῦτό ἐστι κείμενον 我们为何忽视这一点。κτήσει τοῦτό 这一财产，指真
善。 ἐστι 是。κείμενον 放置一边，忽视。

<sup>1057</sup> μὴ 不

<sup>1058</sup> 指真善。

<sup>1059</sup> ἠρίθμηται 算作，作为。

<sup>1060</sup> κρίνειν 判断

<sup>1061</sup> ἐν τῷ εὐδαιμονεῖν 在福祉中，这里译为"福祉的标准"。ἐν 在……中。

<sup>1062</sup> ἄλλα 却

<sup>1063</sup> δεῖ 应当，必须，这里译为"去"。

<sup>1064</sup> ζητεῖν 寻求

<sup>1065</sup> παρέντας τοῦτο 不，不视这个为。

<sup>1066</sup> βλέποντας 视为，看。

<sup>1067</sup> εὐδαίμονα 福祉

<sup>1068</sup> τοῦτο καὶ τὸ πρὸς τοῦτο 构成部分的其他事物。τὸ πρὸς τοῦτο 从……某个事物
来的。

<sup>1069</sup> εἰ μὲν γὰρ 如果。εἰ 如果。μὲν 的确，真的。 γὰρ 既然。

<sup>1070</sup> ἀγαθῶν 善

<sup>1071</sup> ἀναγκαίων 必然性

<sup>1072</sup> συμφόρησις 汇集，汇聚。

<sup>1073</sup> ἤ καὶ 或者

<sup>1074</sup> οὐκ 不是，非。

<sup>1075</sup> ἀναγκαίων 必然性

<sup>1076</sup> ἀλλ' 却

<sup>1077</sup> 依据 Paul Kalligas 撮要言之。[第 7—13 行] 普罗提诺批评福祉包含外部
善的观点。他的批评不只是在针对亚里士多德，也是在针对晚期漫步学派，如
克莱忒劳斯(Critolaus)。普罗提诺不仅批评各种各样的善的概念家族，也指出我
们如果容许各种各样不同的善，就得认可各种不同的目的(tele)，这就等于否定
存在一个终极目的。(Paul Kalligas, *The Enneads of Plotinus: A Commentary,* Vol.1,
p.175)

<sup>1078</sup> τούτων λεγομένων 这仍被称为。τούτων 这。λεγομένων 被称为。

<sup>1079</sup>ἀγαθῶν 善，指善的事物。

<sup>1080</sup>ἐχρῆν 汇集。

<sup>1081</sup> παρεῖναι 尝试

<sup>1082</sup> ζητεῖν 思考

<sup>1083</sup> ταῦτα 这些事物

<sup>1084</sup> εἰ δὲ 如果。δὲ 通常用在两个字之间。

<sup>1085</sup> τέλος 目标

<sup>1086</sup> εἶναι 是

<sup>1087</sup> ἕν τι 一。τι 某个。

<sup>1088</sup>ἀλλ᾽而

<sup>1089</sup> οὐ πολλὰ δεῖ 非多，不应当是多。οὐ 不。 πολλὰ 多。 δεῖ 应当。

<sup>1090</sup>οὕτω γὰρ ἂν 否则。οὕτω 只不过如此。 γὰρ 既然。 ἂν 语气词。

<sup>1091</sup> οὐ 不只有

<sup>1092</sup> τέλος 目标。

<sup>1093</sup> ἂν ζητοῖ 寻找，有。ἂν 语气词。

<sup>1094</sup> τέλη 目标

<sup>1095</sup> χρὴ 必须

<sup>1096</sup> λαμβάνειν 抓住

<sup>1097</sup> ἔσχατόν 最终的，最高的。

<sup>1098</sup> τιμιώτατον 最贵重，最高价值。

<sup>1099</sup> ἐκεῖνο....μόνον 那独一者。ἐκεῖνο 那里，那。μόνον 单纯，仅仅。

<sup>1100</sup> ψυχὴ 灵魂

<sup>1101</sup> ἐν αὑτῇ 在自身中。ἐν 在……中。

<sup>1102</sup> ζητεῖ 努力，追寻，寻求。

<sup>1103</sup> ἐγκολπίσασθαι 抓住

<sup>1104</sup> ἐν τούτῳ 在这种情况下

<sup>1105</sup> Ἡ δὲ ζήτησις αὕτη 对它的寻求。δὲ 通常用在两个字之间。 ζήτησις 寻求。αὕτη 它。

<sup>1106</sup> βούλησις 意愿

<sup>1107</sup>依据 Paul Kalligas 撮要言之。［第 13—21 行］亚里士多德把意愿(boulesis)称为依据某种理性计算所进行的某种欲求(orexis)（《论灵魂》III 10.433A23—24），从而与代表较低心理功能的欲望(epithumia)和血气的冲动(thumos)形成对比（《论灵魂》II 3.414b2, III 9.432b5—6）；在把意愿与审慎选择(prohairesis)进行细致区分的过程中（《尼各马可伦理学》III 2.1111b20—29），亚里士多德澄清说意愿并非限于理性的获得，它还总与目的相关。换言之，它构成一种对于善(agathon)的内在

倾向，它并不必然地受理性计算的控制，但是与人的更深的理智倾向一致。基于这种考虑，普罗提诺实际上把 boulesis 与智性(noesis)等同起来，认为它是一种转向(epistrophe)至善的推动力量。据此，意愿(boulesis)是指向较好的(to kreitton)存在而不是指向较低存在，如必然性(anankaia)的活动。在这种情况下，所谓的合乎自然(ta kata phusin)并不是相应于内在的心理倾向，它只是实践选择的对象，就像推论在外部环境下所起的作用一样：就如幸福的人可以想要(ethelein)这些对象，但是这些对象却不构成他们的意愿(boulesthai)。［第 21-32 行］在这个地方，普罗提诺与亚里士多德的观点直接对立。亚里士多德认为健康是一种善(agathon)，是我们所意愿的(boulometha)，在任何情况下我们都审慎地选择(boulometha)使我们自己健康（《尼各马可伦理学》）。普罗提诺则持反对意见。他不认为健康是一种善，健康也不值得我们意愿(bouleton)。普罗提诺认为健康只具有必然性或者必要性（anankaion）。这是普罗提诺极其感兴趣的理性原理，很少人注意到健康无助于我们提升福祉，疾病只是驱使一个人去恢复健康，但是善是一种凭着本性值得努力地（epheton）获得的东西，善不是一种更少恶的东西。因此健康不能被列入善，但在规避恶上是必要的。恶最终是我们想要避免的，是我们透过想望(thelesis)而不是通过意愿(boulesis)所实现的。(Paul Kalligas, *The Enneads of Plotinus: A Commentary*, Vol.1,pp.175—176)

<sup>1108</sup>οὐχὶ 并非，决非。

<sup>1109</sup>μὴεἶναι 不是

<sup>1110</sup>ταῦτα 这些事物

<sup>1111</sup>γὰροὐκ 不属于，不。

<sup>1112</sup>αὐτῇ 我们的

<sup>1113</sup>φύσει 自然

<sup>1114</sup>ἀλλὰ 而

<sup>1115</sup>μόνον 只是

<sup>1116</sup>παρόντα 呈现

<sup>1117</sup>λογισμὸς 推论能力

<sup>1118</sup>φεύγει 排除，逃避。

<sup>1119</sup>ζητεῖ 设法，努力。

<sup>1120</sup>ἀποικονομούμενος 摆脱

<sup>1121</sup> ἢ καὶ προσλαμβάνων 有时也要求得到它们。προσλαμβάνων 揪住，抓住。

<sup>1122</sup> αὐτὴ δὲ ἡ ἔφεσις πρὸς τὸ 我们灵魂欲求的真正驱动力是趋近。αὐτὴ 它，指我们的灵魂。 δὲ 通常用在两个字之间 ἡ ἔφεσις 投掷，驱动力。πρὸς τὸ 从……而来，趋近于。

<sup>1123</sup>κρεῖττον 较好的

1124 αὐτῆς 它，它自身。

1125 οὗ ἐγγενομένου ἀποπεπλήρωται καὶ ἔστη 当那者在灵魂中呈现，灵魂就充满并安宁。

1126 οὗτος 这，这是。

1127 βουλητὸς 愿意

1128 ὄντως βίος 生活方式

1129 βούλησις 意愿

1130 ἀξιοῦμεν 被适合使用的

1131 ἐπειδὴ 迄今为止，就……而言。

1132 ἀλλὰ 而

1133 μὴ 非

1134 καταχρώμενος 误用

1135 ἄν τις λέγοι 所乐见的，所说的。ἄν 语气词。

1136 ἀναγκαίων 必然性，必然性的场合。

1137 ὑπολαμβάνοι 不相信，不能。

1138 κυρίως 指定，被说成。

1139 βούλησιν 意愿

1140 ταῦτα 这些，指这些必然性。

1141 παρεῖναι 呈现

1142 ἐπεὶ καὶ ὅλως 因为我们总是。ἐπεὶ 迄今为止。καὶ ὅλως 总是，全部。

1143 ἐκκλίνομεν 避免

1144 κακὰ 恶

1145 δήπου 多半，猜测，大概。

1146 τῆς τοιαύτης 这种

1147 ἐκκλίσεως 避免

1148 οὐ 不，不是。

1149 βουλητὸν 意愿

1150 μᾶλλον γὰρ βουλητὸν 因为我们宁愿。μᾶλλον 更多。γὰρ 因为。βουλητὸν 愿意。

1151 μηδὲ 不要

1152 δεηθῆναι 出现，需要。

1153 τοιαύτης 这种

1154 ἐκκλίσεως 逃避，逃避的场合。

1155 ὅταν 每当

1156 παρῇ 拥有

<sup>1157</sup> οἷον 例如

<sup>1158</sup> ὑγίεια 健康

<sup>1159</sup> ἀνωδυνία 不痛苦

<sup>1160</sup> μαρτυρεῖ δὲ καὶ αὐτά 这些必然性本身就提供了其证据。μαρτυρεῖ 证明，证据，提供了……证据。δὲ 通常用在两个字之间。 καὶ 和。 αὐτά 它，它自身，指这些必然性。

<sup>1161</sup> Τί γὰρ τούτων ἐπαγωγόν ἐστι 它们为何吸引我们呢？Τί 某些它们。γὰρ 因为，为何。 τούτων 某个，某些，这里指我们。ἐπαγωγόν 吸引。ἐστι 是。

<sup>1162</sup> παροῦσα 拥有，在场。

<sup>1163</sup> ὑγίεια 健康

<sup>1164</sup> γοῦν 总是

<sup>1165</sup> καταφρονεῖται 忽视

<sup>1166</sup> μὴ 免于，没有。

<sup>1167</sup> ἀλγεῖν 痛苦

<sup>1168</sup> Ἃ δὲ παρόντα μέν 当这些在那里。δὲ 通常用在两个字之间。παρόντα 在场，在那里。μέν 的确，真的。

<sup>1169</sup> οὐδὲν...ἔχει 不……具有，没有。

<sup>1170</sup> ἐπαγωγὸν 吸引，吸引力。

<sup>1171</sup> οὐδὲ 不能

<sup>1172</sup> πρὸς τὸ εὐδαιμονεῖν 为我们的福祉。εὐδαιμονεῖν 福祉。

<sup>1173</sup> προστίθησι τι 做出贡献，贡献些什么。

<sup>1174</sup> ἀπόντα 缺席

<sup>1175</sup> ζητεῖ<ται> 寻求

<sup>1176</sup> διὰ 借助于，因为。

<sup>1177</sup> λυπούντων παρουσίαν 出现不安。λυπούντων 不安。 παρουσίαν 出现，呈现。

<sup>1178</sup> φάσκειν 宣告，被称为。

<sup>1179</sup> ἀναγκαῖα 必然性

<sup>1180</sup> εὔλογον 合理的

<sup>1181</sup> ἀλλ'但

<sup>1182</sup> οὐκ 不

<sup>1183</sup> εἶναι 是

<sup>1184</sup> ἀγαθὰ 善

<sup>1185</sup> τοίνυν 某些，指它们。

<sup>1186</sup> οὐδὲ 不能

<sup>1187</sup> συναριθμητέα 列为，算作。

1188 τέλει 目的

1189 ἀλλὰ καὶ 即使

1190 αὐτῶν 它们

1191 ἀπόντων 缺席

1192 ἐναντίων 相反者，相反方面。

1193 παρόντων 呈现，呈现出来。

1194 τέλος 目的

1195 ἀκέραιον …τηρητέον 依然如故。τηρητέον 维持，保持。ἀκέραιον 未混杂的，纯粹的。

1196本节摘要。外部的善只是避免恶的条件，但不是实现福祉的必要条件；缺乏外部的善不会影响福祉。本节尤其讨论了自杀的主题。在极端的环境下、在缺乏实现福祉的情况下，自杀是合理的逃脱；哲学的生活方式旨在使身体和灵魂分离，哲学性的自杀即是如此。

1197依据 Paul Kalligas 撮要言之。［第 1—10 行］意愿总是渴求目的和福祉，在人里面同时存在这个第二层次的理性动机，这是与其生存相关的必要的想望(ethelein)。想望不可能直接影响福祉的达成，它会让人从对目的的注意中分心，妨碍人们活跃(energeiai)在福祉之中。人的自然在于想望避免世界的恶，然而如果把这种自然的想望作为人生活的目的就显然是荒谬的，人具有避免恶的知识只是一种必要。(Paul Kalligas, *The Enneads of Plotinus: A Commentary,* Vol.1, p.176)

1198Διὰ τί οὖν ὁ εὐδαιμονῶν 处于福祉状态的人为何……Διὰ 透过，借助于。τί 它，某个。 οὖν 的确，真的。 ὁ εὐδαιμονῶν 福祉。

1199ἐθέλει 想望，愿意。

1200ταῦτα…παρεῖναι 这些必然性……在那里。ταῦτα 它，指必然性。παρεῖναι 呈现，在那里。

1201ἀπωθεῖται 拒绝，赶走。

1202ἐναντία 相反方面

1203φήσομεν 相信，认为。

1204οὐχ 不是

1205ὅτι 因为

1206πρὸς τὸ εὐδαιμονεῖν εἰσφέρεταί τινα μοῖραν 对其福祉有何贡献。πρὸς τὸ 从……而来。εὐδαιμονεῖν 福祉。εἰσφέρεταί 带来，造成。τινα 某些，某个。 μοῖραν 分配的份额，贡献。

1207ἀλλὰ μᾶλλον πρὸς τὸ εἶναι 而是因为对其存在有所贡献。ἀλλὰ 而是。 μᾶλλον 只是。 πρὸς 从……而来。 τὸ εἶναι 存在。

<sup>1208</sup> τούτων 这，指福祉。

<sup>1209</sup> τὰ δ᾽ ἐναντία 相反方面

<sup>1210</sup> ἢ 或者，或者是。

<sup>1211</sup> πρὸς τὸ 源自于，因为。

<sup>1212</sup> μὴ εἶναι 不是，非存在。μὴ 非，不。εἶναι 存在，是。

<sup>1213</sup> ὅτι 因为

<sup>1214</sup> παρεῖναι 出现

<sup>1215</sup> ἐνοχλεῖ 妨碍了

<sup>1216</sup> τέλει 目的

<sup>1217</sup> οὐχ 不，非。

<sup>1218</sup> ἀφαιρούμενα αὐτό 抢走什么，获取什么。ἀφαιρούμενα 获取，抢走。 αὐτό 它，什么。

<sup>1219</sup> ἀλλ᾽ ὅτι 而是因为。ἀλλ᾽而是。

<sup>1220</sup> ἔχων 拥有

<sup>1221</sup> ἄριστον 至善

<sup>1222</sup> βούλεται 愿意，向往。

<sup>1223</sup> μόνον 单独

<sup>1224</sup> ἔχειν 拥有

<sup>1225</sup> αὐτὸ 它

<sup>1226</sup> οὐκ 不，不愿意。

<sup>1227</sup> τι 某个，其他事物。

<sup>1228</sup> μετ᾽ 与……一起，共有。

<sup>1229</sup> αὐτοῦ 它

<sup>1230</sup> ὅταν παρῇ 虽然，既然。

<sup>1231</sup> οὐκ 不至于

<sup>1232</sup> ἀφήρηται μὲν 真的取走，真的减损。μὲν 真的，的确。

<sup>1233</sup> ἐκεῖνο 那里，指至善。

<sup>1234</sup> ἔστι δ᾽ ὅμως κἀκείνου ὄντος 但仍然依附它存在的事物。ἔστι 是。δ᾽ ὅμως 同等的，相同的。 κἀκείνου 那里。ὄντος 存在者，存在的事物。

<sup>1235</sup> εἰ 即使，如果。

<sup>1236</sup> εὐδαίμων 有福的，有福的人。

<sup>1237</sup> μὴ 不

<sup>1238</sup> ἐθέλοι 意愿，想望。

<sup>1239</sup> 依据 Paul Kalligas 撮要言之。[第 14—17 行] 这几行与亚里士多德《尼各马可伦理学》的如下文本存在互参：Ι 10.1100b25—29 和 1101a9—14。普罗提诺认为

福祉及其缺乏不是数量问题；如果它依赖于所能获益的好处或者疾病的多少，就会导致福祉是善的数量总和的逻辑。然而前面已经反驳过这个观点（6.7—13）。［第18 行］亚里士多德把好运(eutuchia)［与恶运(dustuchia)相对］定义为借助变化(tuche)这个原因所获得的善（《修辞学 I 5.1361b39—1362a1》），所借助的是偶然的、不可预测的变化因素，所拥有的主要是物体性的外部善，普罗提诺称它为必然性。如果我们把好运视为福祉的必然成分，那么变化就成了福祉的关键性因素，这样福祉也就不具有自足性和自主性。普罗提诺则只把变化看成是必然性，它与目的的获得完全无关，好运(eutuchia)不可能为福祉增辉生色。(Paul Kalligas, *The Enneads of Plotinus: A Commentary,* Vol.1, p.176)

$^{1240}$παρείη δὲ τοῦτο 始终存在，始终同一。παρείη 在场，呈现。 δὲ 通常用在两个字之间。 τοῦτο 这，某个，相同的。

$^{1241}$ἤδη παραιρεῖταί 已经呈现，属于。ἤδη 已经。 παραιρεῖταί 呈现。

$^{1242}$εὐδαιμονίας 福祉

$^{1243}$τι 某个，某种事物。

$^{1244}$ὅλως δὲ οὐκ 都不会被减损。ὅλως 全部，都。δὲ 通常用在两个字之间。 οὐκ 不。

$^{1245}$ἢ οὕτω γε καθ' 否则

$^{1246}$ἑκάστην 每个，他。

$^{1247}$ἡμέραν 每天

$^{1248}$μεταπίπτοι ἂν 改变，变化。ἂν 语气词。

$^{1249}$εὐδαιμονίας 福祉

$^{1250}$ἐκπίπτοι 坠落

$^{1251}$οἷον 例如

$^{1252}$εἰ καὶ 如果

$^{1253}$ἀποβάλλοι 丧失，失去。

$^{1254}$παῖδα 奴隶

$^{1255}$ἢ καὶ 或者

$^{1256}$κτημάτων 财富，财产。

$^{1257}$μυρία 无数的，数以千计的。

$^{1258}$ἂν εἴη ἃ οὐ κατὰ 都不能。ἂν 语气词。 εἴη 是。 ἃ οὐ 不。 κατὰ 按照，合乎，凭。

$^{1259}$ἐκβάντα 超出，影响。

$^{1260}$γνώμην 心智，知识。

$^{1261}$οὐδέν 绝不能，绝不。

$^{1262}$παρακινεῖ 妨碍

1263 παρόντος 获得，呈现。

1264 τέλους 最终的，作为目的的。

1265 αὐτῷ 它，指善。

1266 ἀλλὰ 但是

1267 φασί 相信，认为，假定，说。

1268 μεγάλα 强烈的，巨大的，指巨大的灾难。

1269 καὶ οὐ 而非

1270 τυχόντα 变化，指日常变化。

1271 Τί δ' ἂν εἴη 如果……已经如此……τί 某个，某种。δ' ἂν 语气词，如此。　εἴη 是。

1272 ἀνθρωπίνων 人类。

1273 μέγα 极大的，高的。

1274 ἀναβεβηκότος 登临

1275 ἀνωτέρω 高处

1276 οὐδενὸς ἔτι 不是，不再。

1277 ἐξηρτημένου 依赖于

1278 κάτω 下面，下界。

1279 ὑπὸ...πρὸς τὸ...ἁπάντων τούτων 还有什么人什么事，指所有在下界遭遇的人和事。ὑπὸ 在……下面。　πρὸς 来自于。ἁπάντων 遇见，碰到。τούτων 某个，这个。

1280 ὥστ' ἂν μὴ 既然不再，不可以。ὥστ'既然。　ἂν 语气词。　μὴ 不再。

1281 καταφρονηθῆναι 忽略不计。

1282 Διὰ τί γὰρ τὰς μὲν εὐτυχίας 一切偶发的好运。Διὰ 借助，凭借。　τί 某种，某个。γὰρ 于是，因为。　τὰς μὲν εὐτυχίας 真的好运。μὲν 的确，真的。

1283 ἠλικαιοῦν ἂν ὦσιν 无论怎样重大。

1284 οὐ μεγάλας ἡγεῖται 在他而言都不是大事。οὐ 不，不是。　μεγάλας 大的，大事。ἡγεῖται 在他而言，他认为。

1285 οἷον 例如

1286 βασιλείας 王位

1287 ἀρχάς 所统治的

1288 πόλεων 城邦

1289 依据 Paul Kalligas 撮要言之。［第 19—20 行］普罗提诺曾有建立柏拉图城邦的计划但被取消（参看 VP12.3—12），这两行文字可能蕴含着普罗提诺不无失望的回应。［第 20—22 行］这几行文字引用的是伊壁鸠鲁的话，指出任何人的死亡和城市的毁灭都不会影响一个贤人的福祉。［第 23-24 行］Armstrong 把希腊文 ne Dia(by Zeus)译为 God help us（愿神帮助我们）。(Paul Kalligas, *The Enneads of Plotinus: A Commentary*,

Vol.1, pp.176—177)

<sup>1290</sup>ἐθνῶν 人民

<sup>1291</sup>οὐδὲ 也不，或者也不，这里指城邦和殖民地对于已经获得福祉的人来说也不是什么大事。

<sup>1292</sup> κτίσεις 建立

<sup>1293</sup> οἰκίσεις 殖民地

<sup>1294</sup> πόλεων 城邦

<sup>1295</sup> οὐδ᾽ εἰ 即使是

<sup>1296</sup> ὑπ᾽ αὐτοῦ 在他之下，即他亲自建立的。

<sup>1297</sup> γίγνοιντο 建立的，创立的。

<sup>1298</sup> ἡγήσεταί τι εἶναι μέγα 他认为是一件大事。ἡγήσεταί 他认为。 τι 这。 εἶναι 是。μέγα 大事，大的。

<sup>1299</sup>ἐκπτώσεις 丧失

<sup>1300</sup>ἄρχῶν 权力

<sup>1301</sup>πόλεως αὐτοῦ 城邦自身。αὐτοῦ 自身。

<sup>1302</sup>κατασκαφὴν 沦陷，下挖。

<sup>1303</sup>εἰ δὲ δὴ καὶ 如果他以为这些是……εἰ 如果。δὲ 通常用在两个字之间。δὴ 真的，于是。 καὶ 和。

<sup>1304</sup> μέγα 大的

<sup>1305</sup> κακόν 恶

<sup>1306</sup> ἢ 或者

<sup>1307</sup> ὅλως 至少

<sup>1308</sup> κακόν 恶

<sup>1309</sup> δόγματος 意见

<sup>1310</sup> γελοῖος ἂν εἴη 可笑的，遭人嘲笑的。ἂν 语气词。 εἴη 是。

<sup>1311</sup> ξύλα 木头

<sup>1312</sup> λίθους 石块

<sup>1313</sup> σπουδαῖος 好的，重要的，优良的。

<sup>1314</sup> νὴ Δία 愿神帮助我们。

<sup>1315</sup> θνητῶν 必死者的，必死者。

<sup>1316</sup> θανάτους 死亡

<sup>1317</sup>依据 PaulKalligas 撮要言之。［第 26—29 行］普罗提诺的这几行文字可能有文学作品中例如 Iphigeneia 和 Antigone 神话故事的原型。(Paul Kalligas, *The Enneads of Plotinus: A Commentary,* Vol.1, p.177)

<sup>1318</sup>μέγαἡγούμενος 即是说重要的。ἡγούμενος 即是说。μέγα 大的，重要的。

1319英译者 Armstrong 注：圣奥古斯丁临终前正值汪尔达人（Vandals）围攻希波之时，他用这些话安慰自己。参看波赛达乌斯（Possidius）《奥古斯丁传》（*Vita Augustini*）第二十八卷。

1320希腊文本原无这句话，是 Armstrong 的英译所加。MacKenna 的英译本和 McGroarty 英译本都没有类似的意思。

1321φαμεν 说，相信。

1322δεῖν 需要

1323δογμὰ 意见，想想。

1324 περὶ θανάτον 死亡。περὶ 关于。

1325 εἶναι 是

1326 ἄμεινον 好于，更好，更强大。

1327 σώματος 肉体，肉身。

1328 παρεῖναι 在……中的，呈现为。

1329 ζωῆς 生命

1330 εἰ 如果

1331 αὐτὸς δὲ 他自己。δὲ 通常用在两个字之间。

1332 τυθείη 祭品

1333 ὅτι 因为

1334 τέθνηκεν 死于

1335 παρὰ βωμοῖς 祭坛。παρὰ 在……边上。

1336 οἰήσεται 担心，认为。

1337 αὐτῷ 他的，他。

1338 θάνατον 死亡，死。

1339 κακὸν 恶

1340 ἀλλ᾽ εἰ 如果。ἀλλ᾽如果。

1341 μὴ 没有，未。

1342 ταφείη 埋葬

1343 σῶμα 肉体

1344 πάντως που 迟早。πάντως 全部。που 怎样，什么。

1345 σαπείη 腐烂

1346 ὑπὲρ γῆς 大地之上。ὑπὲρ 在……上。γῆς 大地，地上。

1347 τεθὲν 死亡

1348 ὑπὸ γῆν 泥土之下。ὑπὸ 在……下。γῆν 大地，地上。

1349εἰ 如果

1350δ᾽ ὅτι 因为

<sup></sup>1351μὴ 没有

1352依据 Paul Kalligas 撮要言之。[第 30—31 行] 这两行与前面的 "普里阿摩斯的悲剧" 有明显的联系。[第 31—32 行] 这里引用荷马史诗《伊利亚特》(22.65) 的表达，人在极端残酷的外部环境下可以 "合理地逃脱" (eulogos exagoge)，但是这样的态度显然与前面普罗提诺有关自杀的态度相冲突(比较第 8—18 行)。尤其是如果我们考虑这里所引用的《伊利亚特》(9.43) 狄奥墨忒斯(Diomedes)对阿伽门农(Agamennon)所说的话：他敦促阿伽门农逃离自己的家园，与《九章集》"论美" 中的 I 6.8.16 相呼应：普罗提诺欢迎哲学的死亡，使灵魂与身体分离。这里的文字还表明如果在已无可能实现福祉的极端严酷的环境下，理性地逃脱是可以使用的哲学方案。(Paul Kalligas, *The Enneads of Plotinus: A Commentary*, Vol.1, pp.177—178)

1353πολυδαπάνως 花费许多钱，这里指风光的葬礼。

1354ἀλλ᾽ 而

1355ἀνωνύμως 不光彩地，这进而指 "悄然地被埋葬"。

1356 οὐκ 没有

1357 ἀξιωθεὶς ὑψηλοῦ 有价值的，奢华的。ἀξιωθεὶς 有价值的。ὑψηλοῦ 高高在上的。

1358 μνήματος 墓碑

1359 μικρολογίας 渺小

1360 ἀλλ᾽ εἰ 如果。ἀλλ᾽然而。

1361αἰχμάλωτος 战俘

1362ἄγοιτο 逮捕，被捕。

1363εἰ 如果，那么即使。

1364μὴ 不

1365εἴη 是，可能。

1366 εὐδαιμονεῖν 美好，有福的。

1367 πάρ τοί ἐστιν ὁδὸς 仍然有逃脱的路。πάρ 向着，朝着。τοί ἐστιν 是。ὁδὸς 门，逃脱的路。

1368ἐξιέναι 松开，解开，敞开。

1369英译者 Armstrong 注：这里指 "自杀"。普罗提诺认为这是合法的，但是必须在完全绝望的情况下。可以对照《九章集》第一卷第 4 章第 8 节，第一卷第 9 章第 11—14 节以及第 17 节。

1370εἰ 如果

1371αὐτῷ 他的

1372οἰκεῖοι 亲人

1373αἰχμάλωτοι 被俘

1374 οἷον ἑλκόμεναι νυοὶ καὶ θυγατέρες 他的女儿女婿被拖走。οἷον 例如。ἑλκόμεναι

被拖走。νυοὶ 女儿女婿(daughter-in-law)。θυγατέρες 女奴。英译者 Armstrong 注：这里也指普里阿摩斯，参照《伊利亚得》22. 65。

<sup>1375</sup>εἰ 假如，如果。

<sup>1376</sup>μηδὲν 没有，未。

<sup>1377</sup>ἐωρακώς 看到，看见。

<sup>1378</sup>τοιοῦτον 这，这类事情。

<sup>1379</sup>ἀποθνήσκοι 去世，死亡。

<sup>1380</sup>ἆρ' ἂν οὕτως δόξης ἔχοι ἀπιών 会以为，会狭隘（或者肤浅）到这种程度。ἆρ' ἂν 如果这样。οὕτως 那样，那么。δόξης 意见。ἔχοι 拥有。ἀπιών 狭隘、肤浅。φήσομεν 以为，相信。

<sup>1381</sup>τί 这些事情

<sup>1382</sup>οὖν 不，不可能。

<sup>1383</sup>γενέσθαι 发生

<sup>1384</sup>ὡς 这样，难道

<sup>1385</sup>μὴ ἂν 不。ἂν 语气词。

<sup>1386</sup> ἐνδεχομένων 可能

<sup>1387</sup> γενέσθαι 发生，遭遇。

<sup>1388</sup> τούτων 诸如此类的，这里指诸如此类的不幸。

<sup>1389</sup> ἀλλ' 然而。这里译为"如果这样，那……"

<sup>1390</sup>ἂν εἴη 就是，是。ἂν 语气词。

<sup>1391</sup>ἄτοπος 荒谬的，肤浅的。这里译为傻瓜。

<sup>1392</sup>οὐκ 不

<sup>1393</sup> ἂν οὖν δοξάσειεν 知道。ἂν 语气词。οὖν 确实，真的。

<sup>1394</sup> οἰκείους 亲属们

<sup>1395</sup> περιπεσεῖν 落入

<sup>1396</sup> ἐνδέχεται 知道，相信，认为。

<sup>1397</sup>τοιαύταις 这些不幸

<sup>1398</sup>依据 Paul Kalligas 撮要言之。［第 42—43 行］这几行文字难以置信地拒绝古典时代最基本且最重要的公民自由。由于普罗提诺尤其注重从世界分离出来的个人的内在价值，他以这种方式回应哲学的生活方式和哲学的追寻。(Paul Kalligas, *The Enneads of Plotinus: A Commentary*, Vol.1, p.178)

<sup>1399</sup>τύχαις 运气，福祉。

<sup>1400</sup>ὥστε καὶ γινομένου 不可能发生这样的事。

<sup>1401</sup>γὰρ ἂν 因为。ἂν 语气词。

<sup>1402</sup>ἐνθυμοῖτο 认为，思考。

<sup>1403</sup> ὡς ἡ τοῦδε τοῦ παντὸς φύσις τοιαύτη 这个宇宙的所有本性，这个宇宙的本性。
ὡς 关系词。 ἡ τοῦδε τοῦ παντὸς 所有这些。 φύσις τοιαύτη 这个本性，指宇宙的本性。

<sup>1404</sup> οἷα καὶ τὰ τοιαῦτα φέρειν 就包含种种不幸。οἷα 关系副词。τοιαῦτα φέρειν 种种不幸。

<sup>1405</sup>χρή 应该，应当，只有。

<sup>1406</sup>ἔπεσθαι 顺从，服从。

<sup>1407</sup>καὶ ἐπ᾽ 不管怎样(and by themselves)

<sup>1408</sup>πολλοὶ 许多，许多人。

<sup>1409</sup>δὴ 立即，马上，因为。

<sup>1410</sup> γενόμενοι 成为

<sup>1411</sup> αἰχμάλωτοι 战俘

<sup>1412</sup> πράξουσι 做，行动

<sup>1413</sup> ἄμεινον 更好

<sup>1414</sup> αὑτοῖς 他们

<sup>1415</sup> βαρυνομένοις 极度劳累，不堪忍受。

<sup>1416</sup> ἀπελθεῖν 得自由，解脱。

<sup>1417</sup> μένοντες 停留，留下来。

<sup>1418</sup> ἢ 或者

<sup>1419</sup> μένουσι 留下，停留。

<sup>1420</sup> εὐλόγως 合理的

<sup>1421</sup> οὐδὲν 无须，不用。

<sup>1422</sup> δεινόν 惧怕

<sup>1423</sup>ἢ 或者

<sup>1424</sup>μή 不，不应该。

<sup>1425</sup> μένοντες 留下，停留。

<sup>1426</sup> ἀλόγως 不合理的

<sup>1427</sup>αὑτοῖς 他们自己的，他们的。

<sup>1428</sup>αἴτιοι 错，错误。

<sup>1429</sup> οὐ γὰρ δὴ διὰ 不会因为

<sup>1430</sup> ἄλλων 他人的，其他的。

<sup>1431</sup> ἄνοιαν 愚蠢

<sup>1432</sup> ἐν κακῷ 卷入恶中。ἐν 在……中。

<sup>1433</sup>αὐτὸς 他的

<sup>1434</sup>οἰκείων 亲人，亲属。

<sup>1435</sup>εἰς 到……中间去，这里译为"卷入"。

<sup>1436</sup> ἄλλων...ἀναρτήσεται 他人的。ἄλλων 其他的。ἀναρτήσεται 人。

<sup>1437</sup>εὐτυχίας 好运

<sup>1438</sup>δυστυχίας 恶运

<sup>1439</sup>本节摘要。本节继续讨论自杀；如果痛苦会导致人神志昏迷的话，贤人会选择逃离这个世界。但是极度的痛苦仍然不会削弱贤人的福祉，他的内在之光继续照亮世界。他也不需别人同情。德性把人的一般本性提升到一个高度，哲学使人像斗士一样面对命运的打击。

<sup>1440</sup>依据 Paul Kalligas 撮要言之。[第 1—2 行] 这样的信念最初流行在伊壁鸠鲁学派内部，后来成为希腊化和罗马时期哲学的一般性观点。这里无从知道普罗提诺这个思想的出处。[第 3—5 行] 普罗提诺这里所谓的照亮暴风雨的不灭的内在之光显然与《理想国》第六卷(496d6—8)的明喻相关，同时结合了恩培多克勒有关眼睛功能的描述，从而形成灵魂的眼睛(omma tes psuches)的比喻。(Paul Kalligas, *The Enneads of Plotinus: A Commentary,* Vol.1, p.178)

<sup>1441</sup>αὐτοῦ 他的

<sup>1442</sup>ἀλγηδόνων 痛苦

<sup>1443</sup>ὅτανσφοδραὶῶσιν 如何之剧烈。σφοδραὶ 剧烈，激烈。ὅταν 每当，由于。

<sup>1444</sup>ὅταν 只要，无论什么时候。

<sup>1445</sup>δύναται 能，能够。

<sup>1446</sup>φέρειν 承受

<sup>1447</sup>οἴσει 尽力承受，承受。

<sup>1448</sup>εἰδὲ 如果。δὲ 通常用在两个字之间。

<sup>1449</sup>ὑπερβάλλουσιν 吞没，超过。

<sup>1450</sup>ἐξοίσουσι 夺走

<sup>1451</sup>英译者 Armstrong 注：对照伊壁鸠鲁，贝雷（Bailey）残篇 V. B64—65。

<sup>1452</sup>ἐν 在……中，身处。

<sup>1453</sup>ἀλγεῖν 痛苦

<sup>1454</sup> οὐκ... ἔ...σται 不会想要

<sup>1455</sup> ἐλεεινὸς 同情，怜悯，可怜。

<sup>1456</sup> αὐτοῦ 他的

<sup>1457</sup> ἔνδον 在里头的，内在的。

<sup>1458</sup> φέγγος 光

<sup>1459</sup>依据 PaulKalligas 撮要言之。[第 5—6 行] 神志清醒(toparakolouthein)并不是福祉的前提条件，神志昏迷则为穿戴着肉身的生命造成不必要的负担。(Paul Kalligas, *The Enneads of Plotinus: A Commentary,* Vol.1, pp.178—179)

<sup>1460</sup>ἐν λαμπτῆρι 在灯塔中。ἐν 在……中。

<sup>1461</sup>φῶς 光

<sup>1462</sup>πολλοῦ ἔξωθεν πνέοντος ἐν πολλῇ ζάλῃ ἀνέμων 暴风骤雨。πολλῇ、πολλοῦ 多。
ἀνέμων 风。ἔξωθεν 猛烈的。

<sup>1463</sup>ἐν 在……中

<sup>1464</sup>χειμῶνι 照向，吹向。ἔξωθεν 抛弃。

<sup>1465</sup>英译者 Armstrong 注：这里使人想起恩培多克勒（Empedocles）残篇 B84，不
过上下文迥异。在那里，暴雨中的灯塔只是比喻眼睛的结构。

<sup>1466</sup>ἀλλ᾽ 但是

<sup>1467</sup>εἰ 假如，如果。

<sup>1468</sup>μὴ παρακολουθοῖ 神志昏迷。μὴ 不。παρακολουθοῖ 领会，理解。

<sup>1469</sup>ἢ παρατείνοι τὸ ἀλγεῖν ἐπὶ τοσοῦτον αἰρόμενον 或者已经到达一个极端。ἢ 或者。
παρατείνοι 拖延。τὸ ἀλγεῖν 引起痛苦的。ἐπὶ 在……上面。τοσοῦτον 非常，很。αἰρόμενον
高度。

<sup>1470</sup>ὥστε 尽管

<sup>1471</sup>ἐν τῷ σφοδρῷ ὅμως 这极度的痛苦。ἐν 在……中。τῷ σφοδρῷ 剧烈的。 ὅμως
完全的。

<sup>1472</sup>μὴ 不，不至以。

<sup>1473</sup>ἀποκτιννύναι 杀死，令他死亡。

<sup>1474</sup>ἀλλ᾽ εἰ μὲν παρατείνοι 如果这样延续下去的话。ἀλλ᾽ 但是。εἰ 如果。μὲν 真的。
παρατείνοι 延长，拖延。

<sup>1475</sup>τί χρὴ ποιεῖν βουλεύσεται 他应该做点什么，他会思考他所该采取的行动。τί 某
个，什么。χρὴ 应该，应当。ποιεῖν 相当于 make（行动）。 βουλεύσεται 意愿。

<sup>1476</sup>依据 Paul Kalligas 撮要言之。[第 11—22 行] 这种尼采式的对痛苦和同情的蔑
视来自于斯多亚学派，后者认为贤人(spoudaios)不愿意臣服于任何形式的痛苦(lope)。
普罗提诺在《九章集》的其他部分(I 1.10.13—14)展现了同样的心灵模式，但是波菲利
著的《普罗提诺的生平和著作顺序》的第九章和第十一章则提醒我们避免得出过分草
率的结论。贤人不会拒绝帮助他的同胞，但这不是出于廉价的怜悯而在于理性构造的
人格。普罗提诺的这种语气可能暗示了他批评基督教所谓的爱(agape)的怜悯的原因，
在他看来基督教所持的是一种非理性的情绪。(Paul Kalligas, *The Enneads of Plotinus: A
Commentary,* Vol.1, p.179)

<sup>1477</sup>γὰρ 因为

<sup>1478</sup>οὐ 未，没有。

<sup>1479</sup>ἀφῄρηται 夺走

<sup>1480</sup>αὐτεξούσιον ἐν τούτοις 自决能力。αὐτεξούσιον 自主的，在自己的能力之内。 ἐν
在……里面。 τούτοις 某个。

$^{1481}$χρὴ δὲ εἰδέναι 我们必须明白。χρὴ 必须，应当。δὲ 通常用在两个字之间。εἰδέναι 理解，明白。

$^{1482}$σπουδαίῳ 优秀的，善的，这里指善的人。

$^{1483}$φανεῖται 呈现

$^{1484}$ὡς οὐχ 不同于

$^{1485}$ἄλλοις 其他人

$^{1486}$φαίνεται 呈现

$^{1487}$οὐ 不能，无一。

$^{1488}$μέχρι 直到……为止，这里译为"触动"。

$^{1489}$εἴσω ἕκαστα 内在的自我。εἴσω 同等的。ἕκαστα 各自。

$^{1490}$ἄλλα 其他事物

$^{1491}$οὔτε…οὔτε 既不……也不……

$^{1492}$λυπηρά 痛苦。[οὔτε ἀλγεινὰ] οὔτε τὰ λυπηρά 痛苦的事物也不能引起痛苦。ἀλγεινὰ 引起痛苦。

$^{1493}$καὶ ὅταν 那么如果。καὶ 和。ὅταν 每当，无论什么时候。

$^{1494}$ἀλγεινά 痛苦

$^{1495}$περὶ 关于，事关。

$^{1496}$ἄλλους 他人

$^{1497}$εἴη 是

$^{1498}$ἡμετέρας 我们的

$^{1499}$ψυχῆς 灵魂

$^{1500}$ἀσθένεια γὰρ 弱点，虚弱。γὰρ 因为。

$^{1501}$τοῦτο 这个，某个。

$^{1502}$μαρτυρεῖ 证据

$^{1503}$ἡμᾶς 我们

$^{1504}$ὅταν λανθάνειν 不知道，不被注意到。ὅταν 每当。

$^{1505}$ἡγώμεθα 便是，即是说。

$^{1506}$κέρδος 得到益处，幸事。

$^{1507}$ἀποθανόντων ἡμῶν, εἰ γίγνοιτο, κέρδος εἶναι τιθεμένων 甚至认为如果我们先人而死乃是一件幸事。ἀποθανόντων 先人而死。ἡμῶν 我们。εἰ 如果。γίγνοιτο 发生。κέρδος 有益的事情，幸事。εἶναι 是。τιθεμένων 认为，提出。

$^{1508}$ἔτι 仍然，只会。

$^{1509}$οὐ 没有

$^{1510}$ἐκείνων 其他的，指其他角度。

$^{1511}$ἀλλὰ 而只会，而。

<sup>1512</sup>αὑτῶν 自己

<sup>1513</sup> σκοπουμένων 思考，观察。

<sup>1514</sup> ὅπως μὴ 只求。ὅπως 怎样。 μὴ 不。

<sup>1515</sup> λυποίμεθα 悲伤

<sup>1516</sup> τοῦτο δὲ ἡμετέρα 我们。τοῦτο 某个。 δὲ 通常用在两个字之间。

<sup>1517</sup>δεῖ 必须

<sup>1518</sup>ἤδη 立即加以，立即。

<sup>1519</sup> περιαιρεῖν 摆脱

<sup>1520</sup> ἀσθένεια 弱点

<sup>1521</sup> μὴ γένηται 不能任由它存于己身。μὴ 不，不能。γένητα 发生。

<sup>1522</sup> ἀλλὰ 然而，否则。

<sup>1523</sup>φοβείσθαι 担心，害怕。

<sup>1524</sup>μὴ ἐῶντας 不是，这里译为"吞没我们"。ἐωντας 是。

<sup>1525</sup>εἰ 如果

<sup>1526</sup>δέ τις 有人，某人。δέ 通常用在两个字之间。τις 某人。

<sup>1527</sup>λέγοι 认为

<sup>1528</sup> ὥστε ἀλγεῖν 好似感受到……痛苦，感受。ὥστε 好似，好像。

<sup>1529</sup> ἐπὶ ταῖς τῶν οἰκείων 针对同胞（亲人）。ἐπὶ 针对，关于。οἰκείων 同胞，亲人。

<sup>1530</sup> συμφοραῖς 不幸

<sup>1531</sup> ἡμᾶς 我们

<sup>1532</sup> πεφυκέναι 本性

<sup>1533</sup> ὅτι 那么，因为。

<sup>1534</sup> γιγνωσκέτω 认识，知道。

<sup>1535</sup> οὐ 不

<sup>1536</sup> πάντες οὕτω 适用于所有人。πάντες 所有，所有人。οὕτω 这样。

<sup>1537</sup>ὅτι τῆς ἀρετῆς 因为德性。ὅτι 因为。ἀρετῆς 德性。

<sup>1538</sup> κοινὸν 一般的，普遍的。

<sup>1539</sup> φύσεως 本性

<sup>1540</sup> ἄγειν 提升

<sup>1541</sup> πρὸς τὸ ἄμεινον 直至更高。πρὸς τὸ 到……。ἄμεινον 更强，更高。

<sup>1542</sup> πρὸς τὸ κάλλιον παρὰ 直至好于。πρὸς τὸ 到……。 κάλλιον 较好。παρὰ 超过。

<sup>1543</sup> πολλούς 大多数的，指大多数人的本性。

<sup>1544</sup> κάλλιον 好，较好。

<sup>1545</sup> μὴ 不，绝不。

<sup>1546</sup> κοινῇ 一般的，普通的。

1547 φύσει 本性

1548 νομιζομένοις 习惯

1549 δεινοῖς 可怕的，恐怕的。

1550 ἐνδιδόναι 屈服，投降。

1551 οὐ γὰρ 不。οὐ 不。 γὰρ 于是，就。

1552 δεῖ 应当

1553 ἰδιωτικῶς 外行的，这里指毫无训练的人。

1554 ἀλλ᾽ 而

1555 οἷον 像，好似。

1556 μέγαν διακεῖσθαι 训练有素的。μέγαν 伟大的。

1557 ἀθλητὴν 战士，斗士。

1558 πληγὰς 面对

1559 τύχης 命运

1560 ἀμυνόμενον 打击，击退。

1561 γινώσκοντα 知道

1562 μὲν ὅτι 确实因为。μὲν 确实，真的。ὅτι 因为。

1563 τινὶ 某些

1564 φύσει 本性

1565 ταῦτα οὐκ 这样地不。ταῦτα 这样地。 οὐκ 不。

1566 ἀρεστά 讨人喜欢，喜欢。

1567 οὐχ ὡς δεινά 不应将之视为恐怖之事。οὐχ 不。ὡς 这样，如此。 δεινά 可怕的，恐怖之事。

1568 ἀλλ᾽ 而

1569 ὡς παισὶ φοβερά 应视之为孩子的困惑。ὡς 这样，如此。 παισὶ 孩子。 φοβερά 困惑。

1570 ταῦτ᾽ οὖν 善的人真的。ταῦτ᾽ 他们，指善的人。 οὖν 真的，的确，翻译从略。

1571 ἤθελεν 想望，这里指想望不幸。

1572 Ἢ καὶ πρὸς τὰ μὴ θελητά, ὅταν παρῇ 但是当他所不想望的事降临时。Ἢ καὶ 或者。ὅταν 每当。πρὸς 从……。μὴ 不。 θελητά 想望。παρῇ 来临，降临。

1573 ἔχει 拥有，用。

1574 ἀρετὴν 德性

1575 πρὸς 从事于，对着。

1576 ταῦτα 它

1577 ψυχὴν παρέχουσαν 造成灵魂。ψυχὴν 灵魂。 παρέχουσαν 造成。

1578 δυσκίνητον 困扰或者痛苦。

¹⁵⁷⁹δυσπαθῆ 声色不动，无动于衷，平静。

¹⁵⁸⁰本节以睡眠为例讨论福祉。亚里士多德和漫步学派认为福祉是一种意识活动，睡眠状态下的人无所谓福祉。普罗提诺则认为无论人睡眠与否，福祉都是绵绵不息的活动。与理智相关，由于理智超越人们的经验意识与"是"相关，"理智"和"是"之间的潜在相关性始终没有中断，因此享有福祉的人不会因为睡眠或者其他因素而减少福祉。

¹⁵⁸¹依据 Paul Kalligas 撮要言之。[第 1—7 行]依据斯多亚学派的观点，某些外部因素会因为丧失意识而丧失理性状态从而使人丧失福祉。而且（晚期？）斯多亚学派扩展了 parakolouthein（领会/意识）这个词的意思，从"遵循或注视"扩展为"认知"。伊壁鸠鲁学派则用这个词尤其指属于人的认知功能，借助于这种功能，人能够"分辨（认知）表象(parakolouthein tais phantasiais)并对表象进行分辨"。因此，它是分辨呈现在感知觉中的印象的过程，预设了一种灵魂处置身体的心理能力。普罗提诺则认为这种分辨或者意识(to parakolouthein)是一种较低的心理功能，无助于作为福祉的智性状态。他以这种方式引出无意识的智性生活概念的可能性。亚里士多德则宣称福祉不是一种状态，因为如果它是一种状态，福祉就可以属于昏睡不醒的植物人甚至属于那些遭受了巨大不幸的人。普罗提诺则批评亚里士多德的观点，指出无论不幸还是无意识都不会丝毫影响人的福祉，因为福祉的稳定性根源于与"是（存在）"不相分离和完全一致的理智。(Paul Kalligas, *The Enneads of Plotinus: A Commentary,* Vol.1, p.179)

¹⁵⁸²ἀλλ᾽ 但是

¹⁵⁸³ὅταν 每当，假如。

¹⁵⁸⁴μὴπαρακολουθῇ 失去意识。μὴ 不。παρακολουθῇ 领会，意识。

¹⁵⁸⁵νόσοις 疾病

¹⁵⁸⁶ἢ 或者

¹⁵⁸⁷μάγων τέχναις 巫术。μάγων 魔法。 τέχναις 技艺。

¹⁵⁸⁸βαπτισθεὶς 吞没，剥夺，夺去。

¹⁵⁸⁹英译者 Armstrong 注：在这里和下一章节，普罗提诺阐述了第二位的、相对较低的意识状态。这种阐释完全是非斯多亚学派的，是他自身的双重自我心理学的最富原创性的发展。

¹⁵⁹⁰ἀλλ᾽ εἰμὲν 但是如果他们真的。ἀλλ᾽ 但是。εἰ 如果。μὲν 真的。

¹⁵⁹¹φυλάξουσιν 坚持，主张。

¹⁵⁹²αὐτὸν 他

¹⁵⁹³οὕτως 仍然，这样，这个。

¹⁵⁹⁴ εἶναι 是

¹⁵⁹⁵ σπουδαῖον 好的，善的人。

¹⁵⁹⁶ οἷα ἐν ὕπνῳ κιομώμενον 只是进入睡眠而已。οἷα ἐν 在……中。ὕπνῳ 睡眠。

κιομώμενον 走入。

1597 κωλύει 妨碍,阻止。

1598 αὐτὸν 他

1599 εἶναι 是,获得。

1600 εὐδαίμονα 福祉

1601 ἐπεὶ 每当

1602 ἐν τοῖς ὕπνοις 在睡眠中,睡着。ἐν 在……中。τοῖς ὕπνοις 睡着。

1603 οὐδὲ 一点也不,没有。

1604 ἀφαιροῦνται 取走,剥夺。

1605 αὐτόν 他的

1606 εὐδαιμονίας 福祉

1607 οὐδ' 不能

1608 ποιοῦνται 造成,化费。

1609 χρόνον τοῦτον 这时间。χρόνον 时间。

1610 ὑπὸ 睡眠

1611 ὡς 这样,如此,就。

1612 λέγειν 说,称。

1613 μὴ 不,并非。

1614 πάντα τὸν βίον 终生。πάντα 所有,全部。τὸν βίον 生命,生活。

1615 εὐδαιμονεῖν 福祉,有福。

1616 英译者 Armstrong 注:可对照亚里士多德《尼各马可伦理学》X 6. 1176a33—35。

1617 εἰ δὲ 如果。εἰ 如果。δὲ 通常用在两个字之间。

1618 φήσουσιν 他们认为,他们相信,他们说。

1619 μὴ 不,不是。

1620 σπουδαῖον 善的

1621 οὐ 不,不再。

1622 τὸν λόγον ποιοῦνται 讨论,讨论这样的主题。λόγον 主题。

1623 περὶ τοῦ σπουδαίου 关于善的,指善的人。

1624 ἡμεῖς δὲ 我们。δὲ 通常用在两个字中间。

1625 σπουδαῖον 善的,善的人。

1626 ὑποθέμενοι 作为讨论的起点。

1627 依据 Paul Kalligas 撮要言之。[第 10—11 行]亚里士多德认为知觉作为生活的
基本构成部分(《尼各马可伦理学》IX 9.1170a16—20)与合乎德性的活跃性(kat'
aretenenergeia,《尼各马可伦理学》X 7.1177a12)结合形成福祉的核心内容。普罗提诺
这里讨论了知觉问题,第十三节讨论了活跃性问题。(Paul Kalligas, *The Enneads of*

*Plotinus: A Commentary,* Vol.1, p.180)

[1628]ζητοῦμεν 探问，寻问。

[1629]ἕως ἂν 只要。ἂν 语气词。

[1630] εἴη 是

[1631] σπουδαῖος 善的

[1632] εἰ εὐδαιμονεῖ 在福祉中。εἰ 在……中。

[1633]ἀλλ᾽但是

[1634]φασί 说，揭示。

[1635]ἔστω 是

[1636]σπουδαῖος 善的

[1637] μὴ 没有

[1638] αἰσθανόμενος 意识，意识到。

[1639] μηδ᾽没有

[1640] ἐνεργῶν κατ᾽ ἀρετήν 德性活动。ἐνεργῶν 活动。 ἀρετήν 德性。

[1641]πῶς ἂν 如何，如何能说。ἂν 语气词。

[1642] εἴη 是，处于。

[1643] εὐδαίμων 福祉

[1644] ἀλλ᾽但是

[1645] εἰ μὲν 即使。εἰ 如果。μὲν 真的，确实。

[1646] μὴ 不

[1647] ὅτι ὑγιαίνοι 是健康的。ὅτι 因为。ὑγιαίνοι 健康的。

[1648]οὐδὲν ἧττον 确实就是。οὐδὲν 表示语气。 ἧττον 就是。

[1649]ὑγιαίνει 健康的

[1650]καὶ εἰ 即使

[1651] μὴ 不

[1652] ὅτι καλός 是俊美的。ὅτι 因为。καλός 美的。

[1653]οὐδὲν ἧττον 确实就是

[1654]καλός 俊美的

[1655]εἰ δὲ 如果。εἰ 如果。δὲ 通常用在两个字之间。

[1656]μὴ 不

[1657] αἰσθάνοιτο 知道

[1658] ὅτι σοφὸς 智慧的。ὅτι 因为。

[1659]ἧττον σοφὸς ἂν εἴη 难道他的智慧就有所减损？ἧττον 减少，减损。 σοφὸς 智慧。 ἂν 语气词。εἴη 是。

[1660]εἰ μή πού τις λέγοι ὡς 也许有人关于智慧会这样说，也许有人会说。πού 在那里，

在那儿。λέγοι 说。ὡς 那里。

<sup>1661</sup>δεῖ 应当，要求。

<sup>1662</sup>αἰσθάνεσθαι 知道，意识，自觉。

<sup>1663</sup>παρακολουθεῖν 领会，察知。

<sup>1664</sup>αὐτῷ 它

<sup>1665</sup>παρεῖναι 呈现

<sup>1666</sup>γὰρ 因为

<sup>1667</sup>σοφίᾳ 智慧

<sup>1668</sup>ἐν 在……中

<sup>1669</sup>φρονεῖν 明智，审慎。Armstrong 把 φρονεῖν 译为 intelligence；McGroarty 译为 thinking；MacKenna 译为 prudence。依据亚里士多德和柏拉图对这个词的传统使用，中文译为"明智"

<sup>1670</sup>σοφίας 智慧

<sup>1671</sup>μὲν οὖν 的确，真的。μὲν 的确，真的。οὖν 的确，真的。

<sup>1672</sup>ἐπακτοῦ 外部的

<sup>1673</sup>ὄντος 存在物，事物。

<sup>1674</sup>依据 Paul Kalligas 撮要言之。[第 16—19 行] 亚里士多德认为"智慧是德性总体的一部分，具有它 (toi echesthai)或运用它(toi energein)就使得一个人有福 (eudaimona)"(《尼各马可伦理学》A·VI 12.1144a5—6，中译文引自廖申白，商务印书馆 2003 年，略有改动)。如果智慧被视为是理解活动的理性推论形式(《尼各马可伦理学》VI 6.1141a1—8)，那么智慧就必须是意识活动。然而普罗提诺认为智慧是绵绵不绝的"是"的"活跃性"，是超越经验意识的纯粹智性的显现。由于它始终存在，因此它不是某种透过竭力寻求而习得的东西。(Paul Kalligas, *The Enneads of Plotinus: A Commentary,* Vol.1, p.180)

<sup>1675</sup>λέγοι ἄν τι ἴσως ὁ λόγος οὗτος 这个论证也许有些意义。λέγοι 造成，收集。ἄν。语气词 τι 某种。ἴσως 相似地，也许。ὁ λόγος 论证。οὗτος 这样。

<sup>1676</sup>εἰ δ' ἡ 但是如果。

<sup>1677</sup>σοφίας 智慧

<sup>1678</sup>ὑπόστασις 根本上

<sup>1679</sup>ἐν οὐσίᾳ τινί 在某个实体中。ἐν 在……中。οὐσίᾳ 实体。τινί 某个。

<sup>1680</sup>μᾶλλον δὲ ἐν τῇ οὐσίᾳ 就在这个实体中。μᾶλλον δὲ 确确实实，就。ἐν 在……中。τῇ 这个。οὐσίᾳ 实体。

<sup>1681</sup>οὐσία 实体

<sup>1682</sup>οὐκ 不

<sup>1683</sup>ἕν τε τῷ κοιμωμένῳ 入睡。ἕν 在……中。τε τῷ κοιμωμένῳ 睡眠。

<sup>1684</sup> ἡ 或者

<sup>1685</sup> ὅλως ἐν τῷ λεγομένῳ μὴ παρακολουθεῖν ἑαυτῷ 处于无意识。ὅλως 完全。ἐν 在……中。τῷ λεγομένῳ 宣告。μὴ 不。παρακολουθεῖν 领会，意识。ἑαυτῷ 它。

<sup>1686</sup> ἀπόλωλε 停止存在，不存在。

<sup>1687</sup>依据 Paul Kalligas 撮要言之。［第 20—23 行］亚里士多德认为睡眠是人们借感官感知事物活动的中止，这也就是说感知觉系统负责共同感觉(koine aisthesis)。睡眠之所以对所有动物必要就在于使它们在所有时间内停止活动，因此如果有人说睡着的人是活跃的，那么漫步学派会认为这是自相矛盾的。(Paul Kalligas, *The Enneads of Plotinus: A Commentary,* Vol.1, p.180)

<sup>1688</sup>οὐσίας 实体

<sup>1689</sup>αὐτὴ 本身的，真正的。

<sup>1690</sup>ἐνέργεια 活动

<sup>1691</sup>ἐν αὐτῷ 在他身上，持续在他身上。

<sup>1692</sup> τοιαύτη 这种，诸如此类。

<sup>1693</sup> ἐνέργεια 活动

<sup>1694</sup> ἄυπνος 不停止

<sup>1695</sup> σπουδαῖος ἦ τοιοῦτος 善的人就是这样的，指他就是一个善的人。

<sup>1696</sup> τότε 这时，在那种情况下。

<sup>1697</sup> ἐνεργοῖ μὲν ἂν 甚至那时他也是活跃的。ἐνεργοῖ 活跃的。μὲν 的确，真的。ἂν 语气词。

<sup>1698</sup> οὐκ 不，不是。

<sup>1699</sup> αὐτὸν 他的

<sup>1700</sup> πάντα 整体，全部。

<sup>1701</sup> ἀλλά 而是

<sup>1702</sup>依据 Paul Kalligas 撮要言之。［第 24—30 行］正如有机体的［植物］生长功能(phutikon)无须理解活动就能够实现其活动，因为生长功能位于意识层面之下。同样，由于理智（智性）超越意识，它与"是"的联系是潜在的。其间的差别在于，我们与生命物的较低心理功能并不同一，我们真正的生命和我们真正的自我是理智的现实性。我们的意识性"我"只是我们整体的自我的一部分。(Paul Kalligas, *The Enneads of Plotinus: A Commentary,* Vol.1, p.180)

<sup>1703</sup>αὐτοῦ 他的

<sup>1704</sup>μέρος 部分

<sup>1705</sup>λανθάνοιδ᾽ ἂν 没有意识到。λανθάνοι 未被注意到，没有意识到。

<sup>1706</sup>αὕτη 他的

<sup>1707</sup>ἐνέργεια 活动

¹⁷⁰⁸οἷονκαὶ 同样。οἷον 类似的。

¹⁷⁰⁹φυτικῆς 生长

¹⁷¹⁰ἐνεργείας 活动

¹⁷¹¹ἐνεργούσης 活跃

¹⁷¹²οὐκ 没有

¹⁷¹³ἡ τῆς τοιαύτης ἐνεργείας ἀντίληψις τῷ αἰσθητικῷ 感觉功能，感觉的这种理解能力。τοιαύτης 这种。ἐνεργείας 活动，能力。ἀντίληψις 抓住，理解。αἰσθητικῷ 感知，感觉。

¹⁷¹⁴ἔρχεται 传递到，到达。ἀντίληψις 抓住，理解。

¹⁷¹⁵ ἄνθρωπον 人的

¹⁷¹⁶ ἄλλον 其他的，其他部分。

¹⁷¹⁷εἴπερ 如果

¹⁷¹⁸ἡμῶν 我们的

¹⁷¹⁹φυτικὸν 生长活动

¹⁷²⁰ἡμεῖς 我们，我们自身。

¹⁷²¹ἡμεῖς ἂν 我们。ἂν 语气词。

¹⁷²²ἐνεργοῦντες 活跃的

¹⁷²³ἦμεν 我们，我们自身。

¹⁷²⁴这句话是 Armstrong 英译所加。

¹⁷²⁵νῦν δὲ τοῦτο μὲν οὐκ ἐσμέν 然而事实上我们不是它。νῦν 现在。δὲ 通常用在两个字之间。τοῦτο 某个，这里指它。μὲν 的确，真的，事实上。οὐκ ἐσμέν 不是。

¹⁷²⁶ νοοῦντος 理智

¹⁷²⁷ ἐνέργεια 活动

¹⁷²⁸ ἐκείνου 那一个，指理智。

¹⁷²⁹ἐνεργοῦντος 活跃

¹⁷³⁰ὥστε 因此，如同。

¹⁷³¹ἡμεῖς 我们

¹⁷³²ἂν 语气词，这里用"就是"表示强调。

¹⁷³³ἐνεργοῖμεν 活跃的。

¹⁷³⁴本节讨论理智、理智表象和有意注意。普罗提诺认为理智表象是"暗淡的理智"，当人有意地运用理智时反使理智活动受阻，有意注意是"注意"分散的活动，真正的自我同一是没有意识到理智运用的活动。

¹⁷³⁵依据 Paul Kalligas 撮要言之。［第 1—3 行］理智活动被置于无意识中的原因在于意识通常被引向感觉对象和知觉表象导致其活动没有被注意到。普罗提诺这里清楚地说明了如下意思：感知觉(αἰσθήσεως/perceptual apprehension)是可理知者和可感觉者

的媒介，可理知者潜在地是关于可感觉者的判断。普罗提诺认为感知觉在于激活先在存在于灵魂中的可理知表象并相继形成"感知觉判断"。[第 3—6 行] 普罗提诺清楚地划出了他与亚里士多德之间的区别。亚里士多德认为理智是抽象过程的结果，理智如果没有感觉和表象(phantasia)功能就不能存在。普罗提诺则提出了完全不同的存在论（是论）前提，他认为理智和它的对象（"是"）是同一的，"是"(einai)和"思"(noein)同一，因此相当于"是"是理智自身，它无须要求任何表象的媒介和进一步的过程。就如"是"自身自我认知的实现活动，理智自身完全主动自动并独立于任何领会活动。这种与任何感知觉对象或领会活动相关并使表象呈现得以可能的完全主动的理智活动却与感觉刺激无关，它是完全与理智表象自身直接相关所发展起来的纯粹的创造性的表象功能。西塞罗和弗拉斯特(Philostratus)持有类似观点，他们已经有所阐释这种"唯心的"艺术理论，在普罗提诺的"论可理知之美"中看到这种观点。(Paul Kalligas, *The Enneads of Plotinus: A Commentary,* Vol.1, pp.180—181)

　　[1736] δὲ ἴσως 也许。ἴσως 同等的，同样的。

　　[1737] λανθάνει 没有注意到

　　[1738] περὶ ὁτιοῦν τῶν αἰσθητῶν 关于感觉对象。περὶ 关于。ὁτιοῦν 无论什么。αἰσθητῶν 感觉。

　　[1739] μὴ 不，无关。

　　[1740] διὰ 借助于

　　[1741] ὥσπερ 作为，正如。

　　[1742] μέσης 媒介

　　[1743] αἰσθήσεως 感知觉

　　[1744] περὶ ταῦτα 关于感觉层次，在感觉层次上。περὶ 关于。ταῦτα 某个，这个，指感觉层次。

　　[1745] ἐνεργεῖν 起作用，运行，工作。δοκεῖ 相当于 appearto 和 dictate,中文没有译出。

　　[1746] καὶ περὶ τούτων 关于感觉对象，思考感觉对象。καὶ 和，并且。περὶ 关于。τούτων 某个，这个，指感觉对象。

　　[1747] διὰ γὰρ τῆς αἰσθήσεως ὥσπερ μέσης περὶ ταῦτα ἐνεργεῖν δοκεῖ καὶ περὶ τούτων. Armstrong 英译如下：For our minds, by means of sense-perception—which is a kind of intermediary when dealing with sensible things—do appear to work on the level of sense and think about senese-objects. McGroarty 英译如下：Through sensation as an intermediary, we are necessarily active concerning these things and on account of these things [the objects of sense]. MacKenna 英译为：No doubt action upon material things, or action dictated by them, must proceed through the sensitive faculty which exists for that use.

　　[1748] αὐτὸς δὲ ὁ νοῦς 理智本身。αὐτὸς 自身，本身。νοῦς 理智。

　　[1749] 这是英译者 Armstrong 所加。

<sup>1750</sup> διὰ τί οὐκ ἐνεργήσει 为何就不能是活动的。διὰ 借助于。οὐκ 不。 ἐνεργήσει 活动。

<sup>1751</sup> πρὸ 在……先。

<sup>1752</sup> αἰσθήσεως 感知觉

<sup>1753</sup> ὅλως 任何，全部。

<sup>1754</sup> ἀντιλήψεως 意识形式

<sup>1755</sup> 依据 Paul Kalligas 撮要言之。[第 6—9 行] 就普罗提诺而言，任何感知觉类型的领会（理解）活动的造成不是由于被动的印象导入灵魂，而是由于印象的理智功能的激发。这也就能够解释感知觉何以被视为是"暗淡的理智" (amudrai noeseis)(VI 7.7.30—31)，当理智活动的产物（普罗提诺视为灵魂生活的实现）照耀在领会（理解）活动的表面，它会返照并在平滑光亮的表面形成所谓表象(phantasia)的影像，并被提供给意识。(Paul Kalligas, *The Enneads of Plotinus: A Commentary,* Vol.1, p.181)

<sup>1756</sup> περὶ αὐτὸν ψυχή 关于它的即理智之随从灵魂。περὶ 关于。αὐτὸν 它。ψυχή 灵魂。

<sup>1757</sup> εἴπερ 如果

<sup>1758</sup> νοεῖν 思想

<sup>1759</sup> καὶ 与

<sup>1760</sup> εἶναι 是

<sup>1761</sup> αὐτὸ 同一

<sup>1762</sup> γὰρ 那么

<sup>1763</sup> δεῖ 必有，应当。

<sup>1764</sup> ἐνέργημα 活动

<sup>1765</sup> πρὸ 在……先，先于。

<sup>1766</sup> ἀντιλήψεως 意识

<sup>1767</sup> 英译者 Armstrong 注：这是第尔斯残篇 B3 巴门尼德（Parmenides）的哲学命题。在这里，什么是巴门尼德此话的真正含义已经无关紧要。普罗提诺引用它是为了澄清《九章集》V.1.8.17，用它指他自己的真是(Real Being)与理智统一的思想。

<sup>1768</sup> ἀντίληψις 理智活动，意识。

<sup>1769</sup> ἔοικεν 同样的，相应的。这里译成"回光返照"，这不是指临死的状态，而是单纯用其字面意义即"光线返照"。

<sup>1770</sup> ἐνεργοῦντος 敏于思考的，活动的。

<sup>1771</sup> ψυχῆς 灵魂

<sup>1772</sup> ζῆν 生命

<sup>1773</sup> κατὰ 关于……的事物

<sup>1774</sup> πάλιν 又，也。

<sup>1775</sup> ἀπωσθέντος 返照，被反射回来。

$^{1776}$ὥσπερ ἐν 正如在……中。ὥσπερ 正如。

$^{1777}$λεῖον καὶ λαμπρὸν ἡσυχάζον 平滑光亮的。λεῖον 光滑的。λαμπρὸν 清晰的，光辉的。ἡσυχάζον 宁静的。

$^{1778}$依据 Paul Kalligas 撮要言之。［第 9—21 行］这里把 phantasia（印象）的表象功能与出自《蒂迈欧篇》心理－自然学的镜像进行比较。在《蒂迈欧篇》（71a5—b5）中，灵魂的较低部分是"影像和印象"(eidolon kai phantasmaton)的幻象，它被放置在肝中，肝平滑光亮，像镜子一样反映出可见的成像。此后普罗塔克和安提阿的塞奥弗洛斯(Theophilus of Antioch)对此都有跟进和阐释。这镜子必须平滑光亮，用普罗提诺的术语就是"宁静地栖居"。在亚里士多德看来，感觉所导致的"不安"在于人醒着时阻止形成各种"印象"（phantasmata:各种梦中表象），各种感受（如迷狂或迷醉）都会干扰和扭曲我们在睡梦中的"印象"。斯多亚学派认为身体的种种困扰会中断表象功能，普罗提诺则不同意斯多亚学派的这种因果原理：它不是由于身体和灵魂的"共同感受"(sumpatheia)，而是由于灵魂注意力的分散以及它预先占据(ascholia)了感知觉，这导致它不能把注意力单单地集中在理智的实现中。理智不断变化的结果是我们的意识及对它的领会成了一种偶然并容易被中断。(Paul Kalligas, *The Enneads of Plotinus: A Commentary,* Vol.1, pp.181-182)

$^{1779}$κατόπτρῳ περὶ 镜面返照所成的镜像。κατόπτρῳ 由镜面反射出来的成像。περὶ 在……周围。

$^{1780}$ὡς οὖν ἐν τοῖς τοιούτοις 在这些情况中。ὡς 如同，好像。οὖν 真的，的确。ἐν 在……中。τοῖς τοιούτοις 这种，某种，指这种情况。

$^{1781}$κατόπτρου 镜子

$^{1782}$παρόντος 是，存在，临近。μὲν 的确，真的。

$^{1783}$ἐγένετο 产生

$^{1784}$εἴδωλον 影像，镜像。

$^{1785}$μὴ 不

$^{1786}$παρόντος 存在

$^{1787}$δὲ ἢ 或者

$^{1788}$μὴ….ἔχοντος 并非。ἔχοντος 是。

$^{1789}$οὕτως 这个，指平滑光亮。

$^{1790}$ἐνεργείᾳ πάρεστιν οὖ 或者并没有以这种方式起作用。ἐνεργείᾳ πάρεστιν 以这种方式起作用，实际地存在。ἐνεργείᾳ 积极地、活跃地、实际地。πάρεστιν 存在，起作用，呈现。οὖ 不，并没有。

$^{1791}$τὸ εἴδωλον ἦν ἂν 使之成像的对象也会[始终]存在。τὸ εἴδωλον 影像。ἦν 是，存在。ἂν 语气词，表示强调。

$^{1792}$Ὡς οὖν ἐν τοῖς τοιούτοις παρόντος μὲν τοῦ κατόπτρου… δὲ ἢ μὴ οὕτως ἔχοντος ἐνεργείᾳ πάρεστιν οὗ τὸ εἴδωλον ἦν ἄν.三位英译者对这句希腊文的翻译有些差别。Armstrong 译为 In these circumstances when the mirror is there the mirror-image is produdeced, but when it is not there or is not in the right state the object of which the image would have been is [all the same] actually there.McGroarty 英译为 Therefore, in these circumstance, when the mirror is present, the image forms, but when it[the mirror] is not present, or is not operational in these way.MacKenna 英译为 In this illustration, when the mirror is in the image appears but, though the mirror be absent or out of gear, all that would have acted and produced an image still exists.

[1793]περὶ ψυχὴν 灵魂，关于灵魂。περὶ 关于。

[1794]ἡσυχίαν 相似地，类似地，这里译为 "也是"。

[1795]οὕτω 这样，如此。

[1796]ἐν ἡμῖν 我们里面，在我们里面，在我们之中。ἐν 在……里面，在……中。

[1797]ἐμφαίνεται 显现，显出，反映。

[1798]διανοίας 思想

[1799]νοῦ 理智

[1800]εἰκονίσματα 影像，画像。

[1801] ἄγοντος 没有受到干扰。

[1802] οἷον 类似，如同。

[1803] αἰσθητῶς 感知觉

[1804] ἐνορᾶται 看，注意，观察，这里指感知觉的方式。

[1805] γινώσκεται 认识到，认识。

[1806] προτέρας 在先的，先在的。

[1807] γνώσεως 知识

[1808] μετὰ 与……一起，结合。

[1809] ὅτι ὁ νοῦς καὶ ἡ διάνοια ἐνεργεῖ 理智和思想是活跃的（或者现实的）。ὅτι 连接词。ὁ νοῦς 理智。　καὶ 和。　ἡ διάνοια 思想。　ἐνεργεῖ 活跃的，现实的。

[1810] σώματος 身体

[1811] ἀρμονίαν 和谐

[1812] συγκλασθέντος 被搅乱，混乱，杂乱。

[1813] ταραττομένην 被颠覆

[1814] εἰδώλου ἡ διάνοια 推论性思想

[1815] νοῦς νοεῖ 理智

[1816] ἄνευ 没有，指可以无像运行。

[1817] νόησις τότε 理智活动。τότε 那时，当时。

[1818] ἄνευ 不会

<sup></sup>1819 φαντασίας 心象

1820英译者 Armstrong 注：普罗提诺在亚里士多德意义上使用 φαντασία。见《论灵魂》III 3. 427b—429a。

1821依据 Paul Kalligas 撮要言之。[第 21—33 行] 普罗提诺进一步扩展自己的观点，他认为心象成为意识会妨碍理智活动。就理智生活而言让理智处在无意识状态反而更智慧。因此在理性的呈现过程中，包含着第三个因素：注意(prosoche)把"我"置入对象的方面。当注意专门集中于可理知对象时，人就可以与其自身的真正自我一致。在这样的情况下，理智表象对于生活的伴随物而言就不再产生意义，所谓的有意意识(parakolouthesis)也只不过是一种分散的注意力。在理智层面达到主体和客体的完全同一会造成最高形式的自我知识，这就是所谓的"完整的理解"(sunesis)。而有意注意展现了某种变化的范围，与理智缺乏同一性。因此疾病和疼痛作为有机体的对抗状态就会比健康和无痛苦更鲜明地投射在意识之中。艺术也是如此，只有在出现难题时，理性的干预才显得必要。(Paul Kalligas, *The Enneads of Plotinus: A Commentary*, Vol.1, pp.182—183)

1822ὥστε καὶ τοιοῦτον ἄν...γίνεσθαι 因此我们可以得出这样的结论。ὥστε καὶ 因此。τοιοῦτον 这样的。ἄν 语气词。γίνεσθαι 认识到，得出这样的结论。

1823νοοῖτο 理智活动

1824 τι 某种

1825 φαντασίας 心像

1826 μετὰ 相随

1827 νοήσεως 理智

1828 οὐκ 不

1829 οὔσης 就是

1830 φαντασίας 心像

1831 ἐγρηγορότων 建立，找到。

1832 πολλὰς δ' ἄν 大量。δ' ἄν 语气词。

1833 θεωρίας 理论

1834 πράξεις 实践

1835 εὗροι 值得，富有价值。

1836 ἐνεργείας 活动

1837 ἡμᾶς 我们

1838 παρακολουθεῖν 意识，有意识。

1839 οὐκ ἐχούσας 没有。οὐκ 不。ἐχούσας 拥有，指意识到。

1840 αὐταῖς 它们

1841 ὅτε θεωροῦμεν 凝思。ὅτε 每当。

<sup>1842</sup> ὅτε πράττομεν 做事，现实生活。

<sup>1843</sup> οὐ γὰρ 并不。γὰρ 既然，因此。

<sup>1844</sup> ἀνάγκη 必然

<sup>1845</sup> ἀναγινώσκοντα 意识，意识到。

<sup>1846</sup> παρακολουθεῖν 阅读

<sup>1847</sup> τότε μάλιστα 至少。τότε μάλιστα: leastofall。τότε 那时候，当时。 μάλιστα 极
多，极大。

<sup>1848</sup> ὅτε μετὰ τοῦ συντόνου ἀναγινώσκοι 他聚精会神时是如此。ὅτε 每当，每逢。μετὰ
与……一起，伴随。 τοῦ συντόνου ἀναγινώσκοι 聚精会神。συντόνου 绷紧。ἀναγινώσκοι
意识。

<sup>1849</sup> ὅτι ἀναγινώσκει 是如此，指没有意识到。ὅτι 起连接作用。 ἀναγινώσκει 意识
到，意识。

<sup>1850</sup> ὁ ἀνδριζόμενος 正勇敢的人（being brave）。

<sup>1851</sup> οὐδὲ 并不

<sup>1852</sup> ὅτι ἀνδρίζεται 勇敢的。ὅτι 起连接作用。

<sup>1853</sup> κατὰ τὴν ἀνδρίαν ἐνεργεῖ ὅσῳ ἐνεργεῖ 他的行为与勇敢这种德性相一致。κατὰ 合
乎，依据。τὴν ἀνδρίαν 勇敢。 ἐνεργεῖ 活动、行为，Armstrong 译为 virtue。 ὅσῳ 近似，
相等。 ἐνεργεῖ 活动，行为。

<sup>1854</sup> μυρία 成千上万的，万。

<sup>1855</sup> ἄλλα 另外的，这里指其他诸如此类的例子。

<sup>1856</sup> ὥστε 事实上，如同。

<sup>1857</sup> τὰς παρακολουθήσεις 有意意识

<sup>1858</sup> κινδυνεύειν 可能

<sup>1859</sup> αὐτὰς τὰς ἐνεργείας αἷς παροκολουθοῦνσι. Armstrong 译为 the very activities of
which there is conciousness; McGroarty 译为 These very activities which there are conscious
of performing; MacKenna 译为 The activities upon which it is exercised。中译简单译为"意
识活动"。αὐτὰς 它的，指意识的 τὰς ἐνεργείας 活动。αἷς παροκολουθοῦνσι 相当于 which
there is 或 which there are.

<sup>1860</sup> ποιεῖν 使……成为，使……变得。

<sup>1861</sup> ἀμυδροτέρας 模糊不清

<sup>1862</sup> μόνας δὲ αὐτὰς οὔσας 只有当它们单独时。μόνας 单独。 δὲ αὐτὰς 它。 οὔσας
是。

<sup>1863</sup> τότε εἶναι 是。τότε 每当。

<sup>1864</sup> καθαρὰς 更纯粹

<sup>1865</sup> μᾶλλον 更好的，更真实的。

<sup>1866</sup> μᾶλλον ἐνεργεῖν 更能动的。μᾶλλον 较好的，更好的。 ἐνεργεῖν 能动的，运动的。

<sup>1867</sup> ζῆν 生命

<sup>1868</sup> σπουδαίων 善的，善的人。

<sup>1869</sup> ἐν τῷ τοιούτῳ πάθει 处于这种状态。ἐν 在……中。 τῷ τοιούτῳ 这种。 πάθει 状态。

<sup>1870</sup> γενομένων μᾶλλον…εἶναι 他们就获得了提升。γενομένων 发生，变化。 μᾶλλον 较好，更好。εἶναι 是，获得。

<sup>1871</sup> οὐ 没有

<sup>1872</sup> κεχυμένον 散落

<sup>1873</sup> αἴσθησιν 感知觉

<sup>1874</sup> εἰς 在……中

<sup>1875</sup> ἀλλ᾽ 而是

<sup>1876</sup> συνηγμένον 聚集

<sup>1877</sup> ἐν τῷ αὐτῷ 在一中。αὐτῷ 一。

<sup>1878</sup> ἐν ἑαυτῷ 在它自身中。ἑαυτῷ 它自身。

<sup>1879</sup>本节摘要。本节是对亚里士多德及其漫步学派的批评，普罗提诺认为有福的人不会想望任何外部的善，即使他的外部想望没有实现，他也是有福的。

<sup>1880</sup>依据 Paul Kalligas 撮要言之。[第 1—3 行] 普罗提诺总结他对漫步学派 eudaimonia 的批评，普罗提诺再次强调他引入了一种新的"生命"(zen)概念。他用生命指理智的现实性，它是福祉的唯一原因。[第 3—10 行] 因此，根据普罗提诺的观点，漫步学派的"美好生活"(euzoia)不只削弱了真正的生活，而且还扭曲了人的本性。如果依据亚里士多德认为凝思构成福祉的观念，就必须拥有完全内在的生活，有福的人不会想望任何外部的善。在任何情况下，这样的转向都意味着一种完美的永久的视野的改变，就 epestraphthai 而言则是一种完成时态。Kekatharthai（净化的完成）意味着不会通过行动要素有任何增加和减少。(Paul Kalligas, *The Enneads of Plotinus: A Commentary,* Vol.1, p.183)

<sup>1881</sup>εἰ δέ 如果。εἰ 如果。δέ 通常用在两个字之间。

<sup>1882</sup>λέγοιεν 有人说

<sup>1883</sup>τὸν τοιοῦτον 处于这种状态，这种状态，这种。

<sup>1884</sup>μηδὲ 不

<sup>1885</sup>ζῆν 生命

<sup>1886</sup>φήσομεν 认为，我们认为。

<sup>1887</sup> μὲν αὐτὸν 他的确，指他的确有生命。μὲν 的确。αὐτὸν 他。

<sup>1888</sup> λανθάνειν 看到，抓住。

1889 αὐτοὺς 他的

1890 εὐδαιμονίαν 福祉

1891 ὥσπερ 正如

1892 τοῦ τοιούτου 这种，他的。

1893 ζῆν 生活

1894 εἰ 如果

1895 μὴ 不

1896 πείθοιντο 相信，信任。

1897 ἀξιώσομεν 要求，指望，这里译为"请"。

1898 αὐτοὺς 他们

1899 ζῶντα 有生命的人

1900 σπουδαῖον 善的人，善的。

1901 ὑποθεμένους 起点

1902 οὕτω ζητεῖν εἰ εὐδαίμων 进而追寻他的福祉。οὕτω 这样，是这样。ζητεῖν 追寻，寻找。 εἰ 如果。 εὐδαίμων 福祉。

1903 μηδὲ 不

1904 ἐλαττώσαντας 减少

1905 αὐτοῦ 他

1906 ζῆν 生命

1907 ζητεῖν 究问，寻问。

1908 εὖ 好，福祉。

1909 ζῆν 生活

1910 μηδὲ 不

1911 ἀνελόντας 褫夺

1912 ἄνθρωπον 人性

1913 ζητεῖν 究问，寻问。

1914 ἀνθρώπου 人的

1915 περὶ εὐδαιμονίας 关于福祉。περὶ 关于。 εὐδαιμονίας 福祉。

1916 συγχωρήσαντας 承认，同意。

1917 σπουδαῖον 善的人

1918 ἐπεστράφθαι 指向

1919 εἰς τὸ εἴσω 内在的。εἴσω 在里面。

1920 ἐν ταῖς ἔξωθεν ἐνεργείαις 从他的外部活动。ἐν 在……中，从……ταῖς ἔξωθεν 外部的。ἐνεργείαις 活动。

1921 ζητεῖν 认知，究问。

<sup>1922</sup>αὐτὸν 他

<sup>1923</sup>依据 Paul Kalligas 撮要言之。［第 10—17 行］有智慧的人自然想望一般的外部需要，就如他想望这个世界摆脱恶一样，尽管他知道恶是不可避免的。然而有智慧的人所指向的不是他的想望(thelesis)而是他的意愿(boulesis)。(Paul Kalligas, *The Enneads of Plotinus: A Commentary*, Vol.1, p.183)

<sup>1924</sup>αὐτοῦ 他

<sup>1925</sup>μηδὲ ὅλως 不是全部地，较少。

<sup>1926</sup>ἐν τοῖς ἔξω 在外部事物中，对外部事物。

<sup>1927</sup>βουλητὸν 欲求，意愿。

<sup>1928</sup>εἰ 如果

<sup>1929</sup>λέγοι 有人说

<sup>1930</sup>ἔξω 外部事物

<sup>1931</sup>βουλητὰ 欲求，意愿。

<sup>1932</sup>σπουδαῖον 善的人，善的。

<sup>1933</sup>Βούλεσθαι 欲求，意愿。

<sup>1934</sup>ταῦτα 它们

<sup>1935</sup>οὕτω γὰρ ἂν οὐδὲ ὑπόστασις εὐδαιμονίας εἴη 那就不可能存在福祉。οὕτω γὰρ ἂν 既然如此。οὐδὲ 不。ὑπόστασις 存在。εὐδαιμονίας 福祉。 εἴη 是。

<sup>1936</sup>εὖ 有福的

<sup>1937</sup>ἀνθρώπους 人

<sup>1938</sup>ἐθέλοι 希望，愿意。

<sup>1939</sup>πάντας 人人，全部。

<sup>1940</sup>πράττειν 做事，行事，繁荣。

<sup>1941</sup>καὶ μηδὲν τῶν κακῶν περὶ μηδένα εἶναι 希望没有人受制于恶。καὶ μηδὲν 没有。τῶν κακῶν 恶。 περὶ 关于。 μηδένα εἶναι 受制于，相当于 no one to be。

<sup>1942</sup>ἀλλὰ 即使

<sup>1943</sup>μὴ 不能

<sup>1944</sup>γινομένων 实现

<sup>1945</sup>ὅμως 也总是，同样地。

<sup>1946</sup>εὐδαίμων 有福的

<sup>1947</sup>εἰ δέ 如果

<sup>1948</sup>φήσει 认为，相信。

<sup>1949</sup>εἰ 假设，如果

<sup>1950</sup>ἐθελήσει 愿意，想望。

<sup>1951</sup>ταῦτα 它们，诸如此类的事情。

<sup>1952</sup> αὐτὸν 他

<sup>1953</sup> ποιήσειν 造成，显得。

<sup>1954</sup> παράλογον 不合理的，荒谬的。

<sup>1955</sup> γὰρ οἷόν 因为

<sup>1956</sup> κακὰ 恶

<sup>1957</sup> μὴ 不可能，不。

<sup>1958</sup> μὴ 不

<sup>1960</sup>δῆλον 显然，显而易见。

<sup>1961</sup> συγχωρήσει 会合，同意。

<sup>1962</sup> ἡμῖν 我们

<sup>1963</sup> ἐπιστρέφουσιν 转向，指向。

<sup>1964</sup> εἰς τὸ εἴσω 内在的。εἰς 在……中。τὸ εἴσω 在里面。

<sup>1965</sup> Βούλησιν 欲求，意愿。

<sup>1966</sup>本节摘要。如果说福祉包含快乐，那也是因为快乐具有"理论的"性质，而不是如亚里士多德和漫步学派所谓的快乐的运动本性；享有福祉的人总是平静的。

<sup>1967</sup>依据 Paul Kalligas 撮要言之。[第 1—4 行] 亚里士多德主张"幸福中必定包含着快乐，而合于智慧的活动就是所有合德性的实现活动中最令人愉悦的。爱智慧的活动似乎具有惊人的快乐，因这种快乐既纯净又持久"。(《尼各马可伦理学》X 7.1177a23—26，廖申白译) 普罗提诺可能记得亚里士多德的这段话，并且意识到它是对柏拉图《斐利布篇》52c2 的影射。普罗提诺引用同一对话的表达是为了强调亚里士多德或者晚期漫步学派所谓的快乐实际上具有"理论"本性。(Paul Kalligas, *The Enneads of Plotinus: A Commentary,* Vol.1, p.183)

<sup>1968</sup>ἀπαιτῶσιν 被要求

<sup>1969</sup>παρεῖναι 说明，呈现。

<sup>1970</sup>βίῳ 生活

<sup>1971</sup>τοιούτῳ 这种

<sup>1972</sup>ἡδὺ 快乐

<sup>1973</sup>ὅταν 每当。当……时。

<sup>1974</sup>οὐ…οὐδὲ 真的……不是。οὐ 真的，确实。οὐδὲ 不是。

<sup>1975</sup>ἀξιώσουσι 获得

<sup>1976</sup>ἀκολάστων 无节制的，放荡者。

<sup>1977</sup>ἡδονὰς 快乐

<sup>1978</sup>σώματος 身体的

<sup>1979</sup>ἡδονὰς 快乐

$^{1980}$αὗται 它们，这些。

$^{1981}$γὰρ ἀδύνατοι 不会，不能。γὰρ，既然。

$^{1982}$παρεῖναι 出现，呈现，出现在那里。

$^{1983}$ἀφανιοῦσιν 遮暗，使模糊。

$^{1984}$εὐδαιμονεῖν 福祉

$^{1985}$依据 Paul Kalligas 撮要言之。［第 5—10 行］柏拉图在《理想国》（583e9—11）把身体的快乐及其苦恼(lupai)描述为灵魂的"运动"(kineseis)，普罗提诺将此与伴随福祉的快乐进行了比较。后者在其稳定性、持续性和对外部的恶的规避上存在区别。享有福祉的人总是平静的(hileos)，总是呈现出他的真我。(Paul Kalligas, *The Enneads of Plotinus: A Commentary,* Vol.1, pp.183—184)

$^{1986}$οὐδὲ μὴν τὰς περιχαρίας 极度快乐的情绪。περιχαρίας 欢喜，快乐。

$^{1987}$διὰ τί γάρ 善的人怎么可能会有这些呢？διὰ 凭借，借助。 τί 这个，某个，指善的人。 γάρ 既然。

$^{1988}$παρουσίᾳ 呈现，所呈现的。

$^{1989}$ἀγαθῶν 诸善

$^{1990}$συνούσας 相伴，相聚。

$^{1991}$οὐκ 不

$^{1992}$ἐν 在于

$^{1993}$κινήσεσιν 运动

$^{1994}$οὐδὲ γινομένας τοίνυν 它们也不是任何过程的结果。οὐδὲ 不是。 γινομένας 生出，生成，结果。 τοίνυν 某个，任何。

$^{1995}$ἤδη γὰρ 因为。ἤδη 立即，此后。 γὰρ 因为。

$^{1996}$ἀγαθὰ 诸善

$^{1997}$πάρεστι 呈现，已经存在。

$^{1998}$αὐτὸς 他，指善的人。

$^{1999}$αὐτῷ 他自身

$^{2000}$πάρεστι 呈现

$^{2001}$ἡδὺ 快乐

$^{2002}$ἵλεων 愉快，欢乐。

$^{2003}$ἕστηκε 宁静

$^{2004}$σπουδαῖος 善的人

$^{2005}$ἀεὶ 总是，永远。

$^{2006}$ἵλεως 愉快的

$^{2007}$ἥσυχος 安宁

$^{2008}$κατάστασις 状态，情况，性质。

<sup>2009</sup> διάθεσις 性情

<sup>2010</sup> ἀγαπητή 慈爱，圣爱，恬静。

<sup>2011</sup> οὐδὲν 不

<sup>2012</sup> λεγομένων 所谓的

<sup>2013</sup> κακῶν 恶

<sup>2014</sup> παρακινεῖ 扰乱，搅乱。

<sup>2015</sup> εἴπερ 如果

<sup>2016</sup> σπουδαῖος 善的

<sup>2017</sup> εἰ 如果

<sup>2018</sup> ζητεῖ 寻找

<sup>2019</sup> περὶ τὸν βίον 关于生活。περὶ 关于。 τὸν βίον 生活。

<sup>2020</sup> ἄλλο 另一种

<sup>2021</sup> σπουδαῖον 善，Armstrong 译为 pleasure。

<sup>2022</sup>οὐ 不是，不。

<sup>2023</sup> ζητεῖ 寻找

<sup>2024</sup>σπουδαῖον 善的，德性的。

<sup>2025</sup>βίον 生活

<sup>2026</sup>本节摘要。身处困境的贤人仍然会坚持"伟大的学习";当贤人身处，如"法拉利公牛"这样的酷刑时，他并非如伊壁鸠鲁学派所谓的仍然是快乐的，但他的福祉确实没有丝毫削弱。

<sup>2027</sup>依据 Paul Kalligas 撮要言之。[第 1—3 行] 普罗提诺现在开始检查漫步学派的福祉观念的第二个前提：活动(energeia)(《尼各马可伦理学》X 6.1176b1—8)。阿佛洛狄西亚斯的亚历山大指出福祉观念的核心是"活动"的核心，这里所谓的活动是灵魂的品质和德性的实践性显示。普罗提诺尊重这个观点，但他不承认环境的偶然性会完全中断贤人的活动，贤人总会找到路径通过实现他的"具体责任"(peristatika kathekonta)展示他的德性。贤人的理智现实性和他的良善意愿是所有活动的原因而非结果。[第 3—6 行] 唯一与外部环境妨碍相关的理论活动是那些具有推论特性的具体活动。然而纯粹的理智生活仍然完全是自主的和无动于心的，可见普罗提诺所谓的"最伟大的学习"(to megiston mathema)不只是与至善合一。至善构成理智性生活中止生活的无尺度性(aoristos)并使生活获得智性形式的地平线。(Paul Kalligas, The Enneads of Plotinus: A Commentary, Vol.1, p.184)

<sup>2028</sup>ἐνέργειαι 活动

<sup>2029</sup>οὐδ᾽αἱ 不。οὐδ᾽但不。αἱ 如果，假如。

<sup>2030</sup>διὰ 因为，凭借。

<sup>2031</sup>τύχας 运气

²⁰³²ἐμποδίζοιντοἄν 成为障碍，受妨碍。ἄν 语气词。

²⁰³³ἀλλἄλλαιἂνκατ'ἄλλαςγίγνοιντοτύχας 他能够随机应变。ἀλλὰ 然而。ἄλλαι 变化。ἄν 语气词。另外的。κατ'根据，与……一致。ἄλλας 另外的。γίγνοιντο 生成。τύχας 运气。

²⁰³⁴πᾶσαι δὲ ὅμως 总是。πᾶσαι 整个的。ὅμως 完全的。

²⁰³⁵καλαὶ 适当的，适宜的。

²⁰³⁶ ἴσως ὅσῳ περιστατικαί 顺应环境变化(equally as great as circumstances)

²⁰³⁷καλλίους 更加适当的，更好的。

²⁰³⁸ αἱ δὲ κατὰ 至于关于。αἱ 如果，至于。κατὰ 关于。

²⁰³⁹θεωρίας 思辨

²⁰⁴⁰ ἐνέργειαι 活动

²⁰⁴¹依据 Paul Kalligas 撮要言之。[第 7—8 行]诗人品达(Pindar)早就知道阿卡拉加斯(Acragas)的暴君制造了臭名昭著的法拉利铜制公牛酷刑，这位暴君用它炙烤他的敌人却又使敌人活着，酷刑的制造者成了第一个受刑者。伊壁鸠鲁声称，如果是一位贤人处身于酷刑之下，他仍然会喊着说，"这是快乐的"。[第 8—10 行]伊壁鸠鲁学派由于把快乐等同于福祉，所以他捍卫的明显是自相矛盾的立场。斯多亚学派指出只有在区分了快乐和福祉的情况下，才能够坚持说一个贤人在忍受痛苦的时候仍然是有福的。普罗提诺则通过区分较高的自我和较低的自我确立了快乐和痛苦的分别：真正的人(anthropos)是一个其福祉不会有任何削弱的主体，生命物(zoion)则是一个具有各种喜好(情绪 pathe)、快乐和痛苦的主体。(Paul Kalligas, *The Enneads of Plotinus: A Commentary*, Vol.1, p.184)

²⁰⁴²αἱ μὲν καθ' ἕκαστα τάχα ἄν 在涉及某些具体观点时可能会受环境影响。αἱ 假如，在……时。μὲν 的确，真的。καθ' ἕκαστα 每个，个个，具体的。

²⁰⁴³ οἷον 例如

²⁰⁴⁴ζητήσας 探索

²⁰⁴⁵σκεψάμενος 思考，研究。

²⁰⁴⁶προφέροι 宣称，指"……的观点"。

²⁰⁴⁷μέγιστον μάθημα 最伟大的学习。μέγιστον 伟大的。μάθημα 学习，学问。英译者 Armstrong 注：柏拉图和普罗提诺认为"最伟大的学习"就是学习至善。可对照《理想国》 VI.505a2 和《九章集》 VI.7.36。

²⁰⁴⁸ἀεὶ 总是

²⁰⁴⁹πρόχειρον 容易的。

²⁰⁵⁰καὶ μετ' αὐτοῦ 并与他相伴。καὶ 并且。μετ'与……一起，相伴。αὐτοῦ 他。

²⁰⁵¹ κἂν 如果

²⁰⁵²ἐν 在……中，身处。

²⁰⁵³ λεγομένῳ 所谓的

²⁰⁵⁴ Φαλάριδος 法拉利公牛，古代的一种酷刑。

²⁰⁵⁵πολλάκις 许多，常常，一直。

²⁰⁵⁶ λεγόμενον 称之为

²⁰⁵⁷ ἡδὺ 快乐

²⁰⁵⁸λέγεται...δὶς 如此称谓。δὶς 两次。

²⁰⁵⁹μάτην 愚蠢的

²⁰⁶⁰英译者 Armstrong 注：许多智慧善良的人遭受极度痛苦，或者在法拉利铜牛里面被烙烤，这对斯多亚学派和伊壁鸠鲁学派是一个悖论。普罗提诺论证说，基于他们的人性假设他们的观点毫无意义，但是他的论证是有意义的，因为他把较低的自我（真实地受苦）从较高的自我（泰然自若）中区分开来。

²⁰⁶¹ἐκεῖ μὲν γὰρ τὸ φθεγξάμενον 因为根据他们的哲学观点。ἐκεῖ 从……那里来，那里。μὲν 的确，真的。γὰρ 因为。 τὸ φθεγξάμενον 观点，看法。

²⁰⁶² τοῦτο αὐτο ἐστι τὸ ἐν τῷ ἀλγεῖν ὑπάρχον 其快乐状态正是其所遭受痛苦的事物。τοῦτο αὐτο 它，指快乐的状态。 ἐστι 是。ἐν 在……中。 τῷ ἀλγεῖν 感到痛苦的，痛苦的。 ὑπάρχον 开始形成。

²⁰⁶³ ἐνταῦθα δὲ τὸ μὲν ἀλγοῦν ἄλλο 根据我们的哲学观点，遭受痛苦的是一部分。ἐνταῦθα 根据我们的哲学观点。δὲ τὸ μὲν 的确，真的。 ἀλγοῦν 痛苦。 ἄλλο 另一部分。

²⁰⁶⁴ τὸ δὲ ἄλλο, ὃ συνὸν ἑαυτῳ 但还有另一部分虽然被迫同受痛苦。τὸ δὲ ἄλλο 另一部分。συνὸν 与……相伴，同受。 ἑαυτῳ 它，指痛苦。

²⁰⁶⁵ ἔως ἂν ἐξ ἀνάγκης συνῇ 始终持守他自身。ἔως 直到。 ἂν 语气词。 ἐξ ἀνάγκης 必然的，始终。συνῇ 与……相伴，持守。

²⁰⁶⁶οὐκ 不，绝不会。

²⁰⁶⁷ ἀπολελείψεται 短缺，缺乏。

²⁰⁶⁸ ὅλου 普遍的，全部的。

²⁰⁶⁹ἀγαθοῦ 善

²⁰⁷⁰θέας 凝思

²⁰⁷¹本节摘要。善的人可以从身体和灵魂的复合物中分离出来；福祉是灵魂的善的活动，它不属于灵魂的生长和感知觉功能；有一种平衡功能存在于灵魂中，能够削弱和限制身体；贤人（智慧的人）关注身体的健康但不指望完全不生病和不遭遇痛苦；他会从福祉中找到对抗病痛的力量，病痛不能够剥夺或者减少其福祉。

²⁰⁷²依据 Paul Kalligas 撮要言之。[第 3—4 行]普罗提诺更喜欢用"必然性"(nankaia)称呼他所轻看(kataphonesis)的身体的善。(Paul Kalligas, *The Enneads of Plotinus: A Commentary*, Vol.1, p.185)

²⁰⁷³ ἄνθρωπον 人

²⁰⁷⁴ μάλιστα 极多的，尤其是。

²⁰⁷⁵ σπουδαῖον 善的人

²⁰⁷⁶ μὴ 不，并非。

²⁰⁷⁷ συναμφότερον 复合，复合物，这里指身体和和灵魂的复合物。

²⁰⁷⁸ μαρτυρεῖ 证据，清楚明白的，这里译为"毋庸置疑的是"。

²⁰⁷⁹ ἀπὸ 从……

²⁰⁸⁰ σώματος 身体

²⁰⁸¹ χωρισμὸς 分离，分离出来。

²⁰⁸² Καταφρόνησις 轻视，轻看。

²⁰⁸³ λεγομένων 所谓的

²⁰⁸⁴ σώματος 身体

²⁰⁸⁵ ἀγαθῶν 善

²⁰⁸⁶依据 Paul Kalligas 撮要言之。［第 5—14 行］现在普罗提诺对漫步学派的"美好生活"观念(euzoia)进行批评总结。他认为"福祉"(eudaimonia)是善的生活，但这是灵魂较高的理智的实现活动，而不是灵魂较低的功能，不属于生长和感知觉。(Paul Kalligas, *The Enneads of Plotinus: A Commentary,* Vol.1, p.185)

²⁰⁸⁷ἀξιοῦν 要求，主张。

²⁰⁸⁸ζῷον 生命

²⁰⁸⁹εὐδαιμονίαν 福祉

²⁰⁹⁰εἶναι 是

²⁰⁹¹γελοῖον 荒谬的

²⁰⁹² εὐδαιμονίας 福祉

²⁰⁹³ οὔσης 是

²⁰⁹⁴ εὐζωίας 好的，美的，这里指"善的生活"。

²⁰⁹⁵ ἢ περὶ ψυχὴν συνίσταται 与灵魂有关。περὶ 关于。ψυχὴν 灵魂。 συνίσταται 联合。

²⁰⁹⁶οὔσης 是

²⁰⁹⁷ταύτης 它的，指灵魂的。

²⁰⁹⁸ἐνεργείας 活动

²⁰⁹⁹οὐ 不是

²¹⁰⁰ ψυχῆς 灵魂

²¹⁰¹ πάσης 全部

²¹⁰² γὰρ 因为

²¹⁰³ οὐ 不是

$^{2104}$ φυτικῆς 生长，指生长灵魂。

$^{2105}$ ἵν᾽ ἂν καὶ ἐφήψατο σώματος 否则便使活动进入与身体的关联了。ἐφήψατο 走近，临近。σώματος 身体。

$^{2106}$ τοῦτο 这种

$^{2107}$ εὐδαιμονεῖν 福祉

$^{2108}$ γὰρ δὴ 既然应当，这里译为"当然"。γὰρ 既然，因为。δὴ 应当。

$^{2109}$ οὐ 不

$^{2110}$ μέγεθος 大的，高大的。

$^{2111}$ εὐεξία 健康

$^{2112}$ οὐδ᾽ 不

$^{2113}$ αὖ ἐν 也……在于。αὖ 再者，此外。

$^{2114}$ αἰσθάνεσθαι 感觉

$^{2115}$ εὖ 善好，幸福。

$^{2116}$ πλεονεξίαι 占优势，优势过于明显。

$^{2117}$ Βαρύνασαι 压迫，这里译为负重。

$^{2118}$ κινδυνεύσουσιν 冒险，做危险的事。这里译为"过甚"。

$^{2119}$ πρὸς αὐτὰς φέρειν τὸν ἄνθρωπον 以致把他降低到它们的水平。πρὸς 从……到…… αὐτὰς 它们的。φέρειν 延伸，接近。τὸν ἄνθρωπον 人。

$^{2120}$ θάτερα 另一方面

$^{2121}$ ἀντισηκώσεως 平衡

$^{2122}$ οἷον ἐπὶ 引导。οἷον 如同。 ἐπὶ 针对，引导向。

$^{2123}$ πρὸς τὰ ἄριστα 向至善。πρὸς 导向，去往。ἄριστα 至善。

$^{2124}$ γενομένης μινύθειν 削弱。γενομένης 产生，生成。 μινύθειν 减少。

$^{2125}$ χείρω τὰ σώματα ποιεῖν 限制身体。χείρω 更差。τὰ σώματα 身体。 ποιεῖν 造成。

$^{2126}$ ἔξω 外在部分的

$^{2127}$ οὗτος ὁ ἄνθρωπος ἄλλος 真人。οὗτος 这个。 ὁ ἄνθρωπος 人。 ἄλλος 另一个。

$^{2128}$ ἵνα δεικνύοιτο 显现，显明出来。ἵνα 就可以，这样。δεικνύοιτο 显现，显明出来。

$^{2129}$ ὁ δὲ τῶν τῇδε ἄνθρωπος ἔστω 属于这个世界的人可能是。τῇδε 这个，指这个世界的。 ἄνθρωπος 人。 ἔστω 是。

$^{2130}$ καλὸς 俊美的

$^{2131}$ μέγας 高大的

$^{2132}$ καὶ 和

$^{2133}$ πλούσιος 富有的

$^{2134}$ πάντων 全部，全。

$^{2135}$ ἀνθρώπων 人类

2136 ἄρχων 统治者

2137 ὡς ἂν ὢν τοῦδε τοῦ τόπου 因为他本质上就属于这个区域。ὢν 本质上。τοῦδε 这个。τόπου 地区，区域。

2138 οὐ 不，不应。

2139 φθονητέον 嫉妒

2140 αὐτῷ 他

2141 ἠπατημένῳ 欺骗，伪装。

2142 τοιούτων 这个，指"自己"。

2143 περὶ δὲ σοφὸν 智慧的人。περὶ 关于。σοφὸν 贤人，智慧的人。

2144 ἴσως 可能

2145 μὲν ἂν 真的，完全。μὲν 真的，完全。ἂν 表示语气。

2146 οὐδὲ 不

2147 γένοιτο 拥有

2148 ταῦτα 这些

2149 ἀρχὴν 本原

2150 περὶ δὲ σοφὸν ταῦτα ἴσως μὲν ἂν οὐδὲ τὴν ἀρχὴν γένοιτο. Armstrong 译为 The wise man will perhaps not have them at all. McGroarty 译为 Perhaps the wise man will not have these things to begin with. MacKenna 译为 Perhaps such splendours could not, from the beginning even, have gathered to the Proficient.

2151 γενομένων 拥有

2152 εἴπερ 如果

2153 κήδεται 关心

2154 αὐτοῦ 我，真我。

2155 ἐλαττώσει 削弱，减少。

2156 αὐτός 它们

2157 依据 Paul Kalligas 撮要言之。[第 21—30 行] 虽然普罗提诺已经在 8.1—12 讨论过了痛苦（疼痛/algedones）问题，但可能是由于他极其糟糕的健康状况，使他在这里再次关注身体疾病这个主题。(Paul Kalligas, *The Enneads of Plotinus: A Commentary*, Vol.1, p.185)

2158 ἀμελείᾳ 漠视

2159 ἐλαττώσει μὲν 削弱。μὲν 真的，确切。

2160 μαρανεῖ 变软弱，逐渐消除。

2161 σώματος 身体

2162 πλεονεξίας 占优势

2163 ἀποθήσεται 抛弃

2164 ἀρχὰς 权位、职位。

2165 φυλάττων 保护，关心。

2166 σώματος 身体

2167 ὑγίειαν 健康

2168 οὐκ 不

2169 βουλήσεται 指望，意愿。

2170 παντάπασι 完全

2171 εἶναι 是，这里译为"生"。

2172 νόσων 疾病

2173 ἄπειρος 未经历的，指不经历痛苦。

2174 οὐδὲ μὴ οὐδὲ ἄπειρος εἶναι 毋宁说。οὐδὲ 不。μὴ 不。ἄπειρος 无限的。εἶναι 是。

2175 ἀλλὰ καὶ 即使

2176 ἀλγηδόνων 痛苦，这里译为"这样的事"。

2177 μὴ γινομένων 没有发生在他身上。μὴ 不。γινομένων 发生。

2178 Βουλήσεται 愿意，希望。

2179 νέος 年轻

2180 μαθεῖν 理解，了解。

2181 οὐδέ 不

2182 ἐν γήρᾳ 年老时，年长时。ἐν 在……中。γήρᾳ 年老，年长。

2183 οὔτε ταύτας 任何痛苦。ταύτας 它，指痛苦。

2184 οὔτε ἡδονὰς 任何快乐。ἡδονὰς 快乐。

2185 ἐνοχλεῖν 困扰，妨碍。

2186 οὔτε προσηνὲς 快乐的，温和的。οὔτε 任何。

2187 οὔτε ἐναντίον 相反的，指"与快乐相反的"，这里译为"痛苦的"。οὔτε 任何。

2188 τῇδε 在这里，指妨碍他。

2189 ἵνα μὴ 免得，这里译为"总之……不再"。

2190 πρὸς τὸ σῶμα βλέπῃ 以身体为思虑，以身体为念。πρὸς 从属。τὸ σῶμα 身体。βλέπῃ 意愿，思虑。

2191 δ' ἐν ἀλγηδόσι 身处痛苦之中。ἐν 在……中。ἀλγηδόσι 痛苦。

2192 πρὸς ταύτας αὐτῷ πεπορισμένην 以此为目的。πρὸς 从。ταύτας 自身。αὐτῷ 它。

2193 γινόμενος 生成，这里译为"赐予"。

2194 δύναμιν 力量

2195 ἀντιτάξει 对抗

²¹⁹⁶ ἐν ταῖς ἡδοναῖς 在快乐中。ἐν 在……中。ταῖς ἡδοναῖς 快乐。

²¹⁹⁷ ὑγιείαις 健康

²¹⁹⁸ ἀπονίαις πρὸς 免于痛苦和烦恼。ἀπονίαις 懒惰的。 πρὸς 来自，从……来。

²¹⁹⁹ οὔτε 并不，不。

²²⁰⁰ προσθήκην 增加

²²⁰¹ εὐδαιμονεῖν 福祉

²²⁰² ἐν τοῖς ἐναντίοις τούτων 其对立面。ἐν 在……中。 τοῖς ἐναντίοις 对立面。τούτων 某个，这个，其。

²²⁰³ οὔτε 不能

²²⁰⁴ λαμβάνων…ἀφαίρεσιν 剥夺，夺走。λαμβάνων 剥夺，夺走。ἀφαίρεσιν 剥夺，夺走。

²²⁰⁵ ἐλάττωσιν 减少，削弱。

²²⁰⁶ ταύτης 它，指福祉。

²²⁰⁷ γὰρ 因为

²²⁰⁸ ἐναντίου 一件事情

²²⁰⁹ προστιθέντος 增加

²²¹⁰ μὴ 不，无助于。

²²¹¹ αὐτῷ 它，这里译为"一种状态"。

²²¹² ἐναντίον 对立面

²²¹³ πῶς ἂν 如何能。πῶς 如何。 ἂν 语气词。

²²¹⁴ ἀφαιροῖ 夺走

²²¹⁵本节摘要。任何外部事物都不会造成福祉和祸患；人们对于外部事物的善的想像，导致人们处在对恶的畏惧之中；真正的自我是理智的自我。

²²¹⁶依据 Paul Kalligas 撮要言之。[第 1—6 节] 斯多亚学派伦理学的特性在于认为没有任何事物有助于福祉，也没有任何事物会造成祸患。就斯多亚学派而言，"合乎自然的首要之事"(ta prota kata phusin)不是"好处"(agatha)，而是纯粹出于对对象的"选择"(ekloge)。这样事物本身和获得该事物就不是目的，而在于它被作为具有"选择价值"(ten eklektiken axian echousa)的事物。漫步学派的阿佛洛狄西亚斯的亚历山大批判过斯多亚学派的观点，然而现在普罗提诺恢复了斯多亚学派的立场，虽然他把斯多亚学派的立场确立在完全不同的基础上。[第 8—9 行] 这里又回到了我们所熟悉的漫步学派例子。(Paul Kalligas, *The Enneads of Plotinus: A Commentary*, Vol.1, p.185)

²²¹⁷ ἀλλ' 但是

²²¹⁸ εἰ 如果，假如。

²²¹⁹ εἶεν 有(there were)。

²²²⁰δύο 两个

²²²¹ὅσα 一个

²²²²παρείη 具有

²²²³λέγεται 所谓的

²²²⁴κατὰ 合乎

²²²⁵φύσιν 自然，本性。

²²²⁶τῷδὲἑτέρῳ 另一个。ἑτέρῳ 另一边，另一方的。

²²²⁷ἐναντία 对立面，对立方。

²²²⁸φήσομεν 说，我们说。

²²²⁹ παρεῖναι 具有

²²³⁰ ἴσον 同等的

²²³¹ εὐδαιμονεῖν αὐτοῖς 福祉自身。εὐδαιμονεῖν 福祉。 αὐτοῖς 自身。

²²³² φήσομεν 是的

²²³³ εἴπερ 如果

²²³⁴ ἐπίσης 同等的

²²³⁵ σοφοί 智慧

²²³⁶ εἰ δὲ 即使

²²³⁷ καλὸς 相貌堂堂、俊美的。

²²³⁸ ἕτερος 其他

²²³⁹ πάντα τὰ ἄλλα ὅσα μὴ πρὸς σοφίαν 所有与智慧无关的。πάντα 所有。 τὰ ἄλλα ὅσα 另外的。 μὴ 不，无。 πρὸς σοφίαν 从智慧来的。

²²⁴⁰ πάντα 所有

²²⁴¹ σῶμα 身体

²²⁴² ἀρετὴν 德性

²²⁴³ ἀρίστου 至善

²²⁴⁴ θέαν 凝思

²²⁴⁵ ἄριστον εἶναι 至善本身，至善的所是。ἄριστον 至善。 εἶναι 是，所是的。

²²⁴⁶ μηδὲ ὅλως 完全无关的。μηδὲ 不。 ὅλως 完全

²²⁴⁷ τί τοῦτο ἂν εἴη 那它们又有何意义呢？τί 某事物，什么。 τοῦτο 这个，它。 ἂν 语气词。 εἴη 是，有。

²²⁴⁸ ἐπεὶ 毕竟，自从……以后。

²²⁴⁹ ἔχων 拥有

²²⁵⁰ σεμνυνεῖται 优势

²²⁵¹ αὐτὸς，他，指拥有这些优势的人。

²²⁵² οὐδὲ 不，不会。

²²⁵³ταῦτα 他们

²²⁵⁴ὡς 仿佛

²²⁵⁵μὴ 不

²²⁵⁶ἔχοντος 拥有

²²⁵⁷μᾶλλον 更加，更好。

²²⁵⁸εὐδαίμων 有福，福祉。

²²⁵⁹πλεονεξία 更多地，过多地。

²²⁶⁰τούτων 这些，它们。

²²⁶¹οὐδὲ γὰρ ἂν πρὸς ...τέλος 甚至无助于……。οὐδὲ 无，不。γὰρ 甚至，既然。ἂν 语气词。πρὸς 从……来。τέλος 目的。

²²⁶²συμβάλλοιτο 成为

²²⁶³αὐλητικὸν 管道工

²²⁶⁴依据 Paul Kalligas 撮要言之。[第 13 行] 不能忽视普罗提诺这里以某种方式 (hoion)插入的规定的重要性。在其他段落中，普罗提诺极为强调借着转向可理知世界所造成的变化。在这里，普罗提诺的措辞比较慎重，可能是他刚完成了"我们的理智性自我"是真正的"我"的辩护。因此灵魂的转向和从有形体的表象中摆脱出来既不会改变人的持续的状态也不能使他偏离他的真自我，但是他会净化妨碍他达到真自我的外部要素。(Paul Kalligas, *The Enneads of Plotinus: A Commentary,* Vol.1, pp.185-186)

²²⁶⁵ἀλλὰ 但是

²²⁶⁶γὰρ

²²⁶⁷θεωροῦμεν 思考

²²⁶⁸εὐδαίμονα 有福，福祉。

²²⁶⁹μετὰτῆςἡμετέρας 与我们一起的，我们自己的。μετὰ 和……一起。τῆςἡμετέρας 我们自己。

²²⁷⁰ἀσθενείας 弱点

²²⁷¹ ὁ εὐδαίμων 有福的人，处在福祉状态的人。

²²⁷²ἃμὴἂν νομίσειεν 不屑一顾。ἃμὴ 不。ἂν 语气词。νομίσειεν 认为，视为。

²²⁷³νομίζοντες 视为

²²⁷⁴φρικτὰ 可怕

²²⁷⁵δεινὰ 恐怖

²²⁷⁶μὴ 不能

²²⁷⁷περὶτούτων 关于这种事情，这种事情。περὶ 关于。τούτων 这种，这种事情。

²²⁷⁸φαντασίας 想像

²²⁷⁹ ἀπάσας ἀλλαξάμενος 完全摆脱出来。ἀπάσας 完全。ἀλλαξάμενος 摆脱出来。

<sup>2280</sup>ἑαυτῷ 自身

<sup>2281</sup>κακὸν 恶

<sup>2282</sup>μηδέν 无法，不能

<sup>2283</sup> ποτε... ἕξει 随附于。ποτε 何时。ἕξει 从……走出去。

<sup>2284</sup>πιστεύσας 信心

<sup>2285</sup>οἷον 某种方式

<sup>2286</sup>γενόμενος 成为

<sup>2287</sup>παντάπασι 完全

<sup>2288</sup>ἄλλος 不同的

<sup>2289</sup>οὔτε 未曾

<sup>2290</sup>εἴη 是，抵达。

<sup>2291</sup>σοφὸς 智慧

<sup>2292</sup>εὐδαίμων 福祉

<sup>2293</sup>οὕτωγὰρ καὶἀδεὴςἔσταιπερὶπάντα 当心智处于这种状态，他就泰然自若。οὕτω 如此而已。 γὰρ 既然，由于。 ἀδεὴς 没有。ἔσται 是。περὶ 关于。 πάντα 全部，完全。

<sup>2294</sup>Ἢ δειλαίνων περί τινα 如果他畏东怕西。Ἢ 如果，要么。 δειλαίνων 担心。 περί 关于。τινα 这个，那个。

<sup>2295</sup> πρὸς ἀρετήν 他的德性。πρὸς 他的。 ἀρετήν 德性。

<sup>2296</sup> οὐ 不

<sup>2297</sup> τέλεος 完善

<sup>2298</sup> ἀλλὰ ἥμισύς τις ἔσται 只是半人而已。ἀλλὰ 然而。ἥμισύς 一半。τις 某种。ἔσται 是。

<sup>2299</sup> ἐπεὶ καὶ τὸ ἀπροαίρετον αὐτῷ 在他关注别的事物时。ἐπεὶ 每当，在……时。καὶ 和。τὸ ἀπροαίρετον 关注。 αὐτῷ 它，别的事物。

<sup>2300</sup> καὶ τὸ γινόμενον πρὸ κρίσεως δέος κἂν ποτε πρὸς ἄλλοις ἔχοντι γένηται 如果有一种不自觉的恐惧以迅雷不及掩耳之势袭上心头。καὶ 和。τὸ γινόμενον 发生。πρὸ 从……。κρίσεως 判断。 δέος 恐惧。 κἂν ποτε 何时。πρὸς 从……。 ἄλλοις 别的。 ἔχοντι 有，拥有。 γένηται 诞生。

<sup>2301</sup>ἐν αὐτῷ 在他里面。

<sup>2302</sup>ὁ σοφὸς 智慧者

<sup>2303</sup> κινηθέντα 来临，运动。

<sup>2304</sup> ἀπώσεται 赶走，驱逐。

<sup>2305</sup> προσελθὼν 恐惧

<sup>2306</sup>依据 PaulKalligas 撮要言之。[第 19—20 行]有关受惊吓的孩子的讨论可参考柏拉图的《斐德若篇》77e5。(Paul Kalligas, *The Enneads of Plotinus: A Commentary*, Vol.1,

p.186)

$^{2307}$ἀπειλῇ 威吓

$^{2308}$ἢ 或者

$^{2309}$λόγῳ 推论

$^{2310}$ καταπαύσει 安抚，阻止。

$^{2311}$ πρὸς λύπας 悲伤的。πρὸς 从……

$^{2312}$ παῖδα 孩子

$^{2313}$ ἀπειλῇ 威吓

$^{2314}$ ἀπαθεῖ 冷漠的，不动情绪的。

$^{2315}$ οἷον εἰ 就像。οἷον 如同。εἰ 如果。

$^{2316}$παῖς 孩子

$^{2317}$ἐκπλαγείη 震惊，震惊于……而不敢发声。

$^{2318}$σεμνὸν μόνον 严厉的。σεμνὸν 令人畏惧的。μόνον 单单的。

$^{2319}$ἐμβλέψαντος 脸，凝视。

$^{2320}$ὁ τοιοῦτος 这类，这个种类。

$^{2321}$ταῦτα 他，指某类人。

$^{2322}$ οὐ μὴν 并非。μὴν 真的。οὐ 并非。

$^{2323}$ἄφιλος 不友好

$^{2324}$ οὐδὲ 缺乏

$^{2325}$ ἀγνώμων 仁慈，同情心。

$^{2326}$ τοιοῦτος γὰρ καὶ περὶ αὑτὸν καὶ ἐν τοῖς ἑαυτοῦ 他也是如此对待自己和处理自己的事务的。τοιοῦτος 这个，某种。γὰρ καὶ 既然。περὶ 关于。αὑτὸν 自己。καὶ 和。ἐν 在……中。 τοῖς ἑαυτοῦ 他自己。

$^{2327}$ ἀποδιδοὺς οὖν ὅσα αὑτῷ καὶ τοῖς φίλοις 但是他怎样对待自己便也怎样对待朋友。ἀποδιδοὺς 归还，同样对待。οὖν ὅσα 的确，真的。 αὑτῷ 自己。 καὶ τοῖς φίλοις 朋友。

$^{2328}$ φίλος ἂν εἴη μάλιστα μετὰ τοῦ νοῦν ἔχειν 因此对最好的朋友也待之以智性。φίλος 朋友。 ἂν 语气词。εἴη 是。 μάλιστα 最好的。 μετὰ 与……一起。 τοῦ νοῦν 智性，理智。ἔχειν 拥有，对待。

$^{2329}$本节摘要。善恶混合的人不配称为有福祉；身体和灵魂的混合体不可能拥有福祉；有智慧的处于福祉状态的人凝视至善并从上界获得善；他们也尽量满足身体的需要，但是当他们需要抛弃身体的时候，也一定会抛弃身体。

$^{2330}$εἰ 如果

$^{2331}$μὴ 不

$^{2332}$σπουδαῖον 善的人

²³³³ἄραςθήσειε 着手安排，列入。ἄρας 着手，开始。θήσειε 打算安置。

²³³⁴ἐντῶνῷτούτῳ 在理智世界中。ἐν 在……中。τῷ νῷ τούτῳ 理智世界。

²³³⁵ἐνταῦθα 这里，那里。这里译为"高处"。

²³³⁶κατάγοι 降低

²³³⁷δὲ πρὸς τύχας 随机事件。δὲ 通常用在两个字中间。πρὸς 来自。τύχας 运气，随机。

²³³⁸ φοβήσεται 担心

²³³⁹ γενέσθαι 偶然

²³⁴⁰ περὶ αὐτὸν 关于他自身，发生在他身上。περὶ 关于。αὐτὸν 他自身。

²³⁴¹ οἷον 如同

²³⁴² ἐξιοῦμεν εἶναι 如同我们要求的那样。ἐξιοῦμεν 值得重视的。 εἶναι 是。

²³⁴³ οὔτε σπουδαῖον τηρήσει 专注于善的人。οὔτε 如此。σπουδαῖον 善的人。 τηρήσει 专注，注意。

²³⁴⁴ ἀλλ᾽而是

²³⁴⁵ ἐπιεικῆ 普通的，适当的，中等的。

²³⁴⁶ ἄνθρωπον 人

²³⁴⁷ ἐξ ἀγαθοῦ 善。ἐξ 出自。

²³⁴⁸κακοῦ 恶

²³⁴⁹μικτὸν 混合

²³⁵⁰τῷ τοιούτῳ 一种，这种。

²³⁵¹ἔκ τινος ἀγαθοῦ καὶ κακοῦ 善恶混合

²³⁵²βίον 生活

²³⁵³διδοὺς 赋予，归之于。

²³⁵⁴εἰ καὶ 即使

²³⁵⁵ὃς 这个，那个，这种人。

²³⁵⁶ γένοιτο 存在

²³⁵⁷ οὐκ 不

²³⁵⁸ ἄξιος 值得，配得上。

²³⁵⁹ ὀνομάζεσθαι 被称为，以……为名。

²³⁶⁰ εἴη 是

²³⁶¹ εὐδαίμων 福祉

²³⁶² οὐκ 不。οὔτε 不。

²³⁶³ ἔχων 具有，包含。

²³⁶⁴μέγα 大，恢弘。这里译为恢弘的气度。

²³⁶⁵οὔτε 无论，任何。

<sup>2366</sup> ἐν 在……上，在……方面。

<sup>2367</sup> σοφίας 智慧

<sup>2368</sup>ἀξίᾳ 尊贵

<sup>2369</sup>ἀγαθοῦ 善

<sup>2370</sup>καθαρότητι 纯粹

<sup>2371</sup>依据 Paul Kalligas 撮要言之。[第 10—13 行] 普罗提诺似乎没有专门针对柏拉图的某段文本，他选择概述柏拉图有关 eudaimomia 的总体观点，用于反驳漫步学派对柏拉图的批评。我们从这个批评中可以看出《会饮篇》(212a1)和《理想国》(427d5-6 和 613b1)的某些回声。(Paul Kalligas, *The Enneads of Plotinus: A Commentary,* Vol.1, p.186)

<sup>2372</sup>ἐν τῷ κοινῷ 在共同体中，指在身体和灵魂的共同体中。

<sup>2373</sup> οὐκ 不

<sup>2374</sup> ἔστιν οὖν 真的是，确实拥有。ἔστιν 是。οὖν 真的，确实。

<sup>2375</sup> εὐδαιμόνως 福祉，有福祉的。

<sup>2376</sup> ζῆν 生活

<sup>2377</sup> Πλάτων 柏拉图

<sup>2378</sup> ὀρθῶς 正确地

<sup>2379</sup> μέλλοντα 打算，倾向，愿意。

<sup>2380</sup> σοφὸν 智慧的

<sup>2381</sup> εὐδαίμονα ἔσεσθαι 福祉，福祉状态的。εὐδαίμονα 幸福，福祉。ἔσεσθαι 幸福的，富有的，慷慨的。

<sup>2382</sup> ἐκεῖθεν ἄνωθεν 从那里。ἐκεῖθεν 从那里。ἄνωθεν 从天上，从高处。

<sup>2383</sup> πρὸς ἐκεῖνο 从上界。πρὸς 从。ἐκεῖνο 那里，指理智本体这样的上界。

<sup>2384</sup> λαμβάνειν 获得，抓住。

<sup>2385</sup> ἀγαθὸν 善。ἀξιοῖ 值得。

<sup>2386</sup> βλέπειν 凝视，看。

<sup>2387</sup> ἐκείνῳ ὁμοιοῦσθαι 仿效它。ἐκείνῳ 上界，那里。ὁμοιοῦσθαι 与……相似。

<sup>2388</sup> κατ᾽ ἐκεῖνο ζῆν 依靠它。κατ᾽ 合乎。ἐκεῖνο 那里，上界。ζῆν 生活。

<sup>2389</sup>普罗提诺指的是柏拉图《会饮篇》212a1 和《泰阿泰德篇》176b1 的文本。

<sup>2390</sup> οὖν δεῖ 确实须，的确应当。οὖν 的确，真的。δεῖ 应当。

<sup>2391</sup>τοῦτο 此

<sup>2392</sup>ἔχειν 拥有，视为。

<sup>2393</sup> μόνον πρὸς τὸ τέλος 唯一的目标。μόνον 唯一的。πρὸς 从……τὸ τέλος 目标，目的。

<sup>2394</sup> τόπους 地点，居所。

<sup>2395</sup>依据 Paul Kalligas 撮要言之。[第 17 行] 如前面(7.1—8)所提到的,有福的人不是漠然的:只要有对这些必然事物(anankaia)的需要(chreia),他会向往(ethelei)它们。他也尽可能规避恶,但他保持自足和不受必然事物的影响。(Paul Kalligas, *The Enneads of Plotinus: A Commentary,* Vol.1, p.186)

<sup>2396</sup>μεταβάλλοι 改变

<sup>2397</sup>οὐκ ἐκ τῶν τόπων 改变他的其他环境。οὐκ 绝非。ἐκ 从。 τῶν τόπων 处所,环境。

<sup>2398</sup>αὐτόν 他

<sup>2399</sup>περικεχυμένων 要从

<sup>2400</sup>ὡς 这个,这里。

<sup>2401</sup>τῶνἄλλων 那里,那个居所。

<sup>2402</sup>ἔχων 获得,具有。

<sup>2403</sup>πρὸςτὸεὐδαιμονεῖν 有关福祉方面的。πρὸς 从。τὸ εὐδαιμονεῖν 福祉。

<sup>2404</sup>προσθήκην 附加物,好处。

<sup>2405</sup>στοχαζόμενος 揣度,思量

<sup>2406</sup>κατακείσεται 居于,放在这里。

<sup>2407</sup>οἷον εἰ ὡδὶ 这里。οἷον 如同。 εἰ 如果。ὡδὶ 这里。

<sup>2408</sup>ἢ 或者

<sup>2409</sup>ὡδί 那里。

<sup>2410</sup> μὲν τούτῳ ὅσα πρὸς τὴν χρείαν 在受其他环境限制的情况下。μὲν 的确,真的。τούτῳ 这个。ὅσα 这样。 πρὸς 来自。τὴν χρείαν 需要。

<sup>2411</sup> δύναται 尽可能

<sup>2412</sup> διδοὺς 给予,满足,指满足身体的需要。

<sup>2413</sup> τοῦτον ἀφεῖναι 他本身不是身体。τοῦτον 某个,指身体。ἀφεῖναι 不是,放开。

<sup>2414</sup>ἀφήσων 放弃,抛弃。

<sup>2415</sup> καιρῷ 适宜的,最适当的时候。

<sup>2416</sup>依据 Paul Kalligas 撮要言之。[第 23—27 行] 普罗提诺使用 15.8 的例子用里拉取代长笛,也许是因为它能更好地回应身体和谐(harmonia)的观念。阿佛洛狄西亚斯的亚历山大的老师麦提莱尼的亚里士多德(Aristotle of Mytilene)已经使用类似的比喻阐释理智活动独立于它所借以显示的官能。漫步学派与普罗提诺之间的差别是:漫步学派认为"神圣"理智完全超越于个体,与"我们的理智"(hemeteros)有清楚区分;普罗提诺认为,理智存在于我们之中并构成我们真正的自我。总之,把人与里拉(神圣理智以星辰为琴拨)相比有相当早的出处。(Paul Kalligas, *The Enneads of Plotinus: A Commentary,* Vol.1, p.186)

<sup>2417</sup>φύσεως 抛弃,这里指抛弃身体。

²⁴¹⁸κύριος 有权

²⁴¹⁹δὲ καὶ αὐτὸς ὢν 为他自己。ὢν 于是，因而。αὐτὸς 他自己。

²⁴²⁰ βουλεύσασθαι 选择，意愿。

²⁴²¹ περὶ τούτου 关于这个，指时间。

²⁴²² ὥστε 好似，好像，既然，因此。

²⁴²³αὐτῷ 他的

²⁴²⁴ἔργα 活动

²⁴²⁵ συντείνοντα ἔσται 指向。συντείνοντα 拉紧，趋向。ἔσται 是。

²⁴²⁶ τὰ μὲν πρὸς εὐδαιμονίαν 福祉。τὰ μὲν 的确，真的。 πρὸς 来自。 εὐδαιμονίαν 福祉。

²⁴²⁷ τὰ δ᾽其他

²⁴²⁸ οὐ 其他

²⁴²⁹ χάριν 指向，为了。

²⁴³⁰ τέλους 目标

²⁴³¹ οὐκ 不

²⁴³² ὅλως 真正，完全。

²⁴³³ αὐτοῦ 他

²⁴³⁴ ἀλλὰ 而是

²⁴³⁵ προσεζευγμένου 联合的，指与他联合的身体。

²⁴³⁶ ἕως δυνατόν 尽可能。ἕως 直到，为了。

²⁴³⁷φροντιεῖ 照顾，关怀。

²⁴³⁸ἀνέξεται 承受

²⁴³⁹ οἶον εἰ 就像。οἶον 如同。 εἰ 如果。

²⁴⁴⁰ μουσικὸς 音乐家

²⁴⁴¹ ἕως οἶόν τε χρῆσθαι 他使用的。ἕως 直到，为了。οἶόν 如同。 χρῆσθαι 使用。

²⁴⁴² λύρας 里拉，古希腊的一种乐器。

²⁴⁴³ἄλλην 除……之外，这里译为"如果他已经不能用它"。

²⁴⁴⁴ἀλλάξεται 离开，指换一个。

²⁴⁴⁵ ἢ 或者

²⁴⁴⁶ ἀφήσει 放开，放弃。

²⁴⁴⁷ χρήσεις 使用

²⁴⁴⁸ λύρας 里拉

²⁴⁴⁹ εἰς 为此，直到，这里译为"也"。

²⁴⁵⁰ἀφέξεται 放弃

²⁴⁵¹λύραν 里拉，这里译为"它"。

2452ἐνεργεῖν 活动

2453ἔχων 有，具有。

2454λύρας 里拉

2455ἄνευ 没有，无，无关。

2456ἄλλο 其他

2457ἔργον 活动

2458ἄνευ 没有，无须，无关。

2459ὀργάνων 乐器

2460ᾄδων 歌唱，浅吟低唱

2461Κειμένην πλησίον περιόψεται. 他便把它弃之一边。κειμένην 放下。πλησίον 邻近的。περιόψεται 容许。

2462Ἐξ ἀρχῆς 最初

2463ἐδόθη 给予

2464αὐτῷ 他

2465ὄργανον 乐器

2466οὐ 并非

2467μάτην 随便的，没有充分理由的。

2468πολλάκις 经常，多次。

2469ἐχρήσατο 使用

2470αὐτῷ 它

2471ἤδη 直至今天

附录（不含脚注）
第 1 卷第 1~4 章

# 第 1 卷 第 1 章
## 什么是生命物，什么是人？

# 第1章 什么是生命物，什么是人？

1. [第1行] 快乐和悲伤，恐惧和自信，欲望、厌恶和痛苦，它们都属乎谁？或者它们属于灵魂，或者它们属于使用身体的灵魂，或者它们属于两者所构成的第三物（[第5行] 可以用两种方式进行理解：其一指混合，其二指由混合产生的不同事物）。这也同样适用于含有情绪的结果，包括行动和意见两者。因此我们必须研究推论和意见，以便明白它们是否如情绪一样属于灵魂，或者某些推论和意见与情绪相同，某些则不然。我们也必须思考智性活动，以便明白它们如何发生，[第10行] 它们属于谁或什么事物，观察何种事物扮演着监工的角色，研究并作出关于这些问题的决定。首先，感觉属于谁或什么？这是我们必须应当以之为开始的，因为情绪或者是某种感觉，或者不可能无感觉地发生。

2. [第1行] 首先我们必须思考灵魂。灵魂是一事物，灵魂之所是是另一事物吗？如果是这样的话，无论其状态和意向较坏还是较好，灵魂就都是一种复合物，那它接受并拥有这类情绪 [第5行]（如果论证有赖于此）也便不足为奇了。如果不是这样的话，那么灵魂和灵魂之所是就是一和同，灵魂就会是一种形式，不容许把所有这些活动分予其他事物，而是拥有一种本己的内在的具有共同性质的活动，无论这里的讨论所显示的是什么样的活动。如果是这样的话，那么我们真的可以称灵魂是不朽的——如果不朽和不败坏的必定是没有情绪的，[第10行] 那么灵魂必定把自身给予了另一事物，但是绝没有从别的事物接受什么，除非它从在它之先的原理中接受了什么，那是它不能与之分离的更高原理。[第15行] 既然灵魂不从外部接受任何事物，那么恐惧又算得了什么？如果灵魂心生恐惧，那它必

定会受影响。灵魂也就不会感到自信。从未遭遇过惊恐之事的人如何可能
会自信呢？身体所津津乐道的排泄和饱足的欲望与灵魂的不同，因为排泄
和饱足这样的是与灵魂不相容。灵魂如何可能容许混合？或者任何实体性
存在都不是［第 20 行］混合的。又如何可能有任何附加呢？如果是这样，
它即刻就不再是其所是了。它也远离痛苦；它如何可能会有悲伤？又如何
可能会为什么事悲伤？凡实体单一的都自足，这是由于它牢牢地根基于其
自身的实体性。既然它不产生任何事物，甚至包括不产生任何的善，它又
如何可能喜悦于增加呢？［第 25 行］它始终是其所是。而且，它与任何感
觉、推论和意见都没有关系；因为感觉是对一种形式的接受，或者是对身
体感受的一种接受，推论和意见都根基于感觉。我们须问它如何与智性同
在，我们是否承认灵魂属于智性；［第 30 行］我们还要问当灵魂独处时，
它所经验的是否是纯粹的快乐？

　　3.［第 1 行］当然，我们也得思考作为在身体中存在的灵魂（无论它
实际上存在于身体之先还是在身体之中），因为"全部生命物之得名"正源
自身体和灵魂的结合。现在，如果灵魂以身体为工具，那么它就并非必然
地接受［第 5 行］自身体而来的情绪，正如工匠不受他所使用的工具的性
状影响一样。也许有人会说，如果使用工具必然伴随着受自外部影响的方
式即基于感觉的知道，那么它就必然会具有感觉；因为眼睛的用处在于看。
但是在看中会存在伤害，它可能导致悲伤、［第 10 行］痛苦以及发生在全
身的所有事情；如果灵魂寻求其工具的服务，也会产生同样的欲望。然而
源自身体的情绪如何抵达灵魂？但是身体的确将自身的情绪传递给另一
者。身体如何可能将自身的情绪传递给灵魂呢？这无异在说如果一事物受
了影响，［第 15 行］另一事物也会受影响。就一个是使用者而另一个是被
使用对象而言，它们是相互分离的两个事物。无论如何，如果有人认为灵
魂把身体当作工具，那么他就须把两者分开。但是在借哲学的帮助与灵魂
分离之前，它们又处在什么样的关系中呢？存在一种混合。但如果存在一
种混合，那么灵魂或者是参合在身体中，［第 20 行］或者是以某种方式被
"织入"到身体里面，灵魂或者是一种没有与质料分离的形式，或者则象
领航员那样是一种掌控质料的形式，或者它的一部分以一种方式与身体关
联，另一部分则以另一种方式与身体关联。我是说，灵魂的一部分是分离
的，这部分在使用身体；另一部分以某种方式与身体混合，某种程度上与

它所使用的工具处于同一层次。在这种情况下，哲学应让较低部分［第25行］转向正在使用它的部分，把使用的部分从使用对象中抽离出来。这是由于联结并非是绝对必然的，要把使用者从使用对象中分离出来，这样灵魂并非总要使用身体。

4.［第1行］我们不妨设想存在这样一种混合。但如果这样，那么较低劣部分即身体就会得到改善，较好部分即灵魂则会更坏。身体因分有生命得到改善，灵魂则因分有死亡和非理性变得更坏。［第5行］那么，那生命物如何可能减少其所有而以某种方式获得所增加的能力比如感知觉呢？恰恰相反，获得生命的是身体，因此分有感觉和分有源自感觉的情绪的也是身体。同样，拥有欲求的也是身体——因为正是身体想要享受欲求的对象——对此心生担忧的也是身体自身，［第10行］因为它将失去快乐并将被毁灭。我们须研究这种"混合"发生的方式，看看它是否并非真的不可能；谈论这样一种事物与另一种事物的混合，就如同谈论绳子这样的存在物与白色这样另一个本性事物的混合。

"织合"这个观念并不意味着被织合的事物会受到相同的影响：而被结合的原理不受影响是可能的。［第15行］灵魂穿梭于身体中间却不受其感受的影响是可能的，就像光一样，尤其是如果灵魂被织合于整个身体中间。这种织合不会使其主体受身体感受的影响。那么，身体中的灵魂如同质料中的形式吗？首先它是一种可分离的形式。我们如果假定它是一种实体性实在，［第20行］那么"使用者"的概念就与它更加相称。但是如果我们假定它就如同烙在铁上的斧子形状（在这个例子中，正是质料和形式的结合使斧子能实施铁的功能，换言之铁以这种特殊方式成形，尽管是出于形状之故［第25行］它才能做到如此），那么我们就不要把所有这些共同感受都归于身体，而是要归于"一个具体类型的""自然形成的""适合灵魂使用的""具有潜在生命的"身体。亚里士多德曾称"谈论混织的灵魂"是荒谬之举，同样，谈论灵魂的欲求和忧伤也属荒谬。我们还是把这些感受归于生命物为好。

5.［第1行］但是，我们或者须把生命物规定为这种特殊的身体，或者规定为身体与灵魂的共同体，或者规定为另一种即规定为第三者以作为两者的产物。无论是什么，灵魂或者不受影响，［第5行］只是在其他事物中引发感受，或者与身体一起遭受影响。如果它遭受影响，那么它或者服从于同一感受，或者服从于相似的感受（例如，如果生命物以一种方式欲求，那么灵魂中的欲求部分就以不同的方式起作用或受影响）。我们将在后面讨论这种特殊的身体。但是，身体和灵魂以何种方式复合？例如，它如何能够是忧伤的？［第 10 行］是否身体处于某种特殊的意向中，即其感受渗透到感知觉而感知觉又抵达灵魂呢？但这又留下了感知觉如何产生这样一个模糊不清的问题。或者换种说法：忧伤是否源起于意见和一种判断？即当存在某种对于人来说关乎他自己的恶，或者某种属于他自己的事物时，［第 15 行］就会导致身体乃至整个生命物发生令人悲伤的变化？但是在意见属于灵魂还是属于身体和灵魂的复合这个问题上还模糊不清。此外，关于某人的恶这样的意见并不包括悲伤这种感受。［第 20 行］虽然就结果而言根本不包含悲伤的意见是可能的，正如我们有关于轻视的意见却并不愤怒是可能的，有关于一种善被呈现的意见但不激起我们的渴求是可能的。那么这些感受如何可能为身体和灵魂共有呢？是因为欲望属于灵魂的欲求部分，激情属于激情的部分，广而言之，一切趋向事物的运动都属于渴求部分吗？但是，那样的话，它们就不再为身体和灵魂共有［第 25 行］而只属于灵魂。或者它们也属于身体，因为血液和胆汁亢奋，身体就处于某种被激起的渴求状态，如性欲就是这种情况？我们不妨承认关于善的无论如何的渴求都不会是两者共有的感受，而只是灵魂的感受，其他感受也同样如此。经过一番缜密的考察之后，我们不能把它们全都归之于联合的实体。但是，当人有性渴求时，［第 30 行］那正是此人在欲求，换言之，是灵魂中的欲求部分在欲求。这是如何发生的呢？是这人开始欲求，然后灵魂的欲求部分相继而之吗？但是［第 35 行］如果灵魂的欲求部分还未发动，这人又如何能设法欲求呢？也许是欲求部分先发动。但是如果身体没有事先被以适当的方式加以安排，那它又从何处开始呢？

　　6.［第 1 行］也许更好的说法是，一般而论，作为灵魂诸能力显现的结果，灵魂是据这些能力行动的事物的拥有者，因此能力本身未有变动，它们只是把行动能力分与它们的拥有者。但如果是这样，生命物［第 5 行］受到影响时，那么将自身赋予复合物的生命之因就未受影响，所有感受和活动都属于拥有者。然而如果是这样，那么生命全都不属于灵魂而属于复合物。当然，复合物的生命不是灵魂的生命：［第 10 行］感知觉能力将不是感知而在于它有这种能力。但是如果感知觉是一种通过身体抵达灵魂的运动，灵魂又如何可能没有知觉呢？当感知觉能力呈现时，[第 15 行]复合物将感知到借它的呈现所感知的事物。但是如果这能力没有被推动，如果灵魂和灵魂—能力没有被列入复合物之内，那它又如何能够感知？

7. [第 1 行]我们不妨说所感知的正是复合物，但是灵魂并未因它的呈现就以特定的方式将其自身有所限定地赋予复合物，或者赋予它的另一部分，而是从被限定的身体和[第 5 行]灵魂所赋予其自身的光中造成生命物的本性，这是另一种归属于感知觉的不同事物和归属于生命物身体的所有其他感受。那么，它如何就是那个感知的"我们"呢？因为我们与被如此限定的生命物没有分离，因为甚至存在比我们更高贵的其他事物，它们进入到由多种元素所组成的整个人的本质之中。灵魂的[第 10 行]感知觉能力不需要感知觉对象，毋宁说它是感觉印在有生命物上的印象的接受器。这些印象都已经是可理知者。因此，外部的感觉是本质上更加真实的、不受影响地独自凝思形式的灵魂的知觉影像。[第 15 行]依据这些形式，即依据唯有灵魂所接受的主导有生命物的能力，就产生了推论、意见和直观的智性活动。这正是"我们"之所在。在此之前这是"我们的"，但是在我们主导有生命物时，[第 20 行]"我们"就依此往上伸展。在把所有事物都称为"生命物"这一点上不存在异议。其较低部分是混合物，我认为以思想层面为开始的部分是真正的人：那些较低部分就是"狮性的"和"各种各样的野兽"。既然人与理性灵魂同一"所是"，因此当我们推理时，它才真正是所进行推理的我们，因为理性运用过程正是灵魂的种种活动。

8. [第 1 行]但我们如何与理智关联呢？我用"理智"不是指灵魂的状态而是指理智自身，灵魂则是源于理智的事物之一。我们所拥有的这个也是超越于我们的事物。我们或者把它作为[第 5 行]万物的普遍性拥有，或者作为我们的特殊性拥有，或者既作为普遍的又作为特殊的拥有。说它普遍是因为它不包含部分，是一，在任何地方都是同，说它为我们所特有是因为在其灵魂的原初部分中人人都拥有其整体。因此，我们也以两种方式拥有形式：在我们的灵魂中以言说的方式单独展开且各自分离；以理智的方式则聚集为同和全。

但我们如何拥有神呢？他寓居在理智的[第 10 行]本性和真正的实体中。从神开始算，"我们"位列第三。柏拉图称我们是由那上界的"不可分的"和"那分离在诸身体中的"所造。我们须认为灵魂的这部分分离在许多身体中，在这一意义上它根据［第 15 行］每个生命物的尺度把自身赋予身体的量值，尽管灵魂是一，但它把自身赋予了整个宇宙：或者它如同呈现诸身体的画像，这是由于它照射入它们身体并造成生命物，而不是由它自身和身体造成生命物，它居于它自身并赋予它自身以影像，就像从许多镜子中看到一张脸。在结合所成的实际事物中，其最初的影像是感觉能力，随后产生的是［第 20 行］作为所谓的灵魂另一形式的所有事物，每一者依次生自另一者；这个系列结束于生育和生长能力。一般而言，这两种能力造成并完善了由灵魂所造但又不同于灵魂的其他事物，同时造成灵魂自身始终面向其造物。

9.［第 1 行］我们的较高级灵魂的本性与人不需要为所行的恶事和所遭受的恶果负任何责任。因为如前所说，这些恶只与生命物即结合所成的实际事物有关。但是，如果意见［第 5 行］和推论属于灵魂，那它如何摆脱罪呢？因为意见是一个骗子，是许多恶行的原因。因为我们是多，当我们受我们里面的坏东西控制，如受欲望、激情或某种恶的影像之类控制时，我们就在行恶。我们所谓推论的错误即心理图像［第 10 行］还处在推论能力的判断形成过程的阶段，——我们受坏的部分影响下的活动正如在感觉中的结合所成的实际事物的感知，如果没有推论能力加诸于判断就只能看得错误。理智或者与活动过程有关或者无关。如果无关就是无罪：但是我们宁愿说我们或者与理智中的智性有关，［第 15 行］或者与我们自身中的智性无关，因为人们可能拥有它但不使用它。

我们以此方式区分了那属于结合所成的实际事物的和那属于灵魂的：那属于结合所成的实际事物的或者是形体的，或者是无形体的，无需形体的运作专属于灵魂。［第 20 行］当推论对由感觉所生的印象作出判断时，它也就同时在凝思形式，并借一种共通感凝思它们——我是指属于真正灵魂的真正推论：因为真正的推论是理智的运作活动，并且在外在的与内在的之间总存在许多相似性和共同性。所以无论事情如何，灵魂都平静如一，面向自身并安息于自身。正如我们所说的，［第 25 行］在我们里面的变化和骚动均来自于附着在我们身上的事物，来自于结合所成的实际事物的感受，无论其所是的准确性如何。

10.［第 1 行］但是如果"我们"就是灵魂，我们以这种方式受影响，那么灵魂也将以这种方式受影响，同样我们所做的也就是灵魂所做的。是的。然而我们说结合所成的实际事物是我们自身的一部分，尤其在我们未与身体分离时：［第 5 行］我们说我们受那影响我们身体的事物的影响。因此"我们"被使用为两种含义：或者包括野兽，或者指在目前生活中已经超越了野兽的那种。野兽是指被赋予生命的身体。但是真正的人则不同，他洁净了这些感受；他有着属于理智领域的德性并安顿在分离了的灵魂中，这灵魂即使位处下界也独立［第 10 行］且分离（因为当它全然退回时，它所光照的低级灵魂也随之退回到训练中）。但是，来自习惯和训练而非来自于明智的德性则属于结合所成的实际事物。恶习就属于此，因为嫉妒、羡慕和同情都位列其中。那么我们的友爱属于何者？［第 15 行］部分属于结合所成的实际事物，部分属于内在之人。

11.［第 1 行］当我们还是孩子时，复合物的力量是真正活跃的力量，只有少量来自高级原理的光线临到它自身。但是当这些不活跃时，就我们而论，它们的活动乃是向上伸展：当它们抵达中间地带时，这光才向着我们指引。［第 5 行］但是，难道"我们"不是被包括在中间地带之前的事物中吗？不，但须对此有清醒的理解。我们并不总是能使用我们所拥有的东西，只有当我们把我们的中间秩序导向高级原理或其对立面时，或者当我们设法发挥潜能或状态于活动时，我们才能使用它们。

生命物如何将残暴的野兽包括在内呢？［第 10 行］若如人们所说，它们里面有人的罪性灵魂，那么灵魂的可分离部分不属于野兽，它呈现于那里却不是为它们呈现；它们的共通感包括灵魂的影像和身体：我们可以说，野兽就是由灵魂的影像所构成的被限定的身体。但是如果人的灵魂未曾进入野兽里面，那么它成为诸如此类的生命物［第 15 行］便是由于那源于宇宙灵魂的光照。

12.［第 1 行］但是如果灵魂是无罪的，那么它如何被审判？这种思想与以下论证如灵魂犯罪、正义地行动、经历惩罚、在冥河受罚和灵魂轮回等主张相矛盾。［第 5 行］我们可以接受我们喜欢的任何观点；也许我们可以找到一种它们之间互不冲突的观点。所谓灵魂无罪的论证在于假设灵魂是完全单纯的事物自身，把灵魂与灵魂之所是等同；而认为灵魂有罪的论证则假设罪与灵魂交织，有灵魂的另一种形式加诸其上［第 10 行］并以可怕的方式影响它。这样，灵魂本身就成了复合物，成了所有元素的产物，并在整体上受其影响，成了会犯罪的复合物，柏拉图认为这是要受惩罚的。要受惩罚的不是那单纯的灵魂。因此他说，"如同看见海神格劳科的人那样，我们见过灵魂"。 但是他又说如果有人想要看见它的真正本性，那么他们必须[第15行]"剔除其外部装饰"并"凝视其哲学"，才能看见"它与原理的紧密相关"，"与实在密切相关的是其所是"。因此存在另一种灵魂的生命和另一些活动，那受罚的灵魂则不同。上升和分离的灵魂不仅不[第20行]受身体影响，也不受任何附加物影响。附加物来自生成过程；或者毋宁说生成完全属于灵魂的其他形式。我们解释过生成之如何发生。它是灵魂下倾的结果，当灵魂下倾时它就坠落，由此产生某些其他事物。那么灵魂放弃其影像吗？[第25行]这种坠落如何不会是罪呢？如果坠落是指光照下界事物，那么它不是罪，正如投下影子不是罪一样。那得到光照的事物才是其原因，因为如果它不存在，灵魂就无处光照。灵魂之被认为下倾或坠落，是指事物得到它的光照并与它同在。若无物接受，[第30行]灵魂便要放弃其影像。灵魂放弃影像并不是说影像被分离了，而是说它不再存在。影像不再存在之时就是整个灵魂凝视可理知世界之时。当诗人说赫拉克勒斯的影子[第35行]在冥河中，而他自己则位列诸神时，他似乎把赫拉克勒斯本人与其形影分离了开来。诗人决意使两个故事都保存下来，他既在冥河中又位列诸神，因此他划分了赫拉克勒斯。但是，也许这是对这个故事最貌似有理的解释：因为赫拉克勒斯具有这种实践的德性，他因其高贵品性配成为神——因为他是一个实践的而非凝思的人（在那种情况下，他就完全在可理知世界中了），因此他虽然位列上界，但是仍然有部分位列下界。

13. [第1行]什么是这样的一种研究原理呢？是"我们"还是灵魂？是"我们"，不过是借着灵魂的"我们"。我们用"借着灵魂"意指什么呢？ "我们"是因为拥有灵魂才研究吗？不，是就我们是灵魂而言。那么灵魂运动吗？是的，我们必须承认它有这种运动，[第5行]但不是身体的运动，而是它自身生命的运动。理智活动在灵魂是理智意义上的是我们的活动。理智活动是灵魂的高级生命，它既在灵魂理智地运作之上也在理智作用于我们之上。因为理智也是我们自身的一部分，我们就是要上升向它。

# 第 1 卷第 2 章
## 论德性

# 第 2 章 论德性

1. ［第 1 行］由于这里是恶存在之所，"它们必然布满这个所在"。灵魂想望逃脱恶，我们则必须逃脱这里。那么，什么是这样的逃脱呢？"要像神一样"，柏拉图如是说。［第 5 行］"如果我们借智慧的帮助成为正义而神圣"，并完全地处在德性中，那我们就会如神一样。如果德性能使我们像神一样，那么它可能使我们成为拥有德性的存在。那么神会是什么？它会由于拥有德性而得到特别的描述吗？即是说，它是宇宙灵魂和包含了一种奇妙智慧的主导性原理吗？［第 10 行］由于我们就在它的宇宙中，那么我们会成为像这原理一样的假设就是合理的。

但是，首先，这原理是否具有所有德性这一点还颇受争议。如在无物造成恐惧的情况下，它是否会自制和勇敢？因为宇宙之外无物存在，也没有任何事物能够吸引它去欲求它没有的事物并使它产生抓住或攫取的欲望。［第 15 行］但是，如果这原理渴求可理知者，显然这也是我们的目标，那么显然我们的良好秩序和德性也都来自可理知者。可理知者具有德性吗？它无论如何都不可能具有所谓的"公民"德性，后者是与推论理性有关的实践智慧，是与激情有关的勇敢，是使激情与理性协调一致的制衡，使每个部分处于公正［第 20 行］即让它们各自一致地"料理所涉及的统治与被统治的事务"。那么我们就不是凭借公民德性成为神一样的，而是凭借于同名但更大的德性？如果是凭借其他德性，那么公民德性根本无助于这种相似性？［第 25 行］假设我们无论如何都不是借公民德性而是借更大的德性成为神一样是不合理的——传统当然都肯定地称具有公民德性的人为神一样，那么我们得说，他们多多少少是由于这种德性能够与神同化。即使它们不是同类的德性，人们拥有两种层面的德性是可能的。如果承认这一点即能够与神同化，那就是即使我们有所差别地与不同的德性相关，即使德性不足以使我们与神同化，那么也没有任何事物能妨碍我们，我们可以凭借自己的德性成为与不［第 30 行］拥有这些德性的神相似。这是如何可能的？可以理解如下：如果某物是通过热量释放而变热，那么那释放热量的也必定是被加热的吗？如果某物是通过火的点燃［35—39 行］而变热，那么火本身是因火的呈现而热吗？在回答第一个论证时，有人可能反驳说火中有热，但由于热是火本性的一部分，因此这个论证如果保持这样的类比，就使德性成了外在于灵魂的事物，但灵魂通过模仿获得其部分本性。关于火的论证的回答［第 40 行］会使原理等同于德性，但我们认为原理高于德性。如果灵魂分有的就是其源泉，那么这样的说法是正确的；但事实上两者有所分别。可感知的房子并不就是可理知的房子，尽管前者是以后者为样式所造，［第 45 行］可感知的房子分有了排列和秩序，然而在形成原理中，没有排列、秩序或比例。因此如果我们分有了来自上界的秩序、排列及和谐，这些就构成了下界的德性。又如果上界的原理无需和谐、秩序或排列，那么它们［第 50 行］也无需德性，何况我们须不断地借德性才能成为与它们相似。因为我们借德性与上界原理成为相似，这足以表明德性没有必要存在于上界。但是我们必须使我们的论证令人信服，而非满足于别人的勉强认可。

2.［第 1 行］那么我们须思考这些德性，我们认为正是借着它们，我们成为如神一样，这样我们就发现，我们自身作为模仿对象而拥有的一和是就是德性，而存在为原型的上界不是德性。我们需要注意存在这样［第 5 行］两种相似，一种要求相似的事物中要有某种相同事物。这适用于那些从同一原理中同等地获得相似的事物。但是在一事物与另一事物相似的情形中，若另一事物是原初的，那么具有相似性的那个事物就不是交互相关，不能反过来说前者像它，应在不同的意义上理解这里的相似性。［第 10 行］我们不能要求两种情形有同一形式。既然相似性是以不同方式产生，我们也应该以一种不同的方式寻求相似。

那么什么是一般德性和特殊德性？如果我们先单独讨论特殊德性，我们所做的解释会更清楚。这样问题就容易清楚起来：它们以这种方式具有普遍性，因着普遍性具有所有德性。［第 15 行］我们前面提到过的公民德性确实使我们有秩序，借着赋予我们的欲望以限制和尺度，并把尺度置于我们的全部经验之中而使我们更优秀。借着那全然之善好和规定，借着排除无尺度和不定型，它们依据各自的尺度摒弃虚假意见。它们自身借此被尺度和清楚地被规定。就它们是形成灵魂之质料的尺度而言，它们乃是照着上界的尺度所造，[第20行] 有着上界至善的痕迹。那全然无尺度的是质料，因此它全然不与是相似，但是就它分有形式而言，它也是与无形式的至善相似。距离越近分有越多。与身体相比，灵魂要更接近它并与它更亲近，因此分有得也更多，[第25行] 以至于诱使我们想象灵魂好似一位神，这让我们以为这种相似性包含了全部神性。那些拥有政治德性的人就是这样与神同化。

3. [第1行] 但是，由于柏拉图指出那属于更大德性的相似性是不同的，因此我们须得谈论另一种相似性。在这一讨论中，公民德性的真实本质将变得清楚，我们也将理解那在真实本性上要比公民德性更大的德性。

[第5行] 总而言之，存在着不同于公民德性的另一种德性。当柏拉图谈到作为从下界存在"向神飞升"的相似性时，当他没有称在公民生活中发挥作用的德性就是那"德性"时，他就加了定语"公民的"，而在其他地方他称所有德性为"净化"。[第10行] 他非常清楚地设定了两种德性，认为公民德性不会延伸到相似性。那么，我们称这些其他的德性为"净化"是什么意思？我们如何通过被净化而真正与神同化？既然灵魂完全与身体混合就是恶，并分有身体的经验以及所有相同意见，[第15行] 那么当它不再分有身体的意见而独自行动时——这就是智性和智慧——不分有身体的经验——就是节制——不怕从身体分离——就是勇敢——由理性和理智主导，没有对立——这就是公正，就成为善的并拥有德性。如果有人把这种状态称为灵魂获得了神的相似性，那是不会错的。[第20行] 灵魂在这种状态中的活动就是理智的，它以此方式摆脱了身体的感受。因为神也是纯粹的，其活动就是这样的一种即凡仿效它的必具有智慧。那么，为什么神自身不处在这种状态呢？它根本就没有状态。状态属于灵魂。灵魂的理智活动是不同的：一种是它以不同方式思考 [第25行] 上界实体；另一种是它根本不思考。那么另一个问题是："理智活动"只是包括两种不同活动的一个共同术语吗？绝对不是。它最初被用于神，其次则用于那些源出于它的其他事物。正如说出的语词是对灵魂中的语词的模仿，灵魂中的语词同

样是对在其他事物中的语词的模仿；正如与灵魂中的语词相比，说出的语词［第 30 行］被分成诸部分；与在灵魂之先的事物相比，灵魂所表达的事物也是如此。德性属于灵魂，但不属于理智或超越理智的那者。

4. ［第 1 行］我们必须研究净化是否与这种德性同一，或者是否首先导致净化然后才是德性，德性在于被净化的过程还是达到净化的状态。处在净化过程中的德性不如［第 5 行］已经达到净化的德性那样完满，因为这样的已经达到净化状态，已经是一种完满。但是被完全净化就是扬弃一切异在事物，善则与此不同。如果善性在不纯粹性之先存在，那么净化就足够了；但是即使如此，尽管净化已经足够，善而非净化本身将是净化之后所留下的。［第 10 行］我们需要问那留下的是什么，也许留下的本性绝对不是真正的善。因为如果是真正的善，它就不会成为恶。我们应该称它为某种与善相似的事物？是的。但一种本性不可能处在真正的善中，因为其自然倾向具有双重性。因此灵魂的善与同类事物为伴，［第 15 行］其恶则与对立物为伴。灵魂在被净化后必定求助于这种同伴关系，它借着回转实现这一点。那么在净化之后它转回了自身？毋宁说在净化之后它已经被转向了。那么这就是灵魂的德性吗？毋宁说这是它回转的结果。那么这是什么呢？它是关于所见之物的视力和印象，植入在灵魂中并在里面［第 20 行］工作，就如看与看的对象的关系。但是它此前不曾拥有所见的实在还是它没有回忆起它们？它当然拥有它们，只是它们并不活跃、而被置于一边、没有被光照。如果它们得到光照，就会知道它们是呈现在理智中，必定趋向于那赋予它们光照的事物。它不拥有实在本身而只拥有它们的印象，因此它必定使印象与其作为印象所根源的真正实在［第 25 行］一致。他们说也许这就是灵魂如何之所是；理智不是异在的，尤其是当灵魂凝视它时；否则即使理智在场，它也是异在的。这同样可以应用到知识的不同分支。如果我们根本不依据它们行动，那么它们就不真正属于我们。

5. ［第 1 行］然而我们须陈述净化的范围；因为这样将使如下方面更加清楚：我们与某位神变得相似甚至同一。这是问题的根本。净化是如何处置激情、欲望及所有其他部分、痛苦以及［第 5 行］同类感受，它可能脱离身体多远？我们可以说灵魂脱离身体就是退回到它自身的所在，完全不受影响，任凭让自己感受快乐，把它们当作治疗物和镇静剂以防止其活动受妨碍。［第 10 行］它摆脱痛苦，或者如若不能就平静地加以承受，不因身体的苦痛削弱宁静。如果它能完全实行，它就尽可能彻底地摆脱激情，但是如果不可能，至少它不会参与情绪冲动，［第 15 行］尽管无意地冲动属于其他事物，较小也较弱。灵魂无畏无惧，因为没有能够令他恐惧的事——尽管这里也有无意的冲动——除非恐惧具有矫正之用。那么欲望呢？灵魂当然不会欲求坏事。它自身不会迎合身体的放纵而有饮食的欲望，当然也没有性愉悦的欲望。如果它们确有任何这样的欲望，［第 20 行］那么我想它们必是自然的，不会把无意冲动的因素包含在内；或者如果它确有其他种类的欲望，那么只不过是稍纵即逝的想象而已。

灵魂在所有这些方面都是纯粹的，它想使非理性部分也变得纯粹，因此这部分可能不受搅扰；或者即使有所搅扰，也不会太多搅扰。它所受的打击只会是微弱的，因此借着灵魂这位近邻得安息。正如与贤者为邻，必因有贤者为邻而受益，他或者变得像他一样，或者由于对他尊敬有加不敢做这位良善之人不赞同的事，因此就不会出现冲突。理性在场就已经足够；较坏部分由于极其尊敬于它，［第 30 行］因此如果有任何波动，它就会因为没有在导师面前保持平静而不安，并责备自己的软弱。

6.［第 1 行］就人而言，在这些事情中不存在任何罪而只有正确的行动。尽管我们关心的不是脱离罪，而是成为神。如果还存在这种无意冲动的因素，那么处于［第 5 行］这种状态的人将是双面的神或灵，或者毋宁说与某个有着不同类型德性的人相处在一起。如果没有这些，它就是单纯的神，就是第一者之后的诸神之一。因为他自身就是来自那里的神，如果他成了他所来之处的所曾是，那么他自身的真实本性就属于上界。当他来到下界，他就与其他事物共处，［第 10 行］他使这其他事物与他相似，具有其真实本性中最好的能力，因此如果可能，其他的人将从搅扰中解脱出来，或者不从事他导师不赞成的任何事情。当人处于这种状态时，每种具体德性会是什么？无论理论智慧还是实践智慧都在于凝思理智所包含的内容。但是理智借直接接触而具有它。有两种智慧：一种在理智中，一种在［第 15 行］灵魂中。上界的［在理智中的］智慧不是德性，在灵魂中的智慧才是德性。那么什么是上界的智慧？它自身的活动和其真正之所是。德性来自上界，它以其他方式存在于此。因为德性既不是绝对的公正也不是任何其他德性的绝对，但它是一种范型。德性源自于在灵魂中的智慧。德性是某人的德性。在理智中的每种具体德性的范型属于［第 20 行］它自身，而不属于其他人。

如果说公正是"关心自己的事务"，这是否意味着就其存在而言公正总需要许多部分？当一种公正支配的部分是多时它就存在于多中，另一种则完全只"关心自己的事务"，即使它是这事务的一种统一性。真正的绝对公正是对自身统一性的安排，在这统一性中不存在任何差别的部分。

因此灵魂的较高级公正就是朝向理智的活动。［第 25 行］依据它所凝视的那者的相似性即借着本性摆脱了感受，它的节制就是面向理智内转，它的勇敢就是摆脱感受。这种摆脱了灵魂的感受的自由来自德性，以防止其分有低层同伴的感受。

7.［第 1 行］灵魂的这些德性也彼此相互隐含，就如同那先于德性的在理智之中的上界的范型（权且如此称呼），上界的直观性思想就是知识和智慧，自我专注就是［第 5 行］节制，它自身的固有活动就是"关心自己的事务"，它与勇敢的同义语就是非质料性和纯粹寓居于自身。在灵魂中，智慧就是指向理智的看，它包括理论智慧和实践智慧。这些都是属于德性的灵魂，因为正如上界那样，它们与以同样方式列于后面的其他事物并不同一。如果所有德性都是净化，就是说［第 10 行］它们都由净化的全部过程产生，那么这一过程必然产生它们的全部。否则（如果所呈现的并非是全部），那么就没有一个是完满的。凡具有较大德性的人都必然潜在地包含较小的德性，但是较小的德性则不必然具有较大的德性。那么这里，我们已经描述了善的人的生活的主要特征。

较大德性的拥有者是否在活动中［第 15 行］或以其他方式拥有较小德性，这个问题必须关联于每个具体德性加以讨论。以实践智慧为例。如果其他原理都在使用之中，它如何还在那里，甚至不活动呢？如果一种德性能自然地容许多少，但另一者具有不同的量，那么是否是一种节制具有上界的尺度，而另一种则完全没有呢？一旦实践智慧的问题［第 20 行］被提出来，它就同样可以运用在其他德性上。也许德性的拥有者知道它们，它从中获益多多，并根据具体情境要求的某些因素而活动。但是当他达到了较高原理和不同尺度时，他必会根据它们而行动。例如，他不再使节制在以前所遵循的上界的尺度之内，而是完全地使自己分离，他也尽可能地与较低本性分离。［第 25 行］他不会生活在公民德性所要求的善的人的生活中。他把它们留在身后，选择另一种即神的生活。因为对他们来说，我们要成为像神一样而非限于成为善的人。善的人的相似性只不过是同一主体两个图像［第30行］彼此的相似性。而与诸神相似则是与范型相似，是一种完全不同的我们自身。

# 第 1 卷第 3 章
## 论辩证法

# 第3章 论辩证法

1. ［第 1 行］何种技艺、方法或习惯能带领我们前往那必去之地？多次论证后，我们认为已经达成共识：那必去之地就是至善，就是第一原理；论证本身就是我们道路的一种指引。［第 5 行］那么什么人能够被引向这上升之路呢？肯定是那已经洞察全部的人，或者如柏拉图所说的，"那已经洞察了多数事物且天生要成为哲学家、音乐家或情人的人类之子"。［第 10 行］哲学家借着本性踏上上升之路，音乐家和情人则是出于它的引导。那么什么是引导的方法？它是所有人同一的和共同的引导方法还是不同的引导方法？所有人的旅行都包含两个阶段：一个是他们正处在上升的阶段，另一个则是已经到达上界的阶段。第一阶段引导人离开下界，第二阶段则是就已经抵达［第 15 行］可理知世界和已在上界获得立足点的人而言，他们还得继续旅行，直至他们抵达这一区域的顶点。在你抵达了可理知区域的顶点，那就是"旅行的终点"。但那是可以等待的，让我们先来尝试谈论上升。［第 20 行］首先我们必须区分这些人的特性：我们先描述音乐家的本性。我们得认为音乐家容易受美驱使和被美激动，却不容易被绝对的美驱使。他能对所遇到的美的影像迅速作出反应，就如一个神经质的人对噪音十分敏感，音乐家［第 25 行］对声音的节拍和其所蕴含的美特别敏感。他总在避免乐曲和节奏的不和谐与不一致，热切地寻求节奏和条理，因此就对他的引导来说，这些借着感觉感知到的声音、节奏和形式就成了起点。他需要得到引导，学习［第 30 行］剥离其中的质料因素，从而到达这些事物的比例与组织力量之所根源的原理和这些原理所内蕴的美。学习可理知和谐及其中的美，这才是感动他的真正原因。这是普遍的美而不是某种具体的美。此外，他必须保有生根于他里面的哲学思想。他由此会对他所拥有的满怀自信，即使他［35行］不具有关于它的知识。我们将在后面解释这些哲学思想。

2.［第1行］情人（音乐家也会成为情人，然而有的停留在这阶段，有的则继续上升）具有关于美的某种记忆。但是他无法在其分离中把握它，他只是醉心和激动于［第5行］可见之美。因此他必须被教导不能墨守某一形体，不能受其激动，而须借着推论过程被引导着去思考所有形体，向他显明美是存在于所有形体中的同，是不同于形体的某种事物；他必须被告知它来自其他地方，在某些别的事物，如生活方式和法律中［第10行］更好地显明出来——这会让他习惯于非形体事物的美——存在于艺术、科学和德性中的美。那么就必须把所有这些美复原为一，必须向他指明它们的源泉。但是如果从德性开始，那么他就能立即上升至理智和是，并从这里去往更高的旅程。

3.［第1行］但是我们说，哲学家——他天性就反应灵敏并"长了翅膀"，无须像其他人那样进行分离。他已经开始向更高世界运动，只是缺乏引导者而已。因此必须得给他指点迷津，［第5行］让他得自由。因着他自己的意愿，他天性上早就已经是净化的。他须进行数学研究，训练其哲学思想，培养他习惯于非质料性事物存在的坚定信念——由于他生性好学，他能轻易地掌握它们。他天生具有德性，因此必须完善他的德性。在数学研究后，就要指导他辩证法，［10行］使他成为一个完全的辩证法家。

4.［第1行］那么，什么是前面两种人和哲学家都必须得到指导的辩证法呢？它是一门以推论和有序方式研究万物的科学，研究其所是，其与其他事物之如何区别，其与这些事物在其所是和其所处之所的共性，［第5行］其是否真的是其所是，存在多少真正所是的事物，又存在多少有别于真正所是的不是？辩证法讨论善与非善以及那个位于善和相反者下的具体事物，讨论永恒的和非永恒的，它提供的是关于所有事物的知识而非意见。辩证法不游荡［第10行］在感觉世界而是定居于理智世界，它拥有它自身的事业并摒弃错误。在柏拉图所谓的"真理的原野"牧养灵魂，用他的二分法区分形式，决定每一事物的其所是并找到最初的种，用理智把所有从最初的种中［第15行］派生出来的事物编织为一体，直至穿越整个可理知世界；然后又开始把世界的结构分解为诸部分直至回到其起点；再后它保有宁静（由于它存在于上界，它就能够宁静）。既然它已经达到一，它就不再让它自身忙碌而能沉思。[第 20 行] 就像它抛弃了如何写作的知识那样，它放弃了所谓的逻辑活动即命题和推论而转向另一种技艺。它认为某些逻辑知识是必要的，是基础性的，但它自身必须对此进行判断，就如判断其他事物一样，找出哪些有用哪些多余，并归入相应的学科。

5. [第 1 行] 那么这门科学从何处获得其原理？理智赋予任何能接受它的灵魂以清楚明白的原理：然后它结合、编结和分辨其结果，直至达到完美的智性。[第 5 行] 因为柏拉图称辩证法是"智性和智慧的最纯粹部分"，是我们心智能力中最具价值的部分，因此它与真是和最具价值的事物相关；它作为智慧与真是关联，它作为智性与超越是的那者关联。但是，哲学肯定是最具价值的事物吗？辩证法和哲学同一吗？它是哲学最具价值的部分，因为辩证法不能被视为是哲学家所使用的 [第 10 行] 工具，因为它不会只是空洞的理论和准则；它从事各种事务活动，视真是为其活动的一种质料；它从方法论上趋近它们，与其理论一样拥有真事物。[第 15 行] 它认为偶然的谬误和诡辩是其他事物的产物，断定谬误是与真理本身相悖的事物。一旦谬误被加以讨论，人们就会发现它与真理的准则相反。因此，辩证法无关乎命题——它们不过是字母而已——但是，在认识真理中，它知道它们所谓的正确命题。总而言之，如果事物之间彼此不同或相同，[第 20 行] 那么辩证法就知道灵魂的活动，知道灵魂所肯定的和所否定的，知道它所肯定的是否就是它所否定的或者是其他事物；知道事物是相异还是相同，任何归于辩证法的都可凭着指向性直观获得感知，就像感知觉那样，但是它把话语的细微的精确性留给需要从中找到有自足感的其他学科。

6. [第 1 行] 因此，辩证法确实是一个有价值的部分。哲学还有其他部分。哲学也借助辩证法审视物理世界，就像其他技艺使用数学作为帮助一样，尽管 [第 5 行] 自然哲学所借用的语言与辩证法更接近。同样，伦理哲学就凝思方面而言源于辩证法，还增加了德性品格和造成这些品格的训练。理性品格把从辩证法所获取的原理视为它们的专有财产，尽管多数来自较高区域的原理有质料相随。其他德性把推论用于具体经验和活动，实践智慧则是更多与普遍性相关的 [第 10 行] 较优先的推论，它思考互蕴的问题，思考是现在还是以后控制活动，或者一种完全不同的过程是否更好等问题。辩证法和理论智慧以普遍的非质料的形式为实践智慧提供所有可使用的的事物。

　　那么，如果没有辩证法和理论智慧，较低种类的德性能否存在？当然能，但只能是不完全和有缺陷的。[第15行]如果没有这些较低的德性，他能成为有智慧者和辩证法家吗？不会发生这种情况。较低的德性必然在智慧之前或与它同时生长。人们也许有自然德性，随着智慧的降临，这些自然德性会完善其品格。[第20行]因此智慧在自然德性之后来到，然后完善其品格；或者当自然德性存在时，两者就可以共同提高并共同成全：因为一者取得进步就可以完善另一者。一般而言，自然德性无论在视觉上还是品格上都不完善，因此无论在自然德性还是智慧上，我们据以引申出它们的那些原理都是至关重要的事物。

# 第 1 卷第 4 章
## 论福祉

# 第 4 章 论福祉

1. [第 1 行] 我们不妨认为有福的生活和福祉是一和同，那么我们会同意其他有生命物也与我们自身那样分有它们吗？它们如果能够不受妨碍地合乎自然地生活，那么我们如何不能 [第 5 行] 说它们也处在有福的生活状态中呢？无论人们把有福的生活视为自足的经验还是其适合的工作的完成，无论是哪种情形，它都如属于我们一样属于其他有生命物。因为它们既有自足的经验，又在从事合乎其自然的工作。例如，有音乐天赋的生命物，它们有着另外的福祉，以合乎自然的方式 [第 10 行] 歌唱，因此过着自己想有的生活。我们还可以认为福祉是一种目的，即自然欲望的最后阶段；我们依然得承认当其他有生命物抵达其最后状态时，它们也分有福祉，它们所抵达的那一状态就是其本性的寄寓之所，[第 15 行] 它自始至终贯穿并充满于它们的整个生命。但是，如果有人不赞成福祉在一定程度上可以延伸至其他有生命物的观点——这一观点意味着即使最卑微的事物也分有福祉；人们得认为植物分有福祉，因为它们也是活的并且具有延展至终点的生命——那么首先，如果仅仅因为认为其他有生命物不重要就否认 [第 20 行] 它们的有福生活，这样的观点岂不荒谬？不要迫使他们把赋予其他有生命物的也赋予植物，这是因为植物没有感觉。但是，也许有人会仅仅因为植物具有生命就同等地赋予它们福祉。一种生活可以是有福的，另一种则可以是相反的。植物可以是好的，也可以是相反的，可能结果子，也可能不结果子。如果快乐是目的，如果有福的生活由快乐决定，那么否认其他有生命物拥有有福的生活就是荒谬的。如果合乎自然的 [第 30 行] 生活就被称为是有福的生活，那么也同样适用于宁静。

2. ［第 1 行］那些以植物没有感觉就否认它们享有快乐生活的人，是在冒否认一切生命物能快乐生活之险。因为如果他们用感觉指其经验表达，那么经验在被意识到之前就是善的。［第 5 行］例如，善是一种自然状态，即使人们没有意识到这一点，善同样也是自身的合适状态，即使人们不知道那就是它自身的合适状态，它就是快乐（正如它必然如此）。既然这善存在并呈现，快乐的拥有者就已经是有福的，我们为什么要把感觉列入福祉，当然除非人们不把善归于［第 10 行］实际的经验而归入关于它的认识和感觉？但是他们会以这种方式说善实际上就是感觉，就是感觉—生命的活动，因此无论感觉到什么，它都会是相同的。但是如果他们说善是两种成分的产物，［第 15 行］是对特殊种类对象的感觉，那么在每种构成物是中性的情况下，他们可以说其产物是善的吗？如果它是善的经验，善的生活又是人们所知道的善向他呈现出来的特殊状态，那么我们须问有福的生活是否就是知道这呈现之物的呈现，或者他不仅知道它给了他快乐而且知道它就是善。但是如果他必须知道它就是善，［第 20 行］那么这就不再是感觉的事情，而是另一种比感觉的快乐更大能力的事情了。因此有福的生活不属于那些感到快乐的人，而属于能够知道快乐就是善的人。这样，有福的生活的原因就不会是快乐，而是那判断快乐就是善的能力。［第 25 行］那下判断的要好于纯粹的经验，因为它是理性或理智。快乐则只是一种经验，非理性决不会好于理性。理性如何会把其自身搁置一边，而假设在相反的种上有其位置的其他事物好于它自身呢？看起来否认植物有福的人和把福祉列为特殊感觉的人［第 30 行］无意中都在寻求属于更高事物的有福生活，并假定它是一种更好更澄明的生活。那些说在理性生活中发现福祉而非只是生活，或者不是与感觉生活为伴的人，很可能是正确的。［第 35 行］但是我们要问他们为何只把福祉奠基于理性的生命物，"你们加上'理性的'，是因为理性更有效，更容易发现、探索和获得基本的自然需要，还是即使它不能发现或者获得基本的自然需要，你们也需要理性？如果你们需要它是因为它能更好地发现它们，那么非［第 40 行］理性生物也能做到；如果它们无须理性，纯粹凭其本性就能满足基本的自然需要，那么它们也有福祉。这样，理性就成为仆从而并非值得拥有。这同样适用于它的完善也就是我们所说的德性。但是如果你认为理性并不是因为基本的自然需要才具有尊贵地位，而是因为它自身的缘故受人欢迎，［第 45 行］

那么你得告诉我们它能起到何种其他作用？其本性是什么？又是什么使它完善"？ 使理性完善的不可能来自对这些基本自然需要的研究。它的完善是其他事物，其本性也不同，它本身并不是这些基本自然需要之一或者并不是 [第 50 行] 这些基本自然需要得以产生的源泉之一。它完全不属于这存在物之列，而是好于所有这些事物，否则我不相信他们能够解释它的尊贵地位。然而，除非这些人能够找到比他们现在所谈论的事物更好的自然，否则我们必须让他们就此放弃。[第 55 行] 这也是他们的所愿，因为他们不能回答有福生活对有能力获得它的存在物来说是如何可能的。

3. [第 1 行] 然而，我们首先意在指出什么是我们始初就理解的福祉。我们不妨假设福祉存在于生命之中。如果我们让"生命"在完全同样的意义上成为适用于一切生命物的术语，[第 5 行] 那么我们同意它们全都有能力有福地生活，那些事实上过着有福生活的存在者都拥有同样的事物，那是一切有生命物都自然地能够获得的。我们不是基于这样一种假设就认定有福地生活的能力属于理性存在而不属于非理性存在。[第 10 行] 生命之于两者是共同的。如果福祉就存在于一种生命之中，那么[无论理性生命还是非理性生命]，生命都通过同样方式获得福祉。因此我相信那些认为福祉存在于理性生命中的人没有意识到，他们之所以没有把福祉 [第 15 行] 列入一般生命之中，是因为他们真的假设它根本就不是生命。他们应该会说福祉所依赖的理性能力是一种性质。但他们论述的起点是理性生命。福祉依赖于这一整体的生命，也即是依赖于另一种生命。我不是在逻辑区分的意义上指"另一种"，而是用在我们柏拉图主义者所谓的一在先者与另一在后者的意义上。可以在许多不同意义下使用"生命"这一术语，根据所运用事物的序列可以区分出第一和 [第 20 行] 第二等。而"有生命的"意指不同语境中的不同事物，它以一种方式指植物，以另一种方式指非理性动物，根据其各自生命的澄明与晦暗程度，以不同事物的方式进行区别。显然这同样适用于"有福的生活"。如果一事物是另一事物的影像，显然一事物的有福生活也是另一事物的有福生活的影像。如果善的生活属于满溢的生命者 [第 25 行]（这就是说它的生命决不会匮乏），那么福祉也只属于满溢地善的生命；如果在诸实在中那最好的就是真正有活力的存在，是完善的生命，那么它就拥有至善。因此它的善就不是来自于外部事物，其善性的基础也不是 [第 30 行] 来自某个地方并带它进入善的状态；因为还有什么能加在完善的生命中并使它成为最好的生命呢？如果有人说，"那就是善的本性"，那么这正是我们自己想要说的。不过目前我们不是要寻找原因，而是要寻找内在的要素。

我们常说，完善的生命即真正的和真实的生命存在于那超验的可理知［第 35 行］本性中，其他生命则不完整，是生命的痕迹，是不完善的或者不纯粹的，与其相反者相比并不具更多生命。简言之，只要所有生命物都来自单一的源头，但是由于它们不具有与源头同等程度的生命，那么这源头［第 40 行］必是首要的和最完善的生命。

4.［第 1 行］如果人能有完善的生活，那么拥有这种生活的人就是有福的。如果人不具有完善的生活，如果只在诸神中才能找到这种生活，那么我们就应把福祉归于诸神。但是［第 5 行］既然我们主张福祉存在于人类中间，我们就必须思考这是如何可能的。这就是我的意思。显然，前述其他地方的讨论已经指出人不仅拥有感觉生活，而且拥有推论和真正的智性，［第 10 行］因此人具有完善的生活。但他是将此作为不同于他自身的某种事物来拥有吗？不，如果人无论潜能上还是现实上都不拥有这一点（如果他现实地拥有这些，那么我们就说他生活在有福的状态中了），他就根本不是人。但我们可以说他所拥有的这完善的生活是他自身的一部分吗？另一些人也就是在潜能上拥有它的人，把它作为自身的部分而有福地生活的人，就是现实地拥有它［第 15 行］并与它同一的人，［它不是拥有它］而就是它。其他事物都只不过是人所披戴的，你不能称之为他的一部分，因为他并非愿意披戴它，如果他出于意愿活动与它联合，才可以说是他的。那么对他而言善是什么呢？他就是他之所有，就是他自身的善。超验的善是在他里面的善的因。［第 20 行］它作为善这个事实不同于它向他呈现出来这个事实。有关于此的证据，其事实是处于这种状态的人不寻求其他事物。他还要寻求什么呢？他当然不可能寻求较差的事物，他已经拥有最好的。拥有如此生活的人得到了他生活中的一切。如果他是有德性的，［第 25 行］他就拥有福祉所需的一切并得到了善，没有他不曾有的善。他所寻求的乃是必然性，不是他自己而是那属于他的某种事物，他寻求与他联合的身体。我们甚至承认这是有生命的身体，它虽拥有自己的生活，但不是善的人的生活。他知道身体的需要，［第 30 行］赋予它所赋予的，但丝毫不减少自己的生命。即使命运抛弃了他，他的福祉也不会有所减损。善的生活存在如故。他从他朋友和亲属的死亡中了解到何谓死亡，就像那些死者所知道的，如果他们是有德性的人。［第 35 行］即使朋友亲属之死令人悲伤也不能令他悲伤，只是令他里面没有智性的部分悲伤，他不会让此类的悲伤搅扰他。

5. ［第 1 行］但是痛苦、疾病以及所有一切阻碍活动的事物又是怎样的呢？能否设想良善的人甚至会丧失意识呢？药物和某些疾病可能会导致这样的结果。他在所有这些环境中，他如何能拥有［第 5 行］有福的生活和福祉呢？我们不必对匮乏和耻辱加以考虑。尽管有人会在这些方面会反驳我们的观点，尤其是人们总会一直在谈论的"普里阿摩斯（Priam）的命运"。即使要他承受它们，哪怕甚至只是稍加忍受，［第 10 行］他都丝毫也不愿想要。有福地生活则必定是人之所愿的。因为善的人并非就是善的灵魂，他没有把身体的本性视为其实体。我们的论敌会说只要身体的感受用于指人本身，并且正是他本人出于与身体相关的原因进行选择和逃避，他们就愿意接受我们的观点。［第 15 行］但是如果快乐被考虑为有福地生活的一部分，那么当运气和痛苦造成苦恼时，一旦发生这些事情，即使是善的人又如何能说是有福的呢？然而这种自足的福祉状态属于诸神。人因为具有低级本性的附加物，因此必须从已经存在的整体中寻找福祉，［第 20 行］而不是在部分中寻找福祉。一个较差部分不能良好运行，必然会导致好的部分在其自身活动方面受较差部分的妨碍，这是因为较差方面不能良好运行。否则的话，我们就得除去身体甚至身体的感觉，以此种方式来追寻福祉问题上的自足。

6. ［第 1 行］但是[我们应该回答说]，如果我们的论证认为福祉在于摆脱痛苦、疾病、恶运和巨大的不幸，那么一旦出现与福祉相反的这些情况，任何人就都不可能是有福的。然而如果寻求福祉在于拥有［第 5 行］真善，那么我们为何忽视这一点，不把它作为判断福祉的准则，却去寻求不被视为福祉之构成部分的其他事物呢？如果它是诸善和必然性的汇集，或者虽非必然性却［第 10 行］仍被称为善的事物的汇集，那我们仍应尝试并思考这些事物。如果我们的目标是一而非多，否则我们就不只有一个目标而有多个目标了，那么我们必须抓住这最终且最高价值的独一者，那就是灵魂努力在自身中要努力抓住的独一者。在这种情况下，寻求和意愿[第 15 行]并非指向不是。这些事物不属于我们的自然，而只是[偶然]呈现。

我们的推论能力正是要排除它们和设法摆脱它们，有时也要求得到它们。但我们灵魂欲求的真正驱动力是趋近那好于它自身的存在。当那者在灵魂中呈现，灵魂就充满并安宁，这是它真正愿意的生活方式。如果就意愿适合使用的意义而言，而非从误用为我们所乐见的必然性的场合而言，那么我们就不能被说成是"意愿"这些必然性呈现：因为我们总是在避免恶，但是我猜想这种避免不是意愿的问题，因为我们宁愿不要出现这种逃避的场合。当我们拥有例如健康和免于痛苦时，这些必然性本身就提供了［第25 行］其证据。它们为何能吸引我们呢？当我们拥有健康时却总是忽视它，免于痛苦时也是如此。但是当这些在那里并对我们没有吸引力时，它们不能为我们的福祉作出贡献；当其缺席时我们却寻求它们，因为没有它们我们就不安。［第30 行］它们被称为必然性是合理的，但它们不是善。因此它们不能被列为我们所应寻求的目的的一部分，即使它们缺席了，它们的相反方面呈现出来，这目的还是依然如故。

　　7.［第 1 行］那么，处于福祉状态的人为何想望这些必然性而拒绝其相反方面呢？我们认为不是因为它们对其福祉有何贡献，而是因为对其存在有所贡献：他拒绝［第 5 行］福祉的相反方面或者是因为它们导致他的不是，或者是因为它们的出现妨碍了他的目的，而非它们想从目的中获取什么，因为凡拥有至善的总是想望单独拥有它，不愿意有其他事物共有它，就是那些虽然不至于减损至善，但仍然依附它存在的事物。但是即使有福的人所不想望的事物始终［第10 行］存在，任何属于他福祉的事物都不会被减损。否则他就会日有所变，从福祉中坠落。例如，如果他失去了一个奴隶，或者失落了一件财产：如果发生的这些数以千计的事情都不能影响他的心智，那么就绝不能妨碍他所获得的最终的善。但是人们会说如果发生的是巨大的灾难而非日常变化，如果人的处境已经如此高远，对一个已经登临高处，不再依赖于所有下界事物的人来说，还有什么人什么事不可以忽略不计？一切偶发的好运，无论怎样重大，在他而言都不是大事，如王位、所统治的城邦［第20 行］和人民，或者建立殖民地和城邦（即使是他亲自建立的）。那他怎么会认为丧失权力和城邦沦陷是大事呢？如果他以为这些是大恶，或者至少是恶，那么他就会因其意见而遭人嘲笑；如果他以为那些木头和石块是好的、（愿神帮助我们）必死者的死亡［第 25 行］是重要的，［那么还有什么德性在他里面？］我们会说这个人需要想想死亡乃是好于在肉体中的生命！如果他自己被作为祭品，难道他会因为死于祭坛而认为他的死是一种恶？如果他未被埋葬，他的肉体迟早也会腐烂于大地之上或死于泥土之下。如果他因为没有［第30］风光的葬礼而只是悄然被埋葬，为没有奢华的墓碑不安，那他是何等地渺小！如果他是作为战俘被捕，那么即使他已经不可能活得美好，仍然有逃脱的路"为他敞开"。如果他的亲人在战争中被捕，"他的女儿女婿被拖走"，假如他未看到诸如此类事情发生就去世了，那么他离世时会以为这些事不可能发生吗？难道他会以为他的亲人不可能遭遇诸如此类的不幸吗？如果这样，那他就是一个傻瓜。难道他不知道他的亲属们可能会落入这些不幸中？难道他相信这些不幸会妨碍［第40行］他的福祉？不可能发生这样的事。因为他会认为这个宇宙的本性就包含种种不幸，我们只有顺从于它。不管怎样，许多人都会因成为战俘而做得更好，如果他们觉得不堪忍受，就会设法自己解脱。如果他们留下来，那或者因为留下是合理的，无须［第45行］惧怕，或者他们不应该留下却留下了，那就是不合理的，是他们自己的错。善的人不会因为他人的愚蠢而卷入邪恶，即使那是他的亲人。他不会依赖于他人的好运或恶运。

8.［第1行］无论他的痛苦如何之剧烈，只要能承受他就会尽力承受；如果至深的痛苦吞没了他的承受能力，他就会被夺走。他即使身处痛苦也不会想要别人同情。他的内在之光［第5行］就像灯塔之光，虽在暴风骤雨中仍艰难地照向远方。但是假如痛苦令他神志昏迷，或者已经到达一个极端，尽管极度痛苦还不至以令他死亡呢？如果这样延续下去的话，他会思考他所该采取的行动，［第10行］因为痛苦并未夺走他的自决能力。我们必须明白事物向善的人的呈现不同于它向其他人的呈现。他的遭受无一能触动他的内在自我，其他事物不能，痛苦也不能。那么如果痛苦事关他人呢？［同情他人］是我们灵魂的一个弱点。对此，［第15行］有如下事实为证：我们认为如果不知道他人的痛苦便是幸事，甚至认为如果我们先人而死乃是一件幸事，我们仍然没有从他人的角度而只会从自己的角度思考问题，只求避免悲伤。这正是我们必须加以克服并且需要加以摆脱的弱点，不能任由它存于己身，否则我们会担心它吞没我们。［第20行］如果有人认为感受我们同胞的不幸是我们的本性，那么他应该知道这并不适用于所有人，德性的任务就是要把一般本性提升至一个高度，它是好于大多数人所能有的本性。它的好在于它绝不向一般本性所习惯恐惧的事物屈服。我们不能像毫无训练的人,[第 25 行]而应像训练有素的斗士那样面对命运的打击。要知道虽然确实某些本性不为我们喜欢,但是我们自己能够加以承受,我们不应将之视为恐怖之事而应视之为孩子的困惑。善的人想望不幸吗?当然不。但是当他所不想望的事降临时,他就用德性对付它。[第 30 行]这使得他的灵魂在困扰或者痛苦前声色不动。

9. [第 1 行]但是假如他失去了意识,比如,疾病或者巫术夺去了他的心智呢?如果他们主张在这种状态下他仍然是一个善的人,只是进入睡眠而已,那么有什么能妨碍他[第 5 行]获得福祉?毕竟当他睡着时,他们没有能剥夺他的福祉,或者不能因他化费时间于睡眠之上就说他并非终生有福。但是如果他们说他在这种状态就不是善的,那么他们就不再是在讨论善的人了。但是,我们是把善的人作为我们讨论的起点,[第 10 行]探问只要他是善的他是否就有福祉。"但是",他们说"就算他是善的,如果他没有意识到善,或者没有从事德性活动,如何能说他就处于福祉状态呢?"但是即使他不知道自己是健康的,他确实就是健康的;即使他不知道自己俊美,但他确实就是俊美的。同样,如果他不知道自己是智慧的,难道他的智慧就有所减损?也许有人说,智慧要求自觉和察知它的呈现,因为福祉在现实、主动的智慧中才能被发现。如果明智和智慧真的来自外部事物,[第 15 行]这个论证也许有些意义,但是如果智慧根本就在一个实体之中,或者毋宁说就在这个实体中,那么这种实体并不因为他入睡或处于无意识而不存在;[第 20 行]如果这种实体的真正活动持续在他身上,这种活动就不停止,那么善的人在那种情况下就是一个善的人,甚至那时他也是活跃的。不是他的整体而是[第 25 行]他的部分没有意识到他的活动。同样,在我们的生长活动活跃之时,关于它的感知并没有通过感觉功能传递到人的其他部分;如果我们的生长活动就是"我们"自身,那么我们就是活跃的我们自身[不考虑我们不知道它的事实]。然而事实上我们不是它,但我们是理智活动。因此[第 30 行]理智活跃时,我们就是活跃的。

10. [第 1 行]也许我们没有注意到理智活动,因为它与感觉对象无关。借助于作为媒介的感知觉,我们确实能在感觉层次上起作用并思考感觉对象。但是理智本身[没有知觉]为何就不能是活动的,那先于感知觉和任何意识形式的理智之[第 5 行]随从即灵魂为何就不能是活动的?如果"思想与是同一"，那么必有一种活动先于意识。当理智活动回光返照时，那在敏于思考的灵魂生命中的事物某种意义上也就返照，正如平滑光亮的［第 10 行］镜面返照所成的镜像，意识似乎就这样存在或者产生了。在这些情况中，镜子的存在产生镜像，即使镜子不存在或者并非平滑光亮，或者并没有以这种方式起作用，使之成像的对象也会[始终]存在。灵魂也是如此。当我们里面反映［第 15 行］思想和理智影像的事物没有受到干扰，我们就以一种类似于感知觉的方式认识到与先在知识一起的是活跃的理智和思想。但是当身体的和谐被搅乱，我们内在的镜子被颠覆，推论性思想和理智就可以无像运行，理智活动也不会产生心像。［第 20 行］因此我们可以得出这样的结论，理智活动[通常]会有某种心像相随，但理智并不就是心像。我们可以找到大量富有理论价值和实践价值的活动，即使在我们完全有意识但并没有意识到它们时，我们在凝思和现实生活中都继续活动。读者并不［第 25 行］必然意识到自己正在阅读，至少他聚精会神时是如此；正勇敢的人也不必然意识到他正是勇敢的，他的行为与勇敢这种活动相一致。还有成千上万诸如此类的例子。事实上，有意意识很可能［第 30 行］使意识活动变得模糊不清。只有当它们单独时，它们才是更纯粹、更真实的能动的生命。当善的人处于这种状态时，他们就获到了提升，因为他们的生活没有散落在感知觉里面，而是聚集一于它自身。

11. ［第 1 行］如果有人说处于这种状态的人甚至不拥有生命，那么我们认为他是有生命的，他们只不过没看到他的福祉，正如他们不理解他的生活。如果他们不信任我们，那么就请他们把［第 5 行］一个有生命的人和一个善的人作为其起点，进而追寻他的福祉。要在不减少他生命的前提下来究问他是否拥有好生活，或者在不褫夺他人性的前提下究问人的福祉，或者在承认善的人的生活指向其内在的前提下从他的外部活动认知他，［第 10 行］他必较少对外部事物的欲求。如果有人说外部事物都可欲求，善的人也欲求它们，那就不可能存在福祉。有福的人希望人人都繁荣，希望没有人受制于恶。即使不能实现，他也总是有福的。［第 15 行］如果有人认为假设善的人想望诸如此类的事情使他显得荒谬——因为恶不可能不是是——那么持这观点的人显然同意我们所说的善的人指向内在欲求。

12. ［第 1 行］当他们被要求说明什么是生活中的这种快乐时，他们不是想获得放荡者的快乐，或者任何身体的快乐——这些都不会出现在那里，甚至会遮暗福祉——［第 5 行］或者极度快乐的情绪——善的人怎么可能会有这些呢？——福祉指的是与所呈现的诸善相伴的快乐。快乐不在于运动，它们也不是任何过程的结果：因为诸善已经存在，而善的人向他自身呈现。他的快乐和福祉就是宁静。善的人总是愉快的。安宁就是他的状态，他性情恬静，［第 10 行］不受任何所谓的恶搅扰——如果他真的是善的。如果有人寻找生活中的另一种善，那就不是他所寻找的德性生活。

13. ［第 1 行］善的人的活动不因命运变化受阻碍，他能够随机应变。不管怎样，他的活动总是适当的，也许由于并因顺应环境的变化而更加适当。至于他的思辨活动，［第 5 行］在涉及某些具体观点时可能会受环境影响，例如，那些需要探索和研究的观点。但是，"最伟大的学习"总是容易的并与他相伴与他同在，如果他身处所谓的"法拉利公牛"——尽管人们一直称之为快乐，但如此称谓是愚蠢的——之中，就更是如此。因为根据［第 10 行］他们的哲学观点来说，其快乐的状态正是其所遭受痛苦的事物；根据我们的哲学观点来说，遭受痛苦的是一部分，但还有另一部分，虽然被迫同受痛苦，却但始终持守他自身，绝不会有所缺乏而达不到普遍之善的凝思。

14. ［第 1 行］人尤其是善的人并非是灵魂和身体的复合物。毋庸置疑的是，人可以从身体中分离出来，轻看所谓的身体的善。［第 5 行］主张凡有生命的身体都拥有福祉是荒谬的，因为福祉是善的生活，与灵魂有关，是灵魂的一种活动，但它不是灵魂的全部——因为它不是生长—灵魂的活动，否则便使活动与身体相关联了。这种福祉状态当然不在于身体的高大或健康，也不在于［第 10 行］感觉的善好。这些优势由于太过明显而令人负重过甚，以致把他降低到它们的水平。另一方面则存在一种平衡引向至善，它削弱和限制身体。这样，不同于其外在部分的真人就显明了出来。属于这个世界的人［第 15 行］可能是俊美的、高大的和富有的，他是全人类的统治者（因为他本质上就属于这个区域），我们不应为诸如此类的事物嫉妒他，他借它们伪装自己。贤人也可能完全不拥有这些本原。如果他拥有，如果他关心的是真我，他自己就会削弱它们。［第 20 行］他借着漠视削弱和逐渐消除身体的优势，抛弃权位和职位。他关心身体健康但不指望完全不生病，或者不经历痛苦。毋宁说，即使这样的事没有发生在他身上，他也希望年轻时就能了解它们，不希望年长时任何痛苦或者快乐

［第 25 行］妨碍他，或者不希望任何世俗之事不管快乐的还是痛苦的来妨碍他，总之他不再以身体为思虑了。如果他发现身处痛苦之中，他就用以此为目的所赐予他的力量对抗它。他会发现快乐、健康、免于痛苦和烦恼并不有助于他的福祉，［第 30 行］那么其对立面也就不能剥夺或者减少他的福祉。因为如果一件事情的增加无助于一种状态，其对立面又如何能夺走它呢？

15. ［第 1 行］但是假如有两个贤人，一个具有所谓的合乎自然的善，另一个则有其对立面，那么我们能否说他们具有同等的福祉？是的，如果他们具有同等智慧的话。即使某人相貌堂堂，［第 5 行］具有其他所有与智慧无关的所有身体的优势，具有或者与德性和至善的凝思或者与至善本身无关的优势，那它们又有何意义呢？毕竟拥有这些优势的人不会放弃它们，仿佛他们比不拥有这些的人更有福似的。然而，比他人更多地拥有它们甚至无助于成为一名管道工。［第 10 行］但是由于我们在思考一个人是否有福时把我们自己的弱点引入了其中，就把处于福祉状态的人所不屑一顾的事物视为可怕和恐怖。如果人不能从这种事情的想象中摆脱出来，不能［第 15 行］在自身中建立起恶无法随附于他的信心，不能以某种方式成为一个完全不同的人，那他就未曾抵达智慧或者福祉。当心智处于这种状态，他就泰然自若。如果他畏东怕西，那他的德性便不完善，只是半人而已。在他关注别的事物时，如果有一种不自觉的恐惧以迅雷不及掩耳之势袭上心头，那么[在他里面]的智慧者就会来临并赶走恐惧，［第 20 行］借着威吓或者推论安抚在他里面的悲伤的孩子。威吓是冷漠的，就像孩子震惊于一张严厉的脸而不敢出声。这类人并非不友好或者缺乏同情心。他也是如此对待自己和处理自己的事务的。但是他怎样对待自己便也怎样对待朋友，因此对最好的朋友也［第 25 行］待之以智性。

16. ［第 1 行］如果有人不把善的人列于理智世界的高处，而把他降低为随机事件并担心偶然会发生在他身上，那么他就没有如我们要求的那样专注于善的人，而是把他假设为［第 5 行］普通的人，一个善恶混合的人，就是在把一种善恶混合的、不大可能发生的生活归之于他。即使这种人确实存在，他也不配被称为是有福的。在他里面不包含任何恢弘的气度，无论在智慧的尊贵还是善的纯粹上都是如此。［第 10 行］身体和灵魂的共同体不可能拥有有福的生活。柏拉图正确地主张愿意成为智慧的并处身于福祉状态的人,必须从那里,从上界获得善,凝视、仿效并依靠它。他须将此视为唯一的目标,随居所的［第 15 行］改变而改变他的其他环境,不是因为他要从这个或那个居所获得有关福祉方面的好处,而是揣度他居于这里或那里时,在受其他环境限制的情况下,他必须尽可能满足身体的需要,但是他本身不是身体,而是要抛弃身体,要在最适当的时候［第 20 行］抛弃身体。此外他有权为他自己选择这个时间。因此他的某些活动指向福祉,其他活动则不指向这目标,也不真正属于他,而是属于与他联合的身体。他要尽可能照顾和承受它,就像音乐家与他使用的里拉。［第 25 行］如果他已经不能使用它,他就得换一个或者放弃使用里拉,也放弃有关它的活动。他有与里拉无关的其他活动要做。当他无须乐器而浅吟低唱时,他便把它弃之一边。然而,最初给予他乐器并非没有充分理由。他经常用它直至今天。

# 索　引